中国式现代化金融理论丛书

中国经济杠杆研究

——高杠杆成因、溢出效应与防范化解

Research on Chinese Economic Leverage

王　擎◎著

中国金融出版社

责任编辑：谢晓敏
责任校对：李俊英
责任印制：陈晓川

图书在版编目（CIP）数据

中国经济杠杆研究：高杠杆成因、溢出效应与防范化解 / 王擎著. -- 北京：中国金融出版社，2025. 2. -- ISBN 978 -7 -5220 -2688 -6

Ⅰ. F12

中国国家版本馆 CIP 数据核字第 202588YB38 号

中国经济杠杆研究：高杠杆成因、溢出效应与防范化解
ZHONGGUO JINGJI GANGGAN YANJIU：GAOGANGGAN CHENGYIN YICHU XIAOYING YU FANGFAN HUAJIE

出版
发行 中国金融出版社

社址 北京市丰台区益泽路 2 号
市场开发部 (010)66024766，63805472，63439533（传真）
网上书店 www. cfph. cn
(010)66024766，63372837（传真）
读者服务部 (010)66070833，62568380
邮编 100071
经销 新华书店
印刷 北京七彩京通数码快印有限公司
尺寸 185 毫米×260 毫米
印张 17
字数 357 千
版次 2025 年 2 月第 1 版
印次 2025 年 2 月第 1 次印刷
定价 68. 00 元
ISBN 978 -7 -5220 -2688 -6
如出现印装错误本社负责调换 联系电话 (010)63263947

本书为西南财经大学中国金融研究院、金融学院策划的“中国式现代化金融理论丛书”之一，受西南财经大学习近平经济思想研究院（一流学科培优集成创新平台）和中国特色金融（保险）理论创新团队资助

前　言

当前，国内外形势正在发生深刻复杂的变化，中国的发展仍处于重要战略机遇期，前景十分光明，挑战也十分严峻。在中国经济发展面临的众多挑战中，系统性金融风险无疑是其中之一。经济杠杆率过高是发生系统性金融风险的核心与关键，凡是发生顺周期行为或者资产泡沫的系统性金融风险，往往与高杠杆率有关。中国杠杆率演变可以分为四个阶段：第一个阶段是 2008 年以前，中国宏观杠杆率总体平稳，从 1995 年末的 93.8% 上升到 2007 年末的 144.9%，12 年时间上涨 51.1 个百分点，年均上涨 4.3 个百分点；第二个阶段是 2008 年至 2016 年，中国宏观杠杆率较快攀升，到 2016 年末达到 238.6%，9 年上涨 93.7 个百分点，年均涨幅 10.4 个百分点；第三个阶段是 2017 年到 2019 年，中央强力“去杠杆”阶段，2017 年杠杆率增速开始得到控制，到 2019 年末为 246.6%，3 年涨幅不到 10 个百分点；第四个阶段是 2020 年后，受新冠疫情影响，宏观杠杆率再次攀升，2020 年宏观杠杆率上升到 270.9%，2021 年下降到 262.8%，2022 年升至 274.3%，2023 年升至 288%，4 年总体升幅超 40 个百分点。2018 年后中央虽然没有明确再提“去杠杆”或“稳杠杆”，但党的二十大报告仍然强调要防范金融风险，统筹发展和安全，2023 年中央金融工作会议明确提出重点防范房地产、地方政府债务、中小金融机构三大风险，这都说明，防范化解债务风险，以及由债务风险引发的高杠杆风险仍然是中国当前的重要任务。

从理论上讲，杠杆本质是债务问题，而债务具有两面性：一方面是驱动经济增长的重要动力，另一方面，如果债务控制不好，也会形成巨大风险，产生“债务—紧缩—衰退”螺旋效应。一般来讲，杠杆具有较强的顺周期性，在经济繁荣时期债务扩张，杠杆上升；当经济出现下行或衰退，资产泡沫破灭债务萎缩，杠杆也就自然下降。但与国外相比，中国的杠杆风险有明显不同的特征：一方面，中国存在明显的结构性高杠杆风险，债务的结构性风险主要集中在国有经济部门以及房地产部门；另一方面，中国经济杠杆缺乏周期性的自我修正，在经济上升期杠杆增加，在经济下行期，杠杆率不降反升。“去杠杆”难已成为中国经济运行面临的一大问题。那么，为什么中国经济高杠杆的现象长期存在？为什么中国高杠杆风险长期存在？如何才能有效防控中国经济杠杆风险？这些问题都需要我们作答。在两个百年交汇之期，中国已成功实现第一个百年目标，正乘势向第二个百年目标迈进。中国要迈向现代化，必须实现经济高质量发展；而要实现经济高质量发展，必须统筹发展与安全，必须有效防范和化解高杠杆风险以及由此对中国金融安全带来的隐患。本书是研究阐释党的十九大精神国家社科基金专项项目“新时代经济转型背景下我国经济高杠杆的风险防范与监管研究（18VSJ073）”的结项成果，本书主体部分写作于2018年中国“去杠杆”的时期，但并不妨碍对中国当前经济的分析。中国经济的“高杠杆化”特征可能在未来相当长一段时间都存在，因此，深入研究中国经济高杠杆风险产生的机理，并推动建成中国以高杠杆为典型特征的系统性金融风险防范与监管框架，对于中国经济的高质量发展，对于实现中国式现代化具有非常重要的意义。

中国宏观实体经济杠杆主要包括三个方面：政府杠杆、非金融企业杠杆和家庭杠杆。政府杠杆是宏观经济杠杆中一个非常重要的组成部分，学术上关于政府债务规模及债务持续性的讨论颇多，但研究中国政府债务一个最大的难点是测度问题，主要是地方政府的隐性债务难以准确测度，导致研究难度较大。而从公开的显性债务看，中国政府杠杆率很低，在2023年末尚不到60%，似乎债务风险并不高，所以本书暂未对政府杠杆作专题研究。非金融企业杠杆和家庭杠杆在中国宏观经济杠杆中非常有代表性，在三种杠杆中，非金融企业杠杆的占比最大，2023年末的数据显示非金融企业杠杆率为168.4%，占宏观总杠杆率288%的一半以上。家庭杠杆虽然数值并不是最大，但增速最快，从2000年末到2023年末，家庭杠杆率从9.8%增长到63.5%，远远快于同期宏观总杠杆率从120.1%增长到288%。因此企业杠杆和家庭杠杆似乎更值得研究。

对中国宏观杠杆的研究要从中国的制度特征入手，对于非金融企业杠杆，尤其是国有企业杠杆，在债务形成过程中可能存在政府隐性担保的支持，存在国有企业预算软约束的影响，这会对金融机构的信贷配置产生诱导。当然，中国政府积极有为，是经济活动的直接参与者，政府投资行为会显著带动企业的负债行为，我们也因此选择了2008年国际金融危机后中国政府为刺激经济而出台的投资计划，分析其对债务拉升和资源配置效率的影响。本书的研究，的确发现中国经济基本面通过影响预算软约束加大了对企业杠杆率的影响；政府隐性担保呈现周期性的内生演变，周期性变化会使得不同所有制企业的杠杆率产生结构性分化；对政府隐性担保、预算软约束机制的优化取决于政策的评价标准。同时，本书也发现，2008年国际金融危机后大规模的信贷刺激计划推高了"僵尸信贷"和企业负债，导致企业杠杆大幅上升，降低了信贷资源配置效率，这也是后期中央"去杠杆"政策出台的根源。对于家庭杠杆，我们的关注点在住房按揭，事实上住房按揭占有中国家庭债务的绝大部分，前些年房地产市场的过度繁荣带动家庭积极入市，是形成家庭债务的重要原因。我们的研究发现，中国的房价上涨是家庭杠杆上升的主要原因，其中，非首套房家庭的购房行为扮演了更为重要的角色。

本书在对经济杠杆影响机制研究的基础上，进一步分析了中国经济杠杆的宏观经济金融效应。我们知道债务是一把"双刃剑"，有利有弊。当前中国经济正面临从"要素驱动"向"创新驱动"模式的转型，我们要加大培育新质生产力，大力发展数字经济，提升全要素生产率。同时，中国经济也正从过去的"出口导向"转向"内需驱动"，因此探究债务对消费需求的变化非常重要。另外，在实现经济高质量发展过程中我们必须统筹发展与安全，守住不发生系统性风险的底线。因此我们选择了三个视角来探究经济杠杆的宏观影响。一是研究了企业杠杆对企业创新的影响，发现企业杠杆上升对企业创新的影响是先促进后抑制的"倒U形"关系，企业杠杆对企业创新的影响因债务类型和企业类型而不同，这说明要促进创新我们必须保持合理的杠杆水平。二是研究了家庭杠杆与家庭消费的关系，发现家庭杠杆增加显著抑制了家庭消费，并导致"消费降级"现象，近几年消费对经济增长的贡献率出现下滑，这一点是需要我们注意的。三是经济杠杆与金融风险的关系，发现企业杠杆显著增大了金融风险，家庭杠杆对金融风险的影响总体不显著，但东部地区家庭杠杆的上升会提升金融风险。企业杠杆有更大的溢出效应，所以从守住系统性风险底线的角度，我们应着力化解企业的高杠杆风险。

本书更重要的价值是建立中国杠杆的分析与治理框架。从研究的结论看出，中国经济杠杆不能用简单的“好”与“坏”来评价，中国经济杠杆有一个合理的区间，我们应该保留“好杠杆”与杠杆中“好”的成分，而坚决防范与降低中国经济杠杆可能引发的风险。中国杠杆的高企只是一个外在表现，背后有深层次的原因。本书认为，针对中国杠杆的“非周期性”特征，我们要坚持结构性去杠杆，并通过制度革新真正解决中国杠杆高企、风险隐而不破的顽症，这是一个长期的工作，并伴随中国经济的改革而持续推进。本书从地方政府、国有企业、金融机构、房地产市场、宏观调控政策等视角，提出了加大改革的具体建议，我们期待这些建议能转化成中国经济再次腾飞的活力。此书付印之际，也正值党的二十届三中全会刚刚召开，党中央提出要进一步加大改革开放力度来推进中国式现代化，这也是本书研究的出发点和落脚点。

从学术的角度，总结起来，本书对中国经济杠杆的研究有以下方面的创新价值：一是对中国经济杠杆的研究比较系统全面。本书以企业杠杆和家庭杠杆为主要研究对象，比较全面地分析了杠杆的形成机制、相互影响机制、宏观效应，以及防范化解杠杆风险的政策举措。二是较好地刻画了中国经济杠杆的形成机理。首先，通过构建动态随机一般均衡（DSGE）模型对杠杆形成的一般机制进行了分析；其次，从政府隐性担保和预算软约束角度构建动态博弈模型来阐释企业杠杆，尤其是国企杠杆的独有形成机制；再次，运用工业数据库企业数据和动态随机一般均衡模型分析了金融危机后信贷刺激政策产生“僵尸信贷”、助推企业债务的现实和机制；最后运用某商业银行住房按揭贷款微观数据，分析了房价上涨对家庭杠杆的影响机制。三是本书的研究方法和研究数据支撑力度较强。本书用DSGE模型刻画了杠杆的形成机制和“僵尸企业”对全要素生产率的影响，用动态博弈模型刻画了政府隐性担保在预算软约束环境下如何推升了企业杠杆，采用某大型国有银行的全国住房按揭贷款数据、西南财大家庭金融调查数据（CHFS）、中国工业数据库数据、上市公司数据等进行实证研究，较好地保证了研究结论的科学性。

本书的研究结论和对策建议也获得了政府有关部门的认可，产生了较好的社会效益。在本书阶段性成果中，有3篇研究报告获教育部采纳，有4篇政论性文章发表在国内重要媒体上，有7篇政策建议获得省部级领导批示。当然，本书研究中还存在不足：一是没有对政府杠杆进行专题研究；二是对杠杆本质、微观形成机制、宏观作用机理的研究还有待进一步深入，还可以基于债务特征（期限长短、有无担保等）对杠杆进一步深入分析，这都是未来努力的方向。

在本书的研究中，董青马教授、黄娟教授、盛夏老师、李川老师、孟世超博士参与了部分内容的撰写，方晓博士对本书修改提供了宝贵的建议，在此一并感谢。

王擎
2024年7月

RESEARCH ON CHINESE ECONOMIC LEVERAGE

目 录

第一章　导　论

1.1　研究背景及意义

2015 年之后，国内外形势发生深刻复杂的变化，中国处于重要战略发展机遇期，前景十分光明，但也面临诸多挑战。一方面，在中国经济增长速度进入换挡期，世界增长复苏乏力、人口红利下降、房地产高速增长不可持续等背景下，经济增长压力开始显现，中国经济增长动力也开始从要素规模驱动转向创新驱动；另一方面，经济增长压力必然带来经济的刺激政策，过多刺激政策虽然能推动经济增长企稳回升，但政策对经济结构和经济稳定带来的风险也不容小觑。在经济转型与下行压力、经济刺激政策与高杠杆并存的情况下，各类系统性金融风险隐患开始不断显现，体现为“僵尸企业”、国有企业债务风险、金融过度化、房地产泡沫日趋严重等。

面对国际金融危机持续影响和国内经济“三期叠加”① 的严峻挑战，第五次全国金融工作会议决定设立国务院金融稳定发展委员会，把主动防范化解系统性金融风险放在更加重要的位置。党的十九大也明确提出：“健全金融监管体系，守住不发生系统性金融风险的底线。”

经济杠杆率过高是系统性金融风险的核心与关键，凡是因顺周期行为或资产泡沫而导致的系统性金融风险事件，往往和高杠杆率有关。过度的高杠杆是导致银行和金融体系更加脆弱的直接和主要原因。过度的杠杆将放大对金融体系的冲击，从而提高系统性金融风险事件出现的概率。研究显示世界各国普遍存在金融机构杠杆的顺周期现象（Geanakoplos，2010）。这种杠杆周期会引发资产价格的大涨大跌，资产泡沫的形成与破灭将引发大面积违约，并在去杠杆过程中将风险传染至整个金融系统，引发金融危机并最终严重破坏整个实体经济（即出现“明斯基时刻”）。纵观全球，历史上很多金融危机都与高杠杆风险具有密切关系。例如，2008 年国际金融危机的主要根源是利用短期债务为高杠杆影子银行部门中的长期资产融资（He 和 Xiong，2012），2015 年中国股市的剧烈波动则是由于在融资融券中出现过度杠杆。2008 年国际金融危机后，

① “三期叠加”是指中国经济同时进入“增长速度的换挡期”“结构调整的阵痛期”以及“刺激政策的消化期”。

高杠杆风险引发国内外学术界、政策界和实务界的关注。2010 年出台的巴塞尔协议Ⅲ将杠杆率指标纳入资本监管体系，以减少商业银行的过度投机和监管套利行为。

中国系统性金融风险的一个显性特征也是高杠杆。2017 年 12 月举行的中共中央政治局会议，也将“防范化解重大风险要使宏观杠杆率得到有效控制”作为三大攻坚战的首要目标。在经济转型背景下，中国近年来经济杠杆持续上升。2020 年末，中国宏观杠杆率为 270.1%，其中企业部门杠杆率高达 162.3%，部分国有企业债务风险突出。2023 年中央金融工作会议提出房地产、地方政府债务、中小金融机构三大典型风险，仍然反映出中国经济高杠杆的内在特征。这些高杆杠风险短期内可控，不太可能引发美国式的金融危机，但会导致经济效率的持续下行和增长困境（Song 和 Xiong，2017）。

与国外相比，中国的杠杆风险有两个主要特征：一方面，中国存在明显的结构性高杠杆风险，债务的结构性风险主要集中在国有经济部门以及房地产部门；另一方面，中国经济杠杆缺乏周期性的自我修正，在经济上升期杠杆增加，在经济下行期，杠杆率不降反升。去杠杆难已成为中国经济改革面临的一大问题。为什么中国的经济高杠杆长期存在？通过哪些方式去杠杆才能平稳释放风险？

在新时代经济转型背景下，高杠杆风险已成为中国金融安全的一个隐患。研究中国经济高杠杆风险的产生基础，以及其循环式叠加与部门间转移的具体机制，以解释中国结构性高杠杆与去杠杆难的现象，从打破杠杆风险循环、平稳释放风险的视角，推动形成并逐步完善中国以高杠杆为典型特征的系统性金融风险防范与监管框架，对于有效化解债务风险，维护中国金融稳定，以及促进中国经济平稳快速发展具有重要的现实意义。

1.2 文献综述及评价

1.2.1 经济杠杆测度与演化机理

1. 杠杆率测度的相关研究

企业杠杆率在统计上有多种表达方式，主要包括负债与净资产之比、资产与净资产之比、资产与负债之比；上述指标的倒数也能用来衡量企业杠杆率。口径也有两类，一是账面杠杆（book leverage），二是价值杠杆（enterprise value leverage）。其中账面杠杆率为账面总资产与账面净资产之比；价值杠杆率为公司总资产价值与公司股权价值之比。两者共性在于均是企业在某一时点杠杆状况的体现，不同的是账面杠杆从公司会计的角度计量公司杠杆，而价值杠杆基于公司可计算的未来现金流计算公司杠杆。Adrian 和 Shin（2013）认为对于非金融企业而言，价值杠杆通常具有逆周期性；而对金融机构而言，价值杠杆则具有顺周期性。

尽管宏观杠杆有大量数据可供观察，但宏观经济学中还没有关于杠杆率的明确定义。Dalio（2013）认为，企业杠杆是负债与收入之比，同理宏观经济的杠杆率可由负债与国民收入之比来衡量。在实际计算中，国内学者李扬（2012）、黄志龙（2013）以及李佩珈等（2015）与 Dalio（2013）的思路类似，即某一经济部门的杠杆率水平为该经济部门的负债水平与 GDP 之比。此外，在分部门计算杠杆率的基础上，可加总算出中国经济的总体杠杆率水平。例如，政府杠杆可由政府负债与政府收入之比衡量，且政府的总杠杆率可由中央政府杠杆与地方政府杠杆加总算出。

金融部门是杠杆率测算最为复杂的经济部门，其杠杆率水平也是文献中测算结果差异最大的。例如，黄志龙（2013）通过统计金融机构的债务水平，测算出 2004—2011 年金融机构的杠杆率水平由 10.8% 上升至 15.2%；李佩珈等（2015）通过将广义货币存款计入金融部门的债务，得出 2006—2014 年中国金融机构的杠杆率水平从 51.2% 上升至 80.5%。而中国人民银行杠杆率研究本书组（2014）利用金融企业部门完整的资产负债表，用总资产除以净资产作为金融企业部门杠杆率的测度指标，得出 2013 年末中国金融企业的杠杆率水平约 1370%；若加上银行表外理财资产，杠杆率将增至 1420%。分行业看，研究发现银行业杠杆率水平高于保险业和证券业，这是由融资方式和行业属性所决定的。

2. 杠杆率周期性变化的相关研究

目前关于杠杆率周期性演化规律及其影响的研究主要集中于家庭部门与金融部门。在家庭部门杠杆率的周期性方面，Lamont 和 Stein（1999）、Almeida 等（2006）等基于美国城市数据，发现房价对收入冲击的敏感度与房主的杠杆水平相关。具体而言，在房主的平均杠杆水平越高（即平均贷款价值比越高）的城市，房价对收入冲击的敏感度越高。Borio 等（2001）、Borio 和 Shin（2007）发现贷款价值比具有顺周期性，即贷款提供者会在经济形势好时，出于风险下降或竞争压力加大等原因而放松贷款价值比，因此作者认为贷款价值比的顺周期性引致了住房市场的顺周期性。全球金融稳定报告（2011）、国际货币基金组织（IMF，2011）以及 Christensen 和 Meh（2012）针对不同国家和不同时期的实证分析表明，抵押贷款快速增长与房价急剧上升之间存在高度正相关关系。他们还分析了住房融资的特点对抵押贷款和房价的影响。平均来说，贷款价值比高的国家，房价上升更为明显。Crowe 等（2011）进一步估计了以上影响的程度，发现贷款价值比增加 10%，名义房价会上升 13%，这也验证了贷款价值比政策具有“金融加速器”效应。此外，在发达国家，从较长期间来看，更高的贷款价值比与更高的房价和信贷增速有较为显著的相关性。如果样本包括新兴经济体，并覆盖最近的时期，则这种效应消失。

2008 年国际金融危机的爆发激发了对金融部门杠杆周期的大量研究。具体而言，研究焦点集中于杠杆率能否显著影响资产价格等问题。Adrian 和 Shin（2008）、Dell’Ariccia（2009）以及 Blanchard（2008）等发现杠杆率与资产负债表规模显著正相关，与在险价值显著负相关。过度的高杠杆是导致银行和金融体系更加脆弱的重要因素，其放大了对金融体系的冲击。全球金融稳定论坛于2009年发布联合报告，对非金融部门（家庭、企业）杠杆、银行杠杆、对冲基金杠杆、内生杠杆进行了分析。该报告列出了引发杠杆率顺周期性的一系列因素，包括市场流动性和资产价格的顺周期性，并指出杠杆率和（资产）估值的相互作用会引发顺周期效应，因此需要从宏观审慎的视角进行评估。

3. 杠杆率作用机制的相关研究

关于杠杆率的决定及其作用机制的研究主要集中于分析抵押品在信贷扩张中的作用。Kiyotaki 和 Moore（1997，2002）、Mendoza（2010）发现抵押资产价值的周期性变化引发了银行贷款行为的顺周期性。作者构建了包含信贷约束在内的动态经济模型，并以此深入分析了资产抵押率与资产价格的关系。作者发现贷款的可得性受到抵押资产价值的限制；并且在这种条件下，外部的生产性和技术性冲击能通过具有持续性和放大性的传导机制引发信贷周期。若企业持有的资产主要以杠杆方式融资或购买，则杠杆比率将以相应倍数放大以上外部冲击的效应。Bernanke 和 Gertler（1989）、Bernanke、Gertler 和 Gilchrist（1999）以及 Almeida 和 Campelfo（2006）认为较高的现金流和企业净值对投资有直接或间接的正面影响；其中，直接影响指融资可获得性的增加，而间接影响指抵押品的提供可降低外部融资成本。当资产价格上涨时，企业净值随之上升，企业面临的融资约束放松，从而可以获得更多银行贷款；然而，如果资产价格过度上涨，以此为担保的信贷将难以维持。在经济下行阶段，抵押资产价值的下跌（尤其是暴跌）则可能导致持续的投资衰退。Allen 和 Gale（2000）认为投资者利用自有资金进行投资时，所形成的资产价格是资产的基础价值。当投资者利用借来的资金进行投资且只负有限责任时，投资者表现出对风险资产的偏好并采取风险转移行为，对风险资产的过度投资将不断推高资产价格，从而导致泡沫的形成；资产价格的崩溃将引发大面积的违约，并进一步演变为金融危机。Miller 和 Stiglitz（2010）以及 Acharya 和 Viswanathan（2010）指出，过度的杠杆率将导致信贷的非理性扩张。当资产价格高于均衡水平时，资产价格泡沫的破灭将引发大范围违约，而过度的高杠杆带来的放大机制将引发整个金融系统的崩溃。综上所述，相关文献均强调借款者和贷款者之间的信息不对称所导致的委托—代理问题是引发多种加速反馈机制的根源。然而，现有研究一般都假定杠杆率为固定值；由此，它们对银行视角下冲击的放大机制研究大多仅围绕信贷波动展开，即只关注信贷周期而忽略了杠杆周期对信贷周期的影响。

事实上，关于杠杆率、资产价格与金融机构顺周期性关系的研究证明，金融机构杠杆率并非一个固定值，而是表现出很强的顺周期特征。因此部分学者将杠杆率内生化，以此深入探究流动性对经济和金融的影响。目前，关于抵押品市场均衡和杠杆率决定的相关研究已经较多涌现。根据分析对象的不同，杠杆率的决定理论也有所差异，总体来讲主要有以下两大主线。

一是通过对抵押品市场均衡的分析来研究杠杆率水平的决定，并讨论它对其他变量的影响。此时，抵押品市场是一个抽象的市场概念，既可以包括住房抵押贷款市场，也可以包括回购市场以及各类衍生品市场等。Geanakoplos 和 Zame（1997）、Fostel 和 Geanakoplos（2011）基于不完全市场，构建抵押品市场的一般均衡模型来研究内生杠杆率，并证明在满足一般假定条件下抵押品市场的均衡总是存在的；而且，在某些特殊情况下所有的投资者都倾向于选择同一个交易合同。Geanakoplos 和 Zame（2010）扩展了以上一般均衡模型，通过将耐用品、抵押证券以及违约的可能性加入模型，说明了中央计划者或市场选择的抵押品要求对价格、资源配置以及市场结构有复杂的影响。其研究指出，即使不存在违约情况，抵押品要求对经济各方面都具有重要影响。Geanakoplos（1997，2009）证明在抵押品市场中，杠杆率和利率一样可以被同时决定。对资产价格泡沫的研究发现，在没有干预的情况下，资产价格膨胀时杠杆率上升，资产价格低迷时杠杆率下降，这就是杠杆率周期理论。Fostel 和 Geanakoplos（2008）从更深层的原因分析为什么高杠杆率与高资产价格相关。他们证明，任何资产的价格都可以分为两个部分：一部分是支付价值，另一部分是抵押价值；支付价值反映资产持有者对该资产未来支付的估值（如可以在未来进行投资）；抵押价值指资产可作为抵押品获得更多贷款。对于抵押价值不同的金融产品，即使支付价值相同，其总体价格也会具有显著差异。

二是沿袭“金融加速器”的路径，通过进一步强调金融机构的经济决策，尤其是风险管理行为，来研究金融机构杠杆率水平的决定。这类文献往往先验地假定一个行为规则，并以此作为金融机构的一个风险约束条件来确定金融机构的杠杆率水平。例如，Brunnermeier 和 Pedersen（2009）使用的是在险价值准则；而 Gromb 和 Vayanos（2002）、Vayanos 和 Wang（2012）使用的则是最大最小值准则来防范违约风险。2008年国际金融危机的爆发大力推动了这一研究领域的发展。Calza、Monacelli 和 Stracca（2009）以及 Adrian 和 Shin（2008，2009）有关金融机构顺周期行为的研究将“金融加速器”理论进行了扩展，他们认为资产价格的负面冲击将侵蚀银行资本并增加其杠杆；反之，资产价格的正面冲击将增加银行资本并降低其杠杆。其研究在以高杠杆率为主要特征的金融机构与宏观经济波动之间建立了更加稳健的理论基础，也凸显了针对高杠杆率的现代金融机构探讨逆周期监管工具和监管模式的必要性。Philipp（2008）指出，对于家庭而言，总资产上升时杠杆率会下降；而对于非金融企业，这两者之间的关系并不清晰。此外，商业银行和投资银行有明显区别，商业银行的杠杆率独立于资产增长，其资产负债表规模的变化并不会显著影响其杠杆率的变化；而对于投资银行，其总资产价值的上升和下降与杠杆率的变化方向一致。使用市价计值的核算方法时，资产价格的变化将很快反映到资本净值的变化上。金融中介机构将对这些变化作出反应，通常方式是调整其资产负债表规模；因此，杠杆率水平具有扩大经济周期的特性。

4. 最优杠杆率的相关研究

由于杠杆率具有顺周期特征，因此有必要确定最优杠杆率水平。Brock（2009）、Geanakoplos（2010）以及 Katia（2009）认为长期以来杠杆率指标在宏观经济理论与实践中处于被冷落的位置。作者强调，忽略违约情形以及没有将杠杆率指标引入经济模型是当前经济学理论的一大缺失；他们认为杠杆率管理在危机爆发时变得更加重要。根据其研究，最优杠杆率的决定具有重要性，但它不能是一个固定比率；相反，最优杠杆率应该根据资产价格的高估或低估程度随时变化。正如美联储根据经济状况调节短期利率一样，杠杆率是可以调控的；而且，在经济发展的历程中，过去对杠杆率的控制比现在要多。现有文献主要从以下三个视角分析最优杠杆率的确定。

一是资产负债表视角。Holmstrom 和 Tirole（1997）、Geanakoplos（2003）以及Adrian和 Shin（2008，2010）等研究的重要贡献就是使贷款价值比由内生决定。这些研究通过构建一个包含杠杆与金融中介资产负债表规模的契约模型，将 Kiyotaki 和 Moore（1997）中外生给定的贷款价值比内生化，并以此分析在激励相容约束下，杠杆率上限及资产负债表规模的决定机制。由于金融中介积极调整资产负债表，因此在经济繁荣期杠杆率上升，而在经济衰退期杠杆率下降。此外，由于杠杆率的上升非线性地放大了内生风险，因此有必要重视过高杠杆率的影响；需要在整个金融系统内对杠杆率施加显著的约束，而非局限于银行机构。Geanakoplos（2003）的研究具有泛用性，既可应用到住房市场，也可应用到抵押支持证券市场。作者指出，这两个市场存在相互放大的机制，即房价下跌会引发抵押支持证券价格的下降，这又将增加估值折扣（haircut），从而对住房市场产生影响。

二是逆周期视角。Christensen 等（2011）通过构建动态随机一般均衡（DSGE）模型，来研究各种银行杠杆监管形式的影响及其与货币政策的相互作用机制。研究发现当金融冲击是经济波动的重要来源时，逆周期银行杠杆监管能够产生理想的稳定效应。Angelini 等（2011）在一个包含银行部门的 DSGE 模型中，基于损失函数比较资本增加和贷款价值比政策的利弊，并探讨了其与货币政策的相互作用。他们发现当房价上升时贷款价值比政策具有一定优势。Rannenberg（2011）认为，货币政策冲击或产出冲击引发杠杆周期，负向的货币政策冲击和产出冲击降低了银行净值和贷款需求（金融加速器理论），这些渠道的作用由于银行与存款人之间的信息不对称问题得到增强。Bhattacharya 和 Goodhart（2012）等强调最优杠杆率的高低取决于资产的风险高低。他们认为杠杆只是问题的一方面，而较高的杠杆率以及乐观情绪引发的不断增加高风险资产的投资是灾难事件的主要原因。因此，应该根据资产的相对风险程度实施不同的杠杆比率组合要求。当监管当局从低杠杆率要求逐渐放松杠杆率限制，并允许杠杆率上升时，资产价格开始上升，但最后杠杆率的增加倾向于降低资产价格水平，作者给出的一个解释是风险债券替代了作为抵押的资产。

三是监管视角。Geanakoplos（2003，2009，2010）、Antipa 等（2010）指出杠杆率的变化会引发资产价格的波动，其政策含义是美联储应该管理总体杠杆率水平，在经济平稳期与扩张期控制或降低杠杆率上限，而在经济紧缩期提升杠杆率上限。通过比较货币政策与具有逆信贷周期性质的贷款价值比的宏观审慎政策，作者发现宏观审慎工具是货币政策的有益补充，在平滑上一次信贷周期方面宏观审慎政策非常有效。此外，作者基于异质性的代理机构持有的乐观或悲观信念以及不利消息冲击的影响，得出经济体系中杠杆率的决定机制，并提出杠杆周期理论和控制杠杆周期的政策反应规则。监管者应当在杠杆率上升期控制估值折扣，以缩小银行提高杠杆率和增加投资项目的空间；金融监管应该根据不同的资产等级以及资产的相对风险水平制定不同的监管标准。杠杆率及其他贷款标准具有顺周期性质，可能导致房价与其他资产价格的顺周期性。因此，央行需要控制杠杆周期来避免金融危机。

总体而言，以上对最优杠杆率水平的不同认识角度及其所选取的杠杆率管理工具因假设前提不同而有所差异。这些研究为我们以杠杆率为切入点，从信用的需求端与供给端来加深对宏观流动性管理的认识提供了有力的理论铺垫。

1.2.2 流动性过剩、监管套利与经济高杠杆

1. 流动性、信贷扩张与杠杆

经济杠杆的高低与流动性的盈缺密切相关，流动性因素往往通过信贷扩张的形式促使银行或企业增加负债，提高杠杆。由于流动性和信贷扩张的周期性变化，经济杠杆也往往呈现出顺周期性。已有研究分别从流动性与企业杠杆、信贷扩张与经济杠杆两个方面研究杠杆的生成机制与杠杆水平的变化。

（1）流动性与企业杠杆的顺周期性

从微观主体的行为看，获取流动性的方式及难易程度与企业杠杆选择密切相关。Adrian 和 Shin（2010）实证检验了流动性与杠杆的关系，认为金融中介会根据企业净值调整资产负债表的规模，改变总体流动性，调整杠杆水平。当经济繁荣时，企业持乐观态度，会增加资产负债规模，提高市场流动性，相反则会降低市场流动性，因此杠杆具有顺周期的特征。而金融机构对资产负债的调整会影响市场流动性和杠杆，进而会改变总体资产价格。Firth 等（2008）研究了中国企业投资和杠杆的关系，认为由于中国银行体系中国有银行份额占据主要地位，因此一些盈利性和经营状况不佳的企业也能获得较多的银行贷款支持，国有性质越强的企业获得的银行投资越多，但对于大多数企业而言，投资与杠杆呈负相关关系。Acharya 和 Viswanathan（2011）构建了带有道德风险设定的模型，认为具有过度承担风险动机的企业在滚动负债时受到约束，通过出售资产减轻约束，流动性资产由受到道德风险约束的企业出售给未受到约束的企业，在此约束下不同企业对杠杆的选择决定了经济中的杠杆分布，并最终决定了市场出清价格，由此解释了市场流动性和企业融资流动性的关系，并刻画了危机中金融机构去杠杆的过程。同时，模型解释了在经济状况较好时，在负向的资产质量冲击下整体杠杆对价格的损害。Fernandez 和 Gulan（2015）构建了开放经济条件下包含金融加速器的真实经济周期模型，刻画了新兴市场国家真实利率与杠杆的关系，利率溢价由国外债权人和国内债务人的代理关系产生，负向的冲击不仅使企业产出降低，同时也降低企业净值，增加利率溢价，促使企业杠杆提高。模型和微观面板数据实证分析的结果证明了利率溢价和杠杆的正相关关系。DeAngelo 和 Stulz（2015）构建了包含金

融摩擦的理论模型，分析了银行选择高杠杆的原因，认为银行在经济中承担着提供流动性的职能，在考虑流动性溢价的基础上为缺乏资本的企业提供流动性，产生风险较低的负债。同时，银行需要具有流动性管理的能力，保证负债组合风险可控。在不考虑监管要求的条件下，银行会选择较高的杠杆。此时如果政策强制地实施去杠杆，会产生较高的社会成本。

（2）流动性、信贷供给与经济杠杆

信贷的扩张与收缩也对经济杠杆的变化具有重要作用，流动性或信贷的突然短缺往往会引起企业的去杠杆行为，造成更大规模的危机，因此，信贷的变化与杠杆的变化又往往呈现出顺周期性（Adrian 和 Shin，2010）。Forthtel 和 Geanakoplos（2008）建立了新兴资本市场定价的一般均衡理论框架，发现经济中流动性较紧缺时，经济的高杠杆亟须缓解，大众急于出售风险资本，杠杆的顺周期性会导致更广泛的风险传染，资本向有抵押的资产流动，从而解释了新兴经济体在国际资本市场上表现出的波动情况。Mendoza（2010）建立包含抵押品约束的经济周期模型，解释了新兴经济增长突然停滞导致的金融危机，模型表明，经济扩张促使杠杆提高时，抵押品约束开始发挥作用，对经济的负向冲击进一步导致通货紧缩，促使信贷减少，抵押品数量和价格下降，资本融资能力的弱化促使产出和要素分配减少。Jordà 等（2011）采用 14 个发达国家 1870—2008 年的数据，运用局部投射法分析了信贷扩张后经济衰退的影响，结果表明信贷扩张引起的金融杠杆越高，经济下滑越严重，与一般衰退造成产出下降不同，信贷扩张、杠杆升高会导致投资、借贷、利率和通货膨胀等宏观变量的改变。Cerutti 等（2014）以融资难易程度作为度量国际金融市场流动性的指标，证明了美国、英国和欧元区国家金融市场波动性降低，期限溢价下降，国内信贷和货币发行量增加，以及银行杠杆上升对国际金融市场流动性的重要作用，认为这些要素不仅会影响国内的流动性，还会推动全球资本流动的顺周期性。

对于流动性、信贷扩张和杠杆的关系，国内研究并不充分。有一些研究验证了中国的流动性和信贷扩张刺激下杠杆率变化的顺周期性。由于中国银行和非金融企业具有明显的结构性特征，在流动性和信贷冲击下，杠杆的表现各有不同。项后军等（2015）通过建立面板联立方程模型研究了杠杆与流动性之间的复杂关系，结果表明，中国商业银行杠杆存在顺周期特征，但不同类型银行之间存在差异，银行杠杆与流动性之间存在相互作用，两者呈反方向变化，即银行的杠杆越高，其流动性水平越低。考虑到杠杆本身的顺周期特征，银行通过提高杠杆水平扩张资产规模时，同样存在着流动性短缺风险。杠杆率监管要求的提出并不会显著影响银行的盈利能力，而流动性要求的提高则会降低银行的盈利能力。陈昆亭等（2011）运用周期滤波法对中国信贷周期进行了深入分析，认为信贷和金融市场的发展加剧了近年全球经济的波动，过度的信用透支和滥用是经济系统不稳定的根源。因此单纯信贷约束机制的模型无法解释中国经济近期实际出现的信贷与产出背离的阶段性特征。刘海明和曹廷求（2017）检验了信贷供给周期对微观企业风险的影响，证明在信贷刺激计划的实施中，为了应对可能的经济下滑与失业问题，政府更可能支持破产风险更高的高杠杆企业，市场筛选机制被弱化，这增加了这类企业的产能过剩问题。保增长压力会促使政府更多地引导信贷资源投向国有企业以及高风险企业，以维持本地经济增长和就业稳定，上述激励会提高信贷供给的结构效应，加重信贷资源的结构错配，从而使信贷扩张与系统风险和总风险的正向关系增强。

2. 货币政策、金融监管与经济杠杆

经济杠杆与货币政策、监管政策往往具有双向的关联，宽松的货币政策、放松的金融管制会激发企业的加杠杆行为，尤其是当中央银行充当“最后贷款人”角色时，更容易促使企业加大杠杆。在2008年国际金融危机后，货币政策和金融监管调控更加注重高负债、高杠杆和经济周期中系统性危机的防范，提出了一系列基于宏观审慎和微观审慎的政策调控和监管措施。已有文献研究了货币政策、金融监管制度与经济高杠杆的关系，以及如何通过货币政策调控和金融监管引导抑制过度加杠杆。

（1）货币政策与经济杠杆

一方面，从宽松货币政策对经济杠杆的推动作用看，Schularick 和 Taylor（2012）对比了1870—2008年12个发达国家货币政策、信贷扩张和危机发生特点的变化，发现第二次世界大战以后，信贷扩张逐渐与实体经济发展相背离，而高能货币的增加和中央银行扮演的“最后贷款人角色”放大了信贷扩张的后果，促使经济中杠杆大幅升高，最终导致危机的严重后果。近年来的研究更关注货币政策如何传导并促使银行过度承担风险和加杠杆。一般均衡模型能够刻画政策传导和银行及非银企业的政策反应，分析政策对经济杠杆的作用。Valencia（2014）构建了一个动态银行模型，考察宽松的货币政策对银行杠杆和风险承担的影响，分析结果表明，当无风险利率降低，融资成本下降，贷款利润上升时，如果负债规模相对有限，会促使银行增加贷款，提高杠杆，过度承担风险。在低利率的条件下，银行一方面缩减股息，降低杠杆，另一方面又通过增加贷款使杠杆上升，但贷款规模扩大的效应占主导地位，促使杠杆总体增加。当对银行施加资本监管要求时，银行会降低风险承担，但会促使债务人的杠杆增加，使银行贷款风险更大。Angeloni 等（2015）通过构建 DSGE 模型，分析并实证检验了美国和欧洲货币政策对银行风险承担和经济周期的作用。研究结果表明，宽松的货币政策会刺激银行的风险承担倾向，推动杠杆增加，一方面助长风险敞口，另一方面风险的螺旋上升会损害产出，并削弱传统的“金融加速器”效应。

Martin 和 Philipon（2014）构建了开放经济下货币联盟中私人部门杠杆、财政政策、劳动力成本和利率的动态变化模型，结合信贷扩张造成的杠杆高企，过度财政支出导致的公共债务以及资金链断裂三个冲击的影响，解释了欧元区国家经济的动态变化，并通过反事实模拟，检验财政政策、宏观审慎政策和货币政策对经济衰退的治理作用，结果表明，经济繁荣时较强的财政约束能有效抑制经济下行，宏观审慎政策对杠杆的削弱能在危机时稳定就业，中央银行较早地治理市场分割能显著缓解衰退。但如果财政政策不够审慎，则会导致公共债务的高涨，不利于危机的治理。已有研究同时揭示了宽松货币政策与银行杠杆行为的相互作用。更早一些的研究如 Dell' Ariccia 等（2010）通过建立宽松货币政策下银行风险承担模型，表明采用了杠杆的金融机构通过资产负债结构将风险内生化，当银行可以调整资本结构时，宽松的货币政策会导致更高的杠杆和风险，但如果资本水平不变，货币政策的影响则取决于杠杆的水平，高杠杆的银行增加风险承担，资本水平较高的银行降低风险承担。

另一方面，杠杆率水平也会影响货币政策的传导。信贷传导方面，Gambacorta 和 Shin（2016）采用多个国家的银行的截面数据，检验了银行杠杆和货币政策传导的关系，实证结果表明银行杠杆的下降能降低融资成本，提高贷款增长率，因此银行增加留存收益或提高资本水平可以放大宽松货币政策对信贷的促进作用。而紧缩货币政策对信贷的约束作用在资本充足率较高的银行则被削弱。风险传导方面，Bruno 和 Shin（2015）在国际视角下分析了货币政策和银行杠杆的动态关系，发现杠杆在货币政策风险传导渠道中具有关键作用，当政策利率下降时，银行杠杆上升，美元贬值，资本流出；在资本流入的国家货币升值的预期下，银行资产负债表更强健，贷款约束更小，银行融资约束弱化，进而更积极地扩大负债规模，加高杠杆，提高风险承担。Dell' Ariccia 等（2017）也检验了银行杠杆对货币政策风险传导渠道的影响，实证结果表明短期利率的提高会促使银行事前风险承担的下降，但利率对银行风险承担的调控作用受到银行资本水平的影响，对于资本充足率较低、杠杆较高的银行，利率的提高并不能显著抑制银行的过度风险承担。

（2）监管政策不足与经济高杠杆

监管政策的放松或已有监管不足也会导致高杠杆，进而引发危机。Coch 等（2016）对比了美国 20 世纪 20 年代的危机和 2008 年的国际金融危机，认为在 1929 年“大萧条”发生之前，商业银行受到固定的较低约束的资本监管要求，银行面临双重债务，并且倒闭的银行不会受到救助，此时，当资产价格上升时，银行会主动降低杠杆；但在 2008 年的国际金融危机前，资本监管水平与银行的风险资产呈现一定的比例关系，倒闭的银行会受到政府救助，因此银行资本水平仅仅达到最低监管要求。对比分析的结果表明，应该对市场实施更多的约束，推动系统重要性银行保持更高的资本缓冲水平。Dell' Ariccia 等（2014）构建了一个包含银行贷款风险监管的模型，研究结果表明，当银行可以自由调整资本水平时，降低真实利率会促使银行加大杠杆，银行监管压力放松，同时风险承担增加。当银行资本水平固定时，银行受到监管的程度以及贷款风险承担取决于杠杆水平，当贷款需求函数是线性或凹函数时，对于资本水平较高的银行，真实利率降低会削弱监管压力，提高银行风险承担，资本水平较低的银行则会受到更严格的监管，降低风险承担。

（3）货币政策、监管政策与经济杠杆的国内研究

国内研究基于中国货币政策和经济金融发展，以及经济杠杆形成的特殊背景，分别从经济高杠杆的成因、货币政策和监管政策对经济杠杆的影响机制以及政策的杠杆治理效果三个方面展开分析，为探索中国经济高杠杆问题“存而不破”的原因，政策

效果与杠杆问题的传导以及建立货币政策调控和宏观审慎监管治理杠杆、防范风险提供了理论支撑。

针对不断走高的经济杠杆，学界偏向于认为宽松的货币政策和财政政策可能是经济高杠杆形成的一个关键因素。方昕（2016）分析了中国高杠杆形成的原因，认为2008年中国应对国际金融危机的一揽子财政计划提振了经济，但也推升了中国债务总量，企业杠杆急剧增长。受经济下行影响，部分企业的短期经营目标从常规的“利润最大化”向“债务最小化”转变，其经营模式由发展转向债务管理，融资模式由“促发展”转向“保生存”，企业积累和新的负债从原来用于再投资转向偿还债务本息。这就导致企业投资大幅减少，总需求疲软，推升通货紧缩压力。陈卫东和熊启跃（2017）利用中国2000余家上市公司数据对非金融企业杠杆率进行了研究，认为中国杠杆问题是结构性的，经济增速下滑、2008年中国应对国际金融危机的一揽子计划使GDP增速与非金融企业债务增速的剪刀差不断扩大，银行主导的融资结构和企业对债务融资的偏好等因素导致杠杆的增加。贾庆英和孔艳芳（2016）基于拓展的三部门货币数量模型以及面板向量自回归（PVAR）模型，采用系统广义矩估计（GMM）方法进行估计，发现货币供给对房价和经济杠杆有明显的正向冲击作用，货币供给增加会引起房价上升和经济杠杆的延长。陈道富（2015）分析了中国“融资难、融资贵”的机制根源，认为“融资难、融资贵”反映了中国在经济阶段转换和经济结构调整、金融转型和放开过程中，政府持续刺激、放松货币约束，通过隐性担保和刚性兑付保持经济金融稳定下资金供求平衡。另外，企业集团经营多元化，虽然分散了行业风险，但促使集团杠杆超常快速发展。

从货币政策和监管政策对杠杆调控的作用机制看，李妍（2010）通过模型探讨了不同监管要求下金融机构杠杆率的选择，认为监管机构对金融机构破产的负外部性越不重视，均衡时金融机构的杠杆率越高；监管效率越低或监管机构为获取金融机构的杠杆率而支付的信息成本越高时，均衡时监管机构的监管力度越小，金融机构的杠杆率越高；监管机构对金融机构的惩罚力度越大，均衡时监管机构的监管力度越小，金融机构的杠杆率越低；当监管效率过低或监管机构为获取金融机构的杠杆率而支付的信息成本过高时，或者当监管机构对金融机构破产的负外部性没有得到足够的重视时，金融机构选择对其股东而非社会最有利的高杠杆水平。作者认为2008年国际金融危机爆发的原因是美国监管部门放任金融创新，导致金融机构过度追求效率，杠杆过高。雒敏和聂文忠（2012）运用固定效应法和广义线性模型的Logit最大似然估计方法，实证检验财政政策和货币政策对企业资本结构调整速度的影响。研究结果表明：增加政府财政支出能加快企业资本结构调整的速度，降低企业所得税不但没有增加反而显著降低了企业资本结构的调整速度；降低利率能明显加快实际财务杠杆低于目标财务杠杆企业的资本结构调整速度，降低了实际财务杠杆高于目标财务杠杆企业的资本结构调整速度，而增加货币供给量能加快所有企业的资本结构调整速度。

刘晓星和姚登宝（2016）在考虑金融摩擦和价格黏性的基础上，将流动性冲击、金融脱媒冲击和资产价格冲击引入多部门 DNK－DSGE 模型，探究这三种因素对实际经济变量和金融变量的动态影响及其作用机制，并利用贝叶斯方法估计模型的结构参数。方差分解和脉冲响应分析结果表明，正向的金融脱媒冲击和资产价格冲击能够使产出、投资、信贷、劳动和融资杠杆率等出现较大提升，而正向的流动性冲击能够刺激产出、投资和劳动的小幅增加，却引起了消费、信贷和融资杠杆率的局部下滑。货币政策冲击则常常会引起产出、投资等变量的下降，刺激消费、劳动、信贷和融资杠杆率的上升。尤其是当实施扩张性货币政策时，产出、消费、劳动、信贷总量、通货膨胀率和投资等主要经济变量的波动有所加剧。顾永昆（2017）通过在生产函数中加入金融杠杆风险控制函数，分析了企业金融杠杆调整原因、路径及对经济增长的影响，认为金融制度通过利率影响资金成本与资金在企业间的配置，影响资产定价、金融风险在企业与国家之间承担方式，进而影响企业金融杠杆决策。

中国学者也考察了货币政策调控和宏观审慎政策对杠杆治理的效果。梁琪等（2015）将差别存款准备金动态调整机制和可变的贷款价值比上限作为宏观审慎政策工具的代表，利用中国商业银行 2003—2012 年的微观数据，采用系统 GMM 方法实证检验了这两大工具在抑制商业银行信贷扩张、杠杆率变动及其顺周期性中的作用，评估了中国宏观审慎政策工具的有效性。研究显示，这两大工具能够显著影响中国商业银行的信贷增长和杠杆率变动，而且通过其逆周期调节，能够有效降低银行信贷和杠杆率的顺周期性，即中国宏观审慎政策工具的调控是有效的。刘震和牟雯波（2017）采用 DSGE 模型，在考虑银行部门存在杠杆率监管约束的情况下，研究调整法定存款准备金率对宏观经济波动和信贷市场的影响。通过机制分析和脉冲响应分析发现，当经济遭受生产率冲击之后，同时调整基准利率和法定存款准备金率的货币政策制度比单一调整基准利率的货币政策制度更倾向于放大银行部门和通货膨胀率的波动性，而时变法定准备金率的政策安排更加倾向于降低银行部门杠杆的顺周期特征，有利于降低系统性金融风险发生的可能性。

3. 监管套利、影子银行和银行高杠杆

一般认为，影子银行是由银行的监管套利行为产生的，而影子银行会导致银行大幅加杠杆，已有研究对监管套利、影子银行的产生以及高杠杆的形成机理进行了分析，并揭示了影子银行和高杠杆的潜在风险。Plantin（2014）建立了一个包含资本监管和影子银行监管套利的模型，说明了在信息不透明的情况下，银行通过影子银行绕过资本监管，增加负债，使实际杠杆高于监管上限。而银行利用私人信息优势通过影子银行放贷，导致逆向选择问题，使影子银行流动性弱于一般借贷，同时促使银行负债大幅增加，扩大了风险传递。Fernandez 和 Wigger（2015）也认为，影子银行通过吸收剩余资本，为亟须资金的企业提供融资，增加企业债务，推升杠杆。同时，影子银行也为系统性重要金融机构增加杠杆、产生更多的贷款和负债提供了便利。在影子银行体系下，风险的积累更加迅速，影响也更深远。Gennaioli 等（2013）构建了影子银行的理论模型，银行通过贷款分类和交易，进行风险较低的外部融资，场外投资者是贷款打包后的低风险债券或非直接证券化产品的主要需求方，通过影子银行业务，银行资产和杠杆同时被推高，银行与市场波动的关联度增强，银行的异质性降低，系统性风险敞口增加。Duca（2016）分别从长期和短期的角度分析了影响影子银行的因素，从长期看，存在资本监管要求和存款准备金率提高的情况下，影子银行会扩张，提高杠杆；从短期看，影子银行规模和杠杆随着流动性溢价的提高而降低。研究结果证明了影子银行和杠杆存在顺周期性。

国内学者早期的研究主要总结了影子银行行为和经济高杠杆对美国金融危机的影响，易宪容和王国刚（2010）对美国次贷危机的流动性传导机制进行了分析，认为在金融全球化的国内外背景下，影子银行是一个创造流动性的新的融资体系。它的实质就是为了规避正式监管规则而由发起人设计的一套把市场流动性转变为银行流动性的金融产品及市场安排。其目标就是通过流动性增加来提高金融资产的杠杆率，过度地使用公共性的金融体系，从而为金融机构谋取利润最大化。这种新融资模式既为流动性的转换与聚集创造条件，也为流动性突然中断及整个金融体系突然崩溃留下巨大的隐患。

对于中国影子银行和银行加杠杆行为的研究，一般认为是银行逃避政策和监管约束的结果。胡志鹏（2014）分析了中国杠杆率快速攀升的原因，认为传统银行贷款之外的融资活动快速扩张，拉长了融资链条，增加了融资环节，降低了每一笔新增信贷投向实体经济的效率，货币信贷配置不佳抑制了货币信贷创造增加值的能力，这一系列因素都推升了中国杠杆率水平。从中国企业债务结构问题的角度分析，钟宁桦等（2016）认为一些国有企业大量参与委托贷款和应收账款，从金融体系中以较低的成本借了大量的钱，之后又转手借出（如给私营部门），从中获得利差，无形中增加了社会债务规模，也成为后续相关金融监管的重要目标。

影子银行及其伴随的高杠杆会对货币政策传导和金融稳定产生影响，容易积聚风险，形成系统性危机。裘翔和周强龙（2014）在新凯恩斯动态随机一般均衡框架中引入了包含影子银行的金融中介部门，将影子银行视为商业银行信贷投放体系在高风险领域的延伸，并探究了该中介体系对于货币政策传导有效性的影响。主要结论表明影子银行体系影响了货币政策传导的有效性，这在央行的加息周期中表现得非常明显。具体来讲，影子银行在加息冲击下反而会放松贷款条件，导致高风险企业综合借贷成本降低，从而刺激高风险企业加杠杆并增加投资。影子银行的这种逆周期行为，削弱了央行原本旨在抑制投资的货币政策的效果。

胡志鹏（2014）通过构建一个涵盖居民、企业、金融机构和货币当局的模型来考察货币当局最优政策设定，理论和实证结果表明，货币当局使用货币政策工具来降低杠杆率的效果并不理想，未能有效抑制企业借贷和银行放贷冲动，而提高“控杠杆”目标权重不仅不能使杠杆率的稳态水平下降，反而会降低稳态产出水平。而突然收缩货币信贷供给只能短暂地压低杠杆率初始冲击，过后杠杆率会再次攀升且产出增长会面临较长时间的持续收缩。林琳等（2016）建立了一个引入影子银行部门的 DSGE 模型，结果表明，在经济上升期中，商业银行监管套利的行为主导了影子银行的发展，形成了高杠杆、高度期限错配、关联关系复杂的金融系统，加剧了顺周期效应，积聚了大量的金融风险。刘晓欣和雷霖（2017）分析了金融部门和非金融部门杠杆提高对金融稳定性的影响机制，认为在国内实体经济部门收益率普遍较低时，大部分资金并没有进入实体经济，而是在金融系统内部空转套利，普遍加大杠杆。这些现象说明，金融如果一旦脱离服务实体经济，就容易产生较大风险。

1.2.3 政府行为与经济高杠杆

本部分将围绕地方政府行为梳理有关政府视角下高杠杆问题的研究成果。

中国地方政府行为对经济高杠杆的影响大体可从如下三个侧面归总论述：第一，在相当长一段时间内，地方政府为国有企业和金融业提供某种隐性支持，使这些受到隐性保障的经济主体风险防范意识偏弱，不断增加债务，即使在企业运营不善和经济下行阶段也是如此，风险由此囤积；第二，地方政府出于促进地方经济增长的动机，会大力扶持某些产业（如房地产业），可能使得这些产业在市场规律外仍可获得超额配置资源，在产业发展的同时风险也在不断累积；第三，地方政府还可能通过融资平台等直接进入市场，主动举债，直接推高了政府部门自身的杠杆率。

1. 地方政府隐性担保下的国有企业与金融业杠杆特征研究

关于地方政府隐性担保下国有企业的杠杆特征，叶德磊（2006）总结了国企杠杆在资本市场的表现特征，其研究借助投资者与政府、上市国企与政府、证券公司与政府的一系列市场博弈，对中国资本市场的一些非市场化现象予以溯源，指出其症结仍在于政府的隐性担保人角色。何问陶和王松华（2009）考察了地方政府干预下信贷配给的区域差异特征，发现政府对国有企业隐性担保的形式存在较大的地域性差别。李成等（2014）探究了国企杠杆的变化特征，其实证研究发现，国有企业杠杆随利率市场化推进和政府隐性担保减少而降低。

关于地方政府隐性担保下金融业的杠杆特征，现有实证研究直接将金融部门的杠杆和风险联系起来，并给出了相应的测算结果或未来预期。范小云等（2011）的实证检验表明，非危机时期边际风险贡献和杠杆率较高的金融机构，在危机中的边际风险贡献较大。巴曙松等（2013）基于系统或有权益分析（Systemic CCA）模型，选取国内五大银行 A 股和资产负债表数据，结合多元极值理论和极值连接（Copula）函数，得到银行日损失数据的多元极值分布，其研究测算了五大行的联合违约概率和期望损失等风险指标，结果显示其系统性违约风险仍在可控范围内。然而，五大行体系之外的金融机构潜藏的杠杆风险则不容小觑。白雪梅（2014）采用条件风险价值（CoVaR）方法度量了中国公开上市的 27 家金融机构 2008—2013 年的系统性风险，发现财务杠杆率高、规模小、盈利能力好的金融机构的系统性风险贡献更高，自身风险较高的金融机构其系统性风险贡献也更高。李俊霞（2014）对中国影子银行的风险测度表明，中国影子银行体系总体风险可控，结构性特征明显。

2. 地方产业政策支持下相关产业的杠杆特征研究

一些研究侧重于对政府支持产业的产能水平和杠杆率水平的测度，从而间接考察相应产业的杠杆特征。国外学者定义了产能水平的基本衡量方法，如 Kirkley 等（2002）把产能利用率（CU）定义为通常观察到的实际产出与产能（产出）之比，若产能利用率小于 1，即为产能过剩。国内文献则对政府支持行业的产能水平予以测量，但更多地侧重于产能过剩的消极方面。程俊杰（2014）用协整法和随机前沿生产函数法对 2001—2011 年中国 30 个省（市）的工业产能利用率进行测度，并分解了不同因素对产能利用率的影响，研究发现观测样本期间中国的产能过剩风险正由局部向全局蔓延。国务院发展研究中心的研究总结了中国产能过剩行业的三大特征：产品同质化程度高、享受过多政策优惠、当前市场需求骤降（国务院发展研究中心，2015），而政府支持行为与过剩行业的高杠杆之间存在关联。程俊杰（2016）的数据也证明了过剩产业的高杠杆行为背后与政府有关。

另一些研究侧重于政府支持产业杠杆与其他因素的相关性检验，进而直接考察相应产业的杠杆特征。唐根年（2010）用格兰杰（Granger）因果关系检验发现，许多城市房地产价格上涨的基本面支撑非常脆弱，房地产杠杆的增加主要与投资扩张形成的正反馈机制有关，而非具有强劲的有效需求支撑。万冬（2010）用上海的房地产数据证明，房地产对地方经济影响越大，政府对其支持力度越大；而当房地产过度发展造成社会福利损失时，地方政府又会采取一定的调控措施，房地产杠杆受到政府政策调节的影响。谭语嫣等（2017）发现，“僵尸企业”的高杠杆行为对正常企业具有投资挤出效应，减弱了金融对实体经济的支持。

3. 地方政府债务的杠杆特征研究

2008—2015 年，中国的地方政府融资模式较为多样，但由于部分融资方式呈现一定的隐蔽性，蕴含着一定的风险。国内一些学者关注具有代表性的城投债问题，其研究揭示了城投债的“准市政债”本质和杠杆特征：由于 1994 年中国开始实施分税制改革，地方政府事权财权不完全匹配，地方政府设立城投公司或其他形式的地方融资平台，发行城投债以弥补财政缺口，并为市政建设募集资金（王刚和韩立岩，2003；龚强等，2011；陈菁和李建发，2015）。罗荣华（2016）采用 2009—2014 年城投债定价数据的实证研究印证了其“准市政债”的基本特征：地方政府的财力状况会通过影响政府的担保能力和担保意愿的作用机制，进而影响城投债的发行定价；且其定价受宏观环境、债券特征、发行人规模（而非城投公司的盈利能力）的影响。

也有研究梳理了中国地方政府债务的演变脉络和地域分布情况，并从中总结出相应的杠杆特征，如尹启华（2016）将中国地方政府债务管理划分为三个阶段，并以此总结了各个阶段的杠杆特征：改革开放初期杠杆从无到有，分税制改革后杠杆逐渐增加，2008 年国际金融危机后地方政府杠杆激增，其管理也呈现出“多政府层级联动、多职能部门协作、多样化规制管控”的特征。中国地方政府债务杠杆风险的空间分布特征也受到关注。梁丽萍（2016）对地方政府债务的风险测度结果表明，政府债务风险承受能力最高的五个省（市）是江苏、广东、山东、上海和北京，而最低的五个省（自治区）是青海、宁夏、海南、甘肃和新疆。除此之外，赵剑锋（2016）还采用因子—聚类分析方法，发现增量风险是省级地方债风险的最重要来源。

还有研究通过考察地方政府债务与其他因素的相关性，提炼地方政府自身的杠杆特征。刘昊等（2013）的实证检验表明，中国地方政府融资平台贷款绝大部分投向城市建设公益类项目，而土地出让收入是其主要还款来源，平台整体债务风险与地区经济发展水平成正比。孙刚（2017）利用247个城市的政府债务与金融稳定指标数据，发现在地方政府性债务治理能力靠后的地区，地方政府控股国企并产生较高的杠杆率，但企业资本性投资效率却显著较低，企业产能过剩的财务特征十分明显。洪源（2015）的多元选择Logit模型证明，地方政府债务规模绩效的状况和水平与财政分权、地方政府晋升激励机制和预算软约束显著相关。徐占东（2017）使用跳跃扩散过程测量了地方政府债务的规模，其研究发现，地方政府债务规模取决于财政收入水平、财政收入增长率及波动率、债务风险以及财政收入对土地出让收入的依赖程度。

4. 地方政府隐性担保与国有企业和金融业高杠杆关系研究

关于地方政府向国有企业提供隐性担保的机制，现有文献提供了各异的研究视角。孙强（2000）认为，在改革进程中，企业资金流动过程存在各相关经济主体管理体制上的不一致性以及资金存量和流量运行机制的不一致性，二者共同破坏了企业资金流动过程的一体化准则，制约了企业资金流动的双向制衡机制的形成，这是造成国有企业高债务的内在根源。周立（2001）指出，国有企业高杠杆源于为解决国有资产管理机构与经理人之间的代理问题而设计的不当激励政策，如果缺乏债务约束条款，将会引发从债权人到企业所有者的“资产转移”行为，甚至导致债务危机。胡玉明（2001）则强调，国有企业债务问题的更深层制度性因素是产权主体残缺、委托代理关系模糊，故而难以构建与市场经济环境相适应的企业治理结构。

关于地方政府向金融业提供隐性担保的机制，现有文献给出了不同的解释。事实上，政府向金融业提供隐性担保主要体现为对金融机构和金融市场的保护。当金融市场出现剧烈波动，或金融机构出现较大风险破产倒闭时，政府往往会采取手段对金融业进行救助支持，以避免风险的进一步扩散。马晋芳（2016）通过影子银行之间、影子银行与政府之间、影子银行与投资者之间三组两群体的进化博弈模型，分析了各个主体之间的动态博弈关系以及均衡策略稳定性的影响因素，指出政府为金融业提供的刚性兑付隐性担保推动了影子银行的迅速扩张，从而积聚了风险。另有研究指出地方政府隐性担保对金融业某些公益行为发挥了不可或缺的作用，如王曙光（2009）研究了缺乏政府隐性担保的村镇银行支持“三农”意愿的削弱机制，从反面论证了隐性担保的机理。

5. 地方政府产业政策与过剩产业高杠杆关系研究

中国某些行业的产能过剩问题较为突出，而这些行业同时还积聚了较高杠杆，其内在动因引发了学术界的深刻思考。诸多文献倾向于采用博弈模型，将政府作为理性经济人纳入博弈过程。

其一是地方政府之间的博弈。刘君德等（1996）研究发现，中国存在“行政区经济”，行政区划这一堵“看不见的墙”对区域经济产生刚性约束，进而诱发地方政府间的竞争。陈明森（2006）用地方政府之间的博弈模型，论证了支持过剩产业是地方政府间相互竞争的结果。张莹（2015）通过对地方政府行为的博弈分析，证明在当时政绩考核机制下地方政府形成了趋同的干预行为，从而导致受支持产业的过量增长和高杠杆。

其二是地方政府与当地经济主体间的博弈。江飞涛等（2012）建立企业与地方政府间的两期博弈模型，并指出：在地方政府低价供地所导致的补贴效应和协调配套贷款等行为的影响下，企业自有投资过低会导致风险外部化，这会进一步导致企业过度的产能投资，从而推高整个行业的杠杆率。在房地产行业，张薇（2006）、陶珺等（2007）、张玥婷（2015）分别就地方政府与投机者、地方政府与房地产商和地方政府与其他利益集团的互动建立博弈模型，得出相似结论。余东华（2015）对光伏产业、白让让（2017）对汽车行业的博弈分析中也有类似发现。

其三是地方政府与中央政府的博弈。余建源（2009）指出，中央与地方在房地产市场上的短期利益与长远利益难以有效整合是二者展开博弈的主要因素；张亚明等（2008）、杨柏国（2010）、陈荣剑（2016）则认为房地产业持续高涨是中央与地方政府之间的反复博弈的体现。周建军等（2012）、王晓姝（2012）借用地方官员晋升概率模型考察了地方政府与中央政府的博弈，证明了地方政府将继续支持过剩产业。

事实上，除传统博弈外，演化博弈也逐渐被引入地方政府行为的分析领域。黄凯南（2009）总结了演化博弈和演化经济学的关系，并归纳了其中的主要研究方法。此种方法已开始被学术界采纳。如在政府间博弈的研究中，陈荣剑（2017）采用地方政府间的产能演化博弈模型得出了与主流观点相似的结果。

除博弈模型外，一些学者还尝试用其他方法考察政府支持过剩产业的动因。王文甫等（2014）借鉴 Bernanke 等（1999）和 Fernández – Villaverde（2010）的分析框架，引入大企业与中小企业两种不同规模的企业，用 DSGE 模型考察了中国非周期性产能过剩的形成机理，认为地方政府追求地区生产总值是过剩产业高杠杆的原因之一。顾智鹏等（2016）的研究表明，工业用地的价格被地方政府扭曲，从而引致企业过度投资、形成产能过剩。邓淑莲（2017）把地方政府的财政透明度纳入企业微观行为的分析体系，认为财政透明度不够是过剩产业发展并推高产业杠杆率的诱因之一。

6. 地方政府主动负债引致自身高杠杆的机制研究

在西方成熟的市场经济国家，地方政府一般通过显性渠道，即发行市政债的形式为自身融资。关于政府显性举债的动因，国外文献多将其归结为恢复和发展经济的各种项目建设的需要（Ratchford，1947；Hildreth 和 Miller，2002；Islam 和 Hasan，2007）。

关于地方政府高负债的内在机理，国内外文献大多倾向于将地方政府作为“经济人”进行自身利益的最大化决策，从而解释地方政府加高自身杠杆的动因。Alesina 和 Tabellini（1990）剖析了选举制政党轮替诱发的政府高杠杆，发现在新选举周期到来前，若现届政党不确定其政党同盟能否在竞选中获胜，将运用减税、增债等扩张性政策，以期赢得“中位投票人”青睐并拉拢更多政治选票，政府自身的杠杆率也随之提升；Goodspeed（2002）的税收博弈模型为政府的负债动机提供了一个合理解释；周航等（2017）也用相似方法考察了地方政府与中央政府的博弈，并证明了在财政分权体制下，地方政府具有举债冲动；只要中央政府的政策目标需要依靠地方政府通过增加公共支出实现，预算软约束就会发生；而中央政府会增加对举债地方政府的补贴水平。于海峰和崔迪（2010）指出，地方政府追求本地区经济快速增长，而政府的投资行为可能导致政府投资过多，不得不通过举借债务来实现。地方政府过度举债还源于地方政府希望获得中央政府更多的资金支持（Rodden，2002；刘尚希和赵全厚，2002；冯静和石才良，2006；Oplas，2008；Akai 和 Sato，2009）。

在很长一段时间内，中国特定的分税制体制以及由此形成的地方政府财权事权的不匹配对地方政府杠杆产生一定的推动效应。贾康等（2010）指出分税制改革虽然规范了收入分配，但未能解决财力与事权匹配的问题，任何一项宏观经济政策的实施都会增加地方政府支出压力，从而被迫举借债务。更有学者将这一问题归结为地方政府权力与责任的“时空背离”（刘祖云，2003；麻宝斌和郭蕊，2010；缪小林等，2013）。关于财政分权与地方债务的关系，理论界主流观点是财政分权会引致地方政府支出规模的扩张；另有观点支持“利维坦假说”，认为财政分权可以限制地方政府支出规模的过度扩大。王杰茹（2016）从支出分权、收入分权和纵向财政不平衡三个角度分析其作用机制，实证结果证明了提高收入分权、降低支出分权、缓解纵向财政不均衡将有助于降低地方政府性债务水平。蔡玉（2016）分析了 1994 年分税制改革以来财政分权、中央税收集中获取与地方政府债务扩张的内在联系，并对 2004—2012 年中国地方政府债务进行估算，其省际面板数据分析结果显示，财政分权和中央税收集中是中国地方政府债务扩张的主要因素之一。

7. 地方政府隐性担保下国有企业与金融业高杠杆的风险研究

地方政府对国企提供隐性担保后，国企的高杠杆风险引发了理论界的关注。政府隐性担保的存在使国有企业在一定程度上获得了债务融资的便利性（方军雄，2007；Chang 等，2014）；这种融资便利可能使国有企业的实际杠杆决策向上偏离其最优的目标负债率，从而引发潜在的风险（陆正飞和高强，2003；姜付秀等，2008；Goyal，2009；Chang 等，2014）。陈道富（2015）认为，政府对国有企业的隐性担保在一定程度上影响了市场资金定价，间接加剧了中小企业“融资难、融资贵”的困境。聂新伟（2017）在分析中国非金融部门债务状况事实的基础上，结合行为主体在市场运作和政府干预两种情境下的博弈形式，总结了中国企业信用债违约的背景，其研究指出：政府对国有企业的隐性担保会引发两类结果，一类是未实现融资的成长型企业发展停滞，另一类则是已实现融资的项目效率低下、风险敞口扩大。

地方政府对金融业的隐性担保也潜藏着一定的风险隐患。已有研究就金融系统刚性兑付预期的弊病进行了深刻剖析。王叙果（2005）的研究指出，政府的担保能力也受经济增长水平的制约，因此这种态势不可能在经济下滑时继续保持，这种不稳定的担保能力或许正是风险的本源所在。国外诸多研究也论证了政府担保行为激励银行风险承担的内在机理（Hakenes 和 Schnabel，2010；Forssbaeck，2011；Dam 和 Koetter，2012；Marques 等，2013）；汪莉等（2016）则在 Hakenes 和 Schnabel（2010）两期模型的基础上，从中国利率未完全市场化的背景出发，刻画了异质性政府担保对银行投资与风险决策的影响。迄今为止，理论界对刚性兑付的具体弊端已有基本共识：刚性兑付扭曲了市场纪律，干扰了资源配置方式，增加了金融体系的整体风险，引发了投资者和金融机构的道德风险，同时抬高了中国的无风险收益率，减少了实业发展的资金可获得性（桂浩明，2013；吴晓灵，2014；项峥，2014）；同时，刚性兑付也扭曲了直接融资市场中的利率定价及风险承担机制，虽带来短期的信贷繁荣现象，但也埋下了长期的债务危机及金融机构破产重组等风险隐患（唐彦斌和谢识予，2015）。上述危害也体现在各类债券的定价中。正如 Duffie 和 Singleton（1997，1999）的离散时间债券违约模型所述，政府隐性担保对债券市场的介入可能造成定价扭曲；而王博森等（2016）用 CIR 仿射模型和卡尔曼滤波法对中国企业债的隐性担保进行风险定价的研究也从另一个侧面印证了政府对债券市场的隐性担保乃至刚性兑付水平使各类债券蕴含着不同程度的隐性担保风险。韩鹏飞和胡奕明（2015）基于 2007—2012 年上市债券的利差模型更准确地指出了上述风险的实质：政府对债市的隐性担保有可能导致债券风险向地方融资平台转移。

8. 地方政府产业政策下过剩产业高杠杆的风险研究

在地方政府重点支持的产业中，房地产业较为突出，其内含风险引发了学术界的深入思考。一些研究侧重于寻找房地产业高杠杆风险的度量机制。李万庆（2006）用属性层次模型（AHM）和模糊综合评价（FCE）方法深入测度了房地产投资风险，且对原有层次分析法（AHP）的计算过程予以简化，更便于操作。张霞（2007）利用 FCIM 模型度量了房地产市场的投资风险，该方法能够同时估计出风险的大小和发生概率。袁建林等（2010）运用 Logistic 方法估计了房地产上市公司经济效益风险，并对相应风险予以揭示和评价。

另一些研究则在房地产业高杠杆风险的估测模型基础上探究其中的风险规律。2008 年国际金融危机之前，中国房地产业的风险已经受到学术界的关注，如王维安（2005）采用双市场模型，证明了房地产市场区域风险通过资本跨地区流动，从经济发达地区向经济欠发达地区扩散。但当时的研究普遍认为，中国房地产风险仍旧可控，宏观金融风险主要集中在开发企业环节，总体上仍较合理；宏观经济的繁荣带动了房地产业的上升，而制度因素对房地产宏观金融风险影响较大（全国工商联不动产商会房地产金融本书组，2006）。而在 2008 年国际金融危机之后，随着房地产业等获得地方政府支持的过剩产业的高杠杆风险不断积累，理论界也有了新的发现，如李妍

(2010）对不同监管要求下金融部门杠杆率的选择进行比较，强调宏观审慎不但要重视效率，更需从金融稳定视角关注系统性金融风险。钱水土（2016）的模拟研究表明，在产能过剩行业的波动冲击下，中国银行业的冲击阈值和风险传染阈值逐年提高，且小银行更易受风险传染的危害。刘晓欣（2017）则构建了金融杠杆、房地产价格与金融稳定性变量的结构向量自回归（SVAR）模型，指出金融杠杆与房地产杠杆推高的价格存在相互促进关系，且二者的攀升意味着风险加大，都不利于金融系统的稳定。

9. 地方政府自身高杠杆的风险研究

地方政府的债务风险问题早已引起学术界的关注。对于显性市政债蕴含的风险问题，Buiter（1985）认为只有当政府有能力偿还债务时，财政才可持续，否则将导致破产风险。Blanchard 等（1990）则进一步将政府高负债的风险定义为确定财政收支水平，若使净债务占 GDP 的比重不变，则政府杠杆可持续，反之就存在风险。Hempel（1972）、Chalmers（1998）探究了投资项目的“公益性”，指出市政债相较于普通企业债有着更低的投资回报和更高的投资风险。Musgrave（1983）、Ulbrich（2003）的研究发现，地方政府不具备联邦政府“借新换旧”和铸币还债的特权，使市政债的信用风险高于同期国债。相应的实证检验也证实，经济环境、资金流动、债券期限、税收政策和债券评级都会对市政债的信用风险和发行定价产生显著影响（Pedrosa 和 Roll，1998；Duffie，1998；Fisher，2010）。

而对于隐性政府债务的风险问题，Talvi 和 Carlos（2000）认为，新兴市场国家的地方政府为填补财力缺口，多将财政赤字隐匿为表外债务，在预算外扩张财政杠杆；中央政府则默许地方政府的这种做法，视情救助债务危机地区。在这种政府负债机制下，政府的债务风险由地方转移到中央。Krogstrup 和 Wyplosz（2010）也发现，若中央政府迫于压力拨付事后纾困资金，由于救助成本需从各地分散征税获得，其实质是地区间分享成本、分担风险的一种跨域预算软约束。而国内许多学者认为中央政府在主权债务可保无虞的前提下，尚有充裕的战略空间内控地方杠杆。（李稻葵，2012；李扬和张晓晶，2015；郭玉清等，2016）。

随着中国地方政府杠杆的增高，其风险也越发受到国内学术界的关注。郭琳和樊丽明（2001）将地方政府债务风险归纳为地方政府债务的不确定性或其自身的缺陷以及由此引发的问题；呼显岗（2004）、黄国桥和徐永胜（2011）则将地方政府债务风险定位于向中央财政的转嫁；而李茂媛（2012）、胡援成和张文君（2012）以及伏润民等（2017）认为地方政府债务风险源于债务规模的急剧扩张，对地方经济发展和金融稳定产生负面效应。彭旺贤（2014）指出，地方政府在与金融机构等利益相关方的动态演化博弈中不断调整债务风险偏好以最大化自身收益，但博弈参与人的最优策略组合在演化系统中是不稳定的，即所谓的地方政府最优债务风险水平并不能长期维持。郭玉清等（2017）运用空间滞后 Tobit 和非线性动态门槛等前沿计量模型，从时间、空间两个维度重新审视了地方财政杠杆的激励机制和增长绩效，结果表明地方政府传统融资模式隐含着双重卸责动机，即隐性担保诱发的跨域卸责和期限错配诱发的跨期卸责；

在传统政绩考评激励下，“卸责效应”产生区域传染，从而导致风险的溢出和扩散。

1.2.4 经济高杠杆风险的防范与监管

1. 防范高杠杆风险的相关研究

目前国内外有针对性地对如何防范高杠杆风险的研究还不多，其中有一些把落脚点放在如何不让金融部门高杠杆现象产生上。如一些学者针对银行同业业务高杠杆的情况，提出应加强金融机构的权限和审批流程监管，要求金融机构在流动性管理方面执行统一政策；禁止银行接受或者提供“隐性”或“显性”的第三方金融机构信用担保；将全口径融资业务纳入监管范畴，避免有限资源流向政策限制行业；并考虑拉长同业负债期限（如一年以上），间接提高同业业务融资成本，压缩同业业务套利空间，再配套行业准入等监管限制措施以应对这一问题（步艳红等，2014）。其他的研究则把高杠杆现象作为金融机构风险承担的必然后果，抑制高杠杆的落脚点就自然就放在了抑制金融机构过度风险承担上面，一种直观的建议就是制定最小杠杆率指标（Praet，2010）。这个方面的实证研究方法主要是通过构建衡量银行风险承担的指标，来检验监管的相关程度或工具与该指标的关系，一般认为直接增加监管的强度（Buch 和 DeLong，2008）、聚焦银行董事的薪酬和股票持有（Bhagat 等，2015）或设定较高的资本要求（Ashraf，2017）都能抑制银行风险承担行为。

另外一些是在通过理论模型研究金融机构风险承担引起高杠杆机制的基础上所提出的，如 Petitjean（2013）认为能有效应对监管套利的监管体制，需要有稳健的类似巴塞尔协议的监管规则应对表外套利，管理部门应聚焦于系统性风险的控制并对违规行为零容忍，同时还要有自动且快速的干预以及解决机制。但这些要素起效的前提是强有力的国际协调。Aikman 等（2015）研究表明在经济基本面不发生改变的条件下能力差的银行会有追逐风险的动机，因此提高逆周期的资本充足率标准就能提高这种风险承担的成本，抑制这种行为，这种逆周期的宏观审慎监管的观点在很多以 DSGE 模型进行的研究中比较常见（Schoenmaker 和 Wierts，2015；Korinek 和 Simsek，2016；Phelan，2016）。Silva 等（2016）认为银行的风险承担行为是因为银行间的特殊的网络拓扑结构，这种网络结构使银行的成本效率更低，金融监管应该把这种情况纳入对金融失衡的分析中，并且在对系统性风险的适当激励机制进行设计时，也应考虑提高效率和风险承担之间的权衡。

2. 审慎调控政策的相关研究

2008 年国际金融危机之后，国内外学者经常从监管体系的不足中反思危机的经验教训，分部门监管模式被证明存在固有的缺陷，即在存在金融控股集团以及市场、机构和产品不能严格区分的环境下，监管套利的发生以及监管覆盖面缺口的出现将不可避免。因此需要在金融监管框架内设立负责处置系统重要性金融机构，并构建桥梁部门，实现单一的资产管理机构（Weber 等，2014）。基于此，“审慎监管”的重要性得到了前所未有的瞩目，审慎监管内涵得到了进一步拓展。除了对金融体系顺周期问题的关注外，截面维度上的系统重要性金融机构、“太大而不能倒”、宏观经济与金融关系等多方面问题都被纳入审慎监管考虑范畴。“审慎监管”逐渐超越了传统的金融监管范畴，形成了宏观审慎政策，并应用于旨在防范系统性风险的各种政策考量以及宏观经济与金融安全关联的所有议题（BIS，2011；G20，2011）。

近年来，审慎调控政策完善的重点主要集中在讨论审慎政策工具方面，最主要的争论在于宏观审慎政策工具与其他宏观经济政策工具（尤其是金融监管政策与货币政策等维护金融安全的工具）的联系和区别（Caruana，2010）。BIS（2008）对宏观审慎政策工具进行了初步的梳理，特别关注风险的顺周期性（Borio 和 Zhu，2008）。这些研究重点分析了资本要求产生的顺周期性，而 Hanson（2010）认为，动态监管约束可能使公众对危机时银行资本充足率产生怀疑，并加大银行的融资难度，因此，在经济状况良好时，应该执行比危机时更高的最低资本充足率要求。也就是说，审慎监管工具重点是设置逆周期的资本充足率指标，这些成为很多学者的共识（Rochet，2011；Karmakar，2016）。对其他有效的逆周期审慎工具的研究也是重点，如可以对证券公司实施动态缓释系数的净资本充足率要求（王擎等，2014）；依据系统性风险指数（王周伟等，2015）、宏观压力测试结果（曹麟、彭胜刚，2014）计提逆周期附加资本要求；可以利用在资产增速具有平稳性和周期性特征下的结构化模型，从杠杆与融资成本视角估算前瞻性拨备要求（许友传，2017）；可以实施时变的法定存款准备金制度（刘震等，2017）；还可以用动态风险准备金制度抵消以信用产出率的波动率和实际房屋价格波动率反映的金融不稳定性（Agénor 等，2017）。

另外当前国内外针对防范系统性金融风险倾向于建立一种宏观审慎监管与货币政策协调配合的长效机制，并尽可能地加强各国金融管理当局间的协调配合。

3. 宏观审慎与货币政策配合的相关研究

货币金融政策是防范系统性风险的常规货币政策工具，货币金融政策与金融审慎监管具有协同效应，考虑了金融脆弱性反应的宏观审慎货币政策可以有效维护金融稳定（童中文等，2017）。但多重金融政策存在不一致性，需要协调搭配组合（方意等，2012；郭子睿等，2017；程方楠等，2017），以避免“政策冲突”“政策超调”和“政策叠加”；宏观审慎货币政策、信贷政策与金融监管政策的合理组合，可以稳定金融体系，也可以降低单一政策的多目标困境和实施负担（马勇、陈雨露，2013；廖岷等，2014）；基于 DSGE 模型的政策比较分析表明，取消银行存贷比约束或银行间市场的政府隐性担保会弱化流动性干预，发挥逆周期调节作用，但取消政府隐性担保更为稳健（田娇等，2017）；Kahou 等（2017）梳理总结了宏观审慎政策及其目标与挑战，如金融稳定、顺周期和系统性风险；只有在盯住目标和最终监管对象的指向相同或都不具有指向性时，宏观审慎政策才有可能有效（方意，2016）；从国际实践来看，宏观审慎监管政策工具大多数是组合实施的（IMF－FSB－BIS，2016）。

4. 其他完善金融监管的相关研究

除了审慎监管方面的研究，其他研究的切入点涉及方方面面，如有些研究从整个金融监管体制着手，认为增强金融稳定，要加强对金融机构资产负债状况的监测，并实行信息共享。同时，还要对“一行三会”的管理体制进行机制和机构改革（吴培新，2011）。或是认为加入有效的风险预警工具，从正面推动金融监管的有效性，这方面的预警方法非常多，如利用 CDF—信用加总权重法（刘晓星等，2012）、CRITIC 赋权法（许涤龙等，2015）构建金融压力指数，再利用 MS—VAR 模型（吴宜勇等，2016；王维国等，2016）、TVAR 模型（陈忠阳和许悦，2016）预测系统性风险趋势（Betz 等，2016），或是利用未定权益分析（CCA）及在其基础上的改进模型来综合估算风险以较好地预警极端金融事件及其引发的系统性风险（宫晓琳，2012；方意等，2013；吴恒煜等，2013；唐文进和苏帆，2017）。还有一些研究从国内的金融体系的改革论述其对金融安全的重要性。如何德旭（2007）认为除了平时密切关注金融开放条件下的金融运行状态并采取相应的对策以外，更为重要的是要通过深化金融改革、加快金融创新和健全法制规范来促进金融业自身的稳健发展 ，不断提高金融体系整体的竞争力，增强抵御金融风险的能力。龚刚等（2016）建立了融入债务变化的宏观动态模型，发现政府的债务救助政策会有动态不一致性，应该施加相应的惩罚机制，这样的救助机制更能作为维护金融安全的补充。

1.2.5 对文献的评述

1. 经济高杠杆风险的演化机理方面

总体而言，尽管在 2008 年国际金融危机后，经济杠杆率对实体经济和金融部门的影响已经得到了广泛的关注，理论建模与实证分析的发展也十分迅速，但现有大多数研究均只是将经济高杠杆作为原因或结果的非完整性分析，仍缺乏从经济杠杆率内生化并全面探讨经济变量与系统性风险防范之间关系的研究。基于中国现实情况的分析更加匮乏，特别是针对中国转型经济过程所造成经济高杠杆在不同部门间转移、循环、叠加等结构性问题和逆周期性问题等，仍未有一个全面的剖析。在微观研究中，除了金融部门外，经济高杠杆对实体经济部门中不同经济主体的风险研究也相对匮乏。此外，对于经济高杠杆的冲击机制和相互作用机制仍需进一步深入分析。

2. 流动性过剩、监管套利与经济高杠杆方面

已有研究既从宏观经济的角度分析了流动性过剩、总体信贷扩张对经济杠杆和企业行为的影响，又深入研究分析了货币政策、金融监管与经济杠杆的相互作用和演变路径，以及由此造成的潜在系统性风险问题。但就中国而言，由于中国企业的异质性较强，导致流动性分布和传导具有不对称性，因此流动性过剩和高杠杆问题往往在局部表现突出，进而带动整体问题的发生。已有研究并未厘清流动性过剩在中国经济金融和政策环境下如何传导演变，以及如何通过金融中介的套利传导并放大经济中的流动性，进而形成高杠杆风险。

3. 地方政府行为与经济高杠杆方面

在地方政府行为与经济高杠杆的内在动因研究中，现有文献对相应机制进行了细致考察并形成了一定的主流认识。

关于地方政府隐性担保与国企和金融业杠杆关系的问题，已有研究对以下观点基本达成共识：从历史上看，地方政府对国有企业的负债行为附有一定的隐性担保承诺，也有“义务”保证金融体系的绝对稳定；国有企业因政府的隐性担保，有可能具有更强的风险偏好，进而抬高自身的负债水平；金融业也依据同样的理由实施信贷扩张；随着两者杠杆率的增高，风险也在逐渐累积。

关于地方政府产业政策与相应产业杠杆关系的问题，理论界已形成“地方政府—地方政府”、“地方政府—其他经济主体”以及“地方政府—中央政府”三大维度的博弈分析框架，加之其他视角下的考察，能较为准确地解释政府产业政策伴随着相关行业产能过剩，且过剩产业依旧加高杠杆现象的本质原因。

已有的文献为地方政府行为与整体经济高杠杆现象的微观作用机理提供了诸多有价值的逻辑，尽管如此，现有文献仍存在一定缺陷。首先，对该问题的微观动因，多数文献仍停留在静态层面的分析，而事实上，上述机制是一个逐期演变的过程，静态模型虽然能在一定程度上刻画各经济主体动机的剖面，但对于考察高杠杆风险的变迁则力不从心。其次，对于地方政府对金融资源和各类杠杆的掌控，现有文献虽然用“金融分权”刻画了其本质，也突出了权力结构在其中的重要作用，但相关研究刚刚起步，大多还停留在实证检验阶段，未能构建系统的理论模型对此趋势加以考察，也忽视了金融自身的发展演变规律。再次，对高杠杆蕴藏的风险也缺乏进一步的分析，如高杠杆风险长期不破的问题，现有文献很少作出解释；而相应的风险如何逐期变化，怎样在各个经济主体之间循环流转，最终会趋向何种结果，现有研究尚未给出明确的答案；已有研究并未结合当前中国全方位转型的新时代特征，也未能发现转型特征对原有风险演变规律的冲击和异化作用。最后，就当前“去产能”、“去杠杆”以及规范地方政府融资平台等风险抑制措施的效果，现有文献尽管对其进行了度量与评述，但对已有杠杆风险的扭曲和异化演变仍无清晰的论述；相关风险防范措施也缺乏一个源于理论逻辑的原则和指导。

4. 防范经济高杠杆风险方面

如文献综述部分所述，国内外还没有形成把防范经济高杠杆作为防范系统性金融风险关键的共识，因此有针对性的研究不多。国外研究多把杠杆的提高与金融机构风险承担行为放在一起研究，控制住金融机构的风险行为也就自然抑制了杠杆的增加。这些研究的结果当然对现实有一定的借鉴意义，但是还远远不能解决现实问题。国外所遇到的高杠杆问题是顺周期的，在具有高度发达的金融市场的条件下，加强逆周期工具的使用和防范金融机构的监管套利，基本上就能有效地解决这一问题。国内寥寥的定性描述类研究还不够有说服力。综合来讲，当前的研究最大的不足主要表现在以下几个方面：一是只提到了高杠杆表现的一个方面，还没有认识到金融机构所体现出的整个经济呈现出高杠杆的问题。二是没有完全考虑到当前中国经济高杠杆所表现出的特殊性，即在金融机构一致预期与政府隐性担保下不断生成，几乎不受经济或金融周期影响。三是所提出的从监管层面出发的防范建议都是研究高杠杆产生机制之后顺带所提的，虽然与其所研究出的理论机制密切相关，但仍是浮于表面的建议，缺乏可操作性。四是主流研究方法一般从一般均衡模型出发，配合实证检验，验证某种监管工具加入模型之中是否能抑制金融机构的风险承担行为。这种方法虽然科学性强，但加入的工具都比较单一，难以从金融监管体系的层面上给出完善的建议。

其他针对系统性金融风险防范的研究，无论是审慎监管政策本身还是与货币政策协调配合，着眼点都在于某个负面冲击发生后，如何减缓资产价格或是经济增长的波动，研究预警机制本质上就是提供介入金融系统时机的信号。然而，这些研究提出的防范措施最有效的阶段是个别风险向系统性风险演化的阶段，想要有效地防范经济高杠杆的风险，关键是研究如何打破高杠杆的循环链，如何解决杠杆的产生、扩散转移以及不能正常出清而是持续积累的问题。

5. 总体进一步探讨、发展或突破的空间

本书拟结合经济转型与中国特色社会主义进入新时代的背景，将中国系统性金融风险的实质归因于杠杆的循环式叠加与部门间转移，并以高杠杆风险的这两种运动形式来分别刻画系统性金融风险的时间维度与横截面维度特征。通过绘制杠杆风险的循环图，来形象化展现杠杆风险的循环式叠加与部门间转移机制。基于对中国系统性金融风险实质的科学研判以及高杠杆风险循环链展现的风险生成的一般性原理，本书全面深入地分析中国经济高杠杆风险产生的微观基础，并探讨政策环境与地方政府行为在杠杆风险转移、扩散、累积与持续中所扮演的角色，以此解释中国杠杆风险“存而不破”的现象。最后，基于对杠杆风险循环链体现的风险生成的一般性原理，为中国防范和化解以高杠杆为典型特征的系统性金融风险、保证金融稳定和经济增长提出理论依据与政策建议。

1.3 研究思路及主要内容

本书在文献综述基础上，首先分析了中国新时代经济转型背景下四部门杠杆的表现、形成机制和相互影响，重点从不同的视角刻画了中国企业杠杆和家庭杠杆的内在形成机理，并进一步分析了企业杠杆和家庭杠杆对经济运行和金融风险的影响，最后提出防范和化解中国经济高杠杆风险的对策建议。具体包括以下六部分内容。

1. 新时代经济转型背景下四部门杠杆的表现、形成机制和相互影响。

从宏观杠杆率来看，中国总体杠杆可以分解为政府杠杆、企业杠杆、家庭杠杆和金融杠杆四个部分。作为研究的起点，本书首先描述了四部门杠杆及总杠杆的表现，并从纵向和横向两个角度进行分析。从纵向分析中国经济杠杆随时间的演进态势，分析杠杆在经济周期和政策的影响下的演变规律；从横向比较中国经济杠杆与其他国家经济杠杆的差异，分析中国经济杠杆在规模和结构上体现出的特点。

其次，分析中国经济杠杆的形成机制。通过构建包括家庭、金融中介（主要是银行）、企业、中央银行以及政府五大部门的DSGE模型，在参数较准基础上，分析了外部技术冲击和资产质量冲击对中国经济杠杆的影响。

最后，分析中国各部门杠杆的相互影响和溢出机制。在外部环境和政策影响下，政府杠杆、企业杠杆、家庭杠杆和金融杠杆呈现相互影响扩散的效应。本书从理论和实证两方面刻画了部门杠杆间的溢出效应，尤其分析后金融危机时代、2016年之后等不同的时间阶段下杠杆溢出效应会有何不同，以解释中国经济杠杆的特征变迁。

2. 中国企业杠杆：基于预算软约束和政府隐性担保视角。

中国企业杠杆率呈现出与世界其他主要经济体迥然不同的特征：一是企业杠杆率并不具有随经济基本面同向变化的“顺周期性”，二是国有企业和民营企业的杠杆率存在显著差异。本书基于2008—2016年中国银企借贷市场中广泛存在的两类事实进行研究：一是银企之间的预算软约束，二是政府对企业的隐性担保。在中国，银企借贷过程中的信息不对称天然存在，“大银行”体系又造成金融资源的相对集中，加之金融市场发育不成熟，优质投资产品的选择范围有限，因此“事前无效而事后有效”的预算软约束现象在中国较为普遍。此外，政府对经济运行有实质性的影响：政府拥有对银企借贷活动施加影响的能力；政府影响银企借贷活动的形式通常是隐性的，国有企业通常更容易享有政府的隐性担保。预算软约束与政府隐性担保共同构成了银企借贷活动的环境，进而对企业杠杆率产生影响。

基于上述现实，本书着重探究预算软约束背景下政府隐性担保影响企业杠杆率的内在机制。在Dewatripont和Maskin（1995）的预算软约束模型框架下，引入经济基本面和政府隐性担保因素，构建了“银行—企业”间的借贷博弈模型。通过对模型的推导分析，本书对中国企业杠杆率的内在形成机理进行了较深入的阐释。

3. 中国的企业债务：基于一揽子刺激计划和“僵尸信贷”的视角。

中国企业杠杆较高的一个重要表现是和“僵尸信贷”（Zombie Lending）相关，2008年的国际金融危机重创了全球各大经济体，中国出台了为期两年的一揽子财政刺激计划，虽然经济和就业迅速企稳，但刺激计划也产生一些遗留问题，其中，“僵尸信贷”是企业高负债和高杠杆的重要原因。本书通过理论和实证角度分析这一现象的形成机制。在实证方面，本书通过匹配中国工业企业数据库与银监会金融许可证数据库，利用一个自然实验方法求证了信贷刺激计划对“僵尸信贷”配置的刺激作用，发现了2009—2010年“僵尸信贷”增速较高并引发的资本错配问题。本书构建了一个包含企业内生进入与退出、“僵尸信贷”、信贷供给冲击与内生全要素生产率的企业异质性DSGE模型阐释影响机理。本书的研究从政策冲击和信贷冲击视角深入探寻了中国企业高负债形成的内在机理。

4. 中国的家庭杠杆：基于房价上涨的视角。

2008—2018年，中国家庭部门的杠杆率从43.2%增至121.6%，10年间上升约78个百分点。若加上无法统计的民间借贷，中国家庭部门高杠杆问题实际上已经到需要警惕的程度。导致中国家庭杠杆快速上升的一个重要原因是房价的快速上升，在中国特有“住房偏好”的背景下，众多家庭的刚需购房和投机购房推高了居民的借款需求。

为探究家庭高杠杆成因，本书基于 Kaplan、Mitman 和 Violante（2020）的家庭最优消费——住房选择模型，引入房贷因素，建立起房价与家庭杠杆的联系，并进一步从首套房家庭与非首套房家庭的异质性来阐明这一问题。在实证方面，本书通过某国有银行 70 个大中城市 2016 年所有居民住房按揭贷款数据，来进一步探寻房价引发中国家庭杠杆上涨的机制，探寻不同家庭房价上涨的特征，并分析首套房家庭与非首套房家庭的杠杆差异。通过以上研究，我们比较深入地揭示出中国家庭杠杆上升的内在机理。

5. 中国经济杠杆的宏观经济金融效应。

本书还从三个层面探讨中国经济杠杆的宏观效应，着重分析杠杆对经济运行的影响和对金融风险的影响。

首先，我们分析中国上市公司企业杠杆对企业创新的影响机制。结合中国非金融类沪深 A 股上市公司 2012—2017 年的面板数据，本书从创新投入、创新产出以及创新效率三个维度构建企业创新能力评价体系，实证检验了不同杠杆率水平下企业创新活动的异质性差别。

其次，我们基于 Kaplan、Mitman 和 Violante（2020）的家庭最优消费选择模型，建立起家庭杠杆与消费的联系；使用西南财经大学中国家庭金融调查（CHFS）的四期数据构造了需要的面板数据，在传统的面板固定效应模型中引入交互固定效应，检验了中国家庭杠杆对消费的影响。除了检验对消费的总体影响外，还检验了对不同消费类别，也就是“消费升级”或“消费降级”的影响，另外还引入住房政策的冲击检验对消费的影响有何变化。

最后，我们进一步分析了企业杠杆、家庭杠杆对金融风险的影响。我们采用 2008—2017 年全国 31 个省、自治区、直辖市的面板数据，用银行风险程度代表区域金融风险大小，并将企业杠杆区分为大、中、小企业杠杆，进行了较为深入的实证研究。

6. 防范与化解中国经济杠杆风险的政策措施。

在新时代转型背景下，中国经济高杠杆现象可以视作传统增长模型疲态初露与转型挑战已现端倪的阶段性叠加的产物。对宏观杠杆的关注、压降、控制和企稳的政策行为，初衷都在于解决促发展与管风险的平衡难题。在前面分析的基础上，本书基于 2019 年的经济现实，分析了难点、调整的原则性方向、政策着力点和相关政策环境建议。我们认为不论经济周期位置如何，考虑到守住不发生系统性风险底线的核心工作要求，结构性调整杠杆水平仍是一个需要长期坚持的工作。

1.4 主要研究结论

第一，关于“中国经济杠杆的表现、形成机制和相互影响”的观点。

1. 从总体杠杆率水平来看，2008 年以前中国宏观杠杆率平稳发展，2008 年以后中国杠杆率显著上升。2016 年之后去杠杆取得一定成效，总体杠杆率增速放缓。四部门杠杆率水平经历了三段式变化：平稳增长、快速增长、得到控制；各部门杠杆率的变动也有着各自独有的影响因素。从增长率波动情况来看，金融部门杠杆增长率波动最大，非金融企业部门杠杆增长率波动最小，此外 2017 年第一季度至 2019 年第二季度是历史上总体杠杆增长率较为稳定的阶段。横向对比其他国际经济体杠杆率水平我们可以发现，中国居民部门、政府部门杠杆率相对而言并不算高，而非金融企业部门杠杆率则相对较高。非金融企业部门杠杆率过高是结构性去杠杆过程中需要重点关注的问题之一。

2. 居民部门总体上对其余部门呈现负溢出效应。居民部门的债务主要通过银行借贷形成，其中房贷与消费贷占据绝大部分。居民部门可以通过增加消费、减少储蓄对其余三个部门产生负的溢出效应。居民部门的溢出效应实际上是负债向居民部门转移，风险被居民部门吸收。在 1996 年至 2008 年底阶段，居民部门仅对非金融企业部门有负的溢出效应。在 2009 年至 2016 年底阶段，居民部门的负向溢出仅对政府、金融部门有效。在 2017 年以后阶段，居民部门对其余三个部门的溢出效应均变得显著。

3. 企业部门总体上对居民及政府部门呈现正溢出效应。企业部门对居民部门的正溢出效应主要是通过提升居民生活水平、吸引投资来达成，而企业部门对政府部门的正溢出效应主要是由于“隐性担保”的原因。1996 年至 2008 年，企业部门举债能够更好地发展企业自身，企业部门对居民部门有正的溢出效应。2009 年以后，企业部门经营增幅下降，企业部门举债不再有正向溢出效应。“隐形担保”问题主要出现在 2019 年至 2016 年，体现为企业部门对政府部门的正向溢出效应，2017 年以后这一溢出效应也随之消失。

4. 政府部门总体上对居民、金融部门呈现正溢出效应。政府部门对企业部门的正向溢出效应与挤出效应相抵消，最终影响不显著。政府本身可以吸引投资，释放信号，居民、企业、金融部门也倾向于更多投资，因此拉高了全社会的负债。政府部门对企业的挤出效应并没有导致风险的转移，更需要关注的是这一效应对于经济增长的长期影响。

5. 金融部门对其余部门总体呈现正溢出效应。金融部门作为资金供给端，其溢出效应主要是资金流出，一般的流出只涉及风险的转移。但影子银行及不规范的多层嵌套等问题会导致风险的扩大与传染，需要重点监管、严加规范。1996 年至 2008 年，中国金融部门主要为政府服务，因此没有溢出效应；2009 年到 2016 年，经济刺激计划资金通过金融部门注入非金融企业部门，金融部门对非金融企业部门有正向溢出；2017 年以后，中国去杠杆进程中金融部门资金流向得到规范，开始流向居民部门，因此对居民、非金融企业部门均产生了正向溢出。

第二，关于“中国企业杠杆：基于预算软约束和政府隐性担保视角”的观点。

1. 给定政府隐性担保水平，经济基本面既对企业整体杠杆率具有负向的直接影响，又能通过影响预算软约束的强度间接影响企业杠杆率。随着经济形势的好转，预算软约束强度先由弱而强，后由强而弱；企业整体杠杆率也逐渐从周期性不定转为逆周期变化。经济状况极佳时的企业负债更为高效，风险累积也更少；当经济略有下滑时，预算软约束逐渐加强，借贷活动的收缩相对温和，其对产出的负面影响也得到缓冲，该机制在稳定经济方面优势明显；然而，若经济基本面进一步恶化，则预算软约束开始解除，借贷市场迅速萎缩，产出下降，该机制又加剧了经济的衰退。因此，预算软约束能否在短期稳定经济，从根本上仍取决于经济基本面的具体状况。

2. 企业杠杆率的所有制结构分化受到政府隐性担保周期性内生路径的影响。在“递减型”或“倒U形”路径下，民营企业杠杆率的周期性不明确，国有企业杠杆率则在较长区间内呈逆周期性。显然，在经济基本面下滑的过程中，国有企业至少在一段时间内成为稳定负债规模、维持产出的主力；而与此同时，国有企业与民营企业的实力差异也在拉大，二者的发展更加不平衡。

3. 现有机制的最佳优化方案依赖政策的评价标准。稳定短期经济宜加强政府对企业（包括国有企业和民营企业）的支援，且政府隐性担保在经济低迷时更为重要；实现两类所有制企业的均衡发展则应促进二者在政策上的统一；而要推动长期经济繁荣，还需准确判断新兴经济增长点的位置与特性，进而选择是否鼓励“创造性破坏”，以及对哪一类企业加大支持力度。不同最优政策下企业杠杆率的周期演变特征也存在较大差异。显然，片面调动企业投资积极性的优惠政策可能损害银行利益，从而使借贷市场更易萎缩；此类政策只有当政府有意引导“创造性破坏”或推行某些战略性发展规划时才可选择。政府隐性担保对短期经济的支撑作用显著，但其也会加重预算软约束，降低投资效率，对于长期经济发展未必有利。事实上，深化金融改革、培育高质量投资项目或是最佳选择，因为就短期而言，借贷市场关闭的情况可以避免，经济运行相对稳定；就长期而言，较高的投资效率也有利于激发经济复苏的活力；当然，此时政府同样可以灵活地借助隐性担保实施战略性的发展计划。在此过程中，企业杠杆率对经济运行的指示作用也清晰起来。

第三，关于“中国的企业债务：基于一揽子财政刺激计划和‘僵尸信贷’的视角”的研究观点。

1. 源于信贷刺激计划的“僵尸信贷”是导致企业高负债的原因之一。在2009—2010年，信贷刺激每增加1个百分点，“僵尸信贷”增速会比正常信贷增速多增加0.847个百分点，并且，获得信贷资源倾斜的企业的固定资产投资增速也比正常企业固定资产投资增速快0.363个百分点；刺激政策引发的企业扩张导致资本错配，获得信贷资源倾斜的企业与正常企业间的平均资本生产率缺口也加大了0.394个百分点。

2. 信贷刺激计划对信贷配置结构产生了重要影响，相较于2007—2008年，政策刺激期间的“僵尸信贷”增速增加了0.750个百分点，“僵尸企业”的固定资产投资增速加快了0.619个百分点，平均资本生产率缺口也提升了0.321个百分点。

3. 由于存在“僵尸信贷”补贴，信贷刺激计划赋予“僵尸企业”不成比例的信贷资源，导致更少的“僵尸企业”退出和更少的正常企业进入，扩大了生产率—资本存量概率分布分散度，导致全要素生产率损失0.2个百分点。

4. 在危机期间，为濒死企业融资可能是抵御经济衰退的重要手段之一。但大水漫灌式的刺激政策可能导致无法预料的结果，即便不考虑长期的结构性问题，利用刺激计划“输血”“僵尸企业”也并非经济复苏的最优选择。信贷补贴的存在导致无法市场化定价，因而刺激政策出台后，金融机构难以有效配置信贷资源，导致政策传导渠道不畅，最终引发资本错配。

第四，关于“中国的家庭杠杆：基于房价上涨的视角”的研究观点。

1. 我们通过构建家庭最优住房—消费选择模型，从理论上把房价变化与不同购房动机家庭的借贷联系起来。模型得出的结论是：当非首套房购房家庭中存在较明显的投机性时，房价升高对非首套房家庭“加杠杆”的作用会强于首套房家庭。同时，由于债务以及杠杆与消费具有负向的关系，有投机性的家庭消费也会被抑制得更明显。

2. 我们使用了2016年某国有银行70个大中城市居民住房按揭贷款数据，在校正样本偏差后，从城市间和城市内两个维度验证了假设。控制内生性后的回归结果表明，高房价促使非首套房家庭的债务与杠杆率增加显著多于首套房家庭。上述结果在控制了性别影响，变换了杠杆和房价衡量指标后仍然显著。我们还利用双重差分（DID）方法估计了相同城市中，房价升高推动非首套房家庭额外“加杠杆”的效应。结果表明，非首套房家庭比首套房家庭债务多增加和杠杆率多增加的效果同样显著。我们进一步发现，非首套房家庭所购住房的面积和单价并不高于首套房家庭，却更倾向于支付更低的首付，这进一步佐证了非首套家庭借贷购房的投机性。

第五，关于“中国的经济杠杆对经济金融的影响”的研究观点。

1. 企业杠杆对企业创新的影响效应

（1）企业杠杆与创新投入、创新产出以及创新效率之间存在先促进后抑制的“倒U形”作用关系。我们认为，企业保持适度的杠杆率能够有效发挥负债的税盾效应、约束效应以及财务杠杆放大效应，并通过信号传递效应获取负债融资支持，提高创新投资效率与质量，从而有利于企业创新活动的开展。然而，当杠杆率过高时企业所面临的财务风险和破产风险会占据主导地位，可能加重委托代理问题并产生逆向选择和道德风险，降低企业的创新意愿，扭曲创新投资激励，从而对企业的创新活动造成负面影响。实证分析的结果有效验证了本节的研究假设，并进一步表明当企业杠杆率小于31.24%时，杠杆率的提升有利于促进创新投入、增加创新产出与提升创新效率，当杠杆率高于41.98%后整体上不利于企业的研发创新活动。

（2）企业杠杆的创新影响效应因债务类型的不同而存在较为明显的差异特征。一方面，将企业杠杆按照负债期限划分，短期杠杆对创新投入、创新产出以及创新效率均存在显著的“倒U形”影响效应，而长期杠杆会对创新产出和创新效率造成负面影响。另一方面，将企业杠杆按照负债来源划分，商业信用杠杆对创新投入和创新效率具有显著的正向影响，且对于创新产出存在先促进后抑制的“倒U形”影响效应，而银行借贷杠杆对企业的创新研发活动均造成了负面影响。

（3）受到企业异质性特征的影响，企业杠杆的创新影响效应存在较大差异。从企业所有权性质来看，相对于非国有企业，国有企业杠杆率对创新产出的促进效果更强，且对创新效率具有显著的“倒U形”影响效应。同时，两种类型企业的平均杠杆率均高于各自的临界值拐点，说明中国上市公司普遍存在杠杆率偏高的问题。从行业技术属性来看，相较于高科技企业，非高科技企业杠杆对创新投入和创新效率具有更为显著的“倒U形”作用效应。从企业规模来看，大型企业杠杆对企业创新活动均具有显著的“倒U形”影响效应，而中小型企业杠杆对创新投入和创新效率无显著影响。从企业所处发展阶段来看，成熟期企业杠杆对创新产出有着显著的“倒U形”作用效果，但在创新投入方面成长期企业杠杆的作用效果更为明显。

2. 家庭杠杆对消费的影响效应

（1）中国家庭杠杆对消费有显著影响，杠杆增加显著抑制了消费。我们也进一步检验了另一种常用的衡量家庭杠杆率的指标（债务余额/资产价值），发现这种指标识别不出房地产市场景气时期的家庭高杠杆风险，因为此时期家庭的房产价值也在攀升，所以这种杠杆率不会表现出明显的升高。

（2）我们进一步考察了杠杆对家庭消费种类和消费结构的影响。结果发现，杠杆的增加会明显抑制家庭的享受型消费，并降低其在总消费中的比重，这也是我们常说的“消费降级”现象；另外，我们把家庭的杠杆按债务分类，发现确实是与住房债务有关的家庭杠杆的攀升抑制了消费。

（3）我们进一步考察了2014年房地产放松政策开启前后家庭杠杆的变化对消费变化的影响，结果发现这种影响非常显著，并且具有非对称性，也就是说家庭杠杆增加显著抑制了消费，但反过来并没有促进消费。并且，杠杆增加所表现出的对消费的抑制作用，主要存在于高杠杆率的家庭，因为这些家庭大部分是非首套房购房家庭，他们购房含有投机性，倾向于加大杠杆来买房以期在未来获利。正是由于他们的投机行为，使他们的流动性显著降低，从而抑制消费。

3. 企业杠杆、家庭杠杆对金融风险的影响效应

企业杠杆率对金融风险存在显著影响，但不同部门影响不一。根据回归结果，企业杠杆率在1%显著性水平下为正，即企业整体杠杆率水平上升实际上降低了金融风险。分部门来看，大型企业杠杆率对金融风险系数产生负向影响，说明大型企业杠杆率水平提高将降低金融风险系数，意味着金融风险增大，中型企业和小微企业杠杆率对金融风险系数产生正向影响，即中小微企业杠杆率水平的上升会导致金融风险下降，当前中小微企业杠杆率仍有一定的上升空间。居民部门杠杆率未对金融风险系数产生显著的影响。从分地区回归结果来看，东部地区大型、中型和小微企业杠杆率对金融风险系数的影响与全国回归结果保持一致，存在差异的地方在于，东部地区居民杠杆率对金融风险系数显著负相关，表明东部地区居民杠杆率水平的提高会显著的降低金融风险系数，提高区域性金融风险。这与东部地区房价普遍偏高，居民负债率过高有

较强的关联性，在经济下行压力加大，按揭贷款质量下迁隐忧加剧的大背景下，楼市风险可能会引发金融风险事件。

第六，关于“防范与化解中国经济杠杆风险的政策措施”的研究观点。

在新时代转型背景下，中国整体经济杠杆率保持高位并持续增长的问题广受关注。中国经济杠杆缺乏周期性的自我修复，而且杠杆在不同经济部门间传递转移。中国经济高杠杆的实质是国有企业、房地产企业和金融部门风险在政府部门和家庭部门间分担转移的过程。在此过程中，整体经济的杠杆风险难以依靠市场机制自动出清，而是循环累积，逐期加高，形成一个闭合回路。对中国经济宏观杠杆水平的跟踪和应对，仍应成为中国经济未来一段时间的重要治理抓手，要用改革的思维去推进杠杆结构的优化和市场化，并创造良好的政策环境。

1.5 可能的创新及不足

1.5.1 可能的创新之处

1. 本书对中国经济杠杆的研究比较系统。本书主要针对中国企业杠杆和家庭杠杆进行了研究。本书首先从中国杠杆的基本事实和表现出发，构建模型研究了杠杆的形成机制和相互影响机制；其次，分别从政府隐性担保、预算软约束、信贷刺激的角度研究了企业杠杆的形成机理，从房价上涨角度研究了家庭杠杆的形成机理；再次，研究了企业杠杆和家庭杠杆的宏观效应，包括对企业创新的影响，对家庭消费的影响，以及对金融风险传递的影响；最后在此基础上提出了针对性较强的防范化解杠杆风险的建议。

2. 本书对中国经济杠杆的研究比较深入。这体现在以下几个方面：一是构建 DSGE 模型对杠杆形成机制进行分析，现有研究鲜有在宏观动态一般均衡的角度来刻画杠杆的形成机理；二是从政府隐性担保和预算软约束角度对企业杠杆进行分析，现有研究鲜有从政府隐性担保和预算软约束角度构建详尽的博弈模型来阐释杠杆；三是运用工业数据库企业数据和动态一般均衡模型分析了金融危机后信贷刺激政策产生“僵尸信贷”、助推企业债务的现实和机制，对这一机制的刻画也比较深入；四是运用某商业银行住房按揭贷款微观数据，分析了房价上涨对家庭杠杆的影响机制，研究较为深入；五是对企业杠杆、家庭杠杆宏观效应的分析，比较好地把握了主要的影响方向，并同样进行了较为深入的实证分析。

3. 本书的研究方法和研究数据支撑力度较强。本书在理论模型上主要采用了动态随机一般均衡模型（DSGE）和动态博弈模型，用 DSGE 模型刻画了杠杆的形成机制和“僵尸企业”对全要素生产率的影响；用动态博弈模型刻画了政府隐性担保在预算软约束环境下如何推升了企业杠杆。在实证分析上，主要采用了某大型国有银行的全国住房按揭贷款数据、西南财经大学家庭金融调查数据（CHFS）、中国工业数据库数据、上市公司数据，数据的独特性也保证了本书研究更为深入、更有价值。

1.5.2 不足之处

1. 研究领域还可更为全面。本书的主题目是对中国经济杠杆的研究，从理论上讲，经济杠杆还应包括政府杠杆和金融杠杆，但一是受研究精力和时间限制，二是政府负债数据也较难获得，因此本书对经济杠杆的研究只侧重于企业杠杆和家庭杠杆。

2. 部分研究内容还可进一步深入。一是如何在宏观经济体系中把握杠杆本质，并进一步阐释杠杆对宏观经济效应的作用机理，还可通过理论模型刻画得更深入。二是从公司治理角度去研究杠杆的微观形成机制还做得不够，本书虽涉及预算软约束等分析，但还没有很好地囊括中国公司治理的全部特征，这方面研究还需加强。

3. 本书大部分研究的观测时期处于 1998—2018 年，期间包含两轮经济小周期，而房地产行业基本方向全程向上，杠杆周期也为整体上行态势，杠杆与房地产周期高度相关，而与经济周期则呈现弱关联。因此，本书的众多研究结果虽然较好地拟合了该阶段特征，但未必能精准刻画或预测 20 世纪 90 年代及 2018 年之后的中国宏观杠杆动态，受限于样本期，对于杠杆非周期性的论述仍为初步。当然，本书着力方向更多在于对经济部门杠杆内生逻辑的分析，相关结论至今仍具有相关性，此处还请专家和读者审知。

第二章　新时代经济转型背景下中国经济高杠杆的现状及形成机制

【导读】

本章回顾了中国主要经济部门的杠杆发展动态。依据每个时期的改革发展任务，中国经济的债务动态三十年来一直处于调整过程中。从1993年至2024年，大致可以分为以下四个阶段：2008年的早期阶段，五大部门的债务水平总体偏低（企业部门除外），房地产行业崭露头角，2000年初整体杠杆开始上行；这一阶段开展了大刀阔斧的国有企业和银行改革，从2004年后企业杠杆和金融部门杠杆均出现回落，使得整体宏观杠杆处于底部波动状态。2008年国际金融危机后到2016年去杠杆政策前的是杠杆激增时期，这一阶段在一揽子财政刺激计划的作用下，基建投资增加，地方政府杠杆推升企业杠杆上行，居民杠杆涨速最快，全社会债务水平上升。2016—2019年为“去杠杆”阶段，表现为各部门杠杆先后开始回落，地方政府杠杆因新《预算法》实施和财政纪律加强而迅速下行，企业部门杠杆也随之下降，宏观杠杆也开始企稳。2020年之后为当前阶段，因为新冠疫情暴发，经济受到较大影响，我国也通过较为宽松的政策促进经济复苏，期间杠杆有所反复，但总体上杠杆重拾升势。

本书成书正值2018年的历史时点，当时，房地产部门正在经历最后一个高位上涨小周期，经济的下行并没有伴随杠杆的压降。为了刻画这一时期的内在机理，本章建立了一个包括家庭、银行、企业、中央银行以及政府五大部门的DSGE模型。在模型设定中，我们将房地产行业作为价值中枢，纳入了中国经济由政府主导的信贷推动这一特征（政府介入房地产生产函数，获得财政收入并进行直接支出），进行参数模拟。我们发现，在发生类似于2014年的经济下行冲击后，企业部门被动提升杠杆，未能出现顺周期的债务下降，家庭部门的杠杆也因结构性投资需求出现总体提升，从而有效解释了经济增速下滑的2014—2017年宏观杠杆逆行上升的现象。这种逆周期性的本质原因是中国经济的结构特征，尤其是非金融企业部门杠杆高企、政府隐性担保、居民房地产投资行为、国有企业债务率偏高以及影子银行等。

本章也研究了各部门杠杆的相互作用和演化机制。我们将2008年和2016年作为分界节点，分析各部门的杠杆溢出效应。总体上，家庭部门对其他部门有负向溢出效应，企业部门对2008年之前的家庭部门及2008年之后的政府部门存在正溢出效应，政府对家庭和金融部门有正的溢出效应，而金融部门负债对其余部门均存在正溢出效应。如果将金融部门杠杆视做实体杠杆镜像，大体上，2008 年之前是一个实体部门（家庭和企业）彼此温和促进加杠杆的时期，2008—2016 年为政府通过房地产和金融部门推动企业部门和家庭部门被动加杠杆的时期，而 2016 年之后为居民部门之外的各部门压降杠杆的阶段。

溢出效应的本质是风险的转移和吸收，高企的杠杆也产生了一些“副产品”。家庭作为负溢出部门在各个时期均吸收了其余部门的风险转移，对消费产生了长期的不利影响，地方政府以直接负债和或有负债的形式主导了 2008—2014 年的债务发展模式，从而背负了巨量的债务负担，对金融体系构成系统性压力。由于中国经济仍处于换挡转型阶段的长期趋势，在可以预见的未来，经济部门的杠杆仍将长时间处于高位区间，厘清新阶段下各部门杠杆和风险转移渠道，寻求债务动态的良性发展路径，是当前的一项重要任务。本书的初衷在于提供一个探究部门杠杆联动机制的理论分析基础，如对家庭部门杠杆和消费行为的分析（第五章和第六章）以及对企业部门和政府部门的内在债务转换机制的研究（第三章和第四章），为相关政策决策提供实证参考。

2.1　中国宏观部门经济杠杆现状

2.1.1　杠杆的定义及衡量

要阐释清楚中国经济高杠杆的表现，首先需要理解杠杆的本质。杠杆的本质就是债务。杠杆可以生动形象地理解为：用多少资金撬动了多少资金，即负债程度。微观层面的企业杠杆十分易于理解，有统一的标准，企业杠杆倍数通常用“总资产/净资产”来衡量。分子上的总资产可以分解为“净资产 + 负债”，因此杠杆倍数实际上就是一个企业的负债情况的反映，能够体现企业面临的债务风险水平。宏观层面的杠杆率在含义方面与微观是一致的，也是反映负债风险，但宏观层面杠杆率却不能由微观直接加总得到。宏观层面一共有四个部门，但居民部门没有微观意义上的资产负债表，因此宏观部门杠杆率无法由微观简单加总得到。所以，宏观部门的杠杆率不采用“某一部门加总的总资产/这一部门加总的净资产”来衡量，而采用“部门债务余额/名义生产总值”来进行衡量。

宏观杠杆率指标体现了杠杆的本质，分子直截了当，就是债务余额，而分母是当年各部门所产生的名义生产总值，类似于微观层面企业的收入。部门合理负债能够促进部门生产总值的增长，同时部门产生的生产总值可以用于部门债务的偿还，因此这一指标能够反映两个方面的问题：一是对经济的良性作用，即“促增长”，二是部门债务的可持续性，即“稳风险”。这一指标有如下优点：一是部门债务余额以及名义生产总值两个数据比较容易获得，计算较为容易；二是采用债务余额/名义生产总值这一指标能够更好地进行国际间的横向比较，国际清算银行提供的就是这一指标；三是这一指标可以直观地表现出当期债务付息支出占生产总值的比重，能够很好地展示债务的可持续性，从而反映一国经济的持续发展能力。不过，这一指标也有一定的缺陷，分子的债务余额是存量数据而分母的名义生产总值是流量数据，分子分母不完全匹配。注意，分子是债务余额而不是负债余额，负债还包括诸如预收账款等无须支付利息的部分，这一部分是不存在债务风险的，因此不用考虑。同样地，不采用 M_2 替代债务余额是因为 M_2 难以区分部门，且由于不同国家（地区）或经济体的 M_2/地区生产总值差异巨大，降低了其在国际之间进行横向比较的参考价值。

在考虑金融部门杠杆率指标的时候，出现了两个口径：资产方以及债务方。Wind 数据库中国家资产负债表中心的两个口径如下：金融部门债务资产方口径为其他存款性公司对其他存款性公司债权和对其他金融机构债权；金融部门债务负债方口径为，其他存款性公司对其他存款性公司负债、对其他金融性公司负债和债券发行。本书选择以负债方口径的数据进行衡量，主要基于以下两点理由：一是学者们一般采用负债方口径，如朱鸿鸣（2019）的《中国全社会及各部门杠杆率测算》；二是其他三个部门均通过负债方进行计算，金融部门也采用负债方具有统一性。

在数据来源方面，国内代表性的是国家资产负债表研究中心的杠杆率数据，Wind 可以查询到国家资产负债表研究中心的杠杆率季度数据。国外数据源有国际货币基金组织（IMF）、国际金融协会（IIF）以及国际清算银行（BIS），鉴于 BIS 以及 IIF 的政府部门负债率数据直接采用 IMF 数据，三者具有一致性，且 BIS 数据可以在 Wind 上提取，因此国外数据源采用 BIS。

对比国家资产负债表研究中心以及 BIS 的数据之后，本书居民部门、非金融企业部门以及金融部门杠杆率数据采用国家资产负债表研究中心数据，主要基于以下两点理由：一是二者数据中居民部门及非金融企业部门杠杆率相似度很高；二是 BIS 的居民部门以及非金融企业部门只起始于 2006 年第三季度，且 BIS 没有提供金融部门杠杆率。政府部门方面，二者数据差距较大。不同的研究中使用的政府债务、财政赤字的数据口径大相径庭，导致政府部门杠杆率数据不统一，所以政府部门杠杆率数据来源的选择需要慎重考虑。考虑到权威性及可得性，决定采用 BIS 的数据。

由图 2－1 可以看出，对比 BIS 数据与国家资产负债表研究中心数据，居民部门杠杆率数据基本重合、趋势基本一致，仅在 2006 年以及 2007 年有一定的差异。政府部门杠杆率数据基本重合、趋势基本一致。金融部门杠杆率资产方与负债方趋势一致但细节上有差距，参考其他学者并考虑其余三个部门杠杆率口径，本书选择负债方。

2.1.2 中国四部门杠杆率的表现

中国宏观杠杆率的变动发展可以大致划分为三个阶段。第一个阶段从 1995 年第四季度开始，到 2008 年发生国际金融危机前，这一时期中国经济处于高速发展当中，各部门杠杆率呈平稳增长之势。第二个阶段是 2008 年国际金融危机爆发，政府展开一揽

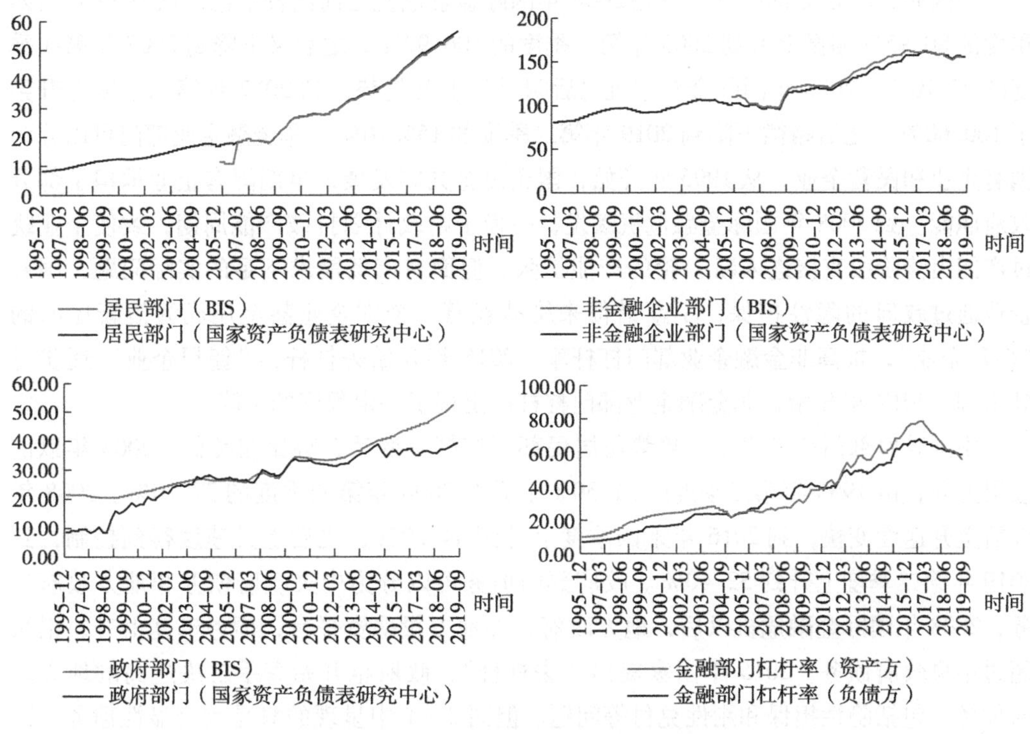

图 2－1　中国四部门杠杆发展趋势

子财政救市计划，政策的刺激使各部门杠杆率均显著上升。第三个阶段从 2015 年底开始，中央提出去杠杆，2017 年开始取得成效。除了以上两个较大的政策因素影响着杠杆率外，部门还有各自的影响因素。

从图 2－1 可以看出，中国居民部门杠杆率在 2008 年以前缓慢上升，由 1995 年第四季度的 8.24% 上升到 2008 年第四季度的 17.87%。2008 年之后上升速度明显变快，到 2016 年第四季度已经上升到 44.96%。之后上升速度减缓，到 2019 年第二季度上升到 55.30%。中国是储蓄大国，居民倾向于储蓄，早些时期举债消费并不受欢迎。1995 年以来，中国居民生活水平不断改善，思想也有所转变，开始接受举债消费。2000 年之后房地产市场繁荣兴盛，房价节节攀升，居民为了追求城市中更优质的教育医疗等资源，开始借贷买房。到 2018 年为止，房贷已经成为居民部门的主要债务，房贷也成为居民部门杠杆率攀升的主要推手。2014 年之后，房地产市场的泡沫也引起了政府的关注，中央提升按揭利率和首付比，各城也纷纷出台限购限价等政策，居民部门杠杆率开始受到抑制，至 2020 年，房地产市场全面进入调整期。

对于居民部门杠杆率增速问题，国内研究普遍认为中国居民部门杠杆率增速过快。在图 2－1 中我们也看得比较清楚，2015 年底开始结构性去杠杆之后，非金融企业、政府部门、金融机构的杠杆都得到了明显抑制，但居民部门杠杆率仍呈较快增长之势。虽然居民部门杠杆率增速从在 2008 年至 2016 年底的 12.25% 降到了 2017 年至 2019 年的 6.09%，但绝对增量仍较大。

中国非金融企业部门杠杆率在2008年国际金融危机之前比较平稳，从1995年第四季度的80.95%略微上升到2005年第一季度的106.92%，之后又下降到2007年第四季度的96.10%。2008年国际金融危机之后明显呈上升趋势，到2017年第二季度上升到了160.60%，之后略微下降到2019年第二季度的155.70%。非金融企业部门可以分为国有企业和民营企业，从1995年开始，国企民企共同发展，早期国有企业承担了部分政府职能。到2008年国际金融危机爆发，一揽子财政计划打破产能周期，致使企业跳过产能出清阶段直接进入新一轮的产能扩张。但面对市场需求不足的实际问题，国有企业通过政府的隐性担保，不断借债来维持经营，个别企业甚至还成为借新还旧的“僵尸企业”，推高非金融企业部门杠杆率。2015年开始去杠杆，“僵尸企业”逐步得到清理。2017年开始，非金融企业部门杠杆率出现了一定程度的下降。

中国政府部门杠杆率变动趋势与居民部门杠杆率变动趋势比较类似，2008年以前缓慢上升，由1995年第二季度的21.50%上升至2008年第四季度的27.10%。2008年以后上升速度变快，到2016年第四季度上升到44.60%，之后上升速度得到控制，到2019年第二季度上升到52.40%。政府部门债务可以分为中央政府债务和地方政府债务，2008年国际金融危机以后，地方政府兴办地方投融资平台，债务迅速上升，很快超过中央政府债务。2015年国家提出“去杠杆”，政府也开始着手解决过高的地方政府债务，包括隐性担保和刚性兑付等问题。但图2－1中呈现的只是政府显性债务，国家资产负债表研究中心数据与BIS数据存在一定差异，如果加上政府隐性债务，这个数据会大很多。

中国金融部门杠杆率在2008年以前稳定上升，由1995年第四季度的7.01%上升到2008年第四季度的33.47%。2008年之后上升速度变快，到2016年第四季度上升到67.79%，之后又逐步稳定地下降到2019年第二季度的58.70%。金融部门是中国的信贷供给端，金融发展早期主要为政策服务，金融部门债务主要是政策性金融债。在金融部门杠杆率的上升过程中，除了2008年开始的一揽子财政计划发挥了重要影响之外，金融部门自身的发展也是一个重要因素，即各类金融创新提供了新的信贷供给服务。其中作为表外业务的影子银行尤为突出，但这并不是一个好现象，影子银行资金来源去向难以看透，监管难以有效实施，是金融部门杠杆上升的主要风险点。图2－1中的金融部门杠杆率是表内业务杠杆率，体现表内业务的债务。

总体而言，在我们的研究期内，四个部门杠杆率都经历了三个阶段：稳步上升、快速上升、得到控制。分部门看，政府部门杠杆率与居民部门杠杆率变动趋势相似，非金融企业部门与金融部门变动趋势相似，且在2017年开始的杠杆率下降阶段，金融部门相比于非金融企业部门提前了两个季度开始下降。从变化速度上看：上升阶段，居民部门杠杆率上升较快，政府部门杠杆率上升较慢；去杠杆阶段，非金融企业部门杠杆率下降明显，金融部门去杠杆的力度较强，中国杠杆率的变动出现了明显的结构性特征。

观察中国四部门杠杆率的增长率可以发现（见图2－2），四部门的杠杆率基本可以分为三个阶段：平稳、波动、平稳。从波动程度看，金融部门波动最剧烈，其次是居民部门，再次是政府部门，最后是最为稳定的非金融企业部门。非金融企业部门增长率基本处于平稳状态，仅在 2009 年第一季度出现了 12.80% 的脉冲峰值。居民部门杠杆率增长率在 1996 年第一季度至 2004 年第四季度均较为平稳，之后 2005 年第一季度至 2010 年第二季度出现了较大幅度的波动，之后又重新回归平稳。政府部门杠杆率增长率在 1996 年第一季度至 2006 年第四季度较为平稳，在 2007 年第一季度至 2008 年第四季度这两年间出现了较大的波动，之后回归平稳。金融部门杠杆率长期以来波动较为剧烈，2003 年以前均为正且出现过三个峰值，从 2004 年开始每过几年就会出现一个峰值与一个低谷，到 2016 年第四季度之后开始趋于平稳。

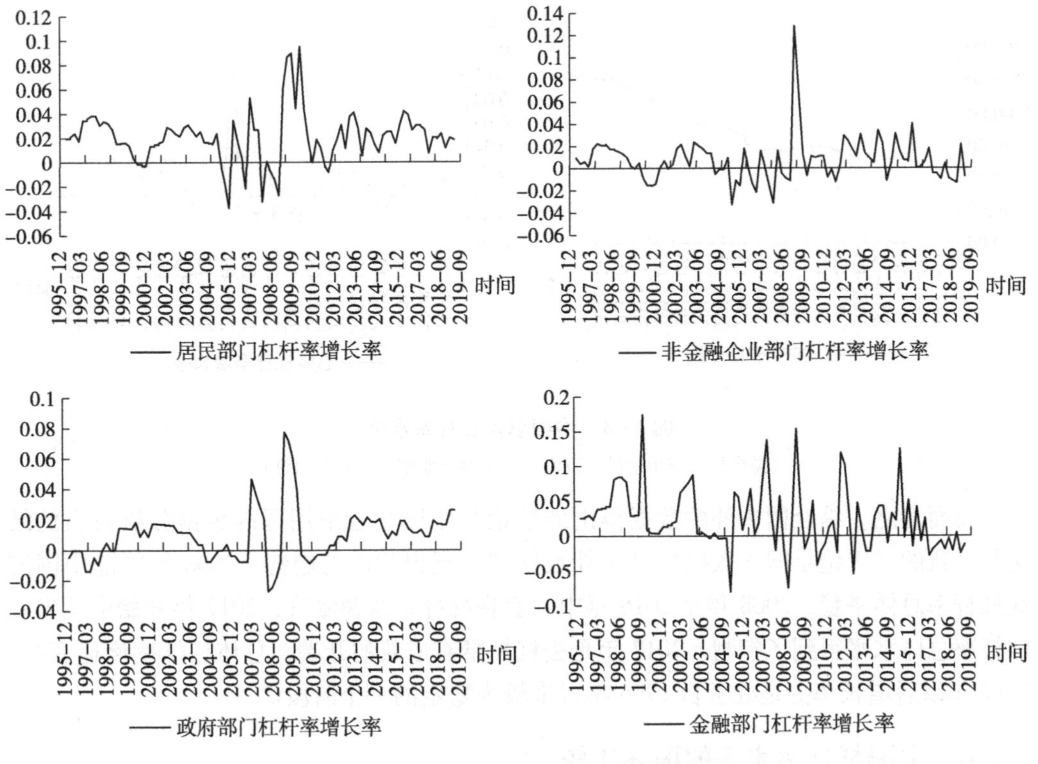

图 2－2　中国四部门杠杆率增长率情况

（数据来源：国家资产负债表研究中心、BIS）

2.1.3　中国总体杠杆率水平

整体来看，中国宏观杠杆率在 1995 年第四季度到 2019 年第二季度呈上升趋势。张晓晶（2019）在《中国杠杆率进程 2018 年度报告》中指出中国宏观杠杆率首次下降，根据其报告中的数据，总体杠杆率由 2017 年的 244.0% 下降到 2018 年的 243.7%，推动这一下降的主要动力是快速下降的非金融企业部门杠杆率。而根据本书数据分析，2017 年底总体杠杆率为 254.05%，到 2018 年底为 256.55%，略微上升了 2.50 个百分点。出现这样的差异主要是由于前者完全使用国家资产负债表研究中心的数据，而本书引入了 BIS 数据，二者数据源不同。

由图 2－3 可见，中国总体杠杆率水平在 1995 年第四季度至 2007 年第四季度期间稳步上升，由 110.69% 上升到 144.15%；之后上升速度增加，到 2016 年第四季度为 248.04%；2017 年开始增速得到控制，总体杠杆率基本稳定，到 2019 年第二季度为 263.40%。此外，在增长率方面，中国宏观杠杆率增长率从 1996 年第一季度到 2019 年第二季度均十分稳定，仅在 2009 年第一季度出现了一个较高的值，达到了 10.97%，此外 2009 年第二季度增长率为 7.20%，其余时间内均在 －2% 到 4% 之间波动，分段来看 2008 年以后的波动较 2008 年以前略微上升，从 2017 年开始增长率变得较为稳定。

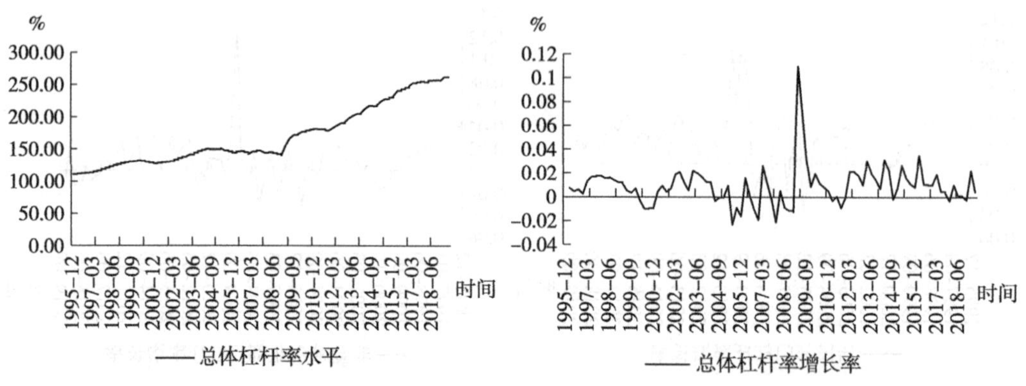

图 2－3　中国总体杠杆率水平

（总体杠杆率由居民、政府、非金融企业部门杠杆率加总）

总而言之，综合国内外的数据得出的结论与中国学者采用国内数据分析得出的结论是一致的，无论是国内数据还是国外数据都展现出相同的趋势：2008 年以前中国宏观杠杆率总体平稳，2008 年至 2016 年中国宏观杠杆率快速攀升，2017 年开始中国宏观杠杆率总体水平得到了控制。2017 年是去杠杆富有成效的开端，总体杠杆率增速变缓，2017 年以后增长率更是处于自 1996 年以来较为稳定的一个阶段。

2.1.4　中国杠杆率水平的国际比较

2008 年中国居民部门杠杆率在国际上处于较低水平，仅为 17.87%，低于新兴市场的 19.70%。到 2019 年第二季度，中国居民部门杠杆率明显上升，达到 55.30%，超过新兴市场的 42.30%，但相对于发达经济体而言还谈不上高水平，低于美国的 75.00%、英国的 84.00%（见图 2－4）。

2008 年国际金融危机爆发时，中国的非金融企业部门杠杆率就已经达到了国际上较高的水平，远高于新兴市场，高于发达经济体。2019 年第二季度中国的非金融企业部门杠杆率进一步上升，已经远超发达经济体（见图 2－5）。相比于其他国际经济体，2019 年中国非金融企业部门的杠杆率处于一个较高的位置，具体来看，不少企业处在债务负担较高的困难境地（李宏瑾，2019）。

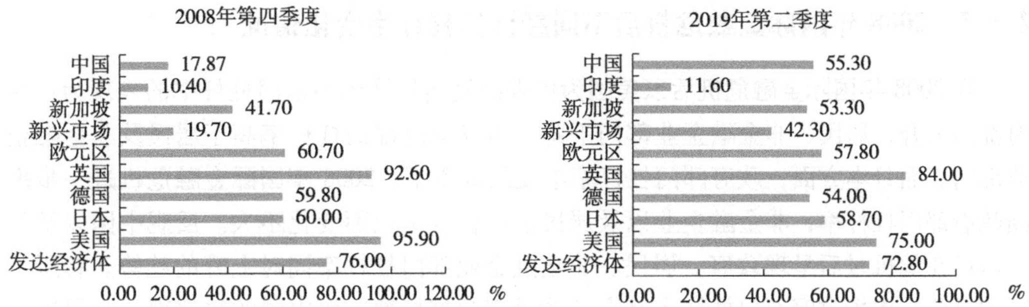

图 2－4　居民部门杠杆率国际情况对比

（数据来源：国家资产负债表研究中心、BIS）

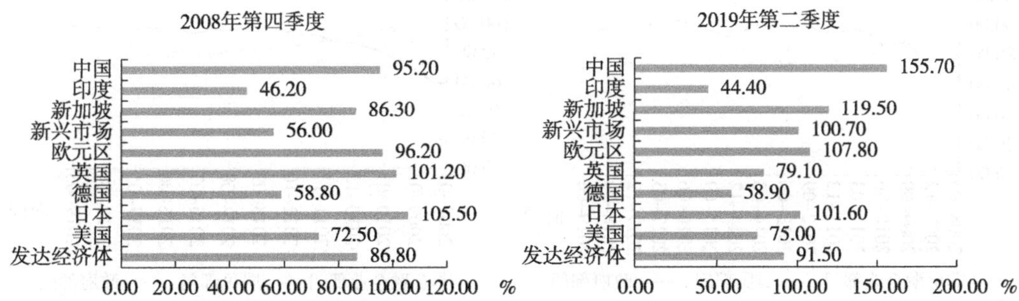

图 2－5　非金融企业部门杠杆率国际情况对比

（数据来源：国家资产负债表研究中心、BIS）

政府部门杠杆率情况与居民部门杠杆率相似，2008 年处于较低水平，仅为 27.10%，低于新兴市场的 31.00%。之后上升明显，到 2019 年第二季度达到 52.40%，略高于新兴市场的 51.10%，但仍然比不上发达经济体的 99.30% 以及美国的 96.30%（见图 2－6）。

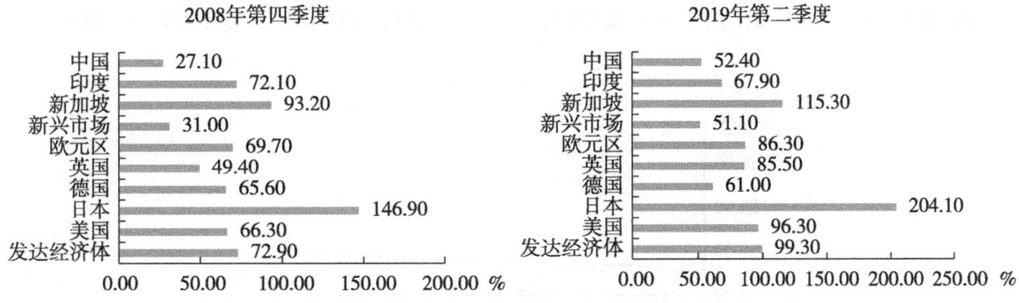

图 2－6　政府部门杠杆率国际情况对比

（数据来源：BIS）

2.1.5 2008年国际金融危机后不同经济体杠杆率变化情况

在2008年国际金融危机后以美国为代表的发达经济体各部门杠杆率的表现为：政府部门上升，居民、非金融企业部门下降，最终政府部门杠杆率高于居民及非金融企业部门。而日本方面，政府部门杠杆率本就居高不下，2008年国际金融危机进一步推高政府部门杠杆率，非金融企业以及居民部门杠杆率反而变化不大。反观中国以及新兴市场在危机过后呈现政府、居民、非金融企业部门杠杆率同时上升的趋势。有所不同的是新兴市场政府部门杠杆率略高于居民部门杠杆率，而中国的政府部门与居民部门杠杆率在绝对数值上相差无几。中国非金融企业部门杠杆率明显高于居民、政府部

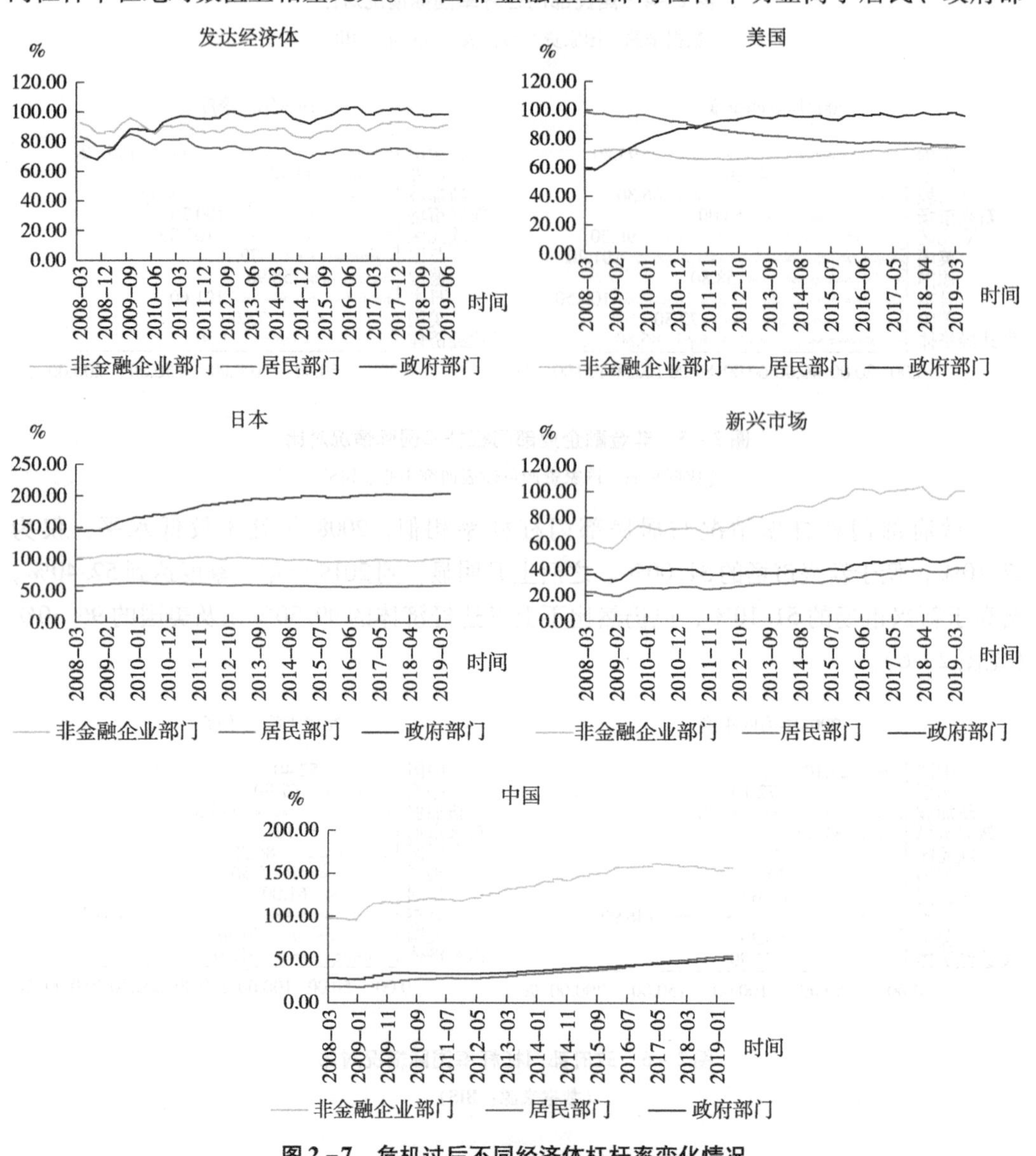

图2-7 危机过后不同经济体杠杆率变化情况

（数据来源：BIS、国家资产负债表研究中心）

门，展现出了十分明显的结构性问题。

2008 年国际金融危机爆发之后，美国政府出手干预，美联储施行量化宽松政策，救助金融寡头，防范系统性风险，而居民部门和非金融企业部门则发生了债务违约。最终，美国的居民、非金融企业部门杠杆率下降，政府部门杠杆率上升。中国方面：一揽子经济刺激计划对三部门杠杆率上升均有正面影响，加之部门各自的独特因素，如高储蓄率、“僵尸企业”、国企承担公共职能、地方政府的地区生产总值考核“竞争”、影子银行、刚性兑付等，全社会的杠杆率都呈现上升趋势。

横向对比中国与国际间经济体各部门杠杆率增长率，国外方面各部门杠杆率增长率最高的均为新兴市场，发达经济体的非金融企业部门以及居民部门杠杆率已经趋于稳定。中国属于发展中国家，因此可以主要参考新兴市场增长率。2008 年至 2016 年，中国非金融企业部门杠杆率增长率低于新兴市场，政府部门杠杆率增长率高于新兴市场，然而居民部门增长率高达 151.65%，远超新兴市场的 82.23%。在 2016 年之后的去杠杆进程中，非金融企业部门杠杆率开始下降，但居民部门以及政府部门杠杆率增长率仍然略高于新兴市场（见表 2－1）。

表 2－1　中国杠杆率增长情况

项目		中国	发达经济体	美国	日本	新兴市场
非金融企业	2008—2016 年	66.48%	0.46%	－0.69%	－6.26%	75.89%
	2017—2019 年	－1.75%	4.93%	4.17%	2.73%	2.23%
居民部门	2008—2016 年	151.65%	－5.26%	－18.77%	－4.83%	82.23%
	2017—2019 年	23.00%	1.11%	－3.72%	2.80%	17.83%
政府部门	2008—2016 年	64.58%	34.71%	48.27%	36.96%	46.45%
	2017—2019 年	17.49%	1.12%	－2.03%	1.44%	12.56%

数据来源：BIS、国家资产负债表研究中心。

2.2　中国经济高杠杆的形成机制：基于 DSGE 模型的分析

中国在当前总体呈现出较高的杠杆率，尤其是企业杠杆较高，家庭杠杆上升较快，这和当前中国从之前的粗放型经营向高质量发展转型有关，和国际国内环境错综复杂影响宏观政策执行效果有关，也和中国传统经济发展方式有关。

2.2.1　中国经济高杠杆形成的主要影响因素

1. 中国经济发展模式叠加地方政府的“相互竞争”是推高杠杆的重要原因。改革开放以来，中国经济总体体现出投资驱动的特征，固定资产投资和经济增长的相关性较高。自 2001 年加入世贸组织以来，以外需导向的经济刺激出口快速增长，以此带动中国制造业突飞猛进，同时基础设施和房地产投资并行发展，2008 年以前是中国经济发展的黄金时期。2008 年国际金融危机之后，制造业投资一路下行，而基础设施投资和房地产投资承担了提振投资的重要使命，消费在宏观经济增长中的贡献一直偏低，投资起到的边际贡献相对更大。和投资联系在一起的是地方政府发展经济的雄心，在地方政府地区生产总值竞争中，想尽一切办法拉动投资成为政府的重要工作。地方地区生产总值的增长离不开信贷的增长，这是地方政府推动经济发展的最直接手段。正是在这种因素的驱动下，政府直接或间接负债推动社会负债率提升，从而拉动经济在量上的增长就成为一个必然的事实。这种对经济发展的引导和推动，还可以采取政府直接负债的形式。最典型的就是地方政府通过设立地方政府融资平台，向银行业金融机构举债，进行投融资活动，即地方政府借道加杠杆。而地方政府加杠杆的行为也会影响社会其他经济体的加杠杆。从另外一个角度来讲，地方政府的高负债会推高地方政府公共支出水平，其中最为重要的一项便是基础设施投资支出，基础设施作为公共资本会对资本和劳动的边际产出产生深远的影响，从而提高生产率，促进经济增长。经济增长在一定程度上会提高以银行业为主的金融系统资产质量和利润，从而起到降低区域性金融风险的作用。

2. 房地产在推高中国经济杠杆过程中起着特殊的作用。房地产行业在中国经济发展中起着价值中枢的作用。在上述政府推动经济发展的进程中，地方政府通过土地供给的调整，以土地收入拉动财政收入，以房地产的发展拉动地区生产总值的增长。在这种情况下，房地产企业由于拿地成本的上升和调控政策的影响，必须高负债经营才能保持有效的增长，而家庭部门由于房价的上涨及预期会不断上涨的影响，通过住房按揭贷款、消费贷、信用卡透支等不同融资方式加杠杆，推动整个居民杠杆率不断提升。政府、企业和居民杠杆率的提升则直接反映为银行资产负债表的资产规模扩张及杠杆率的提升，从而增大金融风险。另外，房地产市场的逐步扩张虽然不可避免地提升了居民杠杆率水平，但同时从产业经济学的角度来看，其带动了上下游如钢铁、水泥、家具等诸多行业的联动发展，极大地促进了经济增长，提高了地方地区生产总值水平，同时，也增加了地方土地出让收入，大大扩展了地方财政收入来源。

3. 经济下行趋势下的宏观调控政策也成为中国经济高杠杆的重要推手。2008 年国际金融危机以后，中国经济面临挑战。为刺激经济的复苏，货币政策在操作上稳中偏松，而影子银行等活动，在一定程度上推高了金融体系流动性，为政府、企业、居民增加负债创造了条件。当然，不同的市场主体面临的信贷条件和融资约束存在差异，信贷分布呈现出结构性差异，助推了“过剩产能”“僵尸企业”等现象的出现，使杠杆难以在经济下行时同步下降。

2.2.2 杠杆形成的基准模型

为刻画上述因素对中国经济杠杆的形成机制，本节构建了动态随机一般均衡模型（DSGE），模拟分析外部冲击对经济杠杆的影响，并进一步分析其影响金融风险的机制。

本节所建立的基准模型包括家庭、金融中介（主要是银行）、企业、中央银行以及政府五大部门。基于上面的分析，模型将重点刻画家庭、一般商品生产商、房地产商、银行和政府之间的联系。假定不同区域之间的要素能够自由流动，不同区域之间的商品存在一定程度的可替代性，不失一般性地，将一般商品的生产与住房的建造都定义在许多同质有差异的品种或品牌的单位连续统（continuum）之上。一般商品的品牌用 j 表示，$j \in (0,1)$；房地产商的品牌用 e 表示，$e \in (0,1)$。

1. 家庭部门

家庭部门向普通企业和房地产企业提供劳动获得工资收入，家庭获得工资之后除了必要消费之外，剩下的净储蓄存在批发银行并获得无风险的利息收入，并在满足预算约束的情况下最大化自己的效用。家庭部门内部有家庭储蓄也有家庭借贷买房，所以表现为债务和储蓄并存。

家庭消费一般商品，享受住房服务。所以 $C_t(j)$ 是家庭在 t 时期对 j 品牌的一般商品的消费；$H_t(e)$ 是家庭在 t 时期拥有的 e 品牌房地产商开发的住房，是个存量指标。对于每一种商品或住房服务，任何单个品牌都被认为是所有其他品牌的非完全替代品，一般商品的常替代弹性用 ϵ 表示，住房相关服务的常替代弹性用 ϵ' 表示，替代弹性都大于 1。家庭对各商品消费和服务消费的定义为迪克西特—斯蒂格利茨（Dixit - Stiglitz）形式：

$$C_t = \left(\int_0^1 C_t(j)^{\frac{\epsilon-1}{\epsilon}} dj\right)^{\frac{\epsilon}{\epsilon-1}}, H_t = \left(\int_0^1 H_t(e)^{\frac{\epsilon'-1}{\epsilon'}} de\right)^{\frac{\epsilon'}{\epsilon'-1}} \tag{2.1}$$

家庭在其预算约束下选择消费、房产以及劳动投入来最大化其一生中的效用贴现，这里将闲暇视为劳动的反面，即劳动带来负的效用。因此，家庭的最优化问题可以写成如下的函数形式：

$$\max E_t \sum_{j=0} \beta^j \left[\frac{(C_{t+j})^{1-\sigma}}{1-\sigma} + \varphi \frac{(H_{t+j})^{1-\sigma}}{1-\sigma} - \frac{(L_t)^{1+n}}{1+n}\right]$$

其中，σ 为消费者的消费风险规避系数，n 刻画了劳动的供给跨期替代弹性，φ 为拥有住房的效用权重。家庭在每一期把所获收入用来消费、投资房产以及储蓄以在下一期获得收益，其收入来自劳动收入和上期储蓄的本息，因此其受如下形式的预算约束：

$$P_t^c C_t + P_t^h H_t + B_t + R_{t-1}^m M_{t-1} = W_t L_t + (1-\delta_h) P_t^h H_{t-1} + R_{t-1} B_{t-1} + M_t + \Pi_t$$

其中，P_t^c 为一般消费品价格，P_t^h 为 t 期房地产价格，W_t 为名义工资率，R_{t-1} 为存款利率，Π_t 为其他部门对家庭部门的转移利润，B_{t-1} 为储蓄家庭在上一期期末的储蓄，储蓄会在下一期得到利息收益，δ_h 是房屋每年的折旧，在家庭预算里相当于其支付的修缮费相对于房价的比率。R_{t-1}^m 为住房抵押贷款的利率，M_{t-1} 为借贷家庭在上一期期末的获得的住房抵押贷款，贷款会在 t 期支付利息。家庭用住房抵押贷款投资住房的时候，可获得的贷款不会高于房屋价值除去首付之后的价值，相当于他们会受银行的借贷上限约束：

$$M_t \leqslant (1 - \lambda^m) P_t^h H_t$$

λ^m 为银行要求的最低住房抵押贷款首付比。家庭的目标是选择消费一般商品、劳动、储蓄和对住房服务的需求以最大化其效用。最优化的一阶条件如下：

$$\frac{(C_t)^{-\sigma}}{P_t^c} = \Lambda_t \tag{2.2}$$

$$(C_t)^{-\sigma}/(L_t)^n - P_t^c/W_t = 0 \tag{2.3}$$

$$E_t(\beta \cdot R_t \cdot \frac{\Lambda_{t+1}}{\Lambda_t}) = 1 \tag{2.4}$$

$$E_t(\beta \cdot R_t^m \cdot \frac{\Lambda_{t+1}}{\mu_t}) - \frac{\Lambda_t}{\mu_t} = 1 \tag{2.5}$$

$$\varphi(H_t)^{-\sigma} + E_t(\beta(1 - \delta_h) \cdot P_{t+1}^h \cdot \Lambda_{t+1}) - \mu_t(1 - \lambda^m) P_t^h - \Lambda_t P_t^h = 0 \tag{2.6}$$

其中，Λ_t 和 μ_t 分别是预算约束和借贷上限约束的拉格朗日算子，Λ_t 就代表了借贷家庭的边际消费效用。

2. 零售商

零售商是最终产品的整合者，处于完全竞争市场。不同区域之间同时存在消费品与投资品两种类型的零售商，消费品零售商除了以（2.1）式的形式分别整合一般商品 C_t 以及商品房 H_t 之外，还整合投资品。投资品零售商把投资品出售给资本生产商，他们也以常替代弹性（CES）函数形式整合投资品：

$$I_t = \left[(1 - \alpha_i)^{\frac{1}{\eta_i}} (I_t^c)^{\frac{\eta_i - 1}{\eta_i}} + \alpha_i^{\frac{1}{\eta_i}} (I_t^h)^{\frac{\eta_i - 1}{\eta_i}} \right]^{\frac{\eta_i}{\eta_i - 1}} \tag{2.7}$$

其中，α_i 反映国内资本生产商对厂房的偏好程度，$\eta_i > 0$ 衡量了从国内资本生产商角度来看的一般商品和厂房的常替代弹性。资本生产商对厂房的投资 I_t^h 来自房地产商。

由于零售商是完全竞争的，他们在均衡时的利润为零。给定任意的产出水平，他们对国内商品和进口商品的最优需求为如下形式：

$$I_t^c = (1 - \alpha_i)\left(\frac{P_t^c}{P_{it}}\right)^{-\eta_i} I_t, I_t^h = \alpha_i \left(\frac{P_t^h}{P_{it}}\right)^{-\eta_i} I_t \tag{2.8}$$

其中，P_{it}为生产者价格指数（PPI），其形式为：

$$P_{it} = \left[(1 - \alpha_i)(P_t^c)^{\frac{\eta_i - 1}{\eta_i}} + \alpha_i (P_t^h)^{\frac{\eta_i - 1}{\eta_i}} \right]^{\frac{\eta_i}{\eta_i - 1}} \tag{2.9}$$

3. 金融中介

这里的金融中介主要是两类，一类是批发银行，另一类是零售银行。区域内的批发银行吸收储蓄家庭的存款，并批发统一的贷款。零售银行购买批发银行的贷款，并整合处理为住房抵押贷款和企业贷款。

（1）批发银行

批发银行借鉴的是 Gertler 和 Karadi（2011）经典论文中对银行的构建。银行部门吸收家庭存款并贷款给零售银行。假设 N_{jt}是在第 t 期末，银行 j 拥有的净资产，B_{jt}是该银行吸收的家庭存款，S_{jt}是第 t 期该银行向生产商提供的贷款金额。那么，银行的资产负债满足如下恒等式：

$$S_{jt} = N_{jt} + B_{jt} \tag{2.10}$$

批发银行需要向家庭支付无风险利率，每期银行向家庭支付的实际利率为 R_t，另外，银行把贷款批发给零售银行，同样会获得零售银行的业务回报，回报率设为 R_{kt}。因此给定银行 j 的资产负债情况下，其净资产的积累方程如下：

$$N_{jt+1} = R_{kt}S_{jt} - R_tB_{jt} = (R_k - R_t)S_{jt} + R_tN_{jt}$$

为避免银行净资产无限期累积，我们假设每家银行都只有一定的概率 θ 存活到下一期，有 $1-\theta$ 的概率会在当期退出信贷市场，成为普通家庭进行消费。因此银行部门的经营目标是最大化退出市场时的期望净资产 V_{jt}：

$$V_{jt} = \max E_t \sum_{i=0}^{\infty} (1-\theta)\theta^i\beta^{i+1}\Lambda_{t,t+1+i}[(R_{kt+i} - R_{t+i})S_{jt+i} + R_{t+i}N_{jt+i}]$$

从上面的表达式中我们可以看出，在任意时期，只要银行对企业投资的期望净收益率 $E_t(R_{kt+1} - R_{t+1})$ 为正，银行部门就有无限扩大自己信贷总量的激励。我们在模型中引入银行资金的委托代理问题：假设在每一时期银行都可以选择不遵守与家庭部门的借款合同，将自己的总资产中 λ 的部分带走退出市场。因为银行资金存在这样一个委托代理问题，家庭为避免银行违约带来的损失，在进行储蓄时需要保证银行的总资产满足如下的激励相容约束：

$$V_{jt} \geqslant \lambda S_{jt}$$

该约束的经济学意义是在任意 t 期，银行履行合同并最终正常退出市场时可以获得的期望净资产都要不小于右边银行在当期选择不遵守合约所能获得的收益。因此当该约束条件满足时银行会选择继续履行自己的合约，进行正常的投资经营活动。

为了方便计算，我们把 V_{jt}写成递归的形式：

$$V_{jt} = \nu_tS_{jt} + \eta_tN_{jt}$$

其中，

$$\nu_t = E_t[(1-\theta)\beta\Lambda_{t,t+1}(R_{kt} - R_t) + \beta\Lambda_{t,t+1}\theta x_{t,t+1}\nu_{t+1}] \tag{2.11}$$

$$\eta_t = E_t[(1-\theta) + \beta\Lambda_{t,t+1}\theta z_{t,t+1}\eta_{t+1}] \tag{2.12}$$

$x_{t,t+1} = S_{jt+1}/S_{jt}$表示银行从 t 期到 $t+1$ 期总资产增长率；$z_{t,t+1} = N_{jt+1}/N_{jt}$为银行的净值增长率。

在最优行为下，激励相容约束等号成立，代入净资产的递归式中有：

$$S_{jt} = \frac{\eta_t}{\lambda - \nu_t}N_{jt} = \Phi_tN_{jt}$$

式中 Φ_t 是银行的杠杆倍数。因此银行在资产净值 N_{jt}给定的情况下，所能发放的总贷款价值最多不能超过 Φ_tN_{jt}。已知银行融资杠杆倍数，银行 j 的净资产累计方程可进一步化为

$$N_{jt+1} = [(R_{kt} - R_t)\Phi_t + R_t]N_{jt}$$

对应的 $x_{t,t+1}$和 $z_{t,t+1}$也可进一步化为

$$z_{t,t+1} = \frac{N_{jt+1}}{N_{jt}} = (R_{kt} - R_t)\Phi_t + R_t \tag{2.13}$$

$$x_{t,t+1} = \frac{S_{jt+1}}{S_{jt}} = \frac{\Phi_{t+1}}{\Phi_t} z_{t,t+1} \tag{2.14}$$

注意到上面这些银行 j 的净资产积累方程和其杠杆率的相关参数不再单独和银行 j 特征相关，因此资产约束方程就能线性加总到整个银行部门：

$$S_t = \frac{\eta_t}{\lambda - \nu_t} N_t = \Phi_t N_t \tag{2.15}$$

接下来，我们可以推出银行部门净值 N_t 的运动方程，首先我们意识到银行部门的总净值是由当期留在行业中的银行的净值 N_{et} 和新进入行业的银行的净值 N_{nt} 加总而来的，因此：

$$N_t = N_{et} + N_{nt}$$

因为 $t-1$ 期是有 θ 比例的银行在 t 期继续存在，因此：

$$N_{et} = \theta[(R_{kt} - R_t)\Phi_t + R_t]N_{t-1}$$

假设新进入的银行的净值是上期退出银行的资产在当期价值（$1-\theta$）S_{t-1} 的 $\omega/(1-\theta)$ 比例，从而：

$$N_{nt} = \omega S_{t-1}$$

因此整个银行业的净值的动态方程为

$$N_t = \theta[(R_{kt-1} - R_{t-1})\Phi_t + R_{t-1}]N_{t-1} + \omega S_{t-1} \tag{2.16}$$

（2）零售银行

存在垄断竞争的零售银行，从批发银行处批发贷款，并对贷款进行划分和标价，然后将这些异质性贷款发放给家庭或企业，他们使用标准的 Dixit－Stiglitz 形式定义这些贷款。因此零售银行所面临的需求曲线分别为

$$M_t(b) = \left(\frac{R_t^m(b)}{R_t^m}\right)^{-\epsilon^m} M_t, F_t(b) = \left(\frac{R_t^l(b)}{R_t^l}\right)^{-\epsilon^l} F_t$$

式中，M_t 是家庭对住房抵押贷款的需求，F_t 是企业对商业贷款的需求，R_t^l 是商业贷款的利率，ϵ^m 是家庭部门对不同零售银行的住房抵押贷款偏好的常替代弹性，ϵ^l 是生产商对不同零售银行的企业贷款偏好的常替代弹性，贷款需求恒等式为

$$M_t + \alpha_u F_t = S_t \tag{2.17}$$

其中，α_u 为稳态时企业贷款在批发贷款中的份额。零售银行的目标是选择发放的两种贷款价格（即利率）来最大化其利润的现值，同时受到其所面对的贷款需求的约束。最优问题由下面的函数表示：

$$\max E_t \sum_{j=t} \beta^{j-t}\Big[R_j^m(b)M_j(b) + R_j^l(b)F_j(b) - R_{kj}S_j(b) - \frac{\kappa_m}{2}\left(\frac{R_j^m(b)}{R_{j-1}^m(b)} - 1\right)^2 R_j^m M_j - \frac{\kappa_l}{2}\left(\frac{R_j^l(b)}{R_{j-1}^l(b)} - 1\right)^2 R_j^l F_j\Big]$$

其中，κ_m 是发放的住房抵押贷款的调整成本参数，κ_l 是发放商业贷款的调整成本参数。关于住房抵押贷款利率的一阶条件为

$$\left(\frac{R_t^m}{R_{t-1}^m}-1\right)\frac{R_t^m}{R_{t-1}^m}=E_t\left[\beta\left(\frac{R_{t+1}^m}{R_t^m}-1\right)\left(\frac{R_{t+1}^m}{R_t^m}\right)^2\frac{M_{t+1}}{M_t}\right]+\frac{\epsilon^m R_{kt}}{\kappa_m R_t^m}-\frac{\epsilon^m-1}{\kappa_m} \tag{2.18}$$

同理，商业贷款利率的一阶条件为

$$\left(\frac{R_t^l}{R_{t-1}^l}-1\right)\frac{R_t^l}{R_{t-1}^l}=E_t\left[\beta\left(\frac{R_{t+1}^l}{R_t^l}-1\right)\left(\frac{R_{t+1}^l}{R_t^l}\right)^2\frac{F_{t+1}}{F_t}\right]+\frac{\epsilon^l R_{\kappa t}}{\kappa_l R_t^l}-\frac{\epsilon^l-1}{\kappa_l} \tag{2.19}$$

企业贷款由一般商品生产商和房地产商贷款构成：

$$F_t = F_t^c + F_t^h \tag{2.20}$$

4. 生产商

不同区域之间的生产商是垄断竞争的，分为一般商品生产商和房地产商两类，分别生产一般商品和住房服务，生产的产品和服务卖给国内的零售商进行整合。生产商在每 t 期末向资本商购买资本 K_{t+1}，用于下一期的生产。在 $t+1$ 期生产过后，生产商选择在公开市场卖出磨损后的资本。其购买资本的资金来自银行部门。

(1) 一般商品生产商

一般商品生产商融资金额为 F_t^c，Q_t 为每单位资本的价格，不同区域间的资本具有充分流动性和可替代性。因此，融资恒等式为

$$F_t^c = Q_t K_{t+1}^c \tag{2.21}$$

假设国内生产商按照柯布—道格拉斯函数生产：

$$Y_t^c(j) = A_t[K_t^c(j)]^\gamma[L_t^c]^{1-\gamma} \tag{2.22}$$

其中，A_t 代表全要素生产率，表征不同区域之间的经济要素，γ 为生产中资本所占份额，一般商品生产商生产的产品是同质有差异的，他们的产出通过完全竞争的零售商以标准的 Dixit – Stiglitz 形式进行整合，从而每个生产商面对的需求曲线为

$$Y_t^c(j)=\left(\frac{P_t^c(j)}{P_t^c}\right)^{-\epsilon}Y_t^c$$

Y_t^c 为整合成的一般商品产出。生产商的最优行为是最大化其利润，其成本为劳动支付的工资和为上期融资购买资本资金的本息，收益是向零售商卖出的产品以及卖给资本生产商的磨损资本，因此，生产商 j 的最优问题由下面的函数表示：

$$\max\Pi_t^c(j)=P_t^c(j)Y_t^c(j)+Q_t(1-\delta)K_t^c(j)-W_tL_t^c(j)-R_t^l\cdot Q_{t-1}\cdot K_t^c(j)$$
$$-\frac{\kappa_{pc}}{2}\left(\frac{P_t^c(j)/P_{t-1}^c(j)}{(\pi_{t-1}^c)^{l_c}\pi^{1-l_c}}-1\right)^2P_t^cY_t$$

其中，通过与 Rotemberg（1982）类似的二次型价格调整成本引入价格黏性，κ_{pc} 为调整成本参数，ι_h 捕捉了生产商价格调整与过去通胀挂钩的程度。生产商的目标是选择投入的数量以及其产出的价格来最大化其利润的现值（利用借贷家庭随机贴现因子 $\beta\Lambda_{t,t+1}$），并受到其所面对的来自于零售商的需求函数的约束。因此，关于劳动投入和资本投入的一阶条件为

$$W_t = \frac{(1-\gamma)Y_t^c \cdot (P_t^c - \Omega_t^c)}{L_t^c} \tag{2.23}$$

$$R_t^l = \frac{\gamma \cdot Y_t^c \cdot (P_t^c - \Omega_t^c) + Q_t(1-\delta)K_t^c}{Q_{t-1} \cdot K_t^c} \tag{2.24}$$

其中，Ω_t^c 为拉格朗日算子。生产商利润最大化目标关于价格的一阶条件为

$$\left(\frac{\pi_t^c}{(\pi_{t-1}^c)^{\iota_c}\pi^{1-\iota_c}} - 1\right)\frac{\pi_t^c}{(\pi_{t-1}^c)^{\iota_c}\pi^{1-\iota_c}} = E_t\left[\beta\Lambda_{t,t+1}\left(\frac{\pi_{t+1}^c}{(\pi_t^c)^{\iota_c}\pi^{1-\iota_c}} - 1\right)\frac{(\pi_{t+1}^c)^2}{(\pi_t^c)^{\iota_c}\pi^{1-\iota_c}}\frac{Y_{t+1}^c}{Y_t^c}\right] - \frac{\epsilon\Omega_t^c - P_t^c}{\kappa_{pc}P_t^c} \tag{2.25}$$

根据定义，国内商品价格通胀与其价格的关系为

$$\pi_t^c = P_t^c / P_{t-1}^c \tag{2.26}$$

（2）房地产商

与一般生产商所不同的是，不同区域之间的房地产商生产还需要投入土地这一生产要素，该要素由政府供给，因此假设房地产商的生产函数形式为

$$Y_t^h(e) = A_t(\mathcal{L}_t(e))^{1-o}\{[K_t^h(e)]^{\gamma}[L_t^h(e)]^{1-\gamma}\}^{o} \tag{2.27}$$

其中，$1-o$ 为土地在住房建造中所占的份额，$Y_t^h(e)$是房地产商在当期新建造的房产(住房投资)。

房地产商融资金额为 F_t^h，因此，其融资恒等式为

$$F_t^h = Q_t K_{t+1}^h + P_t^L\,\mathcal{L}_t \tag{2.28}$$

不同区域间的房地产商建造的住房是同质有差异的，他们的产出通过完全竞争的零售商以标准的 Dixit - Stiglitz 形式进行整合，从而每个房地产商面对的需求曲线为

$$Y_t^h(e) = \left(\frac{P_t^h(e)}{P_t^h}\right)^{-\epsilon'} Y_t^h$$

Y_t^h 为整合成的国内当期建造的住房产出。房地产商的最优行为是最大化其利润，其成本为劳动支付的工资和为上期融资购买资本资金的本息以及购买土地的资金，收益是向零售商卖出的产品以及卖给资本生产商的磨损资本，因此，生产商 j 的最优问题由下面的函数表示：

$$\max\Pi_t^h(e) = P_t^h(e)Y_t^h(e) + (1-\delta)K_t^h(e) - W_t L_t^h(e) - R_t^l \cdot Q_{t-1} \cdot K_t^h(e)$$
$$- P_t^L(e)\,\mathcal{L}_t(e) - \frac{\kappa_{ph}}{2}\left(\frac{P_t^h(e)/P_{t-1}^h(e)}{(\pi_{t-1}^h)^{\iota_h}\pi^{1-\iota_h}} - 1\right)^2 P_t^h Y_t$$

其中，κ_{ph}为调整成本参数，ι_h 捕捉了生产商价格调整与过去通胀挂钩的程度。生产商的目标是选择要素投入的数量以及其产出的价格来最大化其利润的现值（利用借贷家庭随机贴现因子 $\beta\Lambda_{t,t+1}$），并受到其所面对的来自于零售商的需求函数的约束。因此，关于劳动、资本和土地投入的一阶条件为

$$W_t = \frac{o(1-\gamma)Y_t^h \cdot (P_t^h - \Omega_t^h)}{L_t^h} \tag{2.29}$$

$$R_t^l = \frac{o\gamma \cdot Y_t^h \cdot (P_t^h - \Omega_t^h) + (1-\delta)K_t^h}{Q_{t-1} \cdot K_t^h} \tag{2.30}$$

$$P_t^L = \frac{(1-o)Y_t^h \cdot (P_t^h - \Omega_t^h)}{\mathcal{L}_t} \tag{2.31}$$

其中，Ω_t^h 为拉格朗日算子。房地产商利润最大化目标关于价格的一阶条件为

$$\left(\frac{\pi_t^h}{(\pi_{t-1}^h)^{\iota_h}\pi^{1-\iota_h}} - 1\right)\frac{\pi_t^h}{(\pi_{t-1}^h)^{\iota_h}\pi^{1-\iota_h}}$$

$$= E_t\left[\beta\Lambda_{t,t+1}\left(\frac{\pi_{t+1}^h}{(\pi_t^h)^{\iota_h}\pi^{1-\iota_h}} - 1\right)\frac{(\pi_{t+1}^h)^2}{(\pi_t^h)^{\iota_h}\pi^{1-\iota_h}}\frac{Y_{t+1}^h}{Y_t^h}\right] - \frac{\epsilon'\Omega_t^h - P_t^h}{\kappa_{ph}P_t^h} \tag{2.32}$$

根据定义，国内房价通胀与其价格的关系为

$$\pi_t^h = P_t^h / P_{t-1}^h \tag{2.33}$$

5. 资本商

在 t 期末，不同区域的资本商从生产商处购买其生产后的资本，然后修理折旧的资本并生产新资本，并将修理好的资本品和生产出的新资本一起卖出。假设资本商维修磨损的资本没有成本，而生产新资本具有调整成本，因此资本的运动定律由如下形式表示：

$$K_t = (1-\delta)K_{t-1} + \left[1 - \frac{\psi}{2}\left(\frac{I_t}{I_{t-1}} - 1\right)^2\right]I_t \tag{2.34}$$

其中，ψ 是调整成本参数，资本商的行为是最大化其资本生产的贴现收益：

$$\max E_t \sum_{j=1} \beta^{j-t}\Lambda_{t,j}[Q_jK_j - Q_t(1-\delta)K_{j-1} - PI_jI_j]$$

该目标函数受资本运动方程的约束。资本商可以选择投资 I_t 来最大化其收益，因此其收益最大化的一阶条件为

$$Q_t - \psi Q_t\left(\frac{I_t}{I_{t-1}} - 1\right)\frac{I_t}{I_{t-1}} - Q_t\frac{\psi}{2}\left(\frac{I_t}{I_{t-1}} - 1\right)^2 + E_t\left[\beta\Lambda_{t,t+1}\psi Q_{t+1}\left(\frac{I_{t+1}}{I_t} - 1\right)\frac{I_{t+1}^{\ 2}}{I_t^{\ 2}}\right] - PI_t = 0 \tag{2.35}$$

资本商生产的资本分别被一般商品生产商和房地产商购买：

$$K_t = K_t^c + K_t^h \tag{2.36}$$

6. 中央银行

假设中央银行应用利率工具来对货币市场进行调节，采取一种简单的泰勒规则：

$$\ln i_t = \rho_r \ln i_{t-1} + (1-\rho_r)\left(\ln i + \psi_\pi \ln\frac{\pi_t}{\pi} + \psi_y \ln\frac{Y_t}{Y}\right) + e_n \tag{2.37}$$

其中，i_t 是实际利率，ρ_r 是利率平滑系数，ψ_π 和 ψ_y 是泰勒规则对通胀和产出缺口的反应系数，e_n是货币政策扰动。实际利率与名义利率的关系为

$$1 + i_t = R_{t+1} + E_t(\pi_{t+1}) \tag{2.38}$$

7. 市场出清条件

最终生产出的一般商品用于消费、投资和政府购买：

$$C_t + I_t^c + G_t = Y_t^c \tag{2.39}$$

政府购买的资金来自土地财政：

$$G_t = \frac{P_t^L \mathcal{L}_t}{P_t^c} \tag{2.40}$$

家庭向一般商品生产商和房地产商提供劳动：

$$L_t = L_t^c + L_t^h \tag{2.41}$$

房地产商每期的生产提供新住房和一部分投资，因此具有如下恒等式：

$$H_t - (1 - \delta_h) H_{t-1} + I_t^h = Y_t^h \tag{2.42}$$

经济中的总产出由一般商品生产商和房地产商的产出构成：

$$Y_t = Y_t^c + Y_t^h \tag{2.43}$$

模型的均衡被定义为价格和配置使家庭最大化其贴现效用，银行和企业家可以最大化其红利的贴现值，所有的生产商都在其约束下将利润的贴现值最大化，最终所有市场都出清。家庭部门杠杆率用家庭债务与总产出的比例衡量，企业和地方政府（平台企业代表）杠杆率用企业部门债务与总产出之比衡量。

模型的冲击主要来自企业生产情况的冲击，经济下行是当前的最大变量，会直接影响企业的全要素生产率，因此就令其服从 AR（1）过程，$A_t = \rho_a A_{t+1} + e_{at}$，$\rho_a$ 是自回归系数，e_{at}是随机扰动，服从均值为 0，标准差为 σ_a 的独立同分布。

2.2.3 模型参数校准

模型使用 Matlab 和 Dynare 4.7 版本软件包来完成相应的计算。为确保模型可解和解的正确性，大多数研究采用的是对数线性化的方法。对本模型而言，方程（2.2）至方程（2.43）为相应各部门一阶条件的对数线性化形式。

参数对于 DSGE 模型的系统方程求解以及动态结果都具有关键性的作用。按以下几类方法对本书模型中的参数进行校准：根据常规惯例赋值、根据经济中的实际数据赋值、根据已有文献惯例赋值、根据本书模型特定的稳态公式计算。若无特别提及，以下所用到的数据均来自 Wind 数据库、CEIC 数据库以及国家统计局等。

1. 结构参数

家庭部门的结构参数主要包括家庭的随机贴现因子 β、风险规避系数 σ、劳动供给的跨期替代弹性 n、居民消费价格指数（CPI）中除居住以外的商品价格权重 α。已有文献对于家庭的风险规避系数 σ 的计算值并不一致（顾宝六等，2004；许伟、陈斌开，2009），本书依照中国研究新兴经济体 DSGE 模型的经典文献（如袁申国等，2011；梅冬州和龚六堂，2011；康立和龚六堂，2014 等），将风险规避系数 σ 取值为 2，劳动供给的跨期替代弹性 n 取值为 0.5。根据 Devereux 等（2006）和 Gertler 等（2007）的研究，复合消费品的替代弹性 η 和投资品的替代弹性 η_i 分别为 1 和 0.25。家庭的随机贴现因子 β 是稳态时储蓄利率的倒数，这里我们与王擎和田娇（2016）一致，采用 2009 年到 2017 年金融机构人民币存款 3 个月定期利率季度值的均值 1.00511 代表稳态时的家庭储蓄利率，从而 β 取值为 0.9949。

对于厂商部门而言，其主要参数包括资本产出弹性 γ，企业产品价格调整黏性参数 κ_{ph} 和 κ_{pf}，价格调整与过去通胀挂钩的程度 ι_h 和 ι_f，资本的季度折旧率 δ，资本调整成

本参数 ψ，以及一般商品与住房服务的替代弹性 ϵ 和 ϵ'。根据 cook 和 Devereux（2001）对亚洲国家的研究，生产商为劳动密集型企业，资本产出弹性 γ 取值为 0.3。参照 Alpanda 和 Aysun（2014）的研究，价格调整与过去通胀挂钩的程度设定为 0.5，这意味着卡尔沃（Calvo）形式设定的价格黏性会持续两个季度。资本调整成本参数参照康立和龚六堂（2014）设定为 5，一般商品和住房服务的替代弹性参照 Corsetti 等（2008）的研究设定为 7.7 和 15.3，资本季度折旧率按照惯例取 0.025，相当于年折旧 10%，住房维修费率参照 Kaplan、Mitman 和 Violante（2017）的研究设定为 0.0125。

银行部门主要参照 Gertler 和 Kiyotaki（2011）的研究，每一期银行的留存概率 θ 取值为 0.972。央行的货币政策参数主要参考 Corsetti 等（2008）和梁斌（2011）的研究，利率平滑参数 ρ_r 取值为 0.8，通胀反应参数和产出缺口反应参数分别取值为 2.19 和 0.57。

2. 稳态目标

我们校准的目标尽量贴近实际经济情况，稳态目标住房抵押贷款用 5 年期以上的住房公积金贷款利率的季度值，取值为 1.009675，商业贷款利率用 2009 年第一季度到 2017 年第三季度一般贷款的加权平均利率的季度值，计算得到 1.016，储蓄利率与前面相同，取值为 1.00511，银行业杠杆倍数取 2008 年第一季度到 2017 年第四季度银行业总资产与净值的比值的均值，我们得到杠杆倍数为 14.22，从而可根据稳态均衡得到批发银行的贷款利率稳态为 1.00678，从而我们的住房抵押贷款的替代弹性为 348.4881，企业贷款的替代弹性为 110.1677，新进入银行转移比率 ω 取值为 0.000013。稳态时一般商品生产商和房地产商的产出和就业比重利用 2008—2017 年的数据进行计算，一般商品生产商总产出的份额为 87.47%，吸纳就业为 85%；房地产商产出份额为 12.53%，吸纳就业为 15%。从而均衡时资本商对建筑物投资的偏好程度为 37.36%，家庭房产偏好取值为 2.15。冲击参考 Gertler 和 Karadi（2011）的研究，各标准差为 0.01。所有参数校准赋值汇总见表 2－2。

表 2－2　参数校准结果

参数	描述	取值	参数	描述	取值
家庭					
β	家庭贴现因子	0.9949	σ	消费者的风险规避系数	2
n	劳动供给的跨期替代弹性	0.5	ϕ	家庭的住房偏好	2.15
厂商					
γ	资本产出弹性	0.3	α_i	资本商对建筑物投资的偏好程度	0.374
η_i	商品和住房投资需求替代弹性	0.25	Ψ	资本调整成本参数	5
κ_{ph}	住房价格调整黏性参数	5	κ_{pc}	一般商品价格调整黏性参数	5
ι_h	住房价格调整与过去通胀挂钩的程度	0.5	ι_c	一般商品价格调整与过去通胀挂钩的程度	0.5
ϵ	一般商品的替代弹性	7.7	ϵ^i	住房服务的替代弹性	15.3
δ	资本季度折旧率	0.025	δ_h	房屋维修费率	0.015

续表

参数	描述	取值	参数	描述	取值
银行					
θ	银行每期留存概率	0.972	ω	新进入银行转移比率	0.000013
α_u	企业贷款所占的份额	0.05	λ	可以被转移的资本份额	0.381
央行					
ρ_r	利率平滑参数	0.8	Ψ_π	通胀反应参数	2.5
Ψ_y	产出缺口反应参数	0.57	σ_r	货币政策冲击标准差	0.01
p_α	技术冲击自相关系数	0.91	σ_α	技术冲击标准差	0.01

2.2.4 杠杆形成的机制分析

如图2-8所示，在技术进步冲击发生时总产出下降，商品价格和房价都有略微的升高，价格的升高使总需求下降，家庭有去杠杆的需求，但其债务下降幅度低于总产出的下降幅度，从而家庭部门杠杆率在冲击发生时上升了。而对于企业来说，经济下行压力使他们有需求借债来维持正常运营，其债务有一定程度的上升，从而企业杠杆率也出现攀升。

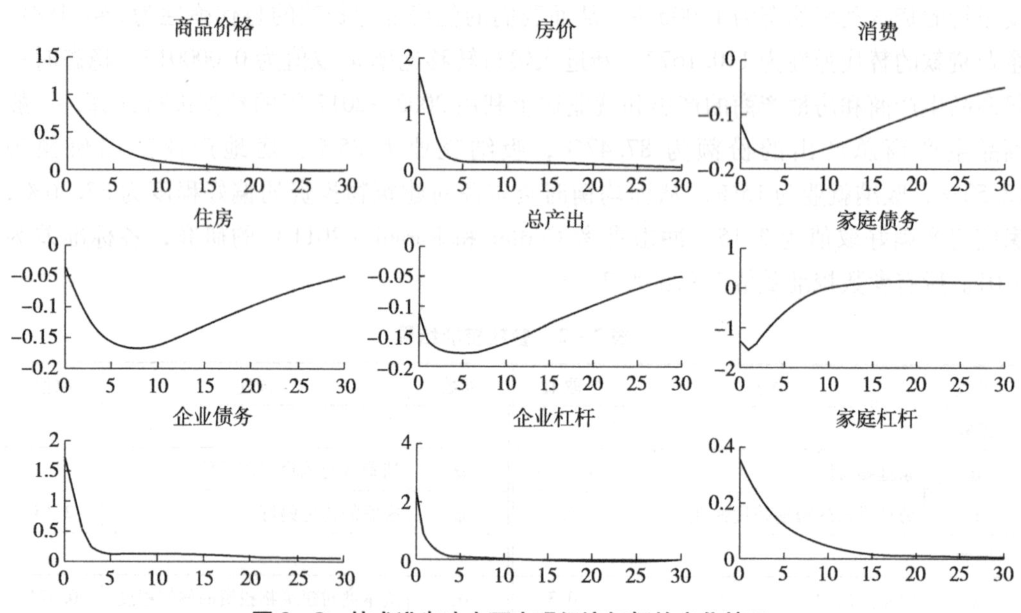

图2-8 技术进步冲击下宏观经济杠杆的变化情况

经济下行时，信贷增加但企业资产质量下滑。为探讨这一因素的影响，在前文基准模型的基础上引入资产质量 $\aleph_t K_t$，其中 $\aleph_t$ 同样设定为一个AR（1）过程，模拟结果如图2-9所示，在全球经济下行压力不断加大的背景下，资产质量负向冲击发生时，一般商品价格下降，但房价出现上升，家庭愿意更多地消费，而降低了住房的需求，从而房地产企业的生产下降，并且超过了一般企业的产值增加，从而总产出出现了一定程度的下降。但是房价的上升使不得不买房的家庭更多地借款，从而使家庭部门的负债上升，家庭部门的杠杆率出现攀升。同时，一般生产企业愿意借债来扩大生产，从而企业部门的负债也出现小幅的攀升，从而企业部门的杠杆率也出现了升高。各部门的杠杆率在冲击下出现攀升，也就代表着金融风险不断加大。

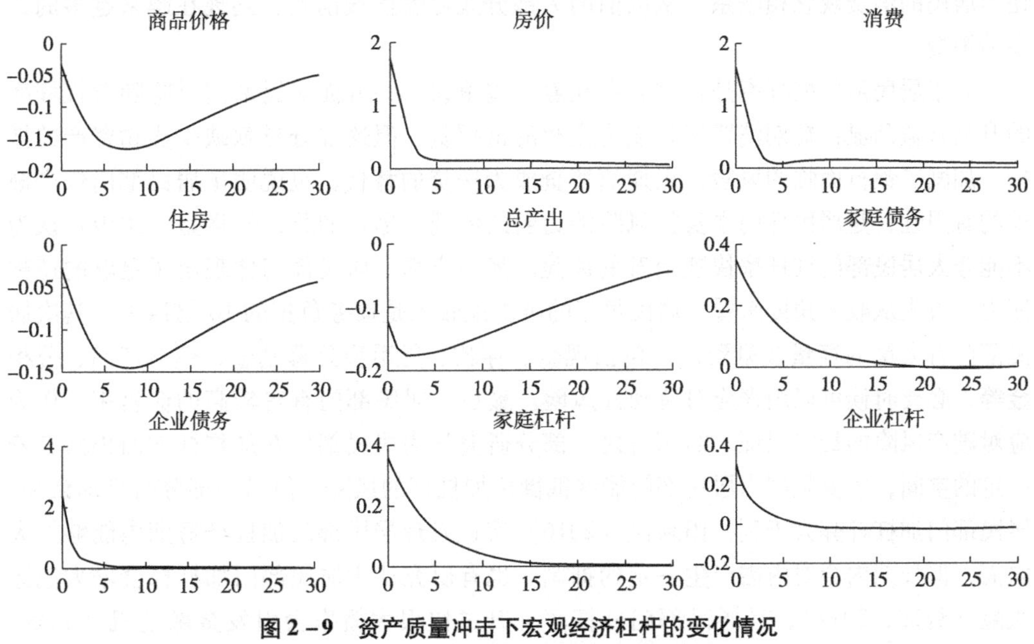

图 2-9　资产质量冲击下宏观经济杠杆的变化情况

2.3　中国宏观部门间杠杆率相互影响的机理分析

上一节通过模型刻画了中国经济杠杆的共同影响因素和影响机制。本节要阐明的是各个部门杠杆的相互影响及背后的影响因素。本节从时间上划分为三个阶段进行分析：2008 年以前的早期机制，2008 年国际金融危机后到 2016 年去杠杆政策前的影响机制，2016 年去杠杆后的最新的影响机制。

2.3.1　居民部门的溢出效应

1. 居民部门杠杆本质

中国居民部门的债务主要通过银行借贷形成。1998 年开始中国居民部门债务规模开始上升，债务品种也渐渐丰富，居民借债的用途主要是购买住房、汽车、教育。对于居民部门杠杆率的上升，主要可以从以下几个因素考虑。第一是经济增长，经济增长与居民举债消费呈现相互影响相互促进的关系，中国高速增长的经济是居民部门杠杆率上升的重要动力之一。第二是金融发展给居民举债创造了条件，早期金融发展自由化程度相对不足，在一定程度上限制了居民部门杠杆率的增长，之后金融的逐步发展，促进了居民部门杠杆率的上升。第三是政府的政策刺激，包括消费贷及房贷方面的政策，2008 年以后国家为了刺激经济，放宽了政策，居民部门杠杆率随之迅速攀升。2008 年底至 2016 年底居民部门杠杆率年均增速高达 12.25%。另外，居民部门杠杆率还与居民的消费观念相联系，从以前的大部分人习惯攒钱消费，到现在越来越多的人举债消费。

对于居民部门杠杆率是否过高存在着一些争议。一方面居民部门风险随着杠杆率的升高日益凸显：短期消费贷款成为变相的抵押贷，但这部分贷款缺少实物资产的抵押，加剧了银行面临的风险；短期消费贷成为房贷的替代，也说明了居民部门资产规模的有限性，是居民部门本身抗风险能力弱的体现。尽管如此，张晓晶（2019）认为不能夸大居民部门杠杆率快速上升的风险。另一方面，居民部门体现出了足够的还款能力：首先从收入角度来看，居民每年的可支配收入是债务负担的 10 倍以上，其次居民部门有大量的存量金融资产，包括现金、存款、货币型公募基金、理财产品、公积金等，必要时候可以用来应对流动性风险。最后，居民部门有着较高的储蓄率，作为应对破产风险的最终保证。简而言之，部分研究认为居民部门在加杠杆方面仍然有着一定的空间，主要是因为居民部门能够抵御住加杠杆的风险。但另一部分研究却认为，居民部门加杠杆弊大于利，田新民（2016）实证发现居民部门加杠杆短期内能够扩大内需，但长期内会对内需产生一定的抑制。也有研究认为居民部门加杠杆会增大泡沫风险（魏玮，2017），且居民部门杠杆率上升过快很大概率会引发金融危机（张斌，2018）。刘哲希（2019）实证发现，在结构性去杠杆过程中居民部门加杠杆反而会抑制居民消费，增加居民投机行为，难以实现部门间的杠杆转移。

2. 居民部门溢出效应机理分析

如图 2－10 所示，理论上，居民部门存在对其余三个部门杠杆负向溢出效应，溢出效应的产生途径如下：增加内需，改善经济环境（伍戈，2018；李若愚，2016）；减少储蓄，进而降低其余部门杠杆率（刘喜和，2017；易纲，2017）。下面结合时代背景对这一溢出效应进行分析。

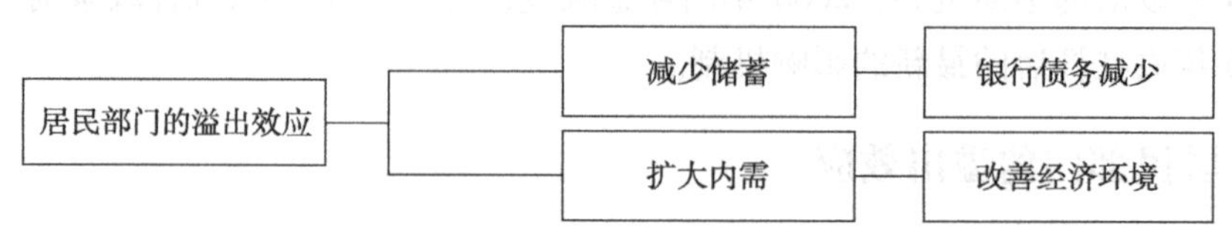

图 2－10 居民部门的溢出效应

居民部门减少储蓄的溢出效应比较简单，其直接作用于金融部门，使银行存款减少，金融部门债务减少。早期中国金融部门主要为政府部门服务，政府部门与市场联系不深，因此居民部门仅对非金融企业部门有负的溢出效应。随着经济发展，居民部门对政府及金融部门的负溢出效应变得显著。

扩大内需则相对复杂，居民部门债务主要以房贷和短期消费贷为主。当居民举债是为了进行消费的时候，这部分居民杠杆率的提升能够扩大内需；当居民举债是为了买房时，这部分居民杠杆率能给房地产市场注入资金，可能加剧房地产市场的泡沫。虽然有研究表明短期消费贷是对房贷的一种替代，并非居民的真实消费，但至少说明短期消费贷能够维持内需，保证市场不被房地产挤占。

2008 年以前，非金融企业部门稳健运行，企业良性发展，企业融资主要是为了扩大产能，此时居民部门杠杆率升高，居民手中资金充裕并且愿意用于投资消费，居民投资缓解了企业的融资压力，减少了企业的债务融资。同时，企业经营状况良好，在利润充足的情况下，根据“优序融资理论”，企业更倾向于内源融资，促进杠杆率下降。

2008 年以后到 2016 年以前，非金融企业部门出现产能过剩，加之经济发展放缓，企业借债主要是为了维持经营渡过难关，出现了“僵尸企业”等问题，此时居民部门杠杆率升高，居民举债消费，扩大的市场需求迅速被过剩的产能满足，企业状况因产品售出而有所缓和，有利于减少外债。此外，房地产市场的泡沫逐渐显现，居民部门贷款买房也实现了房企的杠杆向居民部门的转移。同时，这一阶段经济环境变差，金融深化程度更高，因此当居民部门杠杆率提升扩大内需的时候，在一定程度上使经济环境变好，因此能够吸收转移政府部门以及金融部门的杠杆，政府部门调控压力变小可以减少外债，金融部门也能够吸纳到来自居民部门的资金从而减少外债。

2016 年之后去杠杆进程初见成效，“僵尸企业”问题得到解决，居民部门对企业部门的负溢出效应又变得显著。

2.3.2　非金融企业部门的溢出效应

1. 非金融企业部门杠杆本质

2008 年以前中国非金融企业部门杠杆率十分稳定，这得益于中国繁荣发展的经济。经济发展比较好的时候，企业信用状况良好，大部分企业都有着足够的抵押品，因此能够凭借抵押品获得利率较低的银行贷款，而经济情况好的时候银行也乐于将贷款放出。企业良好的发展能够给居民带来较好的收入，居民乐于投资，银行也有充足的资金，企业融资方便，形成良性循环。此时市场预期较好，投资者投资热情较高，非金融企业部门融资压力小，借债主要以扩展自身业务增加产能等良性目的为主。2008 年到 2016 年，情况发生变化。2008 年国际金融危机使经济增速放缓，市场需求下降，市场需求下降使非金融企业部门出现产能过剩的问题，生产的产品没有市场卖不出去，不能给居民发放足额的工资，居民在银行的存款减少，银行可贷给非金融企业的资金减少，良性循环被打破，恶性循环开始。此使市场预期也变差，投资者不愿意投资，非金融企业部门融资压力变大，只能寻求利率较高的贷款途径，贷款用途也不可能用于扩大产能，而是以维持自身经营为主，甚至出现借新还旧的现象。当企业部门出现产能过剩的时候，本应有一个产能出清的过程，企业修复资产负债表，之后重新进入新一轮的扩张周期。2008 年一揽子刺激计划延缓了企业部门产能出清，企业进入新一轮的产能扩张，这些扩张的产能在短期增加了债务负担。2015 年底，中国提出五大任务：去产能、去库存、去杠杆、降成本、补短板，2016 年后中国过剩的产能开始渐渐被消化，难以为继、借新还旧的"僵尸企业"也开始渐渐被清理，给予了剩下的非金融企业生存空间，利润得以回升，各非金融企业也自力更生谋求走出困境的机会，宏观层面的非金融企业杠杆率开始得到控制。

从中国宏观部门杠杆率与其他国际经济体对比来看，中国非金融企业杠杆率相对于其他国际经济体更高。过高的非金融企业杠杆率可能使企业聚集大量的系统性风险，也会阻碍企业的发展，甚至影响其他部门，非金融企业债务信用恶化的时候必然加剧金融部门的风险。除了债务规模大，中国非金融企业部门还存在增速过快的问题。对比分析中国宏观杠杆率的高低和增速情况，其他国际经济体的非金融企业部门杠杆率可以作为参考，但具体什么样的非金融企业杠杆率是合适的，还需要结合中国自身国情与所处时段具体分析。从目前中国市场以及全球经济来看，中国非金融企业部门的产能已经超过了萎缩中的市场需求，产能过剩，因此中国非金融企业部门的杠杆率确实存在偏高的问题。

2. 非金融企业部门溢出效应机理分析

非金融企业部门运行良好时对居民部门有正向溢出，此外可以通过隐性担保人对政府部门产生正向溢出（见图 2 - 11）。

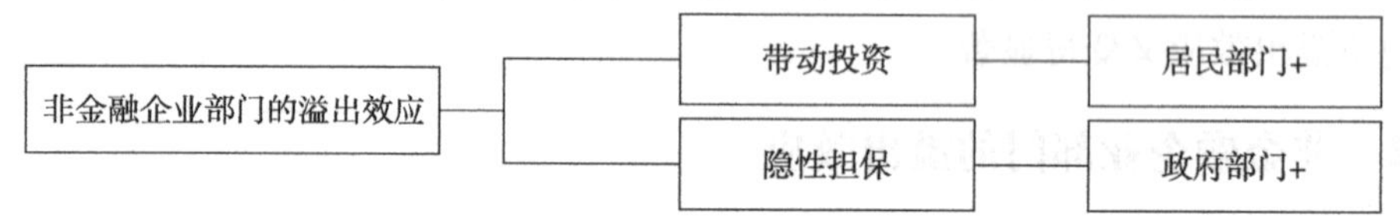

注："+"代表正向溢出效应，"-"代表负向溢出效应。

图 2 - 11 非金融企业部门的溢出效应

2008 年以前，非金融企业借债主要用于扩大产能，扩大产能能够让企业员工工资上涨，居民部门获得了更多的资金，也获得了更多的就业机会。同时良好的企业信誉增强了居民部门的投资欲望，对居民部门杠杆率有一个正向的溢出效应。这一阶段，非金融企业部门杠杆率的提升对金融部门以及政府部门并没有溢出效应。

2008 年以后，非金融企业借债主要用于渡过财务困境，因此企业的借债并不能对居民部门产生正向溢出效应，2008 年至 2016 年，具有隐性担保的国有企业是提高杠杆的"主力军"，政府作为隐性担保人，自己担保的公司债务攀升的时候，政府部门也必然有发更多债的动力。因此在这一时间段，非金融企业部门杠杆率提升对政府部门有一个正的溢出效应。

2016 年以后"三去一降一补"，借新还旧的"僵尸企业"被清理，国家也开始着手解决刚性兑付与隐性担保的问题，因此非金融企业部门杠杆率对政府部门的正溢出效应大大减弱。

2.3.3　政府部门的溢出效应

1. 政府部门杠杆本质

政府部门的债务包括中央政府债务及地方政府债务，2008 年以前中央政府债占据主导地位，2008 年国际金融危机以后，中国制定了大规模财政刺激计划，通过发行国债拉动投资，中央政府债务逐步上升；同时地方政府兴办投融资平台，地方政府债务迅速上升，2011 年后地方政府债务总量超过中央政府债务。2012 年之后，中国城镇化建设进一步推动了地方政府债务规模，到 2019 年第二季度地方政府债务占比达到了 57.14%（见图 2－12）。虽然与其他国际经济体对比，中国政府部门杠杆率并不算高，但中国仍然需要注意潜藏在地方政府债务当中的风险：中国中央政府债务的规模一直在可控范围内，地方政府债务是政府债务风险的主要来源。地方政府存在地区生产总值的相互竞争，往往通过不断借债来拉动投资，随着中国经济增速的放缓，越来越多的资金投在了回报率低且回收期长的项目上，因此地方政府债务的可持续性成为问题。赵立文（2019）认为是经济增长红利保证了中国政府部门负债率不发散，并不是基本财政盈余：政府部门债务利率小于经济增长率的时候，经济增长带来的红利就能够支付政府债务的利息支出并保障政府有能力偿还财政赤字。但需要注意的是，当经济不能长期保持高增速以及利率上涨的时候，中国政府部门债务将面临巨大压力。因此，中国政府部门杠杆率上涨空间有多少，与中国经济增长以及市场发展情况息息相关，并不能单纯地与其他国际经济体相比较就得出中国政府杠杆率过高或是过低的结论。

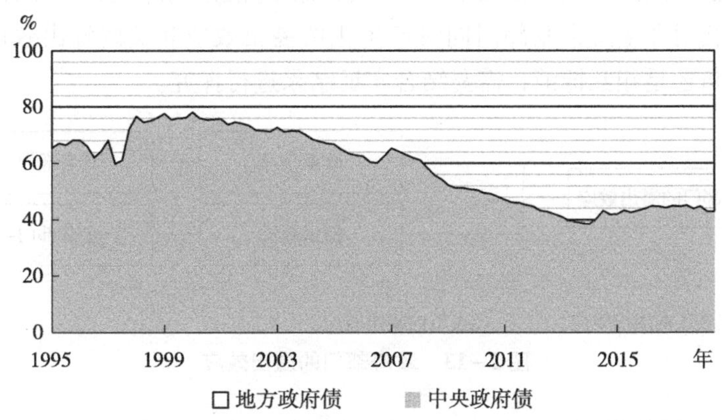

图 2－12　中央政府债与地方政府债占比情况

（数据来源：国家资产负债表研究中心）

2. 政府部门溢出效应机理分析

政府部门对其余三个部门有正向溢出效应，此外对非金融企业部门还具有挤出效应。政府部门杠杆率的溢出效应主要从两个方面来考虑：政策信号与挤出效应。政策信号方面，郭庆旺（2012）发现政府可以吸引投资，政府搭建平台及推出各类优惠政策均可以促进社会投资。在加杠杆期间，政府杠杆率的提升实际上是政府增加债务，政府增加债务一方面是政策的体现，另一方面也释放了信号，因此对其余三个部门会产生示范与吸引，由此产生了正向的溢出效应（见图2－13）。

2008 年以前中国各部门之间联系并不紧密，因此这一效应并不显著，而金融部门早期主要为政策服务，政策性金融债占比较高，因此会受到来自政府部门杠杆率的正溢出效应。

2008 年至 2016 年底，中国金融深化的程度逐渐提高，居民部门和金融部门受到了来自政府部门的正溢出效应。

2017 年到 2019 年第二季度，中国进入结构性去杠杆阶段，加之越发严格的金融监管，这些政策信号加剧了政府部门杠杆率对金融部门的正溢出效应后续的反弹。2016 年第四季度中国金融部门的债务已经存在较高的风险，BIS 数据显示中国信贷缺口[①]高达 24.6%，而理论显示超过 10% 的信贷缺口意味着银行业 3 年内很可能发生危机，并且金融部门还存在过度膨胀的影子信贷问题，这些金融部门本身的问题也导致正溢出效应反弹的加剧。而居民部门在 2016 年以后仍然如同 2008 年至 2016 年期间一样，接受来自政府部门的正溢出效应。

在考虑政府部门杠杆率提升对非金融企业部门的溢出效应的时候，除了考虑上述的正溢出效应，还需要考虑到政府投资对于非金融企业部门投资的挤出效应，车树林（2019）通过构建企业融资行为选择模型，提出了政府债务对企业杠杆存在挤出效应。当政府借债进行的投资挤出了非金融企业部门的投资时，非金融企业部门资金需求下降，借来的债没有用武之地，自然也失去了借债的欲望。结合上一段的内容，政府部门杠杆率提升会对非金融企业部门同时产生正的溢出效应和负的溢出效应，至于最终的效果是正是负还是相互抵消，需要结合实证结果进行探究。

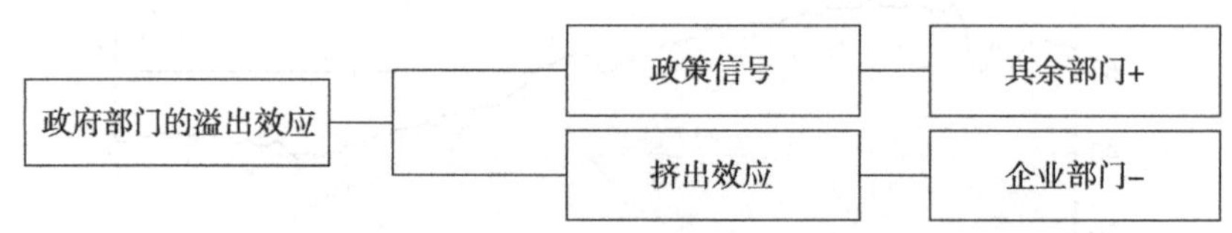

注：“+”代表正向溢出效应，“－”代表负向溢出效应。

图 2－13　政府部门的溢出效应

2.3.4　金融部门的溢出效应

1. 金融部门杠杆本质

改革开放以来，杠杆对经济发展的促进作用十分明显，但过高的杠杆率同样会引发债务的过快上升，导致经济发展被抑制且加剧风险，金融部门作为信贷供给端，对

① 信贷缺口：信贷占 GDP 的比例与历史长期趋势的差值。

杠杆率变化发挥着重要的影响。中国金融部门的债务可以分为表内债务和表外债务，表外杠杆率增长相对于表内更为迅猛。影子银行实际上是银行业务的一种补充，但其本身游离于监管之外，难以看清资金的来源与去向，使金融部门杠杆出现巨大潜在风险。中国金融部门表内的负债情况受到严格监管，一直处于可控范围内。

2000年以前，中国金融发展处于早期，金融部门主要为政策服务，政策性金融债占据了较大比例。2008年国际金融危机之后，中国推出一揽子财政刺激计划刺激经济，金融部门作为信贷供给端，为其他三个部门提供信贷支持，本身的债务也迅速升高。赵立文（2019）认为，金融部门杠杆率迅速升高的主要驱动因素是影子银行。2008年之后，由于鼓励金融创新，金融部门的影子银行业务迅速膨胀。影子银行的表外业务对于表内融资有明显的替代效应，当市场监管放松、银行资本充足率监管趋严的时候，表外融资占比将会上升。2012年之后出现了“金融脱媒”现象，即企业不通过银行贷款而是直接融资，影子银行乘此机会迅猛增长。然而这也引发了监管部门的注意，频频出面，当一系列监管政策出台之后，表外业务增速也开始下滑。2016年市场利率上行，直接融资成本上升，部分企业又开始寻求银行贷款，但此时表内业务监管加强，贷款节奏变慢，这一现实状况又给予了融资需求从表内转向表外的动力。

2. 金融部门溢出效应机理分析

金融部门作为信贷供给端，可以通过资金流入的方式对其余三个部门产生溢出效应。显而易见的是，2008年至2016年，金融部门通过资金流入的方式对非金融企业部门有正向溢出，但其余时间段的溢出效应则有待实证检验。

具体分析金融部门杠杆率提升的溢出效应时，我们首先从金融部门的信贷供给端的地位出发，这一地位使金融部门能够明显地推升其余三部门杠杆率。但是，金融部门的资金更倾向于流入具有隐性担保的国有企业，所以金融部门杠杆率对居民部门的正向溢出效应是否显著还有待实证研究。对于非金融企业而言，首先从其构成来看国有企业规模更大，其次有不少民营企业也能够获得隐性担保，能够较为顺利地获得金融部门的资金流入，最后，小微企业一直是国家的帮扶对象。所以金融部门资金能够顺利流入非金融企业部门，整体来看预计能够达到较明显的正向溢出效应。

在分析金融部门杠杆率提升对于其他三个部门杠杆率的溢出效应的时候，由于表外业务资金上游难以看清来源，下游难以看透去向，所以并没有将其纳入模型分析，而是采用表内业务的杠杆率进行分析。相信在今后更完善的数据支撑下，将表外业务的杠杆率也纳入模型，能够获得更加具有建设性的结果。

2.4 中国宏观部门间杠杆率溢出效应的实证研究

2.4.1 数据和模型

本书数据为1995年第四季度至2019年第二季度的四部门杠杆率，共95个数据，计算出1996年第一季度至2019年第二季度的杠杆率增长率，共94个数据。2008年之前中国各部门杠杆率平稳发展，2008年后因为发生国际金融危机，在一揽子刺激经济复苏的措施鼓励下，中国各部门杠杆率开始快速上升。到了2015年12月，中央经济工作会议将去杠杆作为2016年经济社会发展五大任务之一，2016年后的部门间的变化又进入了一个新的阶段。由此，根据中国经济的三个阶段，本书将数据分段：

Ⅰ. 1996年第一季度至2008年第四季度

Ⅱ. 2010年第一季度至2016年第四季度

Ⅲ. 2017年第一季度至2019年第二季度

第一个数据分段的时间节点选取的具体理由如下：2008年中国各部门杠杆率均有所下降，但并不剧烈，而在2008年底的一揽子经济复苏刺激措施推出的第二年，也就是2009年，各部门杠杆率增长率均出现了明显增长，成为整个数据当中的特异点（见表2-3）。2009年第一季度，政府部门杠杆率增长率高达7.75%，居民部门杠杆率增长率高达6.1%，非金融企业部门杠杆率增长率高达12.8%，金融部门杠杆率增长率高达15.35%。2009年是国际金融危机之后，中国经济政策对中国经济影响的开端，数据上不难看出，整个2009年度，中国各部门杠杆率出现了对一揽子经济复苏刺激措施的过度反应，2010年开始，各部门杠杆率增长率趋于平稳。因此我们将第一阶段划定为2008年第四季度截止，第二阶段我们剔除整个过度反应的2009年，避免引起模型产生太大的偏差，从2010年第一季度开始。

第二个数据分段的时间节点选取的具体理由如下：第一，虽然去杠杆是在2015年提出的，但考虑到政策发挥作用会有一定的延迟性，张晓晶（2019）将2017年作为去杠杆政策富有成效的开端之年；第二，从数据上来看整个2016年中国各部门杠杆率基本处于高位（见表2-4）；第三，第二阶段数据加上2016年一共28个样本，将2016年划入第二阶段可以增加第二阶段模型的数据量，增加模型的有效性和可行性。基于以上三点理由，第二阶段的模型划定为2016年第四季度截止。

表2-3　2009年中国各部门杠杆率增长情况

时间	政府部门杠杆率增长率	居民部门杠杆率增长率	非金融企业部门杠杆率增长率	金融部门杠杆率增长率
2009年3月	7.75%	6.10%	12.80%	15.35%
2009年6月	7.19%	8.64%	6.95%	4.47%
2009年9月	6.07%	8.97%	1.23%	-1.85%
2009年12月	3.92%	4.44%	-0.70%	-0.07%

数据来源：BIS、国家资产负债表研究中心。

表 2-4　2016 年中国各部门杠杆率增长情况

时间	政府部门杠杆率增长率	居民部门杠杆率增长率	非金融企业部门杠杆率增长率	金融部门杠杆率增长率
2016 年 3 月	1.91%	3.07%	4.04%	-1.50%
2016 年 6 月	1.87%	4.21%	0.06%	4.17%
2016 年 9 月	1.38%	3.93%	0.12%	-0.76%
2016 年 12 月	1.13%	2.66%	0.60%	2.57%

数据来源：BIS、国家资产负债表研究中心。

VAR 模型的一般形式如下：

$$Y_t = A_1 Y_{t-1} + A_2 Y_{t-2} + \cdots + A_p Y_{t-p} + B_1 X_{t-1} + B_2 X_{t-2} + \cdots + B_q Y_{t-q} + \varepsilon_t$$

其中，Y_t 表示体系内 t 时期的 $1 \times k$ 维内生变量，X_t 表示体系内 t 时期的 $1 \times k$ 维外生变量；p、q 分别为内生变量和外生变量的滞后阶数；A_i、B_j 为对应的 $k \times k$、$k \times d$ 维系数矩阵；ε_t 代表 $1 \times K$ 维的随机扰动项。

四部门杠杆率增长率为内生变量：$Y_t = \begin{pmatrix} cld_t \\ rld_t \\ gld_t \\ fld_t \end{pmatrix}$

其中 cld、rld、gld、fld 分别代表非金融企业部门、居民部门、政府部门、金融部门杠杆率增长率。

2.4.2　实证结果

根据中国的经济特征将数据分为三个阶段之后，本节计划分别将三个阶段数据放入 VAR 模型当中，但是第三阶段数据仅有 10 个样本，样本量严重不足。为此本书采取另外一种思路，使用如下研究方式：采用第二阶段的数据建立 VAR 模型之后，再将第三阶段的数据加入，即用 2010 年第一季度至 2019 年第二季度的数据建立一个新的 VAR 模型，观察新加入数据后模型的变化，由此来判断第三阶段各部门杠杆率相互之间的影响出现了哪些变化。

1. 单位根检验结果

通过对四部门杠杆率增长率的 ADF 单位根检验发现，在整体回归当中所有数据均在 5% 的显著性水平下是平稳的，而在分段回归的时候，除第一阶段（1996 年第一季度至 2008 年第四季度）的居民部门杠杆率增长率是在 10% 的显著性水平下平稳之外，其余所有数据均在 5% 的显著性水平下平稳。对比仅有第二阶段数据模型与加入第三阶段数据后的模型发现，在加入第三阶段的数据后，四个部门的 ADF 检验的 p 值均下降，平稳性更高（检验结果略）。

2. 滞后阶数确定及稳定性检验结果

最优滞后阶数检验的结果表明，所有的模型最优滞后阶数均为 1，其中第一阶段数据建立的 VAR 模型，最优滞后阶数 1 满足三个信息标准，而采用第二阶段数据建立的 VAR 模型，最优滞后阶数 1 满足全部 5 个信息标准，将第三阶段的数据加入第二阶段后，最优滞后阶数不变且仍然满足全部 5 个信息标准（检验结果略）。

在实际情况当中，滞后阶数 1 代表滞后一个季度，一般的季度数据滞后阶数会选取 1 阶、2 阶、4 阶以及最优阶数，前三者分别代表一个季度、半年、一年。一般而言，时间序列的数据在滞后阶数上通常会考虑一月、一季、半年、一年。对于本书数据而言，最优滞后阶数为 1 阶，此外考虑到样本量并不是很丰富的问题，选取 4 阶将会导致自由度过低，因此放弃 4 阶，建立 1 阶、2 阶 VAR 模型。需要注意的是，建立的滞后 2 阶模型主要用于对比参考，本节主要研究的还是最优的滞后 1 阶模型。

使用第一阶段、第二阶段、第二加第三阶段数据，分别建立滞后 1 阶、滞后 2 阶的 VAR 模型，并检验模型稳定性，6 个 VAR 模型均满足稳定性要求。

3. 变量外生性检验结果

变量外生性检验考察分为两个部分：一是联合检验，用于检验变量是否为内生变量；二是变量受其余变量影响的单独检验，用于检验变量受其他变量影响是否显著。检验结果如表 2 -5 所示。

表 2 -5 变量外生性检验（p 值）

第一阶段滞后 1 阶					第一阶段滞后 2 阶				
因变量					因变量				
	rld	cld	gld	fld		rld	cld	gld	fld
ALL	0.0844	0.3863	0.6758	0.2907	ALL	0.1054	0.2617	0.8208	0.2933
rld		0.1088	0.7381	0.7855	rld		0.0387	0.7651	0.9000
cld	0.0141		0.6405	0.6795	cld	0.0122		0.7856	0.6970
gld	0.5876	0.9657		0.1394	gld	0.3933	0.5195		0.0771
fld	0.5448	0.4729	0.2588		fld	0.2790	0.3258	0.2992	
第二阶段滞后 1 阶					第二阶段滞后 2 阶				
因变量					因变量				
	rld	cld	gld	fld		rld	cld	gld	fld
ALL	0.0011	0.1281	0.0552	0.0645	ALL	0.0043	0.3292	0.3517	0.0105
rld		0.3635	0.0555	0.0124	rld		0.5266	0.3741	0.0117
cld	0.8470		0.0684	0.7417	cld	0.6031		0.3341	0.3382
gld	0.0002	0.3196		0.2603	gld	0.0019	0.4760		0.0420
fld	0.1510	0.0602	0.4983		fld	0.2639	0.2050	0.6769	
第二阶段加第三阶段滞后 1 阶					第二阶段加第三阶段滞后 2 阶				
因变量					因变量				
	rld	cld	gld	fld		rld	cld	gld	fld
ALL	0.0003	0.0167	0.0723	0.1462	ALL	0.0002	0.0199	0.5726	0.0751
rld		0.4124	0.0131	0.0213	rld		0.0843	0.2586	0.0055
cld	0.9896		0.3076	0.5587	cld	0.4400		0.9422	0.6296
gld	0.0001	0.6484		0.5957	gld	0.0001	0.8045		0.0564
fld	0.0461	0.0036	0.8090		fld	0.1272	0.0276	0.7201	

第一阶段，2008 年以前，中国金融深化程度相对较低，经济体各部门通过资产负债表的联系并不紧密，相互之间没有太多的溢出效应。所有变量联合检验均不满足 5% 的显著性水平，满足 10% 显著性水平的也仅有居民部门杠杆率增长率。在单个检验当中，居民部门杠杆率与非金融企业部门杠杆率相互之间的溢出效应显著，政府部门杠杆率对金融部门杠杆率的溢出效应显著。

第二阶段，联合检验已经出现了明显的显著性，滞后 1 阶模型中仅 *cld* 不满足 10% 的显著性水平，但其 p 值也为 0.1281，很接近 10%。单个检验方面，2010 年第一季度到 2016 年第四季度，各部门之间出现了较多的溢出效应，其中，非金融企业部门对政府部门、居民部门对政府部门及金融部门、政府部门对居民部门及金融部门、金融部门对非金融企业部门，均出现了溢出效应。

加入第三阶段数据滞后建立的模型，与第二阶段的模型基本保持一致，仅出现部分变化。联合检验方面，*cld*、*rld* 内生性增强，*gld*、*fld* 内生性减弱。单个检验方面：居民部门对非金融企业部门的溢出效应以及金融部门对居民部门的溢出效应变得满足 10% 显著性水平，而非金融企业部门对政府部门的溢出效应变得不再满足 10% 显著性水平。

随着中国金融发展与深化，各部门杠杆率之间的溢出效应明显增加。合并每个阶段滞后 1 阶与 2 阶模型来看，第一阶段满足 10% 显著性水平的溢出效应仅有 3 个，第二阶段满足 10% 显著性水平的溢出效应有 6 个，当加入第三阶段数据后，满足 10% 显著性水平的溢出效应增加到了 7 个。相比 2008 年至 2016 年底，加入 2016 年数据之后，居民部门、非金融企业部门受溢出效应影响更敏感，政府部门、金融部门受溢出效应影响更不敏感，且滞后 1 阶模型中政府部门更敏感，滞后 2 阶模型中金融部门更敏感。

4. 脉冲响应分析结果

接下来本书以 10% 的显著性水平为标准，选取通过变量外生性检验的变量做脉冲响应分析。滞后 1 阶与滞后 2 阶的脉冲分析结果基本一致，且 VAR 模型最优滞后阶数为 1 阶，基于上述理由本书仅选取 3 个滞后 1 阶的模型做脉冲响应分析（见图 2－14）。

整体来看，2008 年以前中国非金融企业部门、政府部门、金融部门杠杆率运行相对独立。分部门来看，早期中国金融部门与居民部门及非金融企业部门联系不紧密，2000 年以前金融部门债务主要为政策性金融债，政府部门杠杆率对金融部门杠杆率有较弱的正溢出效应；而居民部门杠杆率则受非金融企业部门杠杆率影响较大，主要是正的溢出效应，同时居民部门对非金融企业部门有溢出效应。

第二阶段，居民部门杠杆率受到了来自政府部门的正溢出效应，非金融企业部门杠杆率受到来自金融部门的正溢出效应，政府部门杠杆率受到了来自居民部门的负溢出效应以及来自非金融企业部门的正溢出效应，金融部门杠杆率受到了来自居民部门的负溢出效应以及政府部门的正溢出效应。政府部门对金融部门的溢出效应在第四期左右出现了比较明显的反弹（见图 2－15）。

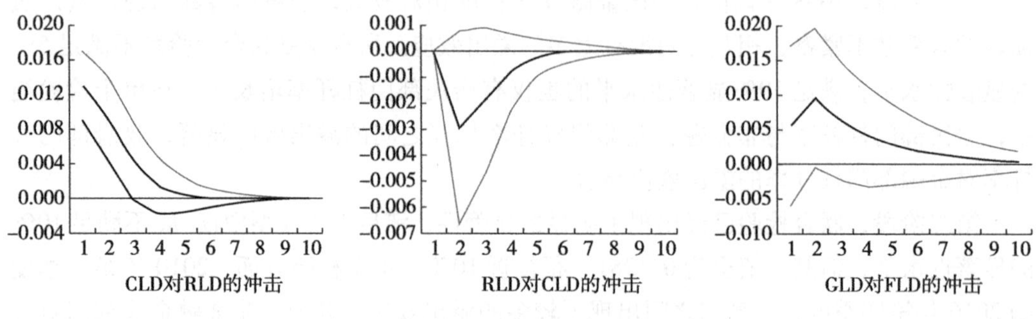

图2-14　第一阶段模型滞后1阶

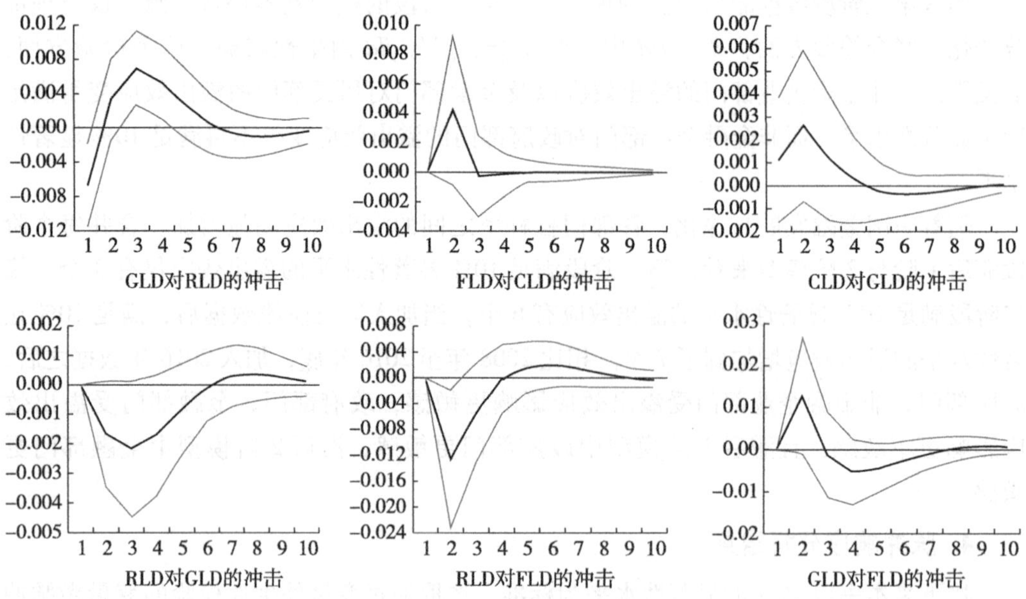

图2-15　第二阶段模型滞后1阶

当加入第三阶段的数据以后，各部门间溢出效应的显著性、溢出效应的大小出现了变动，但最主要的还是有两个溢出效应变得显著以及一个溢出效应变得不显著：金融部门对居民部门的正向溢出变得显著，居民部门杠杆率对非金融企业部门杠杆率的负溢出效应变得显著，非金融企业部门对政府部门的正向溢出变得不显著。此外，观察政府部门对金融部门的脉冲响应图，可以看到在第四期左右出现的反弹程度变得更大了（见图2-16）。

2.4.3　模型分析

在分析模型结果的同时，本节会引入上一节的机理分析，对实证结果进行理论上的解释。

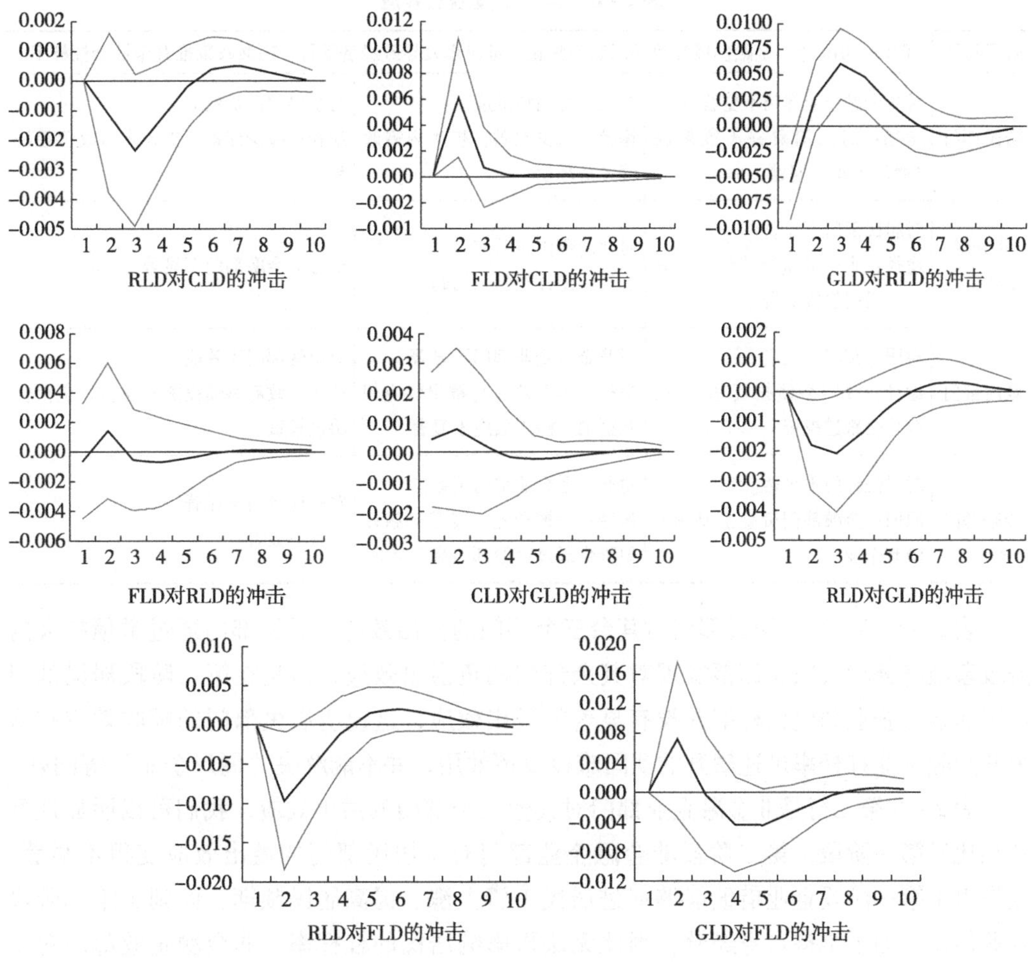

图2-16　第二阶段加第三阶段模型滞后1阶

1. 第一阶段

第一阶段，1996年至2008年底。早期各部门联系不紧密，相互之间少有影响，各部门之间的影响大部分都不显著，四个部门被分成了两组，居民部门与非金融企业部门相互关联，而政府部门与金融部门相互关联。这一阶段溢出效应情况如下。

企业部门对居民部门有正向溢出，企业举债扩大产能良性发展使居民工资上涨，就业机会增多，促进了居民举债消费投资。居民部门对企业部门有负向溢出，主要通过增加消费改善经济环境来减少企业的债务。

政府部门对金融部门有正向溢出效应，政府举债发展建设，早期金融部门主要为政府服务，因此金融部门杠杆率紧跟政府部门提高。

2. 第二阶段

第二阶段，2010年至2016年底。与第一阶段相比，第二阶段部门间影响明显增多，部门联系更深入（见表2-6）。

表2－6　第二阶段溢出效应

阶段特征	2010—2016年，金融发展导致部门联系深化，危机爆发导致经济下行，刺激政策推升全社会杠杆率。		
居民部门	对非金融企业部门不显著 途径：居民消费并不能解决“僵尸企业”问题	对政府部门负效应 途径：减少储蓄，扩大内需改善经济环境	对金融部门负效应 途径：减少储蓄，扩大内需改善经济环境
非金融企业部门	对居民部门不显著 途径：企业举债维持经营，并不能吸引投资消费	对政府部门正效应 途径：隐性担保人问题	全程对金融部门不显著
政府部门	对居民部门正效应 途径：政府举债投资基建等，全社会跟进投资	对非金融企业部门不显著 途径：示范效应与挤出效应相互抵消，溢出效应不显著	对金融部门正效应 途径：政府举债投资基建等，全社会跟进投资
金融部门	对居民部门不显著 原因：金融部门资金主要流入国有企业	对非金融企业部门正效应 途径：一揽子经济复苏刺激计划资金通过金融部门流入企业	对政府部门不显著 全程不显著

表2－6第一行是居民部门对其余三个部门的溢出效应，居民部门通过举债扩大内需改善经济环境及减少储蓄实现对其余部门的负溢出效应，但是在第二阶段居民部门对于非金融企业部门杠杆率并没有显著的溢出效应，这说明居民部门的吸收效用在这个非金融企业杠杆率迅速攀升的期间难以发挥效用，并不能解决“僵尸企业”等问题。

表2－6第二行是非金融企业部门对其他三个部门的溢出效应，我们可以明显地看到相比于第一阶段，第二阶段非金融企业部门对于居民部门的溢出效应变得不显著。这是由于第一阶段企业借债能够促进居民工资上涨、提高居民预期，而到了第二阶段企业借债是为了维持自身经营，因此无法再影响居民的杠杆率。非金融企业部门对于政府部门的正向溢出效应理解起来比较困难，因为一般而言，政府是调控的一方，而非金融企业是被调控的一方，为何出现了反向的影响？这需要从非金融企业部门的构成性质来考虑，中国非金融企业部门中国有企业占大头，国有企业因历史问题承担了政府职能，从而获得了政府的隐性担保。当国企杠杆率攀升，作为隐性担保人的政府就有了加杠杆缓解压力的倾向。最后，非金融企业部门对金融部门在整个期间都没有显著的溢出效应。

表2－6第三行是政府部门对其他三个部门的溢出效应，政府作为调控方，其杠杆率变动具有政策示范效应，因此能够对其余三个部门产生明显的正向溢出效应，马亚明（2019）指出政府部门杠杆率的提升能够推升全社会的杠杆率。基于上述理由，政府部门对居民部门、非金融企业部门、金融部门都有正的溢出效应。此外，政府部门对于非金融企业部门还有一个挤出效应，政府投资会挤出企业投资，因此政府债务会对非金融企业债务多产生一个负的溢出效应。从本书的模型结果来看，最终政府部门对于非金融企业部门的溢出效应并不显著。

表2－6最后一行是金融部门对其他三个部门的溢出效应，金融部门作为信贷供给

端，对其余三个部门都应该有一个正的溢出效应，主要是通过债务的形式将资金注入其余部门，因此其溢出效应就与资金流向息息相关。中国金融部门资金主要流向了国有企业，国有企业杠杆率过高直接导致非金融企业部门杠杆率过高。因此在第二阶段金融部门对居民部门的溢出效应并不显著，而对非金融企业部门的正向溢出效应显著。

3. 第二阶段加第三阶段

第三阶段 2017 年第一季度至 2019 年第二季度，2015 年底国家提出“三去一降一补”，将 2016 年作为调整杠杆率的开端，并且在 2017 年开始取得成效。在加入第三阶段的数据后，各部门之间的溢出效应显著性出现了一些变化（见表 2－7）。

表 2－7　第二阶段加第三阶段溢出效应变化情况

居民部门	随着“僵尸企业”等问题得到解决，居民部门对于非金融企业部门的负溢出效应再次变得显著；对政府部门负效应（未变化）；对金融部门负效应（未变化）。
非金融企业部门	对居民部门不显著（未变化）；对政府部门不显著，政府作为隐性担保人的问题得到缓解；对金融部门不显著（未变化）。
政府部门	对居民部门正效应（未变化）；对非金融企业部门不显著（未变化）；对金融部门正效应（未变化）。
金融部门	对居民部门正效应，金融部门举债（信贷供给端）→居民借债成本下降；对非金融企业部门正效应（未变化）；对政府部门不显著（未变化）。

首先是居民部门杠杆率对于非金融企业部门杠杆率的溢出效应开始显著，溢出效应为负。这说明在结构性去杠杆的过程中，非金融企业部门向居民部门的杠杆率转移机制开始发挥作用，居民部门能够开始吸收非金融企业部门过高的杠杆率。第三阶段时期，“僵尸企业”被渐渐清除，企业过剩的产能被渐渐化解，存活下来的企业有了生存空间，此时居民举债扩大内需进一步缓解了企业的压力，因此居民部门能够开始对非金融企业部门产生显著的负溢出效应。

其次是非金融企业部门杠杆率对政府部门的溢出效应变得不再显著，这实际上是一个好的现象。在第二阶段非金融企业部门对政府部门有一个正的溢出效应，实际上是因为政府成为国有企业的隐性担保人。隐性担保人问题在 2017 年开始逐步得到解决，同时解决的还有“刚性兑付”的问题，政府不再为违背市场机制的行为买单，这大大缓解了政府的压力。非金融企业部门不能再对政府部门产生正的溢出效应。

最后是金融部门对居民部门的产生了正的溢出效应，这也是一个好的信号，说明在去杠杆的调整下，金融部门资金流向更加健康，此前主要流向国有企业，现在居民部门也受到了来自金融部门资金的支持。

4. 去杠杆政策效果

2016 年开始供给侧结构性改革持续推进，去产能、去库存、去杠杆、降成本、补短板五大任务同步实施。从宏观杠杆率及各部门杠杆率变动来看，第三阶段的去杠杆政策效果显著。本节结合实证结果对比第三阶段与第二阶段，进一步分析2016年以来去杠杆的政策效果。

深化国企改革方面：2015年8月，中共中央、国务院印发了《关于深化国有企业改革的指导意见》。2016年12月中央经济工作会议强调：要深化国企国资改革，加快形成有效制衡的公司法人治理结构、灵活高效的市场化经营机制。混合所有制改革是国企改革的重要突破口。2017年12月召开的中央经济工作会议指出，要推动国有资本做强做优做大，完善国企国资改革方案。第三阶段居民部门对非金融企业部门的溢出效应变得显著，说明国有企业杠杆率已经在一定程度上得到了控制，“僵尸企业”问题在一定程度上得到缓解，企业的经营状况逐步变得良好。但非金融企业部门对于居民部门的正向溢出仍然不显著，说明企业还没有完全恢复，国企改革还需进一步推进。

地方政府方面：2017年7月14日至15日召开的全国金融工作会议指出：各级地方党委和政府要树立正确政绩观，严控地方政府债务增量，终身问责，倒查责任。2017年12月8日召开的中共中央政治局会议再次强调：各级党委要树立正确政绩观。2017年12月18日至20日召开的中共中央经济工作会议强调：要压缩一般性支出，切实加强地方政府债务管理。第三阶段非金融企业部门对政府部门的正向溢出变得不显著，说明地方政府的“隐性担保人”角色逐渐褪去，“刚性兑付”问题一定程度上得到解决。但政府债务可持续的问题仍然存在，地方政府债务仍需严格把控。

金融部门方面：2017年7月14日至15日召开的全国金融工作会议指出：金融工作要回归本源，服从服务于经济社会发展。2017年12月8日召开的中共中央政治局会议指出：要使金融服务实体经济能力增强。2017年12月18日至20日召开的中央经济工作会议强调：稳健的货币政策要保持中性，要促进形成金融和实体经济、金融和房地产、金融体系内部的良性循环。第三阶段金融部门对居民部门正向溢出变得显著，是金融部门服务实体经济能力变强的体现，资金流量更为健康。但需要注意的是金融部门本身的风险是否得到缓解在本模型中难以体现，这也是金融监管需要重点关注的问题。

5. 溢出效应影响程度与滞后期

除了从溢出效应的发出方探究效应的机制外，本书还简要观察了溢出效应接收方的反应，方差分解的结果一定程度上可以反映一个变量受其他变量影响的程度，四个部门方差分解均在4期之后保持稳定（方差分解图略）。

在第一阶段，除居民部门杠杆率外，其余三个部门杠杆率主要受自身影响，居民、非金融企业、政府、金融四个部门方差分解自身占比均较高，体现出各部门杠杆相互影响相对较小。

到了第二阶段，各部门杠杆率之间的联系变得更加紧密，居民、非金融企业、政府、金融四个部门方差分解自身占比相对第一阶段有所下降。体现出各部门杠杆率相互影响程度加深。

加入第三阶段数据到第二阶段当中，方差分解出现了细微变化，但整体来说与第二阶段数据的方差分解结果基本一致。

在滞后期方面，所有的溢出效应都能够在1年内完成。其中居民部门对非金融企业部门的溢出效应、政府部门对金融部门的溢出效应在滞后1阶模型中不显著而在滞后2阶模型中显著。其余所有溢出效应均在滞后1阶模型中显著。

2.4.4 结论和政策建议

1. 居民部门对其余部门的负溢出效应

居民部门的债务主要通过银行借贷形成，其中房贷与消费贷占据绝大部分。居民部门可以通过增加消费、减少储蓄对其余三个部门产生负的溢出效应。

第一阶段中国金融发展处于早期，金融部门主要为政府部门服务，政府部门与市场联系不深，因此居民部门仅对非金融企业部门有负的溢出效应。第二阶段企业部门杠杆率快速上升主要是由于“僵尸企业”等问题，居民部门增加消费并不能达到清理“僵尸企业”的目标，因此居民部门的负向溢出仅对政府、金融部门有效。第三阶段“僵尸企业”问题得到整治，居民部门对其余三个部门的溢出效应均变得显著。

居民部门的溢出效应实际上是负债向居民部门转移，风险被居民部门吸收。居民更分散，因此风险分散了，相对稳定，但是要注意总体的系统性风险。

2. 非金融企业部门对居民部门及政府部门的正溢出效应

非金融企业部门的债务过高，主要是由于国有企业债务过高。非金融企业部门对居民部门的正溢出效应主要是通过提升居民生活水平吸引投资来达成，而非金融企业部门对政府部门的正溢出效应主要是由于“隐性担保人”问题。

第一阶段中国经济平稳发展，非金融企业部门举债能够更好地发展企业自身，因此吸引居民部门投资消费，使居民愿意借债，非金融企业部门对居民部门有正的溢出效应。到了第二、第三阶段，非金融企业部门举债是为了维持生计，加之“僵尸企业”等问题，并不能吸引居民投资消费，因此不再有正向溢出。

“隐性担保人”问题主要出现在第二阶段，属于历史遗留问题在经济困难时的爆发，因此非金融企业部门对政府部门的正向溢出仅在第二阶段出现，第三阶段中国整治“僵尸企业”、隐性担保，这一溢出效应也随之消失。这一溢出效应本质上是扭曲的，是需要解决与防范的。

3. 政府部门对居民、金融部门的正溢出效应

政府部门本身具有管理职能，债务分为中央与地方政府债，主要用于基础建设等政策相关用途。政府本身可以吸引投资，释放信号，政府多投资，居民、非金融企业、金融部门也倾向于多投资，因此拉高了全社会的负债，对其余三个部门有正的溢出效应。此外政府部门对于非金融企业部门存在挤出效应。

除第一阶段居民部门对政府部门响应不积极，溢出效应不显著外，其余时间段政府部门的溢出效应均显著，且显著性水平相当高。此外，实证结果表明政府部门对非金融企业部门的正向溢出与挤出效应相抵消，最终影响不显著。

政府部门的示范效应并没有风险的转移，更类似于政策的影响，政府多负债，居民与金融也多负债，虽然没有转移，但很容易扩大系统性风险。政府部门对非金融企业的挤出效应并没有风险的转移，更需要注意的是这一效应对于经济增长的影响。

4. 金融部门对其余部门的正溢出效应

金融部门作为资金供给端，其溢出效应主要是资金流出，一般的流出只是风险的转移。但影子银行及不规范的多层嵌套等问题会导致风险的扩大与传染，是需要重点监管、严加规范的部门。

第一阶段中国金融部门主要为政府服务，因此没有溢出效应。第二阶段四万亿资金通过金融部门注入非金融企业部门，金融部门对非金融企业部门有正向溢出。第三阶段中国去杠杆进程中金融部门资金流向得到规范，开始流向居民部门，因此对居民、非金融企业部门均产生了正向溢出。

第三章　中国企业杠杆：基于预算软约束与政府隐性担保的视角

【导读】

中国的企业部门杠杆一直是宏观杠杆中最重要的部分。早在20世纪90年代，中国的企业杠杆水平就高于很多发达经济体，自2008年国际金融危机以来，企业部门更是在宏观杠杆拔升中扮演至关重要的角色。这种特殊的企业部门高杠杆现象的背后是国有企业的政府隐性信用担保以及相应的银企之间“预算软约束”的作用，这也是理解中国宏观杠杆问题的关键点。

本章使用“银行—企业”借贷博弈模型框架，尝试解答为什么隐性担保和“预算软约束”造成了中国企业杠杆“非顺周期性”和“所有制结构分化”。我们发现，在中国的隐性担保语境下，银企之间的“预算软约束”强度与经济基本面相关，但两者对企业杠杆率的施加作用并不始终同向，导致杠杆率变化并不遵循传统西方的顺周期模式。另外，如果将政府隐性担保作为内生变量纳入分析，其随经济基本面的变化大致遵循“递减型”或“倒U形”路径，也对杠杆率的逆周期构成贡献，同时国有企业与民营企业的杠杆率周期性也随之产生相应的结构分化。本章的研究揭示了经济基本面对预算软约束和政府隐性担保的影响机制，以及两者的融合作用机制，从而解释了隐性担保—预算软约束—企业部门高杠杆这一链路背后的经济逻辑。这一逻辑加上金融市场影子银行和刚性兑付，构成了一个杠杆与风险的积累机制，在2015年前后越发成为政策关切。

中央自2015年开始出台一系列深化国有企业和金融改革的措施，硬化预算约束。针对国有企业，国家完善了企业市场退出机制和过剩产能清理流程，积极处置“僵尸企业”（相关经济分析见第四章），积极推动现代企业制度改革，完善公司治理结构。2018年9月，中共中央办公厅、国务院办公厅发布《关于加强国有企业资产负债约束的指导意见》，打破管理部门、企业自身、金融机构、社会信用对国有企业的预算软约束，为国有企业资产负债约束建立了硬约束。2024年1月，国务院发布了《关于进一步完善国有资本经营预算制度的意见》，使国有资本经营预算的约束进一步硬化。

在深化金融体制改革方面，有关部门严格约束金融机构的加杠杆行为，特别限制房地产开发商的信贷发放，积极稳妥推进金融业综合经营，加快落实金融监管体制改革，完善问题金融机构和资产处置机制，切实打破刚性兑付，为真正硬化企业和金融机构的预算约束提供良好制度条件。

在消除政府隐性担保方面，2015 年实施的新《预算法》标志着中央政府对于地方政府债务的“预算软约束”向“预算硬约束”的转变，其从法律层面限制了地方政府通过融资平台及其他渠道融资的途径。2016 年国务院印发《关于推进中央与地方财政事权和支出责任划分改革的指导意见》，系统地提出从政府公共权力纵向配置角度推进财税体制改革的思路，要求地方政府对举借的债务承担完全偿还责任，强调建立和完善考核问责机制。2021 年国务院印发《关于进一步深化预算管理制度改革的意见》，进一步防范化解地方政府隐性债务风险，严格落实政府举债终身问责制和债务问题倒查机制。

以上政策从多个主体严格行为规范，“围堵”地方隐性债务的空间，硬化预算软约束，有效地为非金融企业部门的高杠杆增速踩下了刹车。2016 年之后，企业部门杠杆持续多年增速较低，至 2023 年，7 年中只增长了不到 10 个百分点，排除名义 GDP 增速下行的因素，杠杆增速偏低，也侧面反映了过去 20 年中，隐性担保—预算软约束—企业部门高杠杆这一动态机制的主导作用。

近年来，中国经济的高杠杆问题日益引人注目。其中，企业部门的杠杆率在经济总杠杆率中占据主导地位，且自 2008 年国际金融危机以来攀升趋势明显，绝对水平居高不下，因此，探索企业部门的杠杆问题，对于解释中国近年来的经济高杠杆现象尤为关键。进一步考察发现，中国企业杠杆率呈现出与世界其他主要经济体迥然不同的特征：一方面，企业杠杆率并不具有随经济基本面同向变化的“顺周期性”；另一方面，国有企业和民营企业的杠杆率存在显著差异。

考察企业杠杆率，势必要明确企业负债（杠杆率的分子）与总产出（杠杆率的分母）之间的关系。在中国以银行业为主的金融结构下，银企借贷活动是影响企业负债状况的最重要因素，与之相关的机制对企业杠杆率的独特表现可能具有较强的解释力。因此，广泛存在于中国银企借贷市场中的两类事实不容忽视：一是银企之间的预算软约束，二是政府对企业的隐性担保。在中国，银企借贷过程中的信息不对称天然存在，“大银行”体系又造成金融资源的相对集中，加之金融市场发育不成熟，优质投资产品的选择范围有限，因此“事前无效而事后有效”的预算软约束现象在中国较为普遍。此外，中国政府对经济运行有广泛的影响：政府拥有对银企借贷活动施加影响的能力；政府影响银企借贷活动的形式通常是隐性的，国有企业通常更容易享有政府的隐性担保。中国银企借贷活动中，预算软约束与政府隐性担保始终发挥着相当大的作用，进而对企业杠杆率产生影响。

基于上述现实，本研究着重探究预算软约束背景下政府隐性担保影响企业杠杆率的内在机制。在 Dewatripont 和 Maskin（1995）的预算软约束模型框架下，引入经济基本面和政府隐性担保因素，构建了“银行—企业”间的借贷博弈模型。通过对模型的推导分析，本章围绕中国企业杠杆率的内在机理进行了较深入的阐述。

3.1 中国的企业杠杆

自2008年国际金融危机以来，中国经济总杠杆率抬升趋势明显，企业部门在其中扮演了至关重要的角色。探索中国经济高杠杆问题，在某种程度上可以近似地等同于研究中国企业部门的高杠杆问题。与此同时，企业部门的杠杆率，其内在机制也存在特殊性，不能简单套用西方理论。围绕中国企业杠杆问题相关机制的研究，对于揭示整体经济运行的中国规律尤为关键，对于理论指导实践、正确处理当前的高杠杆问题也具有重大价值。

3.1.1 企业杠杆在经济总杠杆中的地位

中国经济总杠杆是以企业杠杆为主导的。一国经济系统由居民部门、非金融企业部门、政府部门、金融部门构成，实体经济则剔除了金融部门。在余下的三大部门中，企业部门的杠杆率占据总杠杆率的三分之二。

反观世界其他主要经济体，中国企业杠杆在总杠杆中的重要性似乎过于突出。中国企业杠杆率占总杠杆率的比重一贯保持在60%以上。与二十国集团①的其他国家相比，中国企业杠杆率在总杠杆率中的占比一直位居前列。多数国家企业杠杆率的占比不超过40%；在企业杠杆率占比最低的阿根廷，这一数字一直在20%上下徘徊。

根据这一数据表现，很容易解释企业杠杆率缘何成为中国总杠杆率变化的主要推力。事实上，在2008年国际金融危机之后，中国经济总杠杆率的持续攀升与企业部门杠杆率的大幅增长密切相关。从企业杠杆率的绝对水平来看，中国在世界主要经济体中也一直遥遥领先。2008年国际金融危机以来，中国企业杠杆率的整体上升趋势非常明显，从2006年的100%附近跃升至2016年的160%左右；中国企业杠杆率在世界主要经济体中的排位也更加靠前，从2006年的第3位上升至2011年的第2位，到2016年已经高居首位。

显然，与世界其他主要经济体相比，中国企业杠杆率在总杠杆率中的占比明显更大、绝对水平也明显更高。与世界其他主要经济体宏观杠杆率的“居民部门推动型”和“政府部门推动型”不同，中国的宏观经济杠杆率属于典型的“企业部门推动型”。

3.1.2 企业杠杆的非顺周期性

企业杠杆率随经济基本面的周期性演变是经济运行的重要指示剂。在西方国家，

---

① 二十国集团（Group of 20，G20）包括以下国家或地区：阿根廷、澳大利亚、巴西、加拿大、中国、法国、德国、印度、印度尼西亚、意大利、日本、韩国、墨西哥、俄罗斯、沙特阿拉伯、南非、土耳其、英国、美国，以及欧盟。以上20个国家或地区的GDP总量约占全球GDP的90%，人口亦占世界总人口的三分之二，在数据上具有良好的代表性。

企业杠杆率通常随经济基本面同向变动，即具有顺周期特征；在此特征下，各类经济活动的顺周期性被强化。关于其背后的经济机制，西方学术界也已有透彻的研究。然而，中国的表现却与众不同。在图3－1中，若以2008年国际金融危机为分界线，危机前，经济增速呈现震荡上升的趋势，非金融企业部门的杠杆率[①]也产生过温和的上升与下降通道，但总体上变化平缓，在1996—2008年的12年间，杠杆率增幅仅20%左右，尽管此时的企业杠杆率绝对水平较低，似乎并不引人注目，但其“非顺周期性”却已开始显露[②]：很明显，危机前的多年时间内中国经济总体向好，但企业杠杆率却并未显著上扬，且其在每个时间点与经济增速的变化方向也时而相同、时而相反，对于在西方国家非常普遍的、企业杠杆率在经济高涨时明显抬升的现象，在中国似乎从未出现。而在危机后，经济增速开始放缓，但非金融企业部门的杠杆率却不降反升，且增速迅猛，以至于占据经济总杠杆率的三分之二；尽管2015年国家开始实施“去杠杆”政策，但企业杠杆率也直至2017年才渐趋稳定，且其后仍保持高位[③]；如果中国企业杠杆率在危机前的表现仅说明其周期性不甚明显，那么危机后的种种迹象则是对“顺周期规律”的公然背离。可以据此认为，中国企业杠杆率从长期以来就不具备顺周期特征，这个被西方理论界公认的原理在现实中遭遇了一大悖论。

3.1.3 企业杠杆的所有制结构分化

在中国企业杠杆率随经济基本面的周期演变过程中，“所有制结构分化”的事实特征也尤为关键。在图3－2中，同样以2008年国际金融危机为界，危机前经济形势整体向好，民营企业杠杆率[④]出现过一次增加，而国有企业杠杆率却总体下降，企业杠杆率的所有制结构分化已经显现。而在危机后，经济开始下滑，民营企业的杠杆率迅速走低，国有企业的杠杆率却大幅增长[⑤]，企业杠杆率的所有制差异更加分明。因此，不难判断：在企业杠杆率随经济基本面演变的过程中，所有制结构分化长期存在。

---

① 尽管企业杠杆率的指标定义较为明确，但统计口径可能有所差异。因此，图3－1选取了国家资产负债表研究中心（CNBS）和国际清算银行（BIS）公布的两种权威数据进行比较，结果发现，二者差异很小。因此，本研究在企业杠杆率典型事实特征的分析中所依托的现实数据具有较强的可靠性和代表性。

② 尽管图3－1中直接显示的是企业杠杆率与经济增速的简单对应关系，但很容易据此推出反映企业杠杆率“非顺周期性”的因果关系：假若企业杠杆率是顺周期的，则其与经济增速的对应关系必然呈现同向变化的特征；但中国的现实数据却不具有这一特征，这便足以证明中国的企业杠杆率不具有顺周期性。

③ 2008年国际金融危机前，中国整体经济杠杆率在世界主要经济体中一直处于偏低水平；2008年后开始迅速增长；2017年底，这一数字已达256%；此后总杠杆率略有下降，但绝对水平依然处于高位，2018年末仍保持在250%左右。其中非金融企业杠杆率的绝对水平已位居世界前列。

④ 企业杠杆率的计算通常有宏观（负债存量／GDP）和微观（负债存量／资产存量）两种测算方法，本研究主要考察宏观杠杆率。由于宏观杠杆率一般只进行分部门统计，故图3－2以微观杠杆率间接衡量企业的负债倾向，其数据表现也与已有文献中“国有企业加杠杆，民营企业去杠杆”的发现一致。

⑤ 国有企业杠杆率并非相对于民营企业不显著地下降，而是在绝对意义上显著地上升：此类企业在2008年国际金融危机后争相扩大负债规模，加杠杆的力量压过了降杠杆的势头，致使企业部门杠杆率反向抬高；截至2018年底，国有企业负债约占企业部门负债总额的75%；2015年“去杠杆”政策实行以来，国有企业总负债占其总资产的比重虽有收缩，但仍逾60%。

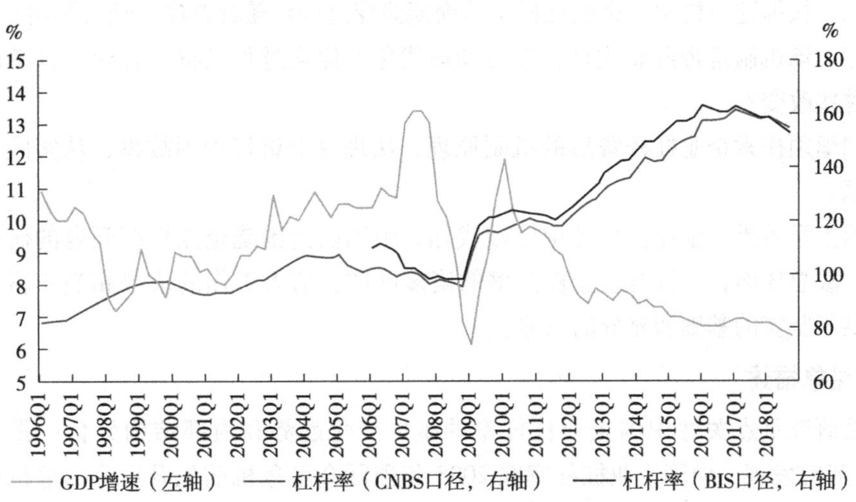

图3-1　中国GDP增速与企业杠杆率

（资料来源：CNBS、BIS）

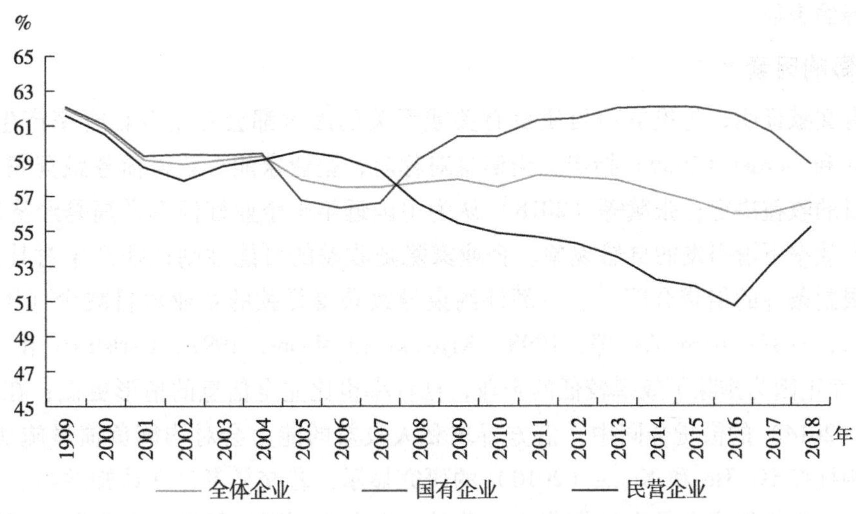

图3-2　按所有制分类的中国企业资产负债率

（资料来源：1999—2018年《中国统计年鉴》）

3.1.4　现有研究与困惑

在“非顺周期性”和“所有制结构分化”这两大特征下，中国企业杠杆率的周期变化对经济运行的指示作用也将变得模糊，我们似乎无法再根据企业杠杆率的变化趋势来确定其他经济变量的短期状况与长期变动方向。基于上述背景，有三个具体问题亟待解决。

第一，何种机制能够解释中国企业杠杆率的非顺周期性以及所有制结构分化？

第二，根据这一机制，企业杠杆率的周期演变过程伴随着怎样的经济影响？

第三，该机制是否需要改良？应当如何优化？优化过程又将对企业杠杆率的周期性造成哪些改变？

我们亟须探索企业杠杆背后的机制原理，从理论上讲好中国故事，从实践上解决中国问题。

在西方学术界，企业杠杆理论已较成熟；中国国内围绕企业杠杆问题的研究仍方兴未艾。故总体而言，针对企业杠杆率的诸多问题，前人工作的成果相当丰富，为本研究提供了坚实的基础和充分的借鉴。

1. 现象描述

前沿研究重点关注中国企业杠杆率的整体变化趋势和内部结构分化：张晓晶等（2018）研究发现，中国企业杠杆率在 2008 年国际金融危机前先升后降，危机后则持续上升；钟宁桦等（2016）在对工业企业数据的细致分析基础上明确指出，2008 年国际金融危机后中国企业杠杆率存在明显的结构性分异，国有企业（尤其是规模较大的上市企业）成为加杠杆的主力，这些企业在资产构成和业务经营方面也具有当前理论难以解释的表征。

2. 影响因素

现有文献证明，与投资项目质量有关或无关的因素都会对企业杠杆率产生影响。Bernanke 和 Gertler（1989）指出，当信息对称时，企业家能否获得债务融资完全由其投资项目的收益决定；张斌等（2018）认为中国近年来企业杠杆率升高是经济结构转型、生产效率下滑引发的自然现象。企业家隐藏收益的可能性则往往产生对其自有资本附加限制条件的借贷合同，这一额外约束导致获得贷款的企业数目减少（Bernanke 和 Gertler，1989；Bernanke 等，1998；Kiyotaki 和 Moore，1997；Carlstrom 和 Fuerst，1998），而正因为排除了效率较低的企业，杠杆率也比完全信息的情形更低；在 Adrian 和 Shin（2014）的借贷合同中，借方寻求私人收益的能力会对均衡负债量施加影响，进而影响杠杆率；He 和 Xiong（2010）的研究显示，若交易者存在认知差异、市场又禁止卖空，则杠杆率更易向短期集中；此外，零利率下限、股权融资限制、预算软约束、财政分权体制，以及金融资源的产权错配和行业错配也会造成杠杆率的畸高（Korinek 和 Simsek，2014；Phelan，2016；江曙霞等，2006；郭玉清等，2017；王宇伟等，2018）。

3. 调整演变机制

前人研究已对企业杠杆率的周期变化规律和局部调整规律进行了详细探索。企业杠杆率的顺周期性已得到多数文献的认同：Fostel 和 Geanakoplos（2008）以及 Geanakoplos（2010）的工作表明，市场不完全（借款限制）、投资者异质性以及信息冲击会共同导致杠杆率的顺周期变化；Christensen 等（2011）认为银行杠杆率与资本监管的周期性相反，而后者往往是逆周期的；Adrian 和 Shin（2014）则证明，借贷资金的需求方面临最优资产负债结构选择与风险管理约束，内生的在险值（VaR）会使负债伸缩的幅度大于资产，从而形成顺周期的杠杆率；Acharya 和 Naqvi（2012）指出，银行管理者的奖惩机制往往导致价格泡沫，而经济下滑时更充足的流动性最终致使杠杆率周期的放大与延长。主流研究一般支持企业杠杆率向最优目标调整的观点：Guo 等（2011）的研究显示，企业杠杆率呈现螺旋式的正自相关调整；王朝才等（2016）发现，财政支出会影响企业最优杠杆率，而国有性质会减缓杠杆率向目标调整的速度；于博（2017）则发现了技术创新对企业杠杆率调整的正向作用。

4. 经济效应

企业杠杆率的影响同时涉及企业自身、市场和整体经济。企业杠杆率与企业价值、企业生存能力之间存在非线性关系（罗洪鑫，2017；肖光恩和朱晓雨，2018）；杠杆率制约着资产价格的形成和波动，同时放大了资产市场的周期（Guo 等，2011；He 和 Xiong，2010）；过高的企业杠杆率则会拉低经济增速、增加经济波动、诱发金融危机、降低社会福利（Korinek 和 Simsek，2014；Adrian 和 Boyarchenko，2015；马勇等，2016；毛锐等，2018），中国的高杠杆风险也只在短期可控（Huang 和 Bosler，2014；Song 和 Xiong，2018）。

5. 对策措施

关于企业杠杆率相关问题的应对之策，学术界至今仍莫衷一是。多数研究支持“避免杠杆率过高”的政策方案（Phelan，2016）；但仍有研究对“去杠杆”的主张提出质疑（刘晓光和张杰平，2016；Adrian 和 Boyarchenko，2015；Korinek 和 Simsek，2014；马勇等，2016）；除单一的“去杠杆”政策外，学术界正在寻找更为稳妥的措施：如强调杠杆率调节的前瞻性和“去杠杆”的渐进性原则（马勇等，2016），以及采取宏观审慎政策和多政策的组合（Korinek 和 Simsek，2014；毛锐等，2018；韦森，2017）。

已有研究尽管贡献突出，但不足依旧明显。一方面，论证企业杠杆率顺周期变化的经典研究虽然成熟完善，却只能反映西方国家的经济规律，无法反映中国现实。另一方面，国内涉及中国问题的启发式探索对数据现象的解释仍不全面，对内在机制的分析有欠深入①。因此，解决三个具体问题还有待进一步的研究。

---

① 在中国，企业投资前景（一般由盈利水平衡量）不能解释企业整体杠杆率和国有企业杠杆率的周期变化。因此，一些研究将企业杠杆率独特的周期演变特征归因于政府的直接行政干预以及各类金融政策。但上述机制对中国企业杠杆率的数据表现并不具有完全的解释力。2008—2010 年的企业杠杆率提升确实受到一揽子经济刺激政策的影响，但在该政策退出后，企业杠杆率却并未随之回落；即使在 2015 年中央经济工作会议提出“去杠杆”的思路之后，企业杠杆率也只在行政命令下趋稳（稍降）而非大幅降低；2018 年以来，银保监会直接规定商业银行对民营企业的贷款应实现“一二五”目标（即在新增公司类贷款中，大型银行对民营企业的贷款不低于三分之一，中小银行不低于三分之二，且争取 3 年后，银行业对民企的贷款占新增公司类贷款的比例不低于 50%），在此规定下，民营企业杠杆率确有提高，但并未呈现激增的态势（截至 2019 年，民营企业资产负债率仍在 56% 左右）。2008 年国际金融危机后的货币政策也存在明显波动，与企业杠杆率整体上升的趋势并不吻合。显然，我们不能简单地将中国企业杠杆率的独特表现完全归结于行政干预和金融政策。

3.2 中国式市场不完全：预算软约束与政府隐性担保

国外研究在分析企业杠杆的相关问题时，往往考虑“市场不完全”环境下的各类机制。本研究采取类似的做法，但此处考察的市场不完全应当是有中国特色的市场不完全。与西方国家不同，中国借贷市场的不完全并非由形形色色的金融摩擦主导，而是更多地表现为优质资产的相对缺乏和政府的影响力。通过对中国银企借贷市场现实特征的归纳，并结合已有文献的观点，本研究认为，“预算软约束”和“政府隐性担保”或将成为揭示中国企业杠杆率特有规律的关键切入点。

3.2.1 银企借贷中的预算软约束

“预算软约束”实际上是一个较宽泛的概念。任何导致行为人决策约束放松（即决策的可选范围扩大）的因素均可视为预算软约束。但本书所指的预算软约束，仅限于银行与企业间的一种“绑定关系”：由于事前的信息不对称，银行无法辨别企业的好坏，因此只能以平均水平来判断是否向企业发放贷款；如果银行向企业放贷，事后可以知晓企业的优劣状况，较差的企业会再次向银行借款，但此时银行选择继续为该企业贷款才是明智之举，因为在中期清算掉劣质项目的损失往往更大。这种绑定关系的存续还要满足另外两个条件，一是银行资金雄厚，可以供给劣质企业长期的资金需求；二是金融市场发育不成熟，劣质项目的替代品稀缺或替代成本高昂，从而阻碍了银行对劣质项目的清算。事实上，中国的银企借贷市场完全具备此类预算软约束产生的条件，因此，这种银企间绑定的预算软约束是中国金融市场不完全的一个突出表现。

1. 银企间的信息不对称

银行与企业之间的信息不对称天然存在。在借贷关系中，这种信息不对称主要表现为企业存在私有信息。作为贷方的银行需要对企业的借款用途、投资项目的风险收益情况有一个清晰的认识，从而判断是否应向企业放贷。然而，企业当然对自身情况更加了解。为了获得银行贷款，企业甚至会有意掩盖自身的不利状况。因此，在银企借贷关系中，作为借方的企业是信息的优势方，而银行则是信息的劣势方。在较成熟的借贷市场中，信息透明度相对较高，审计、评估等各方监督机制也较完善，因此信息不对称的程度较低；但企业对外披露的信息只限于“硬信息”范畴，其他“软信息”仍为企业私有，信息不对称依旧无法被彻底消除。显然，中国的借贷市场发展尚不成熟，信息不对称程度相对较高，企业相对于银行具有较强的信息优势。这便满足了预算软约束机制中“事前信息不对称”的条件。

2. 大银行主导的金融体系

在中国，企业借贷植根的金融体系呈现出典型的“大银行主导”的特征。中国当前的社会融资方式以债权融资为主导，占比超过90%；债权融资又以银行贷款为核心；

而银行系统总资产的50%均由大型商业银行占据。这明显有别于股权融资占比较大的金融业格局，以及小银行众多、资金分散的银行业格局。由此可见，中国金融资源的分布相对集中。这便满足了预算软约束机制中“银行资金雄厚”的条件。

3. 优质投资产品缺乏，项目清算成本高昂

中国金融市场的发展起步较晚，因此优质金融产品种类较为单一，投资渠道多样化不足。这便导致向劣质项目发放贷款的银行缺乏优质的替代产品，从而只能同原有项目绑定。另外，中国金融市场的外围配套设置还不健全，这便使银行清算劣质项目的成本巨大，也对这种绑定关系产生了加固作用。一旦银行与劣质企业建立绑定关系，必将致使贷款资金在低效率项目中沉淀。这自然满足了预算软约束机制中“事后绑定”的条件。

显然，中国银企借贷市场满足预算软约束形成的条件。因此，这种银行与企业绑定的预算软约束在中国存在。

3.2.2 银企借贷中的政府隐性担保

中国金融市场不完全的另一个表现是政府对经济活动的影响。在银企借贷活动中，政府隐性担保的影响不容忽视。

1. 政府具有影响企业借贷活动的意愿

经济发展是政府工作的重要目标之一，政府对经济活动自然非常重视，希望能够通过自身的各种主动作为，实现经济的高速增长。企业是现代经济运行的微观单元，企业借贷对产出、就业和其他各项经济活动具有深刻影响。企业借贷显然是政府干预的重点环节。

2. 政府具有影响企业借贷活动的能力

随着经济发展，地方政府依靠财政分权的优势对金融机构产生了更大的吸引力和控制力，中央政府对金融机构的吸引力和控制力逐渐减弱，具有行政性目标的金融机构生存能力下降，具有盈利性目标的金融机构生存能力上升。相较于中央政府，地方政府对经济活动的干预更为直接。

3. 政府可采用隐性手段影响企业借贷活动

政府对经济的影响一般通过显性政策和隐性措施两种方式实现，在银企借贷活动中也不例外。政府能够依靠货币政策和金融监管政策施加影响，同时也有通过隐性渠道产生的效应。一个典型的例证便是国有企业拥有的非正式政府支持，这种经由强大的政府影响力所形成的隐性担保，往往具有可信的担保能力，从而使这种隐性担保获得市场公认并产生实质性的经济影响①。

在银企借贷活动中，政府有意愿，也有能力为国有企业提供隐性担保，且这种隐性担保能够被市场认可，产生实际效应，从而深刻影响着原有的银企借贷格局。

---

① 由于中央政府和地方政府在工作目标和行事方式上差异较大，而通过隐性担保直接影响市场活动的主要是后者；因此，本研究在此重点讨论地方政府的隐性担保行为。

3.2.3 当前研究的瓶颈

现有研究已围绕预算软约束和政府隐性担保作出了诸多有益探索。本研究对前人的工作进行了梳理，从中寻找有价值的借鉴和仍待研究的问题。

1. 预算软约束的相关研究

与预算软约束相关的研究主要讨论了其形成因素和经济效应。

（1）针对预算软约束的形成机制，Shleifer 和 Vishny（1994）、林毅夫等（2004）把这一现象初步归结于政府的非经济目标；Dewatripont 和 Maskin（1995）关于企业与银行间的序贯博弈模型给出了这一机制的正式表述，并指出了预算软约束产生的根源：贷方强大的资金实力及其在期初向借方放款的激励；以该模型为基础，后续研究从不同视角探讨了“集中性”引致预算软约束的问题：Qian 和 Roland（1998）将财政分权引入 Dewatripont 和 Maskin（1995）的模型框架，指出集权体制是诱发预算软约束的制度性因素；Segal（1998）论证了预算软约束从产业垄断中生成的原理，但这一机制源自借方的集中性；龚强和徐朝阳（2008）则引入了涉及政策性负担的投资项目，用强控制力的政府替代大银行，用政府对政策性收益的追求替代信息不对称条件，以“集中性”的另一种表述考察了预算软约束的形成机制。

（2）针对预算软约束的经济影响，主流观点认为该影响一般是消极的：预算软约束会增大风险资产的理性泡沫（李广子和李玲，2009），造成价格扭曲和资源错配（中国人民银行营业管理部课题组，2017），并在政府主导的信贷扩张下产生银行系统性风险（江曙霞等，2006）；此外，共存于国有企业和国有银行中的预算软约束还将弱化公司的杠杆治理（田利辉，2005），阻碍国有企业最优杠杆率的实现（盛明泉等，2012），甚至过滤掉金融发展对国有企业投资的积极作用（朱红军等，2006）。

2. 政府隐性担保的相关研究

与政府隐性担保相关的研究主要涉及其指标度量、经济影响和应对措施三个方面。

（1）关于政府隐性担保的测度，已有文献大多采用普通期权定价法和未定权益法（CCA）测算隐性担保的潜在价值：Merton（1977）、Lai（1992）采用布莱克—勘科尔斯（Black - Scholes）期权定价法为担保产品定价；吴恒煜等（2013）、巴曙松等（2013）在使用拓展的 CCA 方法和系统性 CCA 方法时，通过设置“全额保险”的假定，构造无风险的银行债务组合，并将其倒推出的期权价值作为政府隐性担保的代理指标。

（2）关于政府隐性担保对经济的影响，持肯定态度的研究认为：政府提供蕴含补助的债务合同尽管降低了效率，却能增进社会福利（Innes，1991）；内嵌于银行贷款中的隐性担保能够优化政府与银行的联系，同时改善银行系统与主权债务的风险状况（Leonello，2018）；政府对小企业贷款的担保有利于降低失业率，在低收入地区效果更为明显（Craig et al.，2008）；Allen 等（2018）的全局博弈模型也证明，政府担保尽管抬高了均衡存款利率，有时甚至会增加银行挤兑概率，但总体上强化了银行流动性保险的功能，改善了社会福利。持否定态度的研究则认为：隐性担保诱发过度投资，而政府救援的动态不一致性往往造成风险（Kane，2000；Irwin 和 Vines，2003）；政府对国外存款人的隐性担保导致国内高通胀和更频繁的货币投机（Burnside，2004）；政府对银行的存款保险政策更容易引发道德风险（Demirgüc – Kunt 等，2015）；Atkeson 等（2019）将政府担保引入银行定价模型，与公平价值、特许权价值一同构成其账面市值比，并指出由政府担保造成的市值增加是银行风险之源；此外，政府隐性担保还为国有企业提供了债务融资便利（方军雄，2007；Chang 等，2014），而这一便利往往致使企业负债率上偏，造成负债过多和负债低效（陆正飞和高强，2003；Chang 等，2014）；国有企业对金融资源的占据进一步恶化了中小民营企业“融资难、融资贵”的局面（陈道富，2015），扭曲了市场纪律和债券定价（韩鹏飞和胡奕明，2015；王博森等，2016），乃至增加了系统性金融风险（中国人民银行金融稳定分析小组，2014）。

（3）关于政府隐性担保的应对措施，有研究认为，与资本金补充、直接放贷、购买资产等救助行为相比，政府向金融机构贷款合同提供隐性担保效率更高、成本更低，故应予推广（Smith 和 Stutzer，1989；Philippon 和 Skreta，2012）；也有研究强调应进一步发挥政府隐性担保作为风险预警指标的功能（Kaplan – Appio，2002）；更多的研究则呼吁降低政府隐性担保水平以减弱扭曲效应：如深化国有企业改革、健全市场机制（李稻葵和李山，1996；杨再斌和匡霞，2006），以及实行存款保险制度（Fama，1980；Diamond 和 Dybvig，1983；李涛，2003；姚东旻等，2013）。

然而，关于预算软约束和政府隐性担保的研究似乎也已进入了一个“瓶颈期”。前人成果虽为本研究的工作提供了参考，但仍无法直观地解释中国企业杠杆率的特有规律。有关预算软约束的文献鲜有探讨借贷合同中政府作为第三方参与人的作用；关于政府隐性担保的研究往往只将隐性担保作为一个固定背景，未能对其内生变化加以分析。此外，预算软约束与隐性担保的融合机制以及该机制在不同经济基本面下的作用差异则更少被提及。如此一来，我们仅能判定享有预算软约束和隐性担保的单个企业负债更多、效率更低；但企业杠杆率是一个加总的比例指标，因此预算软约束和政府隐性担保对企业杠杆率的影响便不再一目了然；而若要考察企业杠杆率的周期变化原理，则还应洞悉经济基本面对预算软约束和政府隐性担保的影响机制。显然，在预算软约束和政府隐性担保视角下，探索中国企业杠杆率的特有规律还需要更深入的分析。

3.2.4　预算软约束与政府隐性担保影响企业杠杆的基本逻辑

本书将预算软约束和政府隐性担保作为考察企业杠杆内在机制的关键因素，并简要梳理了其影响企业杠杆率的基本逻辑。

事实上，当投入资本完全源自负债时，企业杠杆率可视为衡量负债效率的一个逆指标。给定负债的结构与规模，经济基本面的改善势必提高产出效率，从而降低杠杆率，这便是经济基本面对企业杠杆率的直接影响。但与此同时，经济基本面的变化也会改变负债的结构与规模，进而影响杠杆率，这便是经济基本面对企业杠杆率的间接影响。间接影响作用不一，因此经济基本面对企业杠杆率的总影响方向（即企业杠杆率的周期性）不定。显然，西方国家企业杠杆率的顺周期性意味着间接影响方向为正，且冲抵了方向为负的直接影响。而在中国，间接影响的方向和程度有所不同。通常情况下，极佳的经济基本面使银行可选择的优质资产更具吸引力，银行与劣质项目的绑定容易被解除，负债效率提高，杠杆率下降，此时间接影响方向为负；而当经济基本面显著恶化时，银行可能从一开始就拒绝放贷，预算软约束自然消失，杠杆率下降，此时间接影响方向为正。上述逻辑或将有助于解释中国企业杠杆率的非顺周期性。

在此基础上，政府隐性担保进一步对不同所有制企业的负债占比产生影响，且隐性担保的力度也将随经济基本面的不同而异。政府隐性担保的存在及其周期演变特性将导致企业杠杆率的所有制结构分化。

接下来，本研究将沿着上述逻辑，在一个包含银企借贷的博弈模型框架下，对相关机制予以刻画和剖析。

3.3 银企借贷：一个博弈模型的设定

本研究基于 Dewatripont 和 Maskin（1995）讨论预算软约束问题的“银行—企业”借贷博弈框架，引入经济基本面和政府隐性担保，对预算软约束和政府隐性担保影响中国企业杠杆率的内在机制予以刻画：给定经济基本面，政府为国有企业提供隐性担保，这些影响进入包含预算软约束的融资体系，共同作用于企业借贷，最终可得相应的杠杆率。以之为基础，本研究进一步分析了政府隐性担保随经济基本面内生变化的情况。此外，本研究还依托上述模型对相关政策展开讨论，探索了机制优化方案及其对企业杠杆率周期变化特征的影响。本节讨论了博弈模型的构建框架与设置细节。

3.3.1 模型的总体设置

本研究的理论建模以 Dewatripont 和 Maskin（1995）的预算软约束模型（以下简称 DM 模型）为基础，同时引入了经济基本面与政府隐性担保两种关键要素。

1. 经济运行的时序

与 DM 模型一致，一次完整的经济循环包括 0、1、2 共三个时点，时点 0 和 1 之间、1 和 2 之间分别称为第 1 期和第 2 期。

2. 经济基本面（X）

0 时刻，本次经济循环所对应的经济基本面变量 X 确定，$X\in[0, 1]$。取值较高的 X 代表较好的经济形势。X 对所有经济主体均可观测。

3. 政府（G）与隐性担保（θ）

政府不直接参与借贷活动，只为国有企业提供隐性担保。隐性担保力度由 θ 表示，$\theta\in[0, 1]$。政府隐性担保实质上为一类期权性产品，表示在企业投资失败时，政府会就其每一单位借款给予其贷款银行θ单位的补偿。隐性担保价值受到θ和投资成功概率的共同影响[①]。

4. 抵押率（m）

企业抵押率m表示企业投资失败时抵押给银行的资产价值占借款额的比例，$m \in [0, 1]$。企业抵押率还是反映各类金融政策宽严程度的“晴雨表”[②]。在考虑抵押率的前提下，隐性担保可视为政府替其担保企业承担抵押责任：当$\theta < m$时，政府仅分担部分抵押；而当$\theta \geqslant m$时，其担保企业的抵押负担完全转移到政府，超出部分（$\theta - m$）则成为对银行的额外补偿。

5. 企业（E）及投资项目

企业从事投资活动。与DM模型类似，项目投入资金全部来自银行借款；此外企业还拥有价值不随经济基本面变化的非流动资产，只能作为借款抵押。出于简化，企业投资成功时的收益在政府、银行和企业间按固定比例分配，其中企业分利比率为β_E，政府分利比率（税率）为β_G，余下部分（$1-\beta_G-\beta_E$）属于银行，$0<\beta_G, \beta_E<1$。企业按所有制分为两类：民营企业（E_p）和国有企业（E_s），数目分别为p和s，只有国有企业能获得政府的隐性担保。

与DM模型类似，此处存在优质（good）和劣质（bad）两类投资项目。0时刻产生的优质项目在1时刻实现收益[③]，单位收益服从二项分布$\tilde{R}_g = \begin{cases} \bar{R}_g, & p_g(X) \\ 0, & 1-p_g(X) \end{cases}$，投资成功概率$p_g$满足$\dfrac{\partial p_g(X)}{\partial X} > 0$；0时刻产生的劣质项目在1时刻无收益，$\tilde{R}_{b,1} = 0$，1时刻追加投资时可在2时刻产生收益，单位收益服从二项分布$\tilde{R}_{b,2} = \begin{cases} \bar{R}_b, p_b(X) \\ 0, 1-p_b(X) \end{cases}$，投资成功概率$p_b$满足$\dfrac{\partial p_b(X)}{\partial X} > 0$。显然对于任意的$X \in [0, 1]$，$p_g(X), p_b(X) \in (0, 1)$；另假定$2p_g(X)\bar{R}_g > p_b(X)\bar{R}_b$，$p_g(X) > \dfrac{1}{2}p_b(X)$，$p_b(X)(\beta_E\bar{R}_b+1) > 2$成立[④]。0

① 已有研究对政府隐性担保的刻画，或将其表示为政府在企业投资失败时的救援概率（马草原等，2015；汪莉等，2016），或将其概括地表示为一种价值为正的资产（李成等，2014；金鹏辉等，2017）。事实上，中国政府在国有企业投资失败时进行救援是极普遍的现象，但程度各有差别。因此本研究将隐性担保表示为政府救援的力度而非概率，该设置在后续建模上与现有文献差异不大。

② 抵押率可以从侧面反映诸多显性金融政策的效果。例如，货币供应下降，银行可贷资金减少，故以更高的标准甄别企业，抵押率随之升高；利率上升带来的借款成本增加也可由调高的抵押率间接反映；而严格的金融监管要求降低借款企业的风险水平，对抵押率上升的影响更为直接。

③ 本研究涉及的投资收益为各类收益的总和，包括DM模型重点讨论的企业家私人收益。

④ 这三个条件的经济意义为：劣质项目的期望收益小于0时刻优质项目两期的期望收益，0时刻优质项目的成功概率大于劣质项目每期的平均成功概率，这两个条件表明劣质项目效率更低；但企业在劣质项目中的期望收益仍须达到一定水平，则上述三个条件可确保企业始终具有借款意愿，从而避免模型分析的复杂化。此外，为进一步简化分析，本研究不讨论劣质项目自身是否具有投资价值的问题。

时刻项目的借款量由企业自行决定，劣质项目两期投资额相等。与DM模型不同，此处在1时刻还将产生另一类优质项目，投资额标准化为0时刻全体企业的借款均值 $E(\tilde{L}^{**})$，项目运作无成本无风险①，单位收益满足 $\frac{\partial\bar{R}(X)}{\partial X}>0$；另有 $\bar{R}(X)>p_b(X)\bar{R}_b$，$(1-\beta_G-\beta_E)\bar{R}(X)>1$ 成立②。此外，1时刻也可产生与0时刻相同的劣质项目。

两类所有制企业均存在优劣之分，优质企业的占比均为 α（$0<\alpha<1$），优质企业和劣质企业分别投资优质项目和劣质项目。企业在0时刻与1时刻分别选择最优的借款量 $\tilde{L}_i^{**}$ 和 $\tilde{L}_i^{***}$（$i=p, s$）。

企业呈风险中性，愿意为任何有可能获得贷款、最优借款量为正且期望利润不小于0的项目进行融资③。企业的收益来自项目成功时的利润分成，即项目收益的 β_E 比例；投资失败时，企业失去抵押品价值，即借款金额的 m 比例（民营企业）或 max（$m-\theta$, 0）比例（国有企业）；除此之外，企业还存在运作项目的成本 $\psi(\tilde{L}_i)$，为企业借款金额 $\tilde{L}_i$ 的函数④，且满足 $\psi'(\cdot)>0$，$\psi''(\cdot)>0$，$\psi(0)=\psi'(0)=0$，$\psi'(\infty)=\infty$。抵押条款使企业存在负债约束，其自有资产须能覆盖投资失败时的抵押偿付。

6. 银行（B）

存在数目为 b 的同质大银行，$b>p$，$b>s$，$b<\alpha(p+s)$；银行资金充裕，两期均有能力为一个投资项目注入资金⑤。银行的收益，在企业投资成功时来自利润分成，即项目收益的（$1-\beta_G-\beta_E$）比例；而在企业投资失败时来自抵押品，即贷款金额的 m 比例（民营企业）或 max（m, θ）比例（国有企业）。银行的成本即贷出的货币资金⑥。与DM模型类似，银行在借贷活动中遵循“接受或拒绝”（take it or leave it）的策略规则，或按企业的借款需求出资，或不予放款。银行在两期对应不同的管理者，

---

① 此处借鉴 Qian 和 Roland（1998）的设计思路，即1时刻的银行资金具有多种用途。相比于DM模型，该设置便于讨论银行对第2期优质项目的选择情况，同时反映市场不完全的程度。

② 这两个条件的经济意义为：1时刻优质项目的期望收益大于劣质项目两期的期望收益，该条件表明1时刻优质项目的效率显著高于劣质项目；银行为1时刻优质项目贷款恒有正利润，该条件可保证银行始终存在贷款意愿，以排除借贷市场在两期全部萎缩的情形。

③ 本研究讨论的“最优借款量”是指企业进入借贷市场并有可能获得银行贷款时的最优借款量。理论界一般认为，企业进行项目投资能为社会带来福利，因此即便企业在投资中获得0利润，也会有其他社会力量与之达成投资协议；另外，由于企业利润只源于投资活动，不投资则必无收益，而进入借贷市场还有可能存在成本，所以若企业进入借贷市场后无银行向其发放贷款，或企业自身不愿借款，则其进入借贷市场的行动不会为之带来正利润。因此，本研究规定：当企业进入借贷市场时，若其有可能获得银行贷款，且最优借款量为正、期望利润非负（包括0利润），则必选择进入借贷市场；但若企业预测到其无法获得银行贷款，或最优借款量为0，或期望利润为负，则会从一开始便选择退出。

④ 本研究考察了可变（内生）投资额的情形，与DM模型投资额固定的设置不同。这一调整有助于通过最优投资额的水平差异分析借款需求受 X、θ、m 的影响。企业运作成本函数 ψ 满足成本函数的一般性质。

⑤ 与DM模型不同，本研究不再讨论小银行（分散的金融体系）的情形。因为“大银行主导”的金融体系在中国将长期存续，小银行对应的机制既不能刻画中国事实，又很难成为未来机制优化的方向，故略去。

⑥ 与DM模型不同，根据本研究的考察重点，此处不讨论道德风险，故忽略银行对企业的监督成本。

代表银行进行决策，每名管理者只关注自己经手的那笔业务的利润率。银行呈风险中性，期望利润率不小于0的项目即符合其放贷条件①。与企业不同，只要不存在尚未解除的借贷合同，银行总会进入借贷市场等待新项目的借款申请。

7. 信息条件与市场条件

对称的信息包括优质企业的占比 α，银行与两类所有制企业的数目 b、p、s，经济基本面 X，政府隐性担保力度 θ，抵押率 m，以及第1期全体企业的借款均值 $E(\tilde{L}^{**})$。不对称的信息则包括单笔业务中企业的优劣状况和企业投资成功时的利益存留状况（二者均为企业的私有信息）。假定银行不能获知每家企业的可抵押资本总价值及其分布，亦无法识别企业投资的成本函数，且每家银行只了解与其匹配的企业的借款需求，而不能判断其他企业的借款情况，因此企业的借款金额不能为银行提供任何关于企业优劣的信息，即使企业自报分利比率也无济于事②。因此，若优质企业和劣质企业共存于借贷市场之中，则银行只能按照优劣企业的总体分布确定项目的期望利润率。

假定只有劣质项目在中期（1时刻）被银行清算时才会发生相应的成本，对同一所有制的企业而言，清算成本标准化为第1期全体企业借款均值 $E(\tilde{L}^{**})$ 的一个比例 δ_i（$i=p, s$）；由于国有企业承载着更多的社会性负担，故有 $\delta_s > \delta_p$。此处清算成本由银行承担。

3.3.2　不完美信息动态博弈

根据模型设定，一次经济循环的两期各产生一类包含不完美信息的动态博弈。

当不考虑政府隐性担保的内生选择时，第1期产生的代表性借贷博弈对应4个外生设定环节（以前缀“f”编号）和3个内生决策环节。步骤 $f1$，自然（N）决定经济基本面 X。步骤 $f2$，政府（G）决定对国有企业的隐性担保力度 θ。步骤 $f3$，自然决定企业的所有制属性。步骤 $f4$，自然决定企业的优劣类型。步骤1，企业（E_i，$i=p, s$）决定第1期进入借贷市场申请借款（*enter*）或退出（*exit*），当其选择 *exit* 时博弈结束，否则进入下一步。步骤2，银行（B）决定贷款（*yes*）或不贷款（*no*），当选择 *no* 时博弈结束，否则进入下一步。步骤3，第1期投资结果实现，企业的优劣类型成为公开信息，优质企业不存在原项目的再融资，无相应决策发生，博弈结束；面对劣质企业的银行则需决定对原有企业再融资（*yes*）或不再融资（*no*），当选择 *yes* 时，无后续操作，博弈结束；否则将进入第2期开始新的借贷活动。企业与银行的决策遵循其各自的最优化原则。其中，步骤3发生在1时刻，其余步骤均发生在0时刻。

---

① 进入借贷市场申请借款的企业必然具有投资需求，当银行利润率为0时，企业会与银行进行协调，以促成借贷合同。因此，本研究规定：0利润率条件下的银行必选择向企业放贷；类似地，本研究还规定对于面临中期清算决策的银行，若清算与不清算利润率相当，则必选择清算劣质企业。

② 考虑到企业还有私藏收益的可能，故存在一个自留分利比率的下限，任何低于下限的分利比率对银行而言都不可信。附录中证明了企业均衡的自留分利比率 β_E 等于确定的下限值。

第2期产生的代表性借贷博弈与第1期相似，其中外生环节与第1期完全相同。但由于博弈所处的经济循环在2时刻结束，因此不存在步骤3的决策。所有步骤均发生在1时刻，以带“'”的标记编号。

图3-3的博弈树显示了两类代表性借贷博弈的决策步骤①。其中实心圆点和实心方点分别表示决策节点和终止节点②，虚线框内的节点属于同一信息集。

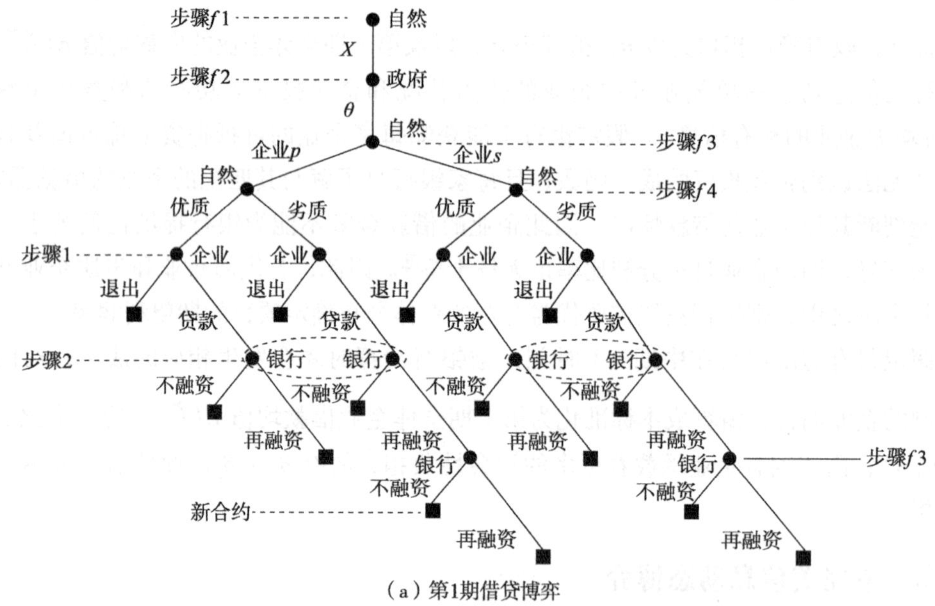

（a）第1期借贷博弈

图3-3　企业—银行间的代表性借贷博弈树

① 对于外生环节的构造模式，事实上存在以下三种可选的方法：一种是在一个博弈中同时考察X和θ的不同取值，二者取值给定的情况成为模型的一个子博弈；一种是在一个博弈中规定X和θ只具有固定的取值，表示二者取值给定的情况；另一种是规定博弈直接从X和θ给定的节点处开始。这三种构造方式各具特点：第一种方式可在博弈内部考察X和θ不同取值的影响；经济运行的逻辑完整；对于X和θ给定时的代表性借贷活动，可将其作为整个博弈框架下的一个子博弈进行分析；当讨论政府隐性担保的内生决策时，依然可在原有博弈的框架下进行，只将θ的外生设置改为内生决策即可。第二种方式无法在博弈内部考察X和θ不同取值的影响，只能进行比较静态分析；经济运行的逻辑依然完整；对于X和θ给定时的代表性借贷活动，既可将其作为整个博弈框架下的一个子博弈进行分析，又可直接展开讨论；当讨论政府隐性担保的内生决策时，原有的博弈参与者不变，但政府的θ策略集将扩充到整个［0，1］区间，且θ内生决定。第三种方式同样无法在博弈内部考察X和θ不同取值的影响，只能进行比较静态分析；由于不能清晰展现经济基本面的实现与政府隐性担保的产生，经济运行的逻辑不完整；对于X和θ给定时的代表性借贷活动，对整个博弈直接展开讨论即可；当讨论政府隐性担保的内生决策时，需要增加“政府”这一博弈参与者，且规定其内生地决定θ，策略集为［0，1］区间。结合本研究的研究需要，从一开始就讨论经济运行的整体逻辑更为恰当，故应选择前两种方式；而相对于第一种方式，第二种方式表述更加简化。因此，本研究最终采取第二种模型构造方式。

② 本研究关于外生“自然人”的分析相对复杂，步骤也较多，这确实在一定程度上增加了模型的复杂性；且自然人分步决策的设置方式也可能引起困惑。事实上，在博弈框架下，自然人本身就是一个“拟人化”的参与者，其决策反映了博弈中外生给定的条件。因此，对自然人的刻画只要在贴合事实的前提下满足研究问题的需要即可。例如，文章中企业的所有制属性和优劣类型都是外生给定的，且似乎并不存在明显的先后顺序。但自然人的分步决策本质上只是模型设置的一个技巧。在“自然人分步决策”的设置方式下，自然人最后的决策节点处已经包含了全部的外生信息，这与自然人一次性决策的效果相同；此外，这种分步决策的设置方式还有利于与序贯博弈的结构相契合，更便于利用博弈树进行表述和分析。

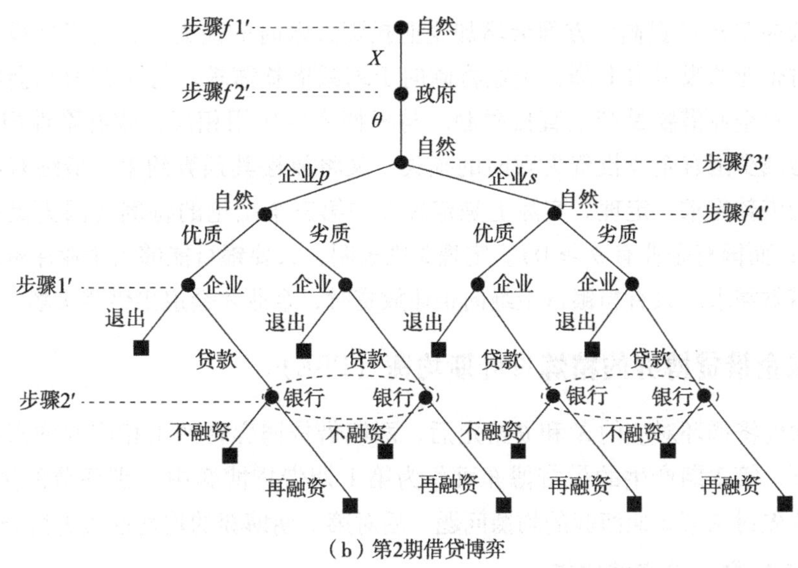

（b）第2期借贷博弈

图 3－3　企业—银行间的代表性借贷博弈树（续）

3.4　博弈模型的均衡与企业杠杆的周期变化机制

根据前文的模型设定，本研究首先讨论了企业最优借款量的选择问题，随后考察了银企借贷活动中代表性博弈的均衡状况，接着分析借贷市场中银行与企业的匹配格局，最后探究上述机制对企业杠杆的影响。

3.4.1　企业最优借款量的选择

企业的最优借款量决策是分析模型均衡性质、探究企业杠杆率周期演变规律的关键环节。当进入借贷市场并有可能获得银行贷款时，不同所有制属性、不同优劣类型的企业会确定最优借款量。根据其中推导（此处省去了推导），有定理1、定理2、定理3成立。

定理1：限定其他条件不变，若银行愿意为投资项目提供全部资金，则所有企业的最优借款量关于 X 单调不减，关于 m 单调不增；其中国有企业的最优借款量关于 θ 单调不减。

定理2：若银行愿意为投资项目提供全部资金，且除 θ 外的其他条件均相同，则国有企业的借款需求不小于民营企业。

定理3：只要银行愿意为投资项目提供全部资金（优质项目提供一期资金，劣质项目提供两期资金），则企业的借款需求恒为正。

以上定理的经济意义均较直观。对于定理1，经济基本面 X 的改善会增加企业投资成功的概率，进而增加投资期望收益，投资对企业更具吸引力，企业有扩大借款需求的动机。抵押率 m 的提高一方面会增加企业投资失败时的损失，进而降低投资期望收益，投资对企业的吸引力下降，企业将倾向于缩减借款需求；另一方面则会收缩企业的预算集，对企业借款量产生直接限制。与抵押率的作用相反，政府隐性担保力度 θ 的增大既会减少国有企业投资失败时的损失，又将放松其预算约束，最终有助于扩大此类企业的借款需求。定理 2 实际上是定理 1 中第三个结论的特例（因为民营企业可看作 $\theta=0$；而国有企业有 $\theta \geqslant 0$）。定理 3 则表明，只要银行能够为企业注资，企业将始终具有借款需求。只有当银行拒绝向企业放贷时，企业才会退出借贷市场。

3.4.2 银企借贷博弈的精炼贝叶斯均衡（PBE）

当每次经济循环对应的 X 和 θ 给定后，两期借贷博弈将产生相应的均衡。由于在某些情形下，第 2 期产生的借贷博弈可作为第 1 期借贷博弈中个别环节的决策参照，因此本研究先讨论第 2 期博弈的均衡问题，后对第 1 期博弈的均衡性质进行分析。

1. 第 2 期借贷博弈的均衡

在不完美信息动态博弈中，博弈均衡同时包含参与者的信念和策略选择。此处将对博弈中各个决策节点的信念和策略予以讨论，从中寻找可能的均衡。

在步骤 2'，银行进行第 2 期新项目贷款决策。由于 1 时刻的劣质企业不会为新项目申请贷款，因此，只有优质企业会参与第 2 期的新项目投资。假定银行一贯保持“所有借款企业均为优质企业”的信念显然是合理的。在该信念下，由于 $(1-\beta_G-\beta_E)\bar{R}(X)>1$，银行放款恒有正利润。显然，此时银行在两个信息集处的决策相同，无论企业的所有制属性如何，任何面对企业借款申请的银行均会选择贷款（*yes*）。

在步骤 1'，企业进行第 2 期新项目借款决策。企业自身的决策节点处不存在信息集，但仍需对银行在其信息集中的信念和信念下的理性决策作出估计。只有优质企业愿意与银行建立新的借贷关系。由于企业不必出具抵押物，也不存在运作成本，单位投资可获得确定的收益 $\beta_E\bar{R}(X)>0$，故只要企业预测银行将对其放款，则必将选择进入借贷市场（*enter*），借款金额统一为 $E(\tilde{L}^{**})$。

结合上述分析，此处有定理 4 - a。

定理 4 - a：对于步骤 2' 的信息集，当银行恒有“所有借款企业均为优质企业”的信念时，第 2 期产生的新项目借贷博弈有且仅有一种精炼贝叶斯均衡（PBE）形式：在步骤 1'，无论所有制属性，优质企业选择进入借贷市场，劣质企业选择退出；在步骤 2'，无论企业的所有制属性，与之完成匹配的银行在给定的信念下选择贷款。

显然，无论经济基本面 X 的取值如何，PBE 的形式唯一。只要 1 时刻存在具有可贷资金的银行，则必能为新的优质项目融资。此时政府隐性担保无作用，企业所有制属性不影响均衡结果。

2. 第 1 期借贷博弈的均衡

与第 2 期博弈的分析类似，此处仍对博弈中各个决策节点的信念和策略予以分别讨论，从中寻找可能的均衡。

在步骤 3，面对劣质企业的银行进行中期再融资决策。此时已不存在信息不对称。当银行清算原有项目时，会产生清算成本 $\delta_i E(\tilde{L}^{**})$（$i=p, s$），随后进入第 2 期博弈，与优质企业匹配，贷出 $E(\tilde{L}^{**})$ 的资金；当银行继续为原有项目注资时，贷款金额与第 1 期等同。故对于国有企业和民营企业，银行选择清算原有项目（*no*）的条件分别为

$$\frac{(1-\beta_G-\beta_E)\bar{R}(X)}{1+\delta_s} \geqslant p_b(X)(1-\beta_G-\beta_E)\bar{R}_b+(1-p_b(X))\max(m,\theta) \quad (3.1)$$

$$\frac{(1-\beta_G-\beta_E)\bar{R}(X)}{1+\delta_p} \geqslant p_b(X)(1-\beta_G-\beta_E)\bar{R}_b+(1-p_b(X))m \quad (3.2)$$

就国有企业和民营企业而言，银行选择再融资（*yes*）和不再融资（*no*）无差异的临界值分别为 $\hat{X}_1$ 和 $\hat{X}_2$。假定 $\frac{1}{1+\delta_s}\bar{R}'(X) > \bar{R}_b p_b'(X)$ 成立①，则 $\hat{X}_2 < \hat{X}_1$。给定 X，可以直接确定银行的选择：当 $X \geqslant \hat{X}_1$ 时，对于国有企业和民营企业均选择不再融资；当 $\hat{X}_2 \leqslant X < \hat{X}_1$ 时，对于国有企业选择再融资，对于民营企业仍选择不再融资；当 $X < \hat{X}_2$ 时，对于国有企业和民营企业均选择再融资。

在步骤 2，银行进行第 1 期初始贷款决策。若银行在步骤 3 选择不对劣质企业进行中期再融资，则劣质企业的理性选择便是在 0 时刻退出借贷市场；因此该节点处的银行只面对优质企业。显然，此时有理由作出如下假定：当银行在步骤 3 清算劣质企业时，其关于步骤 2 的信息集必具有"所有借款企业均为优质企业"的信念。在该信念下，对于民营企业和国有企业，银行选择向其放贷（*yes*）的条件分别为

$$p_g(X)(1-\beta_G-\beta_E)\bar{R}_g+(1-p_g(X))m \geqslant 1 \quad (3.3)$$

$$p_g(X)(1-\beta_G-\beta_E)\bar{R}_g+(1-p_g(X))\max(m,\theta) \geqslant 1 \quad (3.4)$$

对于民营企业和国有企业，银行选择贷款（*yes*）和不贷款（*no*）无差异的临界值分别为 $\hat{X}_3$ 和 $\hat{X}_4$。显然，优质项目投资成功时银行必得正利润，故有 $(1-\beta_G-\beta_E)\bar{R}_g > 1$，可得 $\hat{X}_4 \leqslant \hat{X}_3$。因此，当 $X \geqslant \hat{X}_3$ 时，银行对于国有企业和民营企业均选择贷款；当 $\hat{X}_4 \leqslant X < \hat{X}_3$ 时（如果该情形存在），对于民营企业选择不贷款，对于国有企业仍选择贷款；当 $X < \hat{X}_4$ 时，对于国有企业和民营企业均不贷款。

若银行在步骤 3 选择为劣质企业再融资，则企业无论优劣都将进入借贷市场。银行仅能区分借款企业的所有制属性，而无法判断其优劣类型。显然，此时有理由作出如下假定：当银行在步骤 3 不清算劣质企业时，其关于步骤 2 的信息集必具有"借款企业中优劣占比分别为 α 和 $(1-\alpha)$"的信念。在该信念下，对于民营企业和国有企

① 该条件表明第 2 期优质项目的收益随经济基本面变动较大，稳定性不足。当经济基本面欠佳时，优质项目表现一般，对银行的吸引力下降明显，导致所谓的"优质资产缺乏"。

业，银行选择向其放贷（*yes*）的条件分别为

$$\alpha[p_g(X)(1-\beta_G-\beta_E)\overline{R}_g+(1-p_g(X))m]+(1-\alpha)[p_b(X)(1-\beta_G-\beta_E)\overline{R}_b+(2-p_b(X))m]\geqslant 2-\alpha \tag{3.5}$$

$$\alpha[p_g(X)(1-\beta_G-\beta_E)\overline{R}_g+(1-p_g(X))\max(m,\theta)]+(1-\alpha)[p_b(X)(1-\beta_G-\beta_E)\overline{R}_b+(2-p_b(X))\max(m,\theta)]\geqslant 2-\alpha \tag{3.6}$$

对于民营企业和国有企业，银行选择贷款（*yes*）和不贷款（*no*）无差异的临界值分别为 $\hat{X}_5$ 和 $\hat{X}_6$ 。显然，劣质项目投资成功时的银行收益必能抵偿第 2 期的追加投入，故有 $(1-\beta_G-\beta_E)\overline{R}_b>1$ ，可得 $\hat{X}_6\leqslant\hat{X}_5$ 。因此，当 $X\geqslant\hat{X}_5$ 时，银行对于国有企业和民营企业均选择贷款；当 $\hat{X}_6\leqslant X<\hat{X}_5$ 时（如果该情形存在），对于民营企业选择不贷款，对于国有企业仍选择贷款；当 $X<\hat{X}_6$ 时，对于国有企业和民营企业均不贷款。

在步骤 1，企业进行第 1 期借款决策。与第 2 期博弈类似，此时企业自身的决策节点处不存在信息集，但仍需对银行在其信息集中的信念和信念下的理性决策作出估计。根据定理 3，对于优质企业，只要预测银行在步骤 2 愿意放款，企业必选择进入借贷市场（*enter*）；反之则必选择退出（*exit*）。而对于劣质企业，只有预测银行在步骤 2 和步骤 3 均愿意放款时，企业才会进入；否则将退出。

此外，假设临界值 $\hat{X}_2$ 能够使条件 3 和条件 5 严格成立①，易得 $\hat{X}_3<\hat{X}_2$ ，$\hat{X}_5<\hat{X}_2$ 。结合上述分析，此处有定理 4 - b。

定理 4 - b：对于步骤 2 的信息集，若银行在步骤 3 清算劣质企业时，恒有“所有借款企业均为优质企业”的信念；而在步骤 3 不清算劣质企业时，恒有“借款企业中优劣占比分别为 α 和 $(1-\alpha)$”的信念，则第 1 期产生的借贷博弈存在 5 种可能的精炼贝叶斯均衡（PBE）形式。

（EQ_1）当 $X\geqslant\hat{X}_1$ 时，两类所有制企业均只有优质企业在步骤 1 选择借款，银行在步骤 2 按照相应信念选择贷款，在步骤 3 选择不再融资；（EQ_2）当 $\hat{X}_2\leqslant X<\hat{X}_1$ 时，民营企业只有优质企业在步骤 1 借款，银行在步骤 2 按照相应信念选择贷款，在步骤 3 不再融资；所有国有企业均在步骤 1 借款，银行在步骤 2 按照相应信念选择贷款，在步骤 3 再融资；（EQ_3）当 $\hat{X}_5\leqslant X<\hat{X}_2$ 时，两类所有制企业无论优劣均在步骤 1 借款，银行在步骤 2 按照相应信念选择贷款，在步骤 3 再融资；（EQ_4）当 $\hat{X}_6\leqslant X<\hat{X}_5$ 时（如果该情形存在），所有民营企业均在步骤 1 不借款，银行在步骤 2 按照相应信念选择不贷款，在步骤 3 再融资；所有国有企业均在步骤 1 借款，银行在步骤 2 按照相应信念选择

① 显然，在第 2 期优质项目对经济基本面变化相对敏感的前提下，银行清算劣质项目意味着第 2 期优质项目具有足够的吸引力，此时经济基本面应处于较理想的状态；而仅仅使银行盈亏相抵的经济基本面往往较差。因此，该条件在现实中一般能够被满足。

贷款，在步骤3再融资；（EQ_5）当 $X < \hat{X}_6$ 时，两类所有制企业均在步骤1不借款，银行在步骤2按照相应信念选择不贷款，在步骤3再融资。

显然，当经济基本面 X 的取值给定时，PBE 的形式是唯一的。银行对劣质企业再融资正是预算软约束的体现。在不成熟的市场中，第2期优质项目的收益随经济基本面变化明显，只有在经济形势极佳时，对银行才具有足够的吸引力，此时预算软约束被解除。由于清算国有企业成本较高，加之政府隐性担保可能为银行带来额外补偿，银行清算国有企业的意愿相对较低，相应预算软约束的解除需要更优的经济条件。均衡 EQ_1 和 EQ_2 印证了这一事实。均衡 EQ_3 则描述了经济形势一般时预算软约束在两类所有制企业中同时存在的现象。倘若经济基本面进一步恶化，银企之间牢固的绑定关系使得借贷市场中的企业优劣混杂，企业平均投资效率的下降导致银行期望利润率为负；理性的银行在0时刻便会拒绝放贷；该选择又倒逼企业退出借贷市场。此时预算软约束同样被解除。相比于民营企业，国有企业在更差的经济条件下才会跌破银行的盈亏平衡点。均衡 EQ_4 和 EQ_5 恰是该情形的具体反映。总体上看，随着经济基本面由差转好，第1期的均衡形式沿从 EQ_5 到 EQ_1 的方向变化（见图3－4）；预算软约束将经历一个由弱变强再变弱的过程；从各类均衡形式对应的 X 区间来看，国有企业更易发生预算软约束。

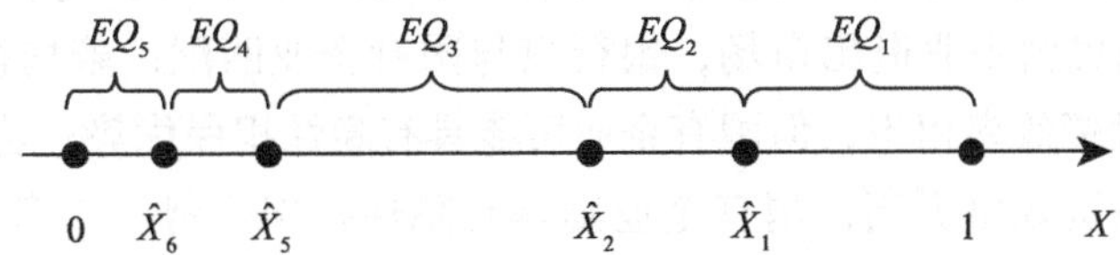

图3－4　X 的取值与第1期博弈均衡的对应关系

关于定理4－b，推论1显然成立。

推论1－a：临界值 $\hat{X}_1$ 与 $\hat{X}_2$ 关于第2期优质项目的收益函数 $\bar{R}(\cdot)$ 单调递减。

推论1－b：临界值 $\hat{X}_1$ 关于抵押率 m 单调不减，$\hat{X}_2$ 关于 m 单调递增；$\hat{X}_5$ 关于 m 单调递减，$\hat{X}_6$ 关于 m 单调不增。

推论1－c：临界值 $\hat{X}_1$ 关于政府隐性担保力度 θ 单调不减，$\hat{X}_6$ 关于 θ 单调不增。

显然，给定经济基本面 X 时，第2期优质项目收益的提升会增强这类项目对银行的吸引力，预算软约束更易被解除。抵押率的提高会增强劣质项目对银行的“拉力”，故产生相反的效果；但较高的抵押率也能改善银行收益，从而使第1期的借贷合同更易达成。政府隐性担保力度与抵押率的作用相似，但只适用于国有企业。事实上，由于 X 只在区间［0，1］上取值，而第1期博弈均衡对应的临界值并不必然处在这一区间，因此当部分临界值落在［0，1］区间之外时，某些均衡将被排除。

3.4.3　借贷市场上银行与企业的匹配

在单笔（代表性）借贷合同均衡分析的基础上，本研究进一步考察整个经济系统的总体借贷情况，此时需要对单笔合同予以加总，以确定银行及不同企业的分布状况；另外，单个博弈同样涉及银行与企业匹配概率的讨论。此处对借贷市场上的银企匹配问题予以探究。

银企匹配遵循以下规则：

①由于银行的数目少于所有优质企业的数目，企业或将只能以一定概率匹配到银行。

②若银行在其后拒绝向某类企业发放贷款，则该类企业直接退出借贷市场，不参与匹配。

③匹配的顺序取决于银行在借贷合同中取得的期望利润率，使银行利润率更高的企业被优先匹配；若使银行利润率相同，则相应企业随机等概率匹配。

定理 5 考察了不同所有制企业在匹配过程中的优先顺序。

定理 5：当第 1 期博弈的均衡为 EQ_5时，两类所有制企业在借贷市场中被均匀匹配；当均衡为 EQ_4时，国有企业被优先匹配；当均衡为 EQ_1或 EQ_3时，或两类所有制企业均匀匹配，或国有企业优先匹配；当均衡为 EQ_2时，匹配的优先顺序不定。

匹配顺序取决于银行对企业的偏好，银行的期望利润率一方面取决于企业的投资效率，另一方面取决于政府隐性担保的额外补贴。因此对于第 2 期借贷市场，两类所有制企业必然实现均匀匹配。而对于第 1 期借贷市场，若均衡为 EQ_5，则不存在投资；若均衡为 EQ_4，则民营企业退出市场，银行只与国有企业匹配；若均衡为 EQ_1或 EQ_3，则两类企业平均投资效率相当，但国有企业可能具有隐性担保优势；若均衡为 EQ_2，此时民营企业平均投资效率更高，国有企业则具有隐性担保优势，二者对银行的吸引力是不确定的。显然，国有企业在银企匹配中往往更具优势。

3.4.4 经济运行结果与企业杠杆率的周期演变机制

对本模型而言，一次经济循环产生的经济运行结果主要有总负债（L）、总产出（Y）以及总杠杆率（lev）。由于本模型只涉及企业部门的借贷，因此 L 即企业负债。Y 则被表示为所有获得贷款企业的投资期望收益[①]。$lev = L / Y$ 代表宏观杠杆率[②]，在本模型中即为企业整体杠杆率。L 和 lev 的内部结构特征（如不同所有制企业间的差异）也同时呈现出来。

图 3－5 显示了一次经济循环下经济运行结果的实现路径。经济基本面 X 是影响整体经济运行的核心因素，其造成的投资收益变化直接影响单个企业的最优借款量、银行利润率及总产出 Y；X 与第 1 期借贷博弈均衡临界值的相对大小，直接决定了均衡类型 EQ 和预算软约束状况；X 还会对政府隐性担保 θ 产生影响（该问题将在下一部分重

① 事实上，“经济基本面”表示经济运行的基本条件和基本状况，是一个源头性的抽象概念；“产出”则表示经济运行创造的新价值，是一个结果性的具体概念。但就实证分析而言，由于经济基本面的测量相对困难，且总产出在多数情况下与经济基本面的变动方向一致，因此在研究其他经济问题时通常将总产出作为经济基本面的代理变量。本研究则对经济基本面（X）与总产出（Y）进行了区分。

② 与现实情况不同，本研究在讨论杠杆率时未考虑往期累积的负债存量。但由于负债增量在杠杆率的周期变化中更为重要，因此这一设置仅仅是对现实的简化。

点讨论）。θ 也会直接影响国有企业的最优借款量，并改变均衡临界值的位置，从而影响均衡类型与预算软约束。预算软约束能够影响企业投资的平均效率，进而影响银行收益的构成。银行在借贷合同中的利润率又直接影响银企匹配的顺序，后者与单个企业的借款量共同影响 L 及其内部结构。L 对 Y 具有规模上的影响。L 与 Y 之比即为 lev，其内部结构取决于 L 的内部结构。

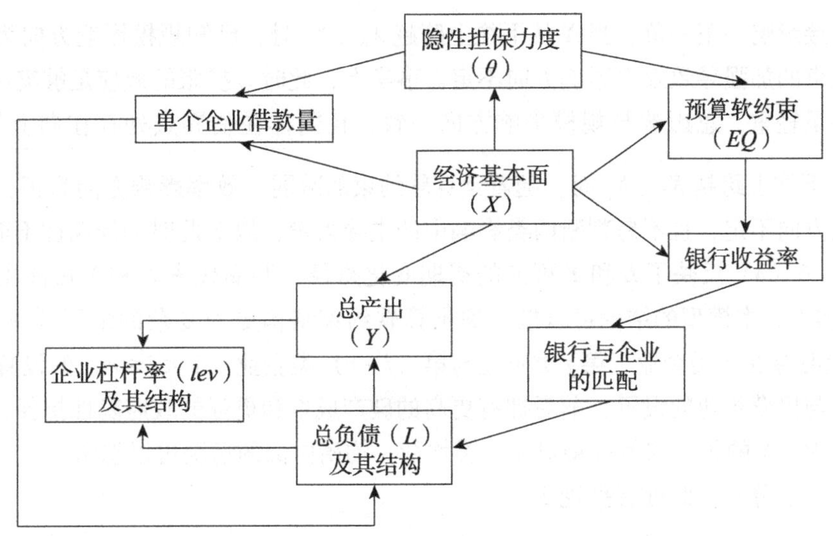

图 3－5　经济运行结果的实现路径

显然，企业总负债与总产出作为影响企业整体杠杆率的直接因素，探索二者随经济基本面变化的特征，对于解释企业杠杆率的周期演变规律至关重要。为确保分析的全面性，对于第 1 期的借贷博弈，本研究随后的讨论将涉及 5 种均衡都存在的情形。

根据经济运行结果的实现路径，不难归纳出经济基本面 X 影响企业总负债 L 的两条渠道：一是通过单个企业的借款量，对 L 产生“直接影响”，二是通过预算软约束改变进入市场的企业分布和银企匹配结构，进而对 L 产生“间接影响”。根据定理 1，可知直接影响的方向为正。因此，当 X 在同一个均衡对应的临界值区间内变动时，L 呈顺周期性[①]。间接影响的方向相对复杂。当 X 从下往上跨越 $\hat{X}_6$、$\hat{X}_5$ 时，预算软约束加强，并带来两种效应：一是在原有的合同数目下改变企业的分布，二是改变原有的合同数目。第一种效应对负债规模的影响方向不能确定；但第二种效应的影响方向显然为正，因为在经济转好的过程中，第 1 期的博弈均衡逐渐由 EQ_5 过渡到 EQ_4 再到 EQ_3，第 1 期进入借贷市场的企业数量依次增加，相应的合同数目上升，负债规模也随之扩大。现实中，第二种效应往往更为显著。此时间接影响方向为正，L 在临界点处存在向上的跳跃[②]。而当 X 从下往上跨越 $\hat{X}_2$、$\hat{X}_1$ 时，预算软约束依次减弱，但由于其遍历的均衡

① 显然，同一个均衡内部一般只包含直接影响。

② 显然，均衡临界点处只包含间接影响。

EQ_3、EQ_2、EQ_1不涉及合同数目的变化，预算软约束对 L 的第二种效应消失，间接影响方向无法判定，L 在临界点的跳跃方向不定。

总产出 Y 的周期变化特征与企业总负债 L 相似。X 对 Y 的影响可归结为“规模影响”和“效率影响”两种渠道，前者通过 L，后者通过投资效率，且后者受到 X 和预算软约束的共同影响；L 与投资效率对 Y 的影响显然为正。X 与预算软约束对企业投资效率的直接影响一正一负。当 X 从下往上跨越 $\hat{X}_6$、$\hat{X}_5$ 时，已知规模影响方向为正；但预算软约束的加强导致效率影响方向不定。事实上，此时 L 扩张的效应足够突出，对 Y 的影响举足轻重，总影响与规模影响方向一致，且同样在临界点处存在向上的跳跃。而当 X 从下往上跨越 $\hat{X}_2$、$\hat{X}_1$ 时，随着预算软约束的减弱，效率影响方向为正；但此时规模影响方向不定，且不易判断两类影响中的主导力量，故 Y 此时的周期性不能确定。

图 3－6（a）反映了 L 和 Y 可能的周期变化路径（圆圈代表 L 和 Y 可能出现的位置）。事实上，本模型的结论可以推广到预算软约束结构更为复杂的情形［见图 3－7（a）］：此时存在 n 类企业，第 j 类企业与第（$j-1$）类企业（$1<j\leqslant n$）的设置类似于国有企业与民营企业的设置，前者拥有更高的破产成本和更强的政府隐性担保；随着 n 的无限增大，X 的每一取值都将对应一类均衡，均衡内部的情况可以忽略。

根据以上分析，此处有推论 2。

推论 2－a：当 $X<\hat{X}_2$ 时，企业总负债呈顺周期性；当 $X\geqslant\hat{X}_2$ 时，企业总负债可能呈现出顺周期性、整体上的顺周期性或者整体上的逆周期性。

推论 2－b：当 $X<\hat{X}_2$ 时，总产出呈顺周期性；当 $X\geqslant\hat{X}_2$ 时，总产出可能呈现出顺周期性、整体上的顺周期性或者整体上的逆周期性①。

显然，企业总负债和总产出的周期性特征相似，因此企业杠杆率的周期性更多地体现在负债效率随经济基本面的变化上。经济基本面 X 对企业整体杠杆率 lev 同样存在两条影响渠道：一是通过原有投资结构下的投资效率，对 lev 产生“直接影响”，二是通过预算软约束改变投资结构，对 lev 产生“间接影响”。直接影响的方向显然为负。对于间接影响，给定 X，预算软约束的加强会使实现匹配的企业中优质企业的数目占比下降；若其他因素的影响相对较弱，则劣质项目的负债占比增加；若预算软约束的加强不会提高优质项目的平均效率，则整体负债效率降低，从而造成更高的杠杆率。因此，当 X 从下往上跨越 $\hat{X}_6$、$\hat{X}_5$ 时，间接影响方向为正，lev 在临界点处存在向上的跳跃，lev 的周期性无法判定；而当 X 从下往上跨越 $\hat{X}_2$、$\hat{X}_1$ 时，间接影响方向为负，lev

① L 和 Y 在临界值 $\hat{X}_2$ 处的跳跃方向不定，因此 $\hat{X}_2$ 不能归属于顺周期区间，只能属于周期性不定的区间。所谓“整体上的”周期性，取决于变量在相邻两个临界值处跳跃前水平的差值（即较大临界值对应的变量值与较小临界值对应的变量值之差），正差值表示变量具有整体上的顺周期性，逆差值反之。由于忽略了变量在同一均衡区间内的变化情况，因此整体上的周期性与严格意义上的周期性有所区别。

在临界点处存在向下的跳跃，*lev* 具有逆周期性。图 3－6（b）和图 3－7（b）分别显示了 *lev* 可能的周期变化路径及其扩展情形。

根据以上分析，此处有推论 3。

推论 3：当 $X \leqslant \hat{X}_5$ 时，企业整体杠杆率可能呈现出整体上的逆周期性或者整体上的顺周期性；当 $X \geqslant \hat{X}_5$ 时，企业整体杠杆率呈逆周期性①。

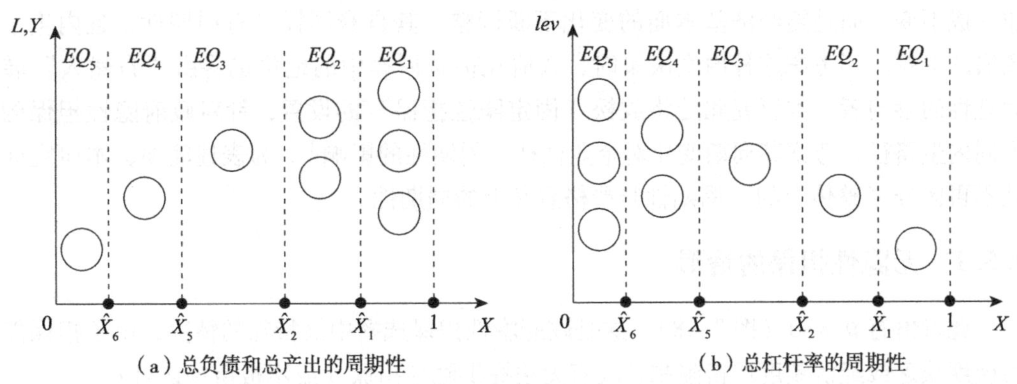

（a）总负债和总产出的周期性　　（b）总杠杆率的周期性

图 3－6　总负债、总产出、总杠杆率的周期性示意

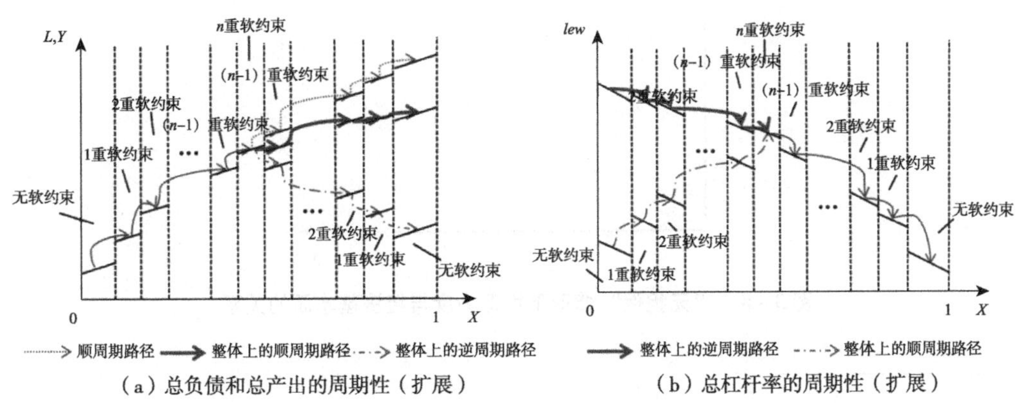

（a）总负债和总产出的周期性（扩展）　　（b）总杠杆率的周期性（扩展）

图 3－7　总负债、总产出、总杠杆率的周期性（扩展）

在预算软约束机制下，企业整体杠杆率的周期演变规律与西方经典研究所描述的并不一致。西方学术界普遍认为金融摩擦将导致如下结果：当经济繁荣时，借贷合同的激励相容条款放宽，从而吸引劣质企业进入市场，负债效率降低，杠杆率升高；若经济衰退，则激励相容条件趋严，劣质企业被逐出市场，负债效率改善，杠杆率降低。在此类机制下，经济基本面对企业杠杆率的“间接影响”方向恒为正。显然，预算软约束机制带来的“间接影响”具有相反的效果。

---

① 当 X 正向变动时，*lev* 在临界值 $\hat{X}_2$ 处存在向上的跳跃，而 *lev* 在均衡内部呈逆周期性，因此 $\hat{X}_5$ 既能归属于周期性不定的区间，又能归属于逆周期区间。

3.5 内生隐性担保与企业杠杆的结构分化

基础模型已探讨了政府隐性担保给定情形下企业整体杠杆率的周期性质。事实上，将政府隐性担保作为固定值是一个较为严格的假设。现实中，政府的隐性担保力度并非一成不变，而是随经济基本面的变化不断调整，其自身同样具有周期性，且内生于政府的选择。当考虑这种内生决策时，政府在借贷博弈中的地位也将由“自然人”转为理性的参与者。本研究此处将放松“固定隐性担保”的设置，针对政府隐性担保的不同内生路径，考察其周期变化对企业杠杆率周期性的影响①。为表述简便，本研究此处不再区分“整体上的”周期性与严格意义上的周期性。

3.5.1 无隐性担保的情形

此时恒有 $\theta = 0$（图3－8）。这是政府隐性担保选择中最特殊的情况，由于担保能力极度缺乏或经济制度严格限制，政府无法提供隐性担保（或不被市场认可）。

图3－8 “无担保”情形下担保力度与经济基本面的关系

① 当引入政府隐性担保的内生决策时，原有博弈模型会发生一些改变：一方面，政府从“自然人”转化为博弈的理性参与者，根据自身的最优化问题决定隐性担保 θ 的取值；另一方面，政府的策略集也从一个单点扩展为整个 [0, 1] 区间。若要考察政府隐性担保的最优决策过程，需要耗费极大的工作量。应当指出的是，本研究考察的经济系统包含多家企业与多家银行，因此本研究在图3－3的博弈树中所讨论的情形只是两种具有“代表性”的博弈，这两种代表性博弈正是本研究分析的核心，建立在其基础上的后续研究只涉及代表性博弈均衡加总的情形，而无须考虑其他更复杂的情况。而当考虑政府隐性担保的内生决策时，由于政府关注的是经济运行的总体情况，故需对经济系统中每一个参与者的行为及其相互关系予以考察；因此，该环节事实上处于一个包含全体企业借贷活动的复杂博弈之中。此时，局部博弈树的截取受制于研究问题的需要。无论政府隐性担保是否内生决定，只要讨论隐性担保给定时的代表性博弈，则图3－3中的博弈树仍然适用；而若要考察政府最优隐性担保的选择问题，在不施加其他假设的情况下，仅依靠代表性博弈提供的信息通常是不够的。所以，在政府隐性担保内生选择的情形下，相应的研究需要增加关于最优隐性担保水平求解问题的讨论。但事实上，本研究并不涉及这一求解问题。显然，经济系统中的整体博弈过程极为烦琐，展开讨论难度过大，这也成为本研究不直接研究政府最优决策过程的原因之一。但若只考察政府隐性担保内生决策下的结果，则完全可以灵活运用基本模型中的结论，完成相应的分析。而这也正是本研究的工作。由于政府的目标函数难以直接确定，本研究不设置政府目标函数的具体形式，只讨论政府对隐性担保力度的选择结果。此处重点考察几种有代表性的隐性担保内生选择路径。

根据推论 1 - c，此时临界值 $\hat{X}_1$ 达到最小值，$\hat{X}_6$ 达到最大值；对于第 1 期的博弈均衡，EQ_1 和 EQ_5 对应的 X 区间扩大，均衡 EQ_2 对应的 X 区间缩小，均衡 EQ_4 消失。

此情形不改变推论 2 和推论 3 的结论，但此时企业总负债 L 和总产出 Y 位于低水平的区间延长，且随着 X 的增大，L 和 Y 会在临界值 $\hat{X}_6$ 处出现明显的跃升。民营企业总负债（L_p）与国有企业总负债（L_s）在 L 中的占比相对固定，周期性与 L 类似。总杠杆率 lev 位于低水平的区间延长，民营企业杠杆率（lev_p）与国有企业杠杆率（lev_s）的周期性亦与 lev 类似。此时，就企业负债规模以及企业杠杆率随经济基本面变化的特征而言，国有企业与民营企业的表现相似，不存在明显的所有制结构分化。

3.5.2 隐性担保递增的情形

此时有 $\frac{\partial \theta}{\partial X} \geqslant 0$（见图 3 - 9）。当政府具有强烈的担保意愿，但担保能力受制于经济状况时，隐性担保力度随经济形势的好转而递增。

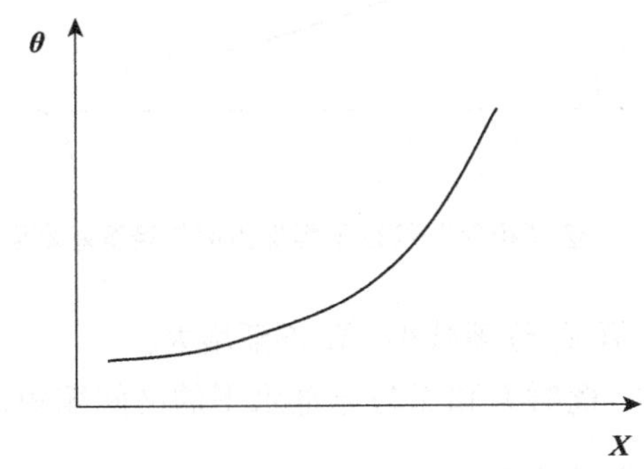

图 3 - 9 “递增担保”情形下担保力度与经济基本面的关系

此时 θ 可变，随 X 的上升单调不减，临界值 $\hat{X}_1$ 逐渐增大，$\hat{X}_6$ 逐渐减小。因此对于第 1 期的博弈均衡，当 X 极低时，均衡 EQ_5 出现的概率仍较高；而当 X 处于较高水平时，均衡 EQ_2 将挤占 EQ_1 的空间；均衡 EQ_4 也将出现。

不考虑 θ 的内生路径对 L、Y、lev 周期变化方向的改变，L 和 Y 位于低水平的区间仍较长，且随着 X 的增大，L 和 Y 会在临界值 $\hat{X}_6$ 和 $\hat{X}_5$ 处出现两次跃升，但每次跃升的幅度较无担保的情形缩小，形成一个狭窄的“缓冲区”。此时，国有企业与民营企业的负债周期性与杠杆率周期性将产生分化。若国有企业负债占比（L_s/L）与 θ 的变动方向一致[①]，则当 $X < \hat{X}_2$ 时，L_p 周期性不定，L_s 呈顺周期性；当 $X \geqslant \hat{X}_2$ 时，若 L 呈顺周期性，则 L_p 周期性不定，L_s 呈顺周期性；若 L 呈逆周期性，则 L_p 呈逆周期性，L_s 周期性不

① θ 的增大具有三种效应：一是国有企业更易出现预算软约束，二是单个国有企业的最优借款量增加，三是国有企业在借贷市场匹配中的优势上升。显然，后两种效应对国有企业负债占比的影响为正。

定。当 $X \leqslant \hat{X}_5$ 时，若 lev 呈逆周期性，则 lev_p 呈逆周期性，lev_s 周期性不定；若 lev 呈顺周期性，则 lev_p 周期性不定，lev_s 呈顺周期性；当 $X \geqslant \hat{X}_5$ 时，lev_p 呈逆周期性，lev_s 周期性不定。

3.5.3 隐性担保递减的情形

此时有 $\frac{\partial \theta}{\partial X} \leqslant 0$（见图 3-10）。当政府具有强大的担保能力，且担保意愿随经济形势的好转而降低时，隐性担保力度呈逆周期性。

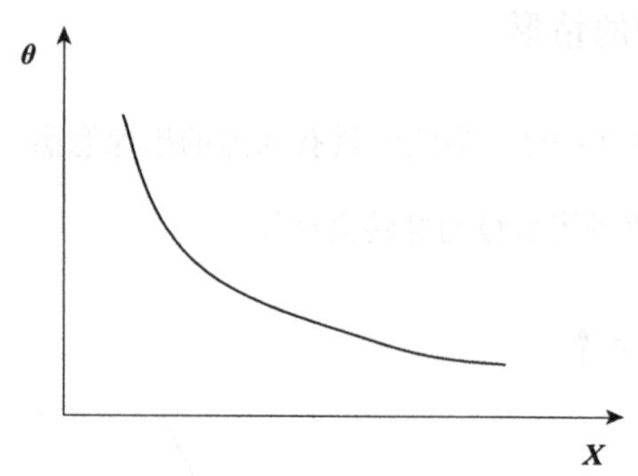

图 3-10 "递减担保"情形下担保力度与经济基本面的关系

随着 X 的上升，临界值 $\hat{X}_1$ 逐渐减小，$\hat{X}_6$ 逐渐增大。

与 θ 递增的分析类似，此时 L 和 Y 位于低水平的区间缩短，国有企业与民营企业的负债周期性与杠杆率周期性将产生分化。当 $X < \hat{X}_2$ 时，L_p 呈顺周期性，L_s 周期性不定；当 $X \geqslant \hat{X}_2$ 时，若 L 呈顺周期性，则 L_p 呈顺周期性，L_s 周期性不定；若 L 呈逆周期性，则 L_p 周期性不定，L_s 呈逆周期性。当 $X \leqslant \hat{X}_5$ 时，若 lev 呈逆周期性，则 lev_p 周期性不定，lev_s 呈逆周期性；若 lev 呈顺周期性，则 lev_p 呈顺周期性，lev_s 周期性不定；当 $X \geqslant \hat{X}_5$ 时，lev_p 周期性不定，lev_s 呈逆周期性。

3.5.4 "U"形隐性担保的情形

假设对于 $\hat{X}_5 < X^* < \hat{X}_2$，当 $X \leqslant X^*$ 时，$\frac{\partial \theta}{\partial X} \leqslant 0$；当 $X \geqslant X^*$ 时，$\frac{\partial \theta}{\partial X} \geqslant 0$（见图 3-11）。

随着 X 的上升，临界值 $\hat{X}_1$ 先减后增，$\hat{X}_6$ 先增后减；均衡 EQ_1 和 EQ_5 对应的 X 区间被压缩。

此时，国有企业与民营企业的负债周期性与杠杆率周期性将产生分化。由于极端

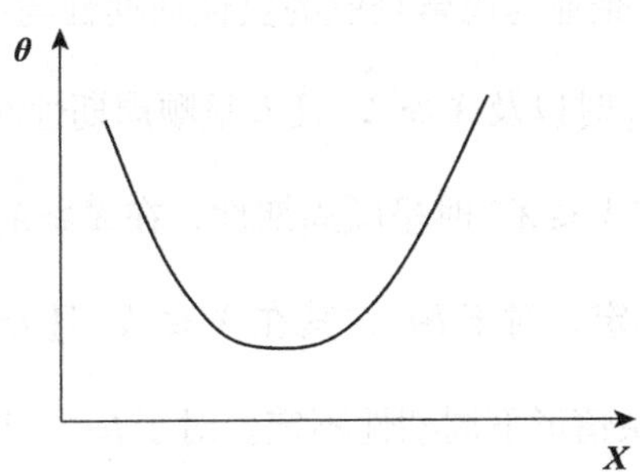

图 3-11　"U"形担保情形下担保力度与经济基本面的关系

情况出现的概率很小，L 和 Y 的变化相对平稳。对于 L_p，其在 $X \leqslant X^*$ 时呈顺周期性，在 $X \geqslant \hat{X}_2$ 且 L 呈逆周期性时呈逆周期性，其余情形下周期性不定。对于 L_s，其在 $X^* \leqslant X < \hat{X}_2$ 时以及 $X \geqslant \hat{X}_2$ 且 L 呈顺周期性时呈顺周期性，其余情形下周期性不定。对于 lev_p，其在 $X \leqslant \hat{X}_5$ 且 lev 呈顺周期性时呈顺周期性，在 $X \geqslant X^*$ 时呈逆周期性，其余情形下周期性不定。对于 lev_s，其在 $X \leqslant \hat{X}_5$ 且 lev 呈逆周期性时以及 $\hat{X}_5 \leqslant X \leqslant X^*$ 时呈逆周期性，其余情形下周期性不定。

3.5.5　"倒 U 形"隐性担保的情形

假设对于 $\hat{X}_5 < X^* < \hat{X}_2$，当 $X \leqslant X^*$ 时，$\frac{\partial \theta}{\partial X} \geqslant 0$；当 $X \geqslant X^*$ 时，$\frac{\partial \theta}{\partial X} \leqslant 0$（见图 3-12）。

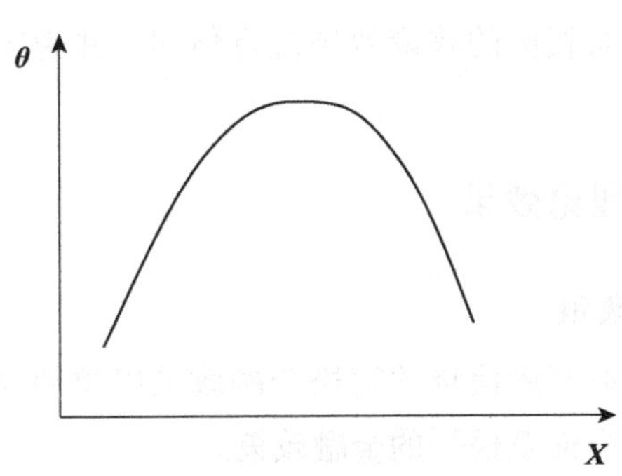

图 3-12　"倒 U 形"担保情形下担保力度与经济基本面的关系

随着 X 的上升，临界值 $\hat{X}_1$ 先增后减，$\hat{X}_6$ 先减后增。

当经济基本面从顶部下滑时，政府担保意愿增强，且担保能力依然充足，故隐性担保增加；而随着经济形势的进一步恶化，政府的担保能力逐渐萎缩，因此隐性担保减少。该路径在现实中较为常见。此时 L 和 Y 的整体变化幅度在 X 的两极加大，而在其中游区域变化平稳。国有企业与民营企业的负债周期性与杠杆率周期性将产生分化。对于 L_p，其在 $X^* \leqslant X < \hat{X}_2$ 时以及 $X \geqslant \hat{X}_2$ 且 L 呈顺周期性时呈顺周期性，其余情形下周期性不定。对于 L_s，其在 $X \leqslant X^*$ 时呈顺周期性，在 $X \geqslant \hat{X}_2$ 且 L 呈逆周期性时呈逆周期性，其余情形下周期性不定。对于 lev_p，其在 $X \leqslant \hat{X}_5$ 且 lev 呈逆周期性时以及 $\hat{X}_5 \leqslant X \leqslant X^*$ 时呈逆周期性，其余情形下周期性不定。对于 lev_s，其在 $X \leqslant \hat{X}_5$ 且 lev 呈顺周期性时呈顺周期性，在 $X \geqslant X^*$ 时呈逆周期性，其余情形下周期性不定。

在中国，由于政府对各类经济资源的控制力较强，政府隐性担保随经济基本面的内生变化大致遵循“递减型”或“倒 U 形”路径。考虑到中国借贷市场中抵押率相对较高，加之经济基本面尚未跌至底部，均衡 EQ_5（甚至 EQ_4）可能并未出现，因此政府隐性担保往往呈现出逆周期的特征。国有企业与民营企业的负债周期性与杠杆率周期性也随之产生相应的结构分化。

当然，若进一步考察 θ 的变化对 L、Y、lev 周期变化方向的改变，以及 L_s/L 与 θ 变动方向的不一致性，分析还将复杂化。

3.6 相关政策讨论

根据前文的理论建模与分析，本研究已从内在机制层面对企业杠杆的特点作出了解释。此时，我们将面对一些更加现实的问题：当前机制是否需要优化？如何优化？优化后的机制对企业杠杆率会有怎样的影响？本研究将现实中较有代表性的政策措施纳入模型框架予以讨论，对相应的政策效果进行估测，并为未来的政策优化提出切实可行的建议。

3.6.1 相关政策及其理论效果

1. 全面宽松的金融政策

现实中，政府可能采取刺激信贷的宽松金融政策以拉动经济增长。这类宽松的政策是无差别的，故称为“全面宽松”的金融政策。

在理论机制上，由于这些政策最终都将通过贷款标准的放松而对银企借贷产生影响，因此在本模型中对应抵押率 m 的降低。此时，全体企业的负债约束缓解；当 $m = 0$ 时，所有企业都不存在借款限制，θ 的增加不能进一步扩大国有企业的借款需求，只能增强其对银行的吸引力。在此情形下，单个企业的借款需求扩大，总负债有增大的倾向；临界值 $\hat{X}_1$、$\hat{X}_2$ 减小，$\hat{X}_5$、$\hat{X}_6$ 增大，银行的盈亏相抵条件更难满足，第 1 期借贷市场萎缩的情况更易发生；国有企业在银企匹配中仍然优势明显。

2. 差别信贷政策

在中小民营企业"融资难、融资贵"的背景下，为调动民营企业的投资积极性，政府多次出台各种优惠政策，而这些政策的效果同样表现为民营企业贷款标准的放松。由于此类政策只针对民营企业，故称为"有差别的"信贷政策。

在理论机制上，差别信贷政策相当于本模型中的国有企业和民营企业具有差异化的抵押率 m_s 和 m_p，且 $m_s > m_p$。此时，民营企业的负债约束下降，获得贷款的单个民营企业负债规模扩大；但其对银行的吸引力同样下降，国有企业在银企匹配中的相对优势增加；临界值 $\hat{X}_2$ 减小，$\hat{X}_5$ 增大，民营企业更不易出现预算软约束，但也更有可能被全部排除出第 1 期借贷市场。

3. 对民营企业的隐性担保

事实上，政府隐性担保并非国有企业的专利，政府也可对民营企业提供隐性支持①。但由于后者的稳定性与可信度相对有限，因此市场认可的担保力度通常低于前者。

在理论机制上，对民营企业的隐性担保相当于本模型中国有企业和民营企业具有差异化的隐性担保力度 θ_s 和 θ_p，且 $\theta_s > \theta_p$。此时，民营企业的负债约束下降，获得贷款的单个民营企业负债规模扩大；且其对银行的吸引力增强，在银企匹配中的劣势有所改善；临界值 $\hat{X}_2$ 增大，$\hat{X}_5$ 减小，民营企业更易发生预算软约束，但也更少出现被排除出第 1 期借贷市场的极端情况。

4. 培育高质量投资项目

此类政策旨在增加优质项目的种类，提高优质项目的收益，并降低银行对优质项目的搜寻成本，因而具有战略性和长期性，常与金融市场化改革相伴而生。

在理论机制上，此类政策在本模型中对应第 2 期优质项目收益函数 $\overline{R}(X)$ 的增大。此时临界值 $\hat{X}_1$、$\hat{X}_2$ 减小，当 $\overline{R}(X)$ 满足 $\hat{X}_2 \leqslant 0 < \hat{X}_1 < 1$ 时，第 1 期博弈只存在均衡 EQ_1 和 EQ_2。经济运行效率较高且变动平稳。

3.6.2　机制优化与企业杠杆的相应表现

当前机制优化方案的选择，事实上取决于政策评价的标准。在既定的标准下，本研究将判断当前机制是否需要改良，并指出具体的优化思路。对于优化后的经济系统，本研究还将进一步探索企业杠杆的相应变化特征。

1. 经济增长标准

促进经济增长无疑是评判政策效果的首要标准。然而，经济增长事实上也有不同

① 事实上，国有企业长期以来扮演着政府与民营企业"中间人"的角色，国有企业向民营企业的贷款转移促进了信贷资源流向后者，并产生了国有企业对民营企业的投资拉动效应。这一机制的影响类似于政府直接向民营企业提供隐性担保，但担保力度弱于国有企业。

的内涵。短期经济增长与长期经济增长所依赖的经济金融政策往往并不一致。

(1) 短期经济增长目标

若更关注短期经济增长，则相应的政策取向是在给定的经济基本面下尽可能提高总产出，延缓或避免经济陷入均衡 EQ_5、EQ_4所代表的低迷区间。此时，采取“对民营企业的隐性担保”与“递减型隐性担保”的组合可能更优，“培育高质量投资项目”也是一个合意的选择。当前机制的优化方向是增强对民营企业的保护，保证政府在经济形势较差时的担保能力；同时深化金融改革，推动金融市场的成熟。立足中国当前的实际情况，本研究认为，以下政策应组合实施。

①政府应根据经济形势，不断调整对企业部门的隐性支持力度。当经济低迷时，政府应加强对企业的隐性支持；而当经济回暖时，政府应减少对企业的隐性支持。支持力度的变化要及时，与经济基本面相对应。

②政府需要适度增加对民营企业的隐性支持力度。其中，确保隐性支持的可靠性是当务之急。当前政府对民营企业的支持力度并不低，但可信度远不如国有企业，因此市场认可度不高，对民营企业借贷活动的实际影响自然大打折扣。

③大力培育高质量的资产项目，促进金融市场各项功能的完善。一方面，应鼓励金融创新，促使更多的投资品种进入市场，合理配置金融资源；另一方面，须完善外围的配套设施，加强企业的信息披露，降低企业破产和项目清算的成本。

政策优化之后，若不考虑内生隐性担保对杠杆率原有周期性的改变和国有企业负债占比与隐性担保变动方向的不一致性，则根据本研究先前的理论模型，可以初步预测企业杠杆的未来表现：全体企业、国有企业杠杆率周期性不确定的区间缩短，逆周期区间延长；民营企业杠杆率周期性仍较模糊。

(2) 长期经济增长目标

若更关注长期经济增长，问题将复杂化。短期增长与长期增长的关系不定，在“创造性破坏”的情形下，经济在某个时期陷入低谷或将推动社会创新，有利于长期的经济繁荣；但经济也可能在稳定中孕育新兴增长点，故需在短期保持一定的增速。对于后者，政策取向类似于短期标准。对于前者，“全面宽松”或“差别信贷”政策和“递增型隐性担保”的组合可能更优，当前机制的优化方向是在经济形势较差时保持定力，不过多提供隐性担保，同时扩大企业投资需求，激发企业自身的创新潜能。立足中国当前的实际情况，本研究认为，应根据经济发展的本质实施以下政策。

①对当前经济形势及其本质进行准确评估，判断当前经济发展更多地依赖“创造性破坏”还是“温和型成长”。对经济形势及其本质的合理评估是正确选择长期发展经济政策的先决条件。

②若已知经济的长期发展需要“创造性破坏”，则应采取无差别的宽松政策，或者对民营企业提供更多的政策倾斜；政府对国有企业的隐性支持应当随经济形势的好转而加强，当经济萎靡之时，隐性担保应当弱化，为民营企业的发展创造更多的空间。

③若已知经济的长期发展需要“温和型成长”，则应采取与短期经济增长目标类似

的政策。

政策优化之后，根据本研究先前的理论模型，可以初步预测企业杠杆的未来表现：全体企业、民营企业杠杆率周期性不确定的区间延长，逆周期区间缩短；国有企业杠杆率周期性仍较模糊。

2. 结构性标准

本研究此处的“结构性”只涉及所有制结构。所有制结构下的优化也具有不同的含义。其中，最简单的、带有明显“平均化”色彩的结构优化致力于实现两类所有制企业的均匀发展；而更为复杂的结构优化则是关注企业的所有制结构是否健康、合理，并通常与其他标准（如经济增长标准）相结合。不同意义下的结构优化所依赖的经济金融政策也不一致。

（1）“平均化”理念下的所有制结构优化

若侧重于实现两类所有制企业的均匀发展，则停止向任何企业提供隐性担保且不设置差别抵押率即为最佳选择；向两类企业提供差别隐性担保则是次优方案。当前机制的优化方向是全方位消除两类所有制企业的政策性差别，特别是政府隐性担保。立足中国当前的实际情况，本研究认为，以下政策应组合实施。

①在显性金融政策方面，应逐步实现国有企业和民营企业的“无差别化”。但需指出，由于国有企业相对于民营企业具有先天的优势，因此在政策上可给予民营企业适度的优惠，以促进不同所有制企业的真正平等。

②在政府的隐性支持方面，可停止向任何企业提供隐性担保，或对不同所有制的企业提供相同力度的隐性担保。若对不同所有制的企业提供相同力度的隐性担保，需要政府加强与市场的沟通，及时表达对民营企业的支持意图，其隐性担保才能被市场认可；若停止向任何企业提供隐性担保，则同样需要政府加强与市场的沟通，及时表达放弃对国有企业提供隐性支持的意向，逐步动摇市场关于“国有企业享受政府隐性担保”的信心，最终消除政府隐性担保的实质性影响。

政策优化之后，根据本书先前的理论模型，可以初步预测企业杠杆的未来表现：此时，由于国有企业和民营企业间的差异被消除，不同所有制企业杠杆率的周期变化特征将与无担保的情形一致。

（2）“合理化”理念下的所有制结构优化

然而，在许多情形下，结构性标准并非出于单纯的均等化考虑，而是借结构优化来契合其他标准，如经济增长。若政府更关注短期经济增长，则其政策取向类似于短期标准。若政府更关注长期经济增长，则最佳政策取决于新兴增长点的位置。当增长点出现在民营企业时，向民营企业提供递减型的隐性担保更为有利；而当增长点出现在国有企业时，“全面宽松”与“递减型隐性担保”的组合可能更优，当前机制的优化方向是激发全体企业的投资潜力，并在经济低迷时对国有企业加强保护。

立足中国当前的实际情况，本书认为，若政府更关注长期经济增长，以下政策应组合实施。

①对当前经济的增长点进行准确评估，判断当前经济增长点位于民营企业部门还是国有企业部门。对经济增长点位置的合理评估是正确选择结构性经济政策的先决条件。

②若经济增长点出现在民营企业部门，则政府应向民营企业提供必要的隐性支持。隐性支持的力度应随经济形势的好转而减弱。政府对民营企业的隐性担保可使民营企业在经济衰退期间保持生命力，孕育下一轮经济腾飞的萌芽。

③若经济增长点出现在国有企业部门，则政府应实施全面宽松的金融政策，并继续向国有企业提供必要的隐性支持。隐性支持的力度应随经济形势的好转而减弱。类似地，政府对国有企业的隐性担保将使国有企业在经济下滑阶段继续生存，并为下一轮的经济增长奠定基础。

政策优化之后，根据本书先前的理论模型，可以初步预测企业杠杆的未来表现：全体企业、国有企业杠杆率周期性不确定的区间延长，逆周期区间缩短；民营企业杠杆率周期性仍较模糊。

事实上，若进一步考察内生隐性担保对杠杆率原有周期性的改变和国有企业负债占比与隐性担保变动方向的不一致性，分析将更加复杂。

3.6.3　企业杠杆率是优化目标吗?

在上述关于机制优化与政策选择的讨论中，“企业杠杆率”始终都不是一个优化目标，而仅仅是优化之后的结果。那么，政府是否应当将企业杠杆率作为政策优化的目标呢?

显然，政府工作的最终目标是实现经济社会的稳定和发展。因此，企业杠杆率不可能作为政府工作的终极目标；即便作为一个目标出现，也只能归属于中介目标。但与货币政策的中介目标类似，企业杠杆率与政府的政策措施和终极目标之间的关系必须简单而直接。事实上，根据本书关于企业杠杆内在机制的分析，政府对企业的隐性担保行为以及其他显性金融政策对企业杠杆率的影响机制都比较复杂，影响方向也通常不具有单调性；企业杠杆率与经济增长和所有制结构优化的关系也并不直接。可以认为，企业杠杆率并不是一个性质良好的中介目标。

综上分析，由于企业杠杆率既非政府工作的最终目标，又不具备成为一个中介目标的适当条件，因此本书不建议将企业杠杆率作为政府具体政策的优化目标。

然而，尽管企业杠杆率不能进入政府行为的目标函数，但仍可作为一个重要的经济监测指标。政府对企业的隐性担保行为以及其他显性金融政策对企业杠杆率的影响机理是明确的，企业杠杆率与经济增长和所有制结构优化的关系也相对清晰，虽然彼此之间的联动较为间接和复杂，但仍可通过观测企业杠杆率的数据表现来评估和选择政策种类与实施力度。

3.7　本章小结

本研究立足中国实际，在 DM 模型基础上，引入经济基本面和政府隐性担保，考察了市场不完全的两个突出表现——预算软约束和政府隐性担保影响企业杠杆“非顺周期性”和“所有制结构分化”特征的内在机制。围绕基础模型，本研究进一步分析了政府隐性担保随经济基本面的内生变化，以及这种内生路径对企业杠杆率周期性的影响。本研究最后讨论了相关政策措施，指出了机制优化的方向以及优化后企业杠杆率的变化特征。此处就本书的结论及相应启示进行总结，并对未来的工作作出展望。

首先，给定政府隐性担保水平，经济基本面既对企业整体杠杆率具有负向的直接影响，又能通过影响预算软约束的强度间接影响企业杠杆率。随着经济形势的好转，预算软约束强度先由弱而强，后由强而弱；企业整体杠杆率也逐渐从周期性不定转为逆周期变化。经济状况极佳时的企业负债更为高效，风险累积也更少；当经济略有下滑，预算软约束逐渐加强，借贷活动的收缩相对温和，其对产出的负面影响也得到缓冲，该机制在稳定经济方面优势明显；然而，若经济基本面进一步恶化，则预算软约束开始解除，借贷市场迅速萎缩，产出下降，该机制又加剧了经济的衰退。因此，预算软约束能否在短期稳定经济，从根本上仍取决于经济基本面的具体状况。

其次，企业杠杆率的所有制结构分化受到政府隐性担保周期性内生路径的影响。在“递减型”或“倒U形”路径下，民营企业杠杆率的周期性不明确，国有企业杠杆率则在较长区间内呈逆周期性。显然，在经济基本面下滑的过程中，国有企业至少在一段时间内成为稳定负债规模、维持产出的主力；而与此同时，国有企业与民营企业的实力差异也在拉大，二者的发展更加不平衡。

最后，现有机制的最佳优化方案依赖政策的评价标准。稳定短期经济宜加强政府对企业（包括国有企业和民营企业）的支援，且政府隐性担保在经济低迷时更为重要；实现两类所有制企业的均衡发展则应促进二者在政策上的统一；而要推动长期经济繁荣，还需准确判断新兴经济增长点的位置与特性，进而选择是否鼓励“创造性破坏”，以及对哪一类企业加大支持力度。不同最优政策下企业杠杆率的周期演变特征也存在较大差异。显然，片面调动企业投资积极性的优惠政策可能损害银行利益，从而使借贷市场更易萎缩；此类政策只有当政府有意引导“创造性破坏”或推行某些战略性发展规划时才可选择。政府隐性担保对短期经济的支撑作用显著，但其也会加重预算软约束，降低投资效率，对于长期经济发展未必有利。事实上，深化金融改革、培育高质量投资项目或是最佳选择，因为就短期而言，借贷市场关闭的情况可以避免，经济运行相对稳定；就长期而言，较高的投资效率也有利于激发经济复苏的活力；当然，此时政府同样可以灵活地借助隐性担保实施战略性的发展计划。在此过程中，企业杠杆率对经济运行的指示作用也清晰起来。

围绕中国企业杠杆率周期变化的特有规律，未来研究仍有巨大的拓展空间：一方面，迄今为止，仍有大量有趣的数据特征等待挖掘，其背后蕴含的机制更需探索；另一方面，企业杠杆率对经济基本面的反作用也亟待研究，二者的联动过程是否也存在双向因果关系，还有待后续研究的跟进。

第四章　中国企业债务：基于刺激计划与僵尸信贷的视角

【导读】

第三章我们分析了政府隐性担保与非金融企业部门杠杆率的内生互动关系，本章探讨一个与之密切相关的问题——僵尸信贷和僵尸企业，尤其是分析2008年一揽子财政刺激计划给企业部门信贷机制带来的结构性改变。

一揽子刺激措施成功地避免了中国经济的硬着陆，其间一系列重大基建投资拉动整体经济迅速复苏，也造就了发达的国内高铁网络、物流网络和通信基础网络；但其也存在用力过猛问题，由此衍生出房价快速上涨、地方政府债务较快增长、影子银行、产能过剩等问题，这些问题至今仍在影响我国经济。反映在杠杆层面，就是企业部门和居民部门的负债激增，其中非金融企业部门的债务杠杆率从2008年不足100%猛增至2016年的近160%。这60个百分点的增幅中，近三分之一源于2009—2010年的跳涨，其不仅仅是企业举债的结果，还有一个最重要的原因，就是地方政府建立了自己的投融资平台，从银行借贷。

本章将研究视野聚焦在2009—2010年，构建了一个包含企业内生进入与退出、僵尸信贷、信贷可得性冲击与内生全要素生产率的企业异质性DSGE模型。我们发现外部信贷正向冲击下僵尸信贷增速大于正常信贷增速；相较于2007—2008年，政策刺激期间发生了结构性突变；而由于信贷赋予僵尸企业不成比例的信贷资源，社会的全要素生产率出现了损失。

巨量的信贷增长带来了深远的影响，在此阶段，中国僵尸企业资产占比较快增长，占用大量资源，造成资源难以流向生产效率更高的部门，并造成产能过剩，并最终成为2014年供给侧结构性改革的重点处置对象。中央出台密集措施，通过自行清算、强制清算、破产程序等方式清理国有僵尸企业。2016年国务院在解读《中央企业深化改革瘦身健体工作方案》时明确表示，考虑用三年时间完成处置中央企业中345户僵尸企业的任务。2017年全国金融工作会议提出“要把国有企业降杠杆作为重中之重，抓好处置僵尸企业工作”。2018年11月，国家发展改革委等11部门联合发布《关于进一步做好僵尸企业及去产能企业债务处置工作的通知》，要求积极稳妥处置僵尸企业和去产能企业债务，加快僵尸企业出清。国家发展改革委等13部门于2019年联合印发

《加快完善市场主体退出制度改革方案》明确要求，对符合破产等退出条件的国有企业，各相关方不得以任何方式阻碍其退出，不得通过违规提供政府补贴、贷款等方式维系僵尸企业生存，要有效解决国有僵尸企业不愿退出的问题。至2020年末，去产能、处置僵尸企业的工作已经取得了阶段性成效。

本质上说，僵尸企业和僵尸信贷的本质是中国经济体系中的不符合结构调整方向的劣后资产。中国的僵尸企业和僵尸信贷问题与过去40多年间向市场经济转型的过程密切相关，清除僵尸企业，处置受困资产，是一个从20世纪90年代就在持续开展的长期性工作，每个阶段都有自己的主题。始于1994年的国有企业改革清退了大量亏损国有企业，其背景是分税制改革、汇率并轨和中央银行体制建立，目的是破除计划经济桎梏，理顺国有企业的债务问题，建立现代企业制度；与之对应的，21世纪初对四大国有行的改革及四大资产管理公司的设立，经历多次不良资产剥离，让金融系统“轻装上阵”，目的是推动中国经济全面与世界接轨，支持制造业在全球站稳脚跟；而2014年以来的又一轮处置僵尸企业，则是对过去持续20年的信贷扩张模式的纠偏，是在对中国经济发展转轨路径的深层次理解之后的再次出发。

2008年的国际金融危机重创了全球各大经济体。出口导向型的中国经济更是深受其害，2008年GDP增速较2007年下降约4个百分点，城镇失业率升至近20年峰值。为了抵御危机，2008年11月，国务院果断出台了为期两年的一揽子财政刺激计划，刺激政策的短期效果卓著，国内GDP增速与城镇失业率迅速企稳，但当危机已逝，刺激计划的成果逐渐被人遗忘，而一些问题逐渐浮现出来。

在众多问题中，僵尸信贷是其中较受关注的问题之一。通过匹配中国工业企业数据库与银监会金融许可证数据库，本书利用一个自然实验方法求证了信贷刺激计划对僵尸信贷配置的刺激作用，发现了2009—2010年僵尸信贷增速超常以及引发的资本错配问题，并进一步构建了一个包含企业内生进入与退出、僵尸信贷、信贷供给冲击与内生全要素生产率的企业异质性DSGE模型阐释影响机理。

为了识别信贷刺激计划引发的信贷供给效应，本书构建了一个由信贷刺激计划引发的信贷供给冲击解释变量，并利用金融许可证数据库与中国工业企业数据库数据估计了信贷刺激计划对僵尸信贷与非僵尸信贷配置以及对资本配置效率的影响。实证结果主要发现，在2009—2010年，在信贷配置方面，僵尸信贷增速比非僵尸信贷增速高0.847个百分点；而在资本效率配置方面，僵尸信贷供给扩大了僵尸企业与非僵尸企业间的生产率缺口，并且扭曲了2006—2008年相对有效的信贷配置结构，相较于2007—2008年，信贷刺激计划期间的僵尸信贷增速增加了0.751个百分点，平均资本生产率缺口的也提升了近0.321个百分点。

进一步，为了解释信贷刺激计划对僵尸信贷以及资本配置效率的作用机理，本书构建了一个包含企业内生进入和退出、僵尸信贷、信贷供给冲击与内生全要素生产率的企业异质性DSGE模型，并采用结合投影与摄动的数值方法求解了本书模型。数值模拟结果表明，如果将“因受到信贷补贴才没有退出生产的负利润企业”定义为僵尸企业，那么当信贷供给扩张时，僵尸企业的贷款增速与投资增速均会超过正常企业的贷款增速与投资增速，并且经济中的企业平均资本生产率分布与资本存量的分散度均会进一步扩散，最终体现为内生 TFP 损失。

4.1 背景：一揽子财政刺激计划

成功的刺激计划是应对金融危机的有力支柱，但事物都有其正反面，刺激计划也有可能引发的一些市场失灵问题。

2007—2008 年的国际金融危机重创了全球各大经济体。出口导向型的中国经济更是深受其害，2008 年 GDP 增速较 2007 年下降约 4 个百分点，城镇失业率升至近 20 年峰值。为了抵御危机，在 2008 年 11 月，国务院果断出台了为期两年的总额达 4 万亿元的一揽子财政刺激计划。一揽子财政刺激计划的重点投资领域有 7 个：（1）汶川地震灾后重建，计划投资 1 万亿元；（2）交通与电力基础设施建设，计划投资 1.5 万亿元；（3）农村基础设施建设，计划投资 3700 亿元；（4）生态环境建设，计划投资 2100 亿元；（5）保障性住房建设，计划投资 4000 亿元；（6）自主创新与结构调整，计划投资 3700 亿元；（7）医疗与教育等社会事业发展，计划投资 1500 亿元。刺激计划组成可见表 4-1。

表 4-1　一揽子财政刺激计划重点投资领域

投向	人民币（单位：十亿元）	占比
汶川地震灾后重建	1000	25%
交通与电力基础设施建设	1500	37.5%
农村基础设施建设	370	9.25%
生态环境建设	210	5.25%
保障性住房建设	400	10%
自主创新与结构调整	370	9.25%
医疗与教育	150	3.75%

数据来源：国家发展和改革委员会。

4.1.1 一揽子财政刺激计划的短期应激反应

1. 中国经济与地方政府的应激反应

中国经济对于一揽子财政刺激计划的反应是迅速且积极的。仅在 2009 年第一季度，固定资产投资就同比增加了 28%，到 2009 年第二季度，城镇失业率与 GDP 增速数据也纷纷回暖。最终，到 2010 年末，固定资产投资同比增加了 30%，城镇失业率与 GDP 增速也回到近 2007 年的水平。

这些积极成果不仅归功于中央政府的果断决策，也源于地方政府的积极响应。在 2009 年全国应对危机的心态下，各省市地方政府开始获准成立地方政府控股的投资公司——地方政府融资平台，并负责 2.8 万亿元的投融资任务。为了确保投融资项目顺利实施，在融资渠道方面，地方政府将土地所有权与地税收入转移到地方政府融资平台，并为地方政府融资平台提供大范围的信用担保，以便地方政府融资平台获得更多的银行抵押和信用贷款；而在投资渠道方面，地方政府融资平台倾向于投资不确定性较小且关联性更强的国有部门。在图4－1中我们可以看到，2009—2010年，固定资产投资明显更为强劲，而国有部门固定资产投资活动比民营部门明显更加活跃。

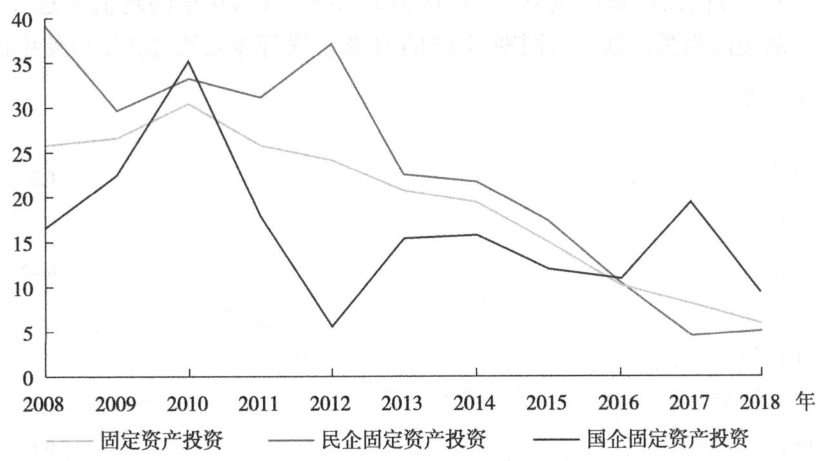

图4－1　各部门固定资产投资同比变化

2. 银行体系的应激反应

值得注意的是，地方政府融资平台其实由来已久，其投融资渠道被中央政府谨慎监督。在2008年国际金融危机期间，中央银行引导银行体系放松银根，为地方政府融资平台提供充足的低息贷款。在图4－2中，我们展示了2008—2012年国家开发银行与五大国有银行对地方政府融资平台的新增贷款，数据来自中国银保监会。刺激计划出台前，国家开发银行贷款是地方政府融资平台最重要的融资渠道，国家开发银行新增

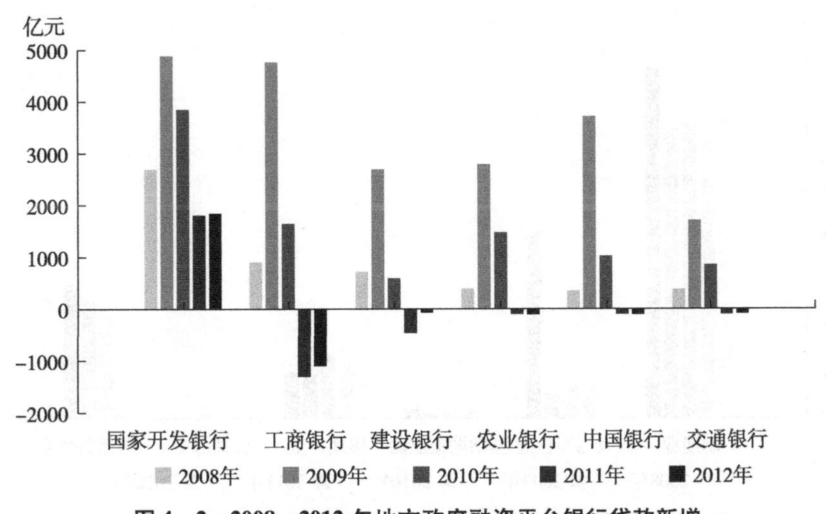

图4－2　2008—2012年地方政府融资平台银行贷款新增

贷款规模与五大国有银行新增贷款总和相当。但在2009—2010年，来自五大国有银行的信贷规模显著上升，国家开发银行新增贷款仅为五大国有银行新增贷款总和的1/3。

银行体系的应激反应不止于此，在宽松的货币政策与监管环境下，银行新增贷款达到了前所未有的高度。在图4－3中，我们展示了历年新增贷款规模与新增贷款/GDP，数据来自CEIC宏观经济数据库。在2009年，新增贷款规模几乎是2008年的一倍，达到了9.4万亿元；新增贷款/GDP达到27.5%，近20年的均值不过才16.5%，2009年通过的美国刺激计划只占同期GDP的10%。银行体系的过激反应使中国刺激计划的力度远超预期。

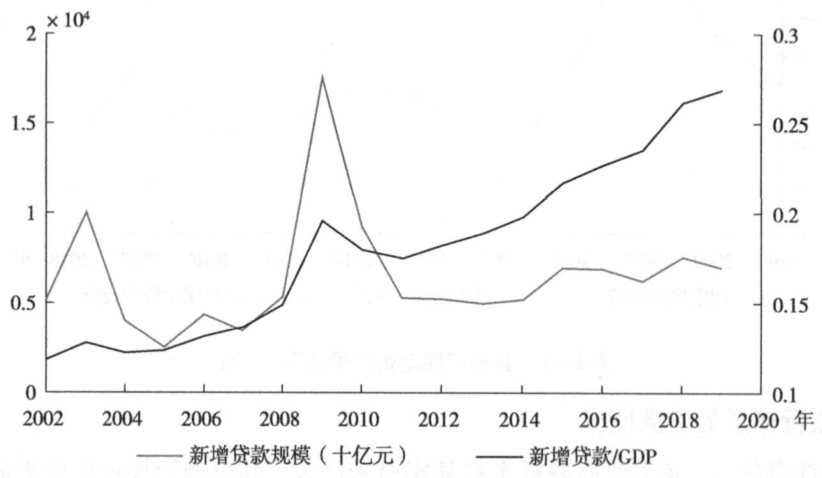

图4－3 历年新增贷款规模与新增贷款/GDP

值得注意的是，不仅银行体系的贷款力度远超预期，银行体系的贷款投向也有异于一揽子刺激计划的重点投放领域。如果剔除投向地方政府融资平台的贷款，刺激计划期间银行贷款最主要的投向是制造业、房地产业与酒店餐饮业。在图4－4中，我们

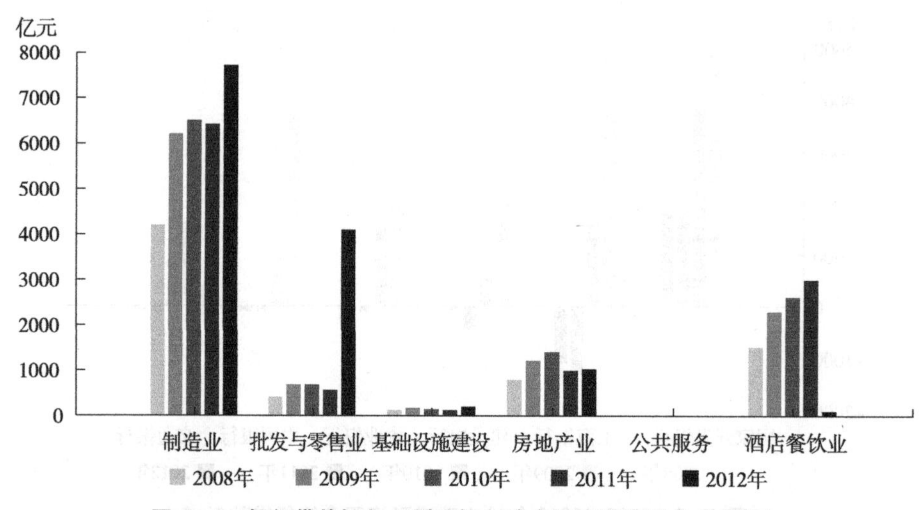

图4－4 银行贷款投向（剔除投向地方政府融资平台的贷款）

展示了2008—2012年银行贷款投向，数据来自中国银保监会。在2009年，制造业、房地产业与酒店餐饮业新增银行贷款均同比增长了近50%，总计近1万亿元。并且在2010年，贷款的新增趋势不减，总计新增1.1万亿元。

得益于银行体系的应激反应，中国的刺激计划几乎惠及所有行业，最终形成了4万亿元财政刺激与银行信贷刺激共同作用的全面刺激计划。在图4-5中，我们总结了2009年刺激计划的大体结构。

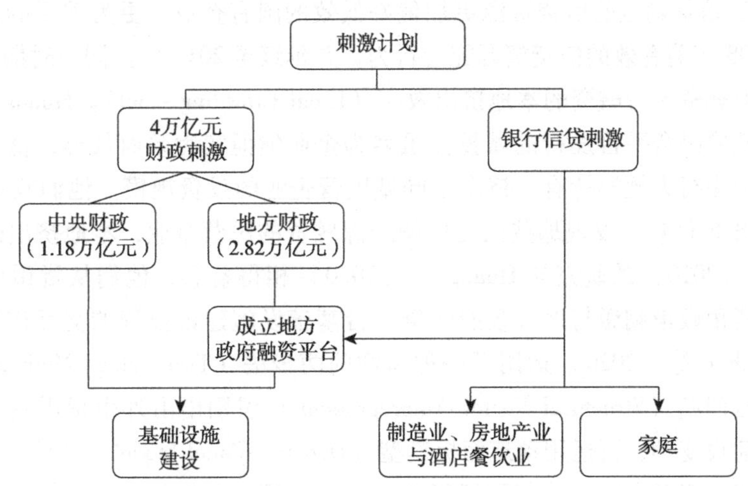

图4-5 2009年刺激计划大体结构

4.1.2 2009年刺激计划的遗留问题

2009年的刺激计划无疑效果是显著的，不但极大地缓解了国际金融危机对中国经济的冲击，夯实了中国作为全球第二大经济体的地位，更带动了全球经济逐渐复苏与全球经济结构再平衡。2009—2010年，中国的刺激计划获得了国内外诸多经济学者与政府官员的高度赞赏。当危机已逝，刺激计划的成果逐渐被人遗忘，刺激计划的遗留问题成为当下人们关注的焦点。

1. 企业债务政治化问题

在诸多遗留问题中，最吸引眼球的无非是刺激计划导致的企业债务政治化（Repoliticization）问题。在图4-1中我们已经看到，国有部门固定资产投资增速明显高于民营企业部门，国有部门超常的投资增速可能源自银行与地方政府融资平台的青睐，这种现象可能影响了21世纪初中国经济增长奇迹的重要机制——有效的资源配置（Resources Allocation）。在许多关于中国经济增长的研究中，中国经济增长奇迹可以部分归功于资源从低效的国有部门转移至高效的民营部门（Song et al.，2011）。但由于危机期间民营部门需求萎缩，投资项目风险较高，所以投资国有部门成为刺激计划的主要抓手。这种现象被许多经济学者称为企业债务政治化，他们认为这种现象会导致效率损失。

关于刺激计划中企业债务政治化最早的研究可能来自Bai等（2016）。他们细致地阐述了一揽子财政刺激计划的具体机制，估算了财政刺激计划的实际投向，间接证实了地方政府融资平台青睐投资与地方政府关系密切的民营企业，最后用平均资本生产率方差替代边际资本产品方差衡量了这种青睐导致的资本错配（Capital Misallocation）程度，指出地方政府融资平台的投资行为可能导致长期的地区生产总值增长率损失。而在近期的研究中，Cong 等（2018）利用中国银监会数据与中国工业企业数据库，构建了一个针对 2009 年刺激计划的自然实验（Natural Experiment），他们发现，2009—2010 年，源于信贷刺激的信贷资源更加偏好低效的国有企业，更为重要的是，这种偏好改变了 2008 年前有效的信贷资源配置行为，并延续至 2013 年。同一时期，部分学者发现地方政府融资平台融资的本地挤出效应（Local Crowding - out）。Huang 等（2020）指出，地方政府融资平台发行的城投债虽名为企业债但实为政府债券，低风险、高收入的特征吸引银行大规模持有，挤出了同城民营企业的投资规模。他们收集了 2006—2013 年的城投债信息，发现那些高度依赖外部融资的民营企业，本地挤出效应更为显著。Chen 等（2020）的研究与 Huang 等（2020）相得益彰，他们从货币政策刺激入手，探讨了货币政策刺激与地方政府融资平台基础设施建设投资的交互作用。在研究方法方面，Chen 等（2020）运用了一种新颖的两步法（Two - stage Method），首先运用结构向量自回归（Structural Vector Autoregression）识别出由外生货币政策冲击引发的基础设施建设变动，再运用动态面板模型（Dynamic Panel Model）估计了外生货币政策刺激与基建投资对全行业信贷配置行为的交互作用。有趣的是，他们并未在非制造业中发现 Cong 等（2018）提出的经济政治化现象，但发现了由货币政策刺激引发的基建投资会进一步强化银行对地方政府融资平台的贷款投放意愿，并挤出针对同城民营企业的信贷投放。

2. 企业债务僵尸化问题

另一个近期备受重视，但由于数据和方法限制还未被证实的遗留问题可能是刺激计划导致的企业债务僵尸化问题（僵尸信贷问题）。在图 4 - 6 中，我们展示了 2000—

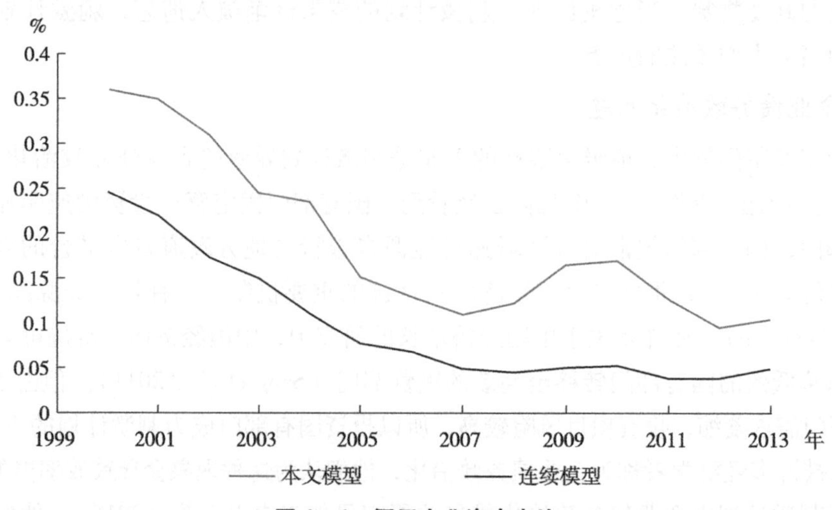

图 4 - 6　僵尸企业资产占比

2013 年中国僵尸企业资产占比，数据来自中国工业企业数据库。从图 4－6 中不难发现，中国的僵尸信贷（僵尸企业）一直存在。但得益于 21 世纪初的国企改革与民营化浪潮，僵尸信贷（僵尸企业）问题长期被忽视。直到 2015 年 11 月国务院提出供给侧结构性改革，僵尸信贷或僵尸企业问题才浮出水面。

虽然僵尸信贷问题近几年才备受重视，但短短数年，学术界已经做了大量研究，这些研究大多回应了政府关切，总的来讲，现有研究主要关注三个方面：僵尸企业的识别方法、僵尸信贷（僵尸企业）成因以及僵尸信贷的负面影响。

僵尸企业识别是所有僵尸信贷研究的前提，就现阶段发展而言，几乎所有方法都只是 Caballero 等（2008）的识别方法（以下简称 CHK 法）的扩展。Caballero 等（2008）收集了 120 家日本企业的银行信贷补贴信息，发现信贷利率优惠是银行信贷补贴最主要的补贴形式。为了识别企业是否收到银行信贷补贴，CHK 法计算了企业实付利息与理论最小应付利息缺口，以此判断企业是否为僵尸企业。CHK 法最大的优势在于没有直接考虑企业利润，只关心僵尸企业识别的痛点——是否获得银行信贷补贴。这种设定无疑是开创性的，但直接引入识别中国僵尸企业是有失偏颇的，因为在中国的信贷体系中国有企业获得银行的低息贷款是较为普遍的现象。所以许多国内学者更加推荐 Fukuda 和 Nakamura（2011）的改进识别方法（以下简称 FN－CHK 法），Fukuda 和 Nakamura（2011）运用企业息税前利润替代实付利息计算企业息税前利润与最低应付利息缺口，并针对企业借新还旧的行为对 CHK 法进行了有益的修正和补充。当然，许多国内学者还根据国情进一步改进了 FN－CHK 法，如张栋等（2016）不仅考虑了银行信贷补贴，还考虑了中国企业的政府补贴现象；聂辉华等（2016）在 FN－CHK 基础上进一步考虑了僵尸企业的长期特征，将至少连续 2 期被 FN－CHK 法识别为僵尸企业的企业认定为僵尸企业。在 CHK 法及其扩展方法外，Kwon 等（2015）是少数另辟蹊径的僵尸企业识别研究，他们通过计算要素配置对企业 TFP 增速的贡献率，识别出了 20 世纪 90 年代日本僵尸信贷配置行为及其实际效应。

除了僵尸企业的识别外，僵尸企业成因和处置也是学者们关注的重点。申广军（2016）从新结构经济学视角出发，通过实证研究发现不符合比较优势的企业生产效率低、盈利能力差，更容易成为僵尸企业。王万珺和刘小玄（2018）证实了中国僵尸企业长期存在的“非市场化”因素。方明月等（2018）研究认为中小企业难以通过银行融资，只能通过相互担保借贷以及非正式融资渠道融资，从而中小企业沦为僵尸企业后具有传染性，一家僵尸企业会通过借贷、投资以及用工等渠道传染到更多的企业。蒋灵多等（2018）研究了市场机制在僵尸企业处置中所发挥的作用，认为外资管制放松促进了僵尸企业复活，从而可以降低各行业的僵尸企业比例。范子英和王倩（2019）利用县级政府转移支付数据研究了转移支付的公共池效应，发现地方政府的无效财政补贴是僵尸企业的重要成因。

而在僵尸企业的影响方面，Caballero 等（2008）也有开创性贡献，他们结合一个简单的创造性毁灭模型与实证分析，探讨了僵尸企业如何阻塞同行业和同地区企业的创造性毁灭进程。McGowan 等（2017）与 Gouveia 和 Osterhold（2018）的研究也有类似的结论：僵尸企业的生产率低于正常企业，并且其退出门槛也显著低于正常企业，扭曲了市场竞争，破坏了行业内部的资源再分配。而根植于中国僵尸企业影响的研究大多关注僵尸企业的挤出效应，如投资挤出效应、创新挤出效应、税收挤出效应、就业挤出效应等。如谭语嫣等（2017）基于中国省级僵尸企业的占比的面板数据，发现了僵尸企业对同省正常企业投资的挤出效应。李旭超等（2017）发现僵尸企业占比会显著提高同省正常企业的实际所得税税率。王永钦等（2018）通过匹配中国专利数据库与工业企业数据库数据，分析了同行业僵尸企业占比对正常企业专利申请的挤出效应，指出处置僵尸企业能够促进企业创新。肖兴志等（2019）发现僵尸企业对正常企业的就业增长产生明显的排挤效应，僵尸企业不仅抑制了正常企业的潜在就业机会，还会对在位劳动者产生挤出效应；僵尸企业占比还显著抑制了正常企业规模的扩张，并相对而言提升了僵尸企业的福利和工资水平，阻碍了劳动力的自发流动。刘莉亚等（2019）发现当僵尸企业以优惠利率从银行获得贷款时，为弥补资金成本，银行会提高正常企业的贷款利率，导致正常企业融资被挤出；货币政策紧缩时，僵尸企业在企业中的比重越高，对正常企业贷款利率的转嫁效应越强，正常企业的融资成本更高，从而杠杆率越低。金祥荣等（2019）发现无纳税能力且需要财政补贴的僵尸企业使地方财政收入更多依赖向有纳税能力的正常企业征税，提高了正常企业的税率，高税率增加了正常企业逃税的边际收益，税率提高造成的正向逃税激励超过了征管加强造成的负向逃税激励。

4.1.3 本章研究问题与贡献

1. 本章研究问题

可以看到，现有研究角度新颖且丰富，但大多研究依旧没有脱离西方现有研究框架，对中国僵尸信贷的动态发展认识依旧缺乏深度。从图 4－6 中不难发现，中国的僵尸信贷（僵尸企业）实际上一直存在，但得益于 21 世纪初的国企改革与民营化浪潮，到 2007 年（或 2008 年），中国僵尸企业资产占比已从 35% 左右出清至不足 10%，如果没有明显的外生冲击或机制转换，当今中国的僵尸企业问题可能微不足道，自然，现有文献中的成因与影响可能也不足为虑。

仔细观察图 4－6 我们可以看到，在刺激计划阶段，中国僵尸企业资产占比陡增，在不同的识别方法下分别提升了 7% 和 1%。为了刺激投资稳定就业，刺激计划可能为濒临破产的僵尸企业提供了大量信贷资源，这些企业可能在随后两年收获了可观的投资回报并暂时完成"脱僵"（中国僵尸企业资产占比在 2011—2012 年降至历史低点）。不过当刺激计划终止，市场需求萎缩，这些暂时"脱僵"的企业无力偿还银行贷款，僵尸企业资产占比再次出现反弹（2013 年），并最终成为 2014 年供给侧结构性改革的重点处置对象。

虽然上述分析可能符合经济直觉，但由于数据和方法限制，还没有微观实证研究揭示刺激计划与僵尸信贷的关系。本书通过匹配中国工业企业数据库与银监会金融许可证数据库，利用一个自然实验（Natural Experiment）方法证实了信贷刺激引发的僵尸信贷问题。实证研究方面，最主要的挑战来自识别信贷刺激计划引发的信贷供给冲击。为了识别上述效应，本书参考 Chodorow - Reich（2014）与 Greenstone 等（2017）的识别方法构建了一个由信贷刺激计划引发的信贷供给冲击解释变量，并利用银监会金融许可证数据库与中国工业企业数据库数据估计了信贷刺激计划对僵尸信贷与非僵尸信贷配置以及对资本配置效率的影响。实证研究主要发现，在 2009—2010 年，信贷刺激每增加 1%，僵尸信贷增速会比正常信贷增速多增加 0. 847 个百分点，并且，获得信贷资源倾斜的僵尸企业的固定资产投资增速也比正常企业固定资产投资增速快 0. 363 个百分点；刺激政策引发的僵尸企业扩张导致资本错配，僵尸企业与正常企业间的平均资本生产率缺口也加大了 0. 394 个百分点。

进一步，为了解释刺激政策对僵尸信贷以及资本配置效率的作用机理，本书扩展了 Khan 和 Thomas（2008，2013）的理论，构建了一个包含企业内生进入和退出、生产率相关信贷补贴、信贷供给冲击与内生全要素生产率（total factor productivity）的企业异质性 DSGE 模型，并采用结合投影（projection）与摄动（perturbation）的数值方法求解了本书模型（Reiter，2009；Winberry，2018）。数值模拟结果表明，如果将“因受到信贷补贴才没有退出生产的负利润企业”定义为僵尸企业，那么当信贷供给扩张时，僵尸企业的贷款增速与投资增速均会超过正常企业的贷款增速与投资增速，并且经济中的企业平均资本生产率分布与资本存量的分散度（dispersion）均会进一步扩散，最终体现为内生 TFP 损失。

2. 本章贡献

与本书相近的研究文献主要集中于三个方向。第一，2009 年刺激计划遗留方面的研究；第二，僵尸企业的相关研究；第三，资本配置效率方面的研究。

纵观报告中刺激计划遗留问题方面的研究，均是探讨刺激计划导致的企业债务政治化问题，还没有研究关注信贷刺激计划对僵尸信贷配置行为和资本配置效率的影响，而本书运用工业企业与银行分支机构信息匹配数据，识别了信贷刺激计划对僵尸信贷配置行为以及资本配置效率的影响，拓展了刺激计划遗留问题方面的研究。

纵观报告中僵尸企业方面的研究，大多是考察银行、企业动机以及政府的影响，暂没有文献关注信贷刺激计划对僵尸贷款配置的作用机制；而在僵尸企业影响方面，现有文献都是以识别僵尸企业为基础，再考察某地区或行业僵尸企业占比对非僵尸企业特征的影响，还没有研究直接考察僵尸信贷对企业特征以及资本配置效率的影响，更没有文献构建异质性企业 DSGE 模型进一步阐述影响的内在机理。

在资本配置效率相关研究方面，Hsieh 和 Klenow（2009）较早发现了资源错配会导致大规模的 TFP 损失。而在近期研究中，大多文献开始关注金融摩擦对资本配置效率的影响机制。Buera 和 Shin（2013）通过构建一个企业异质性模型发现金融摩擦会大大放缓资本配置稳态的转移（Transition）速度，导致资本配置改进政策事倍功半；Moll

(2014) 也通过构建企业异质性模型印证了 Hsieh 和 Klenow (2009) 的观点，并阐述了金融摩擦引发的资本错配对 TFP 损失的影响机制；Midrigan 和 Xu (2014) 进一步发现金融摩擦会扭曲企业进入与技术选择决策，最终导致 TFP 损失。上述文献研究成果卓越，但由于企业异质性模型缺少总体冲击（aggregate shocks），难以解释刺激政策对企业动态与资本配置效率的影响。现有资本配置效率文献中，与本书最为接近的是 Kahn 和 Thomas (2013) 与 Jo 和 Senga (2019) 的研究。Kahn 和 Thomas (2013) 开创性地探讨了企业异质性模型中总体信贷冲击对资本配置与总体经济波动的影响；Jo 和 Senga (2019) 进一步阐述了信贷补贴政策可能导致的资本错配问题。不过，本书不仅关注信贷刺激计划（总体信贷冲击）对资本错配与总体经济波动的影响，还在此基础上进一步引入了僵尸信贷（生产率相关信贷补贴），探讨了刺激计划下企业（僵尸企业与正常企业）的异质性反应。

基于以上分析，本报告通过匹配银监会金融许可证数据库与中国工业企业数据库数据，利用一个准自然实验方法估计了信贷刺激计划对僵尸信贷配置以及对资本配置效率的影响，并进一步构建了一个包含企业内生进入与退出、生产率相关信贷补贴、信贷供给冲击与内生全要素生产率的企业异质性 DSGE 模型阐释影响机理。

在我们有限的认知中，暂没有文献探讨信贷刺激计划对僵尸贷款配置以及资本配置效率的影响，而本书不仅为 2009—2010 年的信贷刺激计划评估提供了新的微观实证证据，还为信贷刺激计划评估提供了新的切入视角，本书指出僵尸企业不仅影响经济结构转型，还削弱了危机期间信贷刺激计划的刺激效果，强调了破除僵尸企业的重要性，也进一步为信贷刺激计划制订提供了坚实的理论基础。

4.2 僵尸信贷

4.2.1 数据来源

为了识别信贷刺激计划对僵尸信贷与资本配置效率的影响，本书使用了三组数据。其一是 2006—2013 年的中国工业企业数据库。中国工业企业数据库可能是当下最全面的微观企业数据库，在 2006—2013 年的中国工业企业数据库中，平均每年约有 34 万家企业，企业均为规模以上的工业企业，分别来自采掘业、制造业以及电力、燃气及水的生产与供应业，全部企业的销售额约占全国工业企业销售额的 90%①，数据库一般包含企业资产负债表数据、利润表数据、企业法人与雇员信息以及企业地理位置等基本信息。由于数据均为截面数据，我们根据 Brandt 等 (2012) 的模糊匹配法将截面数据跨期匹配为面板数据。

① 2010 年以前的数据包含了年销售额 500 万元以上的工业企业，而在 2011 年，数据库将规模调整为年销售额 2000 万元以上。

其二是银监会金融许可证数据库。该数据库包含了中国所有银行分支机构的许可证信息，其中分支机构超过 22 万家，分支机构信息包括机构名称、机构注册地址、注册时间。本书使用了 2006 年的银行分支机构注册信息，并按机构注册地址匹配了工业企业数据与金融许可证数据库中的企业与金融机构分支机构数据，获得了包含企业与银行分支机构信息在内的面板数据。其中，成功匹配 62914 家银行分支机构，涉及城市 260 个，涉及银行（总行层面）32 家①。工业企业数据与金融许可证数据库匹配后的面板数据是本书主体实证分析采用的面板数据。

其三是来自锐思数据库的 2006—2013 年 A 股上市企业信贷披露数据，数据包括上市获取以及担保的逐笔贷款数据，共计 38043 笔，数据中一般包含贷款企业基本信息、放款银行信息、贷款规模与利率。本书按企业名称精确匹配了工业企业数据与 A 股上市企业信贷披露数据，获得了包含企业、银行以及逐笔信贷信息的面板数据。工业企业数据与 A 股上市企业信贷披露数据匹配成功 6801 笔，涉及银行（总行层面）相同。由于匹配成功数量较少，以及可能存在的样本选择问题，我们将此面板数据用作稳健性检验。

4.2.2　僵尸企业识别

僵尸企业识别是所有僵尸信贷研究的前提，Caballero 等（2008）开创性地提出了僵尸企业的识别方法（CHK）：利用企业实付净利息 R_{it} 与理论最低应付利息 R_{it}^* 的缺口 Gap_{it} 衡量企业是否为僵尸企业。如果 $Gap_{it} < 0$，说明企业受到了来自银行的信贷补贴，则被识别为僵尸企业。利息支付缺口 Gap_{it} 定义为

$$Gap_{it} = R_{it} - R_{it}^*$$

企业的实付净利息 R_{it} 为中国工业企业数据库中的企业利息支出减利息收入，而理论最低应付利息 R_{it}^* 定义为

$$R_{it}^* = rs_{t-1}\, BS_{i,t-1} + \left(\frac{1}{5}\sum_{j=1}^{5} rl_{t-1}\right)BL_{i,t-1}$$

其中，$BS_{i,t-1}$ 为企业短期银行债务，$BL_{i,t-1}$ 为企业长期银行债务，但受数据约束，本书根据谭语嫣等（2017）将 $BS_{i,t-1}$ 设定为企业短期债务减去应付账款，而 $BL_{i,t-1}$ 设定为企业长期债务，rs_{t-1} 与 rl_{t-1} 分别为银行 $t-1$ 年的 1 年期和 5 年期贷款基准利率的 0.9 倍。

由于中国国有企业或优质企业融资成本相对较低，CHK 法可能会高估中国企业中的僵尸企业比例。根据 Fukuda 和 Nakamura（2011），本报告进一步采用息税前利润代替 CHK 法实付净利息计算利息支付缺口，并利用前一期总负债标准化：

$$FN_{it} = \frac{EBIT_{it} - R_{it}^*}{b_{s,t-1} + b_{l,t-1}}$$

进一步，本报告在 FN—CHK 的基础上参考聂辉华等（2016）与张栋等（2016）

---

① 为了探讨刺激政策对僵尸信贷配置的影响，本书需要利用银行年度对公贷款规模数据（2006—2013 年）。根据本书的银行年报收集工作，仅发现 32 家银行披露了 2006 年的对公贷款规模。

的意见，用企业营业利润替代息税前利润以剔除政府补贴的影响，并且，将样本期内仅仅1年被识别为僵尸企业的企业转换为非僵尸企业。

表4－2展示了僵尸企业与正常企业部分企业指标均值的差异。可以看到，僵尸企业的杠杆率与长期负债显著高于正常企业，而僵尸企业的平均资本生产率与利润率却显著低于正常企业。

表4－2　僵尸企业与正常企业的差异

项目	僵尸企业	正常企业
资产负债率	0.62	0.50
长期负债	3.38	2.41
短期负债	9.54	9.10
平均资本生产率	1.32	1.82
利润率	－0.19	0.06

注：所有差值均在1%显著性水平下显著，长期负债、短期负债为对数值。

4.2.3　构造信贷刺激计划引发的信贷供给冲击变量

为了识别信贷刺激计划引发的僵尸信贷配置行为与资本错配问题，必须隔离出外生信贷刺激计划引发的信贷供给端变化，我们参考Chodorow－Reich（2014），使用工业企业与银行分支机构匹配的面板数据构造了一个测度信贷供给冲击的解释变量$\Delta\widetilde{L_{ct}}$（Bartik，1991）：

$$\Delta\widetilde{L_{ct}} = \sum\nolimits_{b}\omega_{bc,t=0} \times \Delta\log L_{b,t}$$

其中，$\Delta\log L_{b,t}$为银行b在t年全国范围内对公贷款自然对数的差分，$\omega_{bc,t=0}$为2006年（$t=0$）银行b分支机构占城市c所有银行分支机构的前定比例（信贷刺激计划实施之前，2006年）①。构造出的$\Delta\widetilde{L_{ct}}$意味着银行b按原有稳定市场占有率为城市c某企业投放信贷的信贷供给变化。

当然，由于我们并未实际观测到银行b与企业i之间的真实信贷关系，$\Delta\widetilde{L_{ct}}$中依旧可能与信贷需求端变化相关，所以我们还需尽量控制需求端信息。为此，我们根据Greenstone等（2017）在回归中分别加入了地区（省级）固定效应×年度固定效应的交乘项以及行业固定效应×年度固定效应的交乘项，控制地区与行业中无法观测的时变信息。

① 银行分支机构在城市的市场占有率是前定（刺激计划实施前）银企信贷关系的替代变量。$\Delta\widetilde{L_{ct}}$效应的识别依赖于稳定的银企信贷关系，而自2008年以来，股份制银行与城商行准入限制几番调整，股份制银行与城商行分支机构急剧扩张，所以我们选取2008年以前的银行分支机构市场占有率测度前定银企信贷关系。又由于本书实证分析样本区间为2007—2013年，所以我们选取2006年银行分支机构市场占有率测度前定银企信贷关系。

4.2.4　信贷刺激计划下的僵尸信贷

我们首先探讨刺激政策期间（2009—2010 年），僵尸贷款的配置、实际效应以及资本配置效率，回归式如下所示：

$$Y_{ijct} = \alpha_t + \alpha_{jt} + \alpha_{pt} + X_{c,t=2008} \times \alpha_t + Controls_{it} + \widehat{\beta_1 \Delta L_{ct}} + \beta_2 D(Z_{ijc,t-1}) + \widehat{\beta_3 \Delta L_{ct} \times} D(Z_{ijc,t-1}) + \varepsilon_{ijct} \quad (4.1)$$

被解释变量 $\Delta \log Y_{ijct}$ 包含企业负债变化 $\Delta \log Lb_{ijct}$、固定资产投资变化 $\Delta \log K_{ijct}$，平均资本生产率 $\log APK_{ijct}$。α_t、α_{jt}、α_{pt} 分别为年度固定效应、行业固定效应 × 年度固定效应以及省级固定效应 × 年度固定效应。为了尽量控制地区需求因素，我们还控制了 2008 年城市 c 的人均 GDP、人口密度以及城市人口占比与年度固定效应的交叉项，即 $X_{c,t=2008} \times \alpha_t$。控制变量 $Controls_{it}$ 为企业层面的控制变量，包含企业规模、企业年龄与利润规模①。$D(Z_{ijc,t-1})$ 为企业的僵尸企业识别状态虚拟变量，如果在 $t-1$ 期企业 i 被识别为僵尸企业，$D(Z_{ijc,t-1})$ 为 1。变量的描述性统计结果见表 4-3。

表 4-3　描述性统计

变量	均值	标准差	最小值	最大值
被解释变量				
$\Delta \log Lb_{ijct}$	0.138	0.800	-13.567	15.723
$\Delta \log K_{ijct}$	0.092	0.887	-13.310	16.361
$\log APK_{ijct}$	0.043	0.934	-13.942	13.590
解释变量				
$\widehat{\Delta L_{ct}}$	0.164	0.062	0.081	0.333
$D(Z_{ijc,t-1})$	0.167	0.382	0	1
控制变量				
企业资产规模	10.071	1.572	0.000	20.672
企业年龄	11.877	10.332	1.000	50.000
利润规模	7.148	2.124	0.000	18.896
城市人均 GDP	10.020	0.602	7.923	11.509
人口密度	6.110	0.711	0.764	7.983
城市人口占比	51.775	12.838	18.524	89.599

就回归系数而言，β_3 的估计值是本书最关心的，代表信贷刺激计划引发的信贷供给冲击下，僵尸企业相对于非僵尸企业的信贷获得增速、固定资产投资增速、平均资本生产率增速的变化程度。另外，β_1 为信贷刺激计划引发的信贷供给冲击下，非僵尸企业相应特征的变化。实证结果见表 4-4。

① 企业控制变量均取对数。

表 4-4　信贷刺激对僵尸信贷、企业投资与资本配置效率的影响

变量	$\Delta \log Lb_{ijct}$	$\Delta \log K_{ijct}$	$\log APK_{ijct}$
$D(Z_{ijc,t-1})$	-0.102** (0.045)	-0.115** (0.044)	-0.464*** (0.008)
$\widetilde{\Delta L_{ct}}$	1.204*** (0.495)	1.899*** (0.336)	-1.14*** (0.113)
$\widetilde{\Delta L_{ct}}D(Z_{ijc,t-1})$	0.847*** (0.259)	0.363* (0.189)	-0.394*** (0.055)
$Controls_{it}$	控制	控制	控制
$X_{c,t=2008} \times \alpha_t$	控制	控制	控制
年度固定	控制	控制	控制
省级×年度固定	控制	控制	控制
行业×年度固定	控制	控制	控制
R^2	0.083	0.071	0.091
观测值	119671	119671	119671

注：*、**与***分别表示在10%、5%与1%显著性水平下显著。

如表4-4所示，可以看到，首先，“大水漫灌”式的信贷刺激计划同时显著提升了非僵尸信贷与僵尸信贷的增速，其中，信贷供给每增加1%，非僵尸信贷增速为1.201%，且在1%显著性水平下显著，但更为重要的是，$\widetilde{\Delta L_{ct}}D(Z_{ijc,t-1})$ 系数 β_3 估计值为0.847，且在1%显著性水平下显著，说明在2009—2010年，僵尸信贷配置比非僵尸信贷配置更为积极，增速相对高出0.847个百分点。而在固定资产投资变化的回归中，我们发现，信贷供给每增加1%，僵尸企业的固定资产投资增速比非僵尸企业固定资产投资增速快0.363个百分点。并且，即便在信贷资源倾斜的情况下，僵尸企业平均资本生产率的下滑也更迅速，在平均资本生产率变化的回归方程中，我们发现僵尸企业与非僵尸企业间的平均资本生产率缺口扩张了0.394个百分点。而逐渐增大的生产率缺口说明经济中边际资本生产率分布的分散程度在扩张，根据Hsieh和Klenow（2009）与Restuccia和Rogerson（2008）的资本配置效率理论，我们可以推断整个经济体的资本配置效率在下降，出现了资本错配。

接下来，我们考察刺激计划期间较为积极的僵尸信贷配置行为以及资本错配是否是历史常态。为此，我们考察的样本期限为2007—2013年，并且我们在原回归中引入了两个时间虚拟变量 $D(S)$ 与 $D(P)$，取值为1时，分别代表2009—2010年（刺激期间）与2011—2013年（刺激结束）。回归方程如下所示：

$$Y_{ijct} = \alpha_t + \alpha_{jt} + \alpha_{pt} + X_{c,t=2006} \times \alpha_t + Controls_{it} + \varepsilon_{ijct} + \beta_1 \widetilde{\Delta L_{ct}} + \beta_2 D(Z_{ijc,t-1})$$
$$+ \beta_3 \widetilde{\Delta L_{ct}} \times D(Z_{ijc,t-1}) + \beta_4 \widetilde{\Delta L_{ct}} \times D(Z_{ijc,t-1}) \times D(S) + \beta_5 \widetilde{\Delta L_{ct}} \times D(Z_{ijc,t-1}) \times D(P)$$
$$+ \beta_6 \widetilde{\Delta L_{ct}} \times D(S) + \beta_7 \widetilde{\Delta L_{ct}} \times D(P) + \beta_8 D(Z_{ijc,t-1}) \times D(S) + \beta_9 D(Z_{ijc,t-1}) \times D(P) \tag{4.2}$$

其中，α_t、α_{jt}、α_{pt} 分别为年度固定效应、行业固定效应×年度固定效应以及省级固定效应×年度固定效应；$X_{c,t=2006} \times \alpha_t$ 为2006年城市 c 的人均GDP、人口密度、城市人口占比与年度固定效应的交叉项；控制变量 $Controls_{it}$ 为企业层面的控制变量，包含企业规模、企业年龄与利润规模；$D(Z_{ijc,t-1})$ 为僵尸企业识别状态虚拟变量，如果在 $t-1$ 期企业 i 被识别为僵尸企业，$D(Z_{ijc,t-1})$ 为 1。

加入时间虚拟变量后，我们着重关注僵尸信贷（僵尸企业）交乘项的系数 β_3、β_4 与 β_5。β_3 表示信贷刺激计划出台前僵尸信贷增速（僵尸企业特征增速）相对于非僵尸信贷增速（非僵尸企业特征增速）的变化程度，β_4 表示信贷刺激计划期间僵尸信贷增速（僵尸企业特征增速）相对于刺激前僵尸信贷增速（僵尸企业特征增速）的变化程度，而 β_5 则是信贷刺激计划结束后僵尸信贷增速（僵尸企业特征增速）相对刺激前僵尸信贷增速（僵尸企业特征增速）的变化程度。回归结果如表 4－5 所示。

表 4－5　信贷刺激对僵尸信贷、企业投资与资本配置效率的影响的动态变化

变量	$\Delta\log Lb_{ijct}$	$\Delta\log K_{ijct}$	$\log APK_{ijct}$
$\widehat{\Delta L_{ct}} \times D(Z_{ijc,t-1}) \times D(S)$	0.751*** (0.032)	0.619*** (0.024)	−0.321*** (0.052)
$\widehat{\Delta L_{ct}} \times D(Z_{ijc,t-1}) \times D(P)$	0.041*** (0.004)	0.090*** (0.015)	−0.104*** (0.005)
$\widehat{\Delta L_{ct}} \times D(Z_{ijc,t-1})$	0.575*** (0.029)	−0.514*** (0.094)	−0.146*** (0.031)
$\widehat{\Delta L_{ct}} \times D(S)$	1.054*** (0.123)	0.231*** (0.037)	0.573*** (0.041)
$\widehat{\Delta L_{ct}} \times D(P)$	0.354*** (0.043)	−1.576*** (0.179)	2.955*** (0.236)
$\widehat{\Delta L_{ct}}$	−0.735*** (0.038)	0.388*** (0.027)	−0.592*** (0.036)
$Controls_{it}$	控制	控制	控制
$X_{c,t=2006} \times \alpha_t$	控制	控制	控制
年度固定	控制	控制	控制
省级 × 年度	控制	控制	控制
行业 × 年度	控制	控制	控制
R^2	0.026	0.038	0.034
观测值	304515	304515	304515

注：*、** 与 *** 分别表示在 10%、5% 与 1% 显著性水平下显著。

如表 4－5 所示，我们发现，在信贷配置方面，β_3 的估计值为负，而 β_4 与 β_5 的估计值均显著为正且绝对值大于 β_3 的估计值，说明相较于刺激前，僵尸信贷的配置行为更加激进。在 2007—2008 年，信贷供给每增加 1%，僵尸信贷增速依旧比非僵尸信贷增速快 0.575 个百分点，但在刺激政策期间，僵尸信贷增速进一步加快，僵尸信贷增速比 2007—2008 年上升了 0.750 个百分点；而且，即便信贷刺激计划退出后，僵尸信贷增速依旧比 2007—2008 年快 0.041 个百分点。同样地，在信贷刺激计划下，固定资产投资也呈现反出清态势。可以看到，在 2007—2008 年，信贷供给每增加 1%，僵尸企业的固定资产投资增速比非僵尸企业低 0.514 个百分点，但在刺激政策期间，僵尸企业的固定资产投资增速提升了 0.619 个百分点，总体来看比非僵尸企业投资增速快 0.105 个百分点。而平均资本生产率方面，生产率缺口扩张的速度也在刺激期间被扭转。2007—2008 年，信贷供给每增加 1%，平均资本生产率缺口扩张了 0.146 个百分点，而刺激政策期间，平均资本生产率缺口进一步加大，比 2007—2008 年的平均资本生产率缺口还大 0.321 个百分点。总的来说，刺激政策扭转了刺激前较为有效的信贷配置方式，导致了资本错配。

在稳健性检验中，我们使用工业企业与逐笔贷款匹配的面板数据以及类似的方法构造了企业—银行微观个体维度的信贷供给冲击解释变量 $\widetilde{\Delta L_{ijct}}$ ：

$$\widetilde{\Delta L_{ijct}} = \sum_{b} \omega_{bi,t=0} \times \Delta \log L_{b-pj,t}$$

其中，i 代表企业，j 代表行业，p 为省级行政单位。$\Delta \log L_{b-pj,t}$ 同样为银行 b 在 t 年全国范围对公贷款自然对数的差分，不过进一步剔除了银行 b 投放给与企业 i 同行业同省企业的贷款规模变动，因而 $\Delta \log L_{b-pj,t}$ 中不包含企业 i 同省同行业（需求端）的变动信息。$\omega_{bi,t=0}$ 为 2006 年银行 b 与企业 i 的贷款关系，等于银行 b 授予企业 i 的贷款规模占企业 i 获得的所有银行贷款的比例。换句话说，$\widetilde{\Delta L_{ijct}}$ 衡量的是企业 i 被动按前定比例接收贷款的变化规模，自然是与需求端信息正交。表 4 -6 汇报了以 $\widetilde{\Delta L_{ijct}}$ 为解释变量时，刺激政策期对僵尸贷款的配置、实际效应以及资本配置效率的影响，样本期为 2009—2010 年。

表 4 -6　信贷刺激计划对僵尸信贷配置、企业投资与资本配置效率的影响

变量	$\Delta \log Lb_{ijct}$	$\Delta \log K_{ijct}$	$\log APK_{ijct}$
$D(Z_{ijc,t-1})$	-0.127*** (0.037)	-0.125*** (0.035)	-1.164** (0.512)
$\widetilde{\Delta L_{ijct}}$	0.225*** (0.012)	0.340*** (0.009)	-1.210*** (0.260)
$\widetilde{\Delta L_{ijct}} D(Z_{ijc,t-1})$	0.160*** (0.011)	0.122*** (0.013)	-0.450*** (0.121)
$Controls_{it}$	控制	控制	控制
年度固定	控制	控制	控制
城市固定	控制	控制	控制
行业固定	控制	控制	控制
R^2	0.12	0.12	0.11
观测值	6801	6801	6801

注：*、** 与 *** 分别表示在 10%、5% 与 1% 显著性水平下显著。

4.3　信贷刺激计划对僵尸信贷影响的理论机制

4.3.1　引入信贷刺激与僵尸信贷的企业异质性 DSGE 模型设定

为了解释信贷刺激计划对僵尸信贷配置、企业投资行为与资本配置效率的异质性影响，本书模型在 Khan 和 Thomas（2013）的基础上进一步引入了生产率相关的信贷价格补贴（productivity - dependent subsidies）、企业内生退出与进入决策，构建了一个包含企业个体生产率冲击、企业内生退出（进入）、生产率相关的信贷价格补贴、抵押融资约束与资本调整成本的企业异质性DSGE模型。模型不仅实现了僵尸信贷或僵尸企业识别，也为企业提供了足够的生产异质性，这使我们能够分析资本在不同生产率企业间的配置效率，也有助于模拟量化存在僵尸信贷时，信贷刺激计划对企业进入退出机制以及资本配置效率的影响。

在接下来的部分，我们首先阐述不包含生产率相关的信贷价格补贴的企业生产决策，再进一步引入企业生产率相关信贷补贴阐述僵尸信贷或僵尸企业的识别，最后讨论家庭部门决策与均衡条件。需要说明的是，我们的模型时间设定是无限期且离散的，为了方便讨论，我们舍弃了变量的时间下标，对于任意当期变量 X，用 X' 表示下一期。

1. 企业

在我们的模型中，异质性企业利用资本存量 k 与劳动 n 生产同质商品 y。我们假设企业的生产函数采用柯布—道格拉斯形式：$y = \varepsilon k^{\alpha} n^{1-\alpha}$。其中，参数 α 为资本份额，ε 为企业个体生产率冲击（idiosyncratic productivity shock），同样服从于对数AR（1）过程：

$$\log\varepsilon' = \rho_{\varepsilon}\log\varepsilon + \sigma_{\varepsilon} v'_{\varepsilon}, v'_{\varepsilon} \sim N(0,1) \tag{4.3}$$

接下来我们讨论每个企业的生产决策。

在期初，每个企业均会抽取当期个体生产率冲击 ε，并持有前一期决定的资本存量 k 与贷款规模 l，因而任一企业均可由个体状态变量向量 (k,l,ε) 决定。我们假设在每一期，企业 (k,l,ε) 都会面临两种静态决策与一次跨期决策，直观的决策行为与时间设定见图4-7。

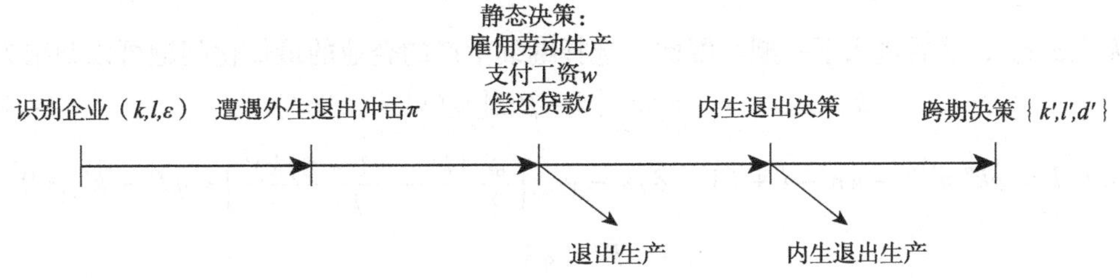

图4-7　企业（k，l，ε）每一期的决策时间设定

我们首先参考Kahn和Thomas（2013）假设企业 (k,l,ε) 会遭遇概率为 π 的外生退出冲击，当遭遇外生退出冲击时，企业只能退出生产。我们假设外生退出冲击的目的不仅在于确保模型中总有企业受抵押融资约束限制，也为僵尸信贷或僵尸企业识别提供了前提基础。此时，企业的企业价值记为 $v_0(k,l,\varepsilon;s)$：

$$v_0(k,l,\varepsilon;s) = \pi \max_n\{(\varepsilon k^{\alpha} n^{1-\alpha} - wn + (1-\delta)k - l)\} + (1-\pi)\, v_1(k,l,\varepsilon;s) \tag{4.4}$$

其中，s 为总体状态变量向量，包含信贷可得性冲击 φ 与企业分布 $\mu(k,l,\varepsilon)$ ①。根据

① 由于存在总体冲击（信贷可得性冲击），企业分布 $\mu(k,l,\varepsilon)$ 也具有时变性质，因而也是一个状态变量。

（4.4）式，企业价值 $v_0(k,l,\varepsilon;s)$ 等于退出后的企业价值与存活的企业价值 $v_1(k,l,\varepsilon;s)$ 的加权平均，退出的企业需要支付工资 w 并偿还贷款 l，而存活的企业需要进一步生产决策。

进一步的生产决策是识别僵尸企业的关键之一。在我们的模型中，僵尸企业被定义为由于信贷补贴才没有退出生产的负利润企业。所以，我们首先在 Kahn 和 Thomas（2013）的基础上引入了企业的内生退出决策。企业需要在退出生产与继续生产间权衡，退出生产的企业价值为 0，而继续生产需要支付一定的固定成本，因此，存活企业的价值 $v_1(k,l,\varepsilon;s)$ 取决于一个二元决策：

$$v_1(k,l,\varepsilon;s) = \max\{v_2(k,l,\varepsilon;s) - \xi_0, 0\} \tag{4.5}$$

其中，$v_2(k,l,\varepsilon;s)$ 为企业选择继续生产时的企业价值，ξ_0 为继续生产所需的固定成本。为了解释刺激政策对企业的异质性影响，我们在接下来的生产决策中引入了两种摩擦：抵押融资约束与资本调整成本。在抵押融资约束下，企业可以通过 0 投资规避资本调整成本。如此一来，当政策刺激时，资本存量较低但生产率较高的企业会拥有更快的投资增速，而生产率较低或资本存量较高的企业反应相对迟缓。在抵押融资约束设定方面，我们参考了 Albuquerque 和 Hopenhayn（2004），假设企业的新增贷款受限于当期抵押资本[①]：

$$l' \leqslant \varphi k \tag{4.6}$$

其中，l' 为新增贷款规模，k 为当期资本存量。φ 为捕捉刺激政策的信贷可得性冲击，同样服从于 AR（1）过程：

$$\log\varphi' = \rho_\varphi \log\varphi + \sigma_\varphi v'_\varphi, v'_\varphi \sim N(0,1) \tag{4.7}$$

而在资本调整成本设定方面，我们假设继续投资的企业需要支付一个二次型资本调整成本 $\frac{\psi}{2}\frac{(k'-(1-\delta)k)^2}{k}$。最终，企业需要在非负利润约束下最大化企业价值 $v_2(k,l,\varepsilon;s)$，然后进入下一期。因此，选择继续生产的企业的最优化问题可以归结为：

$$v_2(k,l,\varepsilon;s) = \max_{\{n,k',l',d\}} \{d + \beta\mathbb{E}[v_0(k',l',\varepsilon';s')]\} \tag{4.8}$$

$$s.t.\ d = \varepsilon k^\alpha n^{1-\alpha} - wn - l + (1-\delta)k - \chi_{i>0}\left[\frac{\psi}{2}\frac{(k'-(1-\delta)k)^2}{k}\right] + q\,l' - k' \geqslant 0$$

$$l' \leqslant \varphi k$$

其中，q 为贴现后的贷款价格，i 为投资规模，等于 $k'-(1-\delta)k$，$\chi_{i>0}$ 为指示函数，当投资 i 大于 0 时等于 1，其余状态下等于 0。

为了完成僵尸企业识别，我们还需要考虑信贷补贴。为此，我们引入了一个与生产率相关的信贷价格补贴，确保政策刺激时僵尸企业的贷款增速与资本累计超过正常企业。具体来讲，我们假设企业 (k,l,ε) 的新增贷款会享受随机信贷价格补贴 τ。为了更加直观地展示生产率相关的信贷价格补贴的影响机制，我们假设 τ 仅有一正一负两个取值，分别记为 τ_+ 和 τ_-，并且，企业 (k,l,ε) 获取价格补贴为正的概率与已实现的

① 我们抵押融资约束的设置有别于经典的 Kiyotaki 和 Moore（1997）的假设。如果参考 Kiyotaki 和 Moore（1997）的设置方式，新增贷款规模将受限于下一期的资本规模，会限制期初资本存量较低但生产率较高的企业成长，模型很难确保僵尸企业与非僵尸企业投资增速的异质性。

生产率 ε 负相关，即企业生产率越低，获取价格补贴为正的概率越大。具体而言，我们假设 $P(\tau=\tau_+\mid\varepsilon)=\exp(-\theta\varepsilon)$，$P(\tau=\tau_-\mid\varepsilon)=1-\exp(-\theta\varepsilon)$，$\theta$ 衡量了信贷价格补贴与企业生产率的相关程度。

在引入信贷价格补贴 τ 后，企业的生产决策会产生两点变化。第一，由于企业在内生退出决策后才会抽取信贷价格补贴 τ，所以企业的内生退出决策需要在继续生产的期望价值（扣除固定成本 ξ_0）与0价值间权衡：

$$v_1(k,l,\varepsilon,\tau;s)$$
$$=\max\left\{\begin{matrix}0,\\ \exp(-\theta\varepsilon)v_2(k,l,\varepsilon,\tau_+;s)+[1-\exp(-\theta\varepsilon)]v_2(k,l,\varepsilon,\tau_-;s)-\xi_0\end{matrix}\right\} \tag{4.9}$$

第二，对于任一企业 (k,l,ε) 而言，选择继续生产的最优化问题变为

$$v_2(k,l,\varepsilon,\tau;s)=\max_{\{n,k',l',d\}}\{d+\beta\mathbb{E}[v_0(k',l',\varepsilon',\tau';s')]\} \tag{4.10}$$

$$s.t.\ d=\varepsilon k^{\alpha}n^{1-\alpha}-wn-l+(1-\delta)k-\chi_{i>0}\left[\frac{\psi}{2}\frac{(k'-(1-\delta)k)^2}{k}\right]+(1+\tau)q\,l'-k'\geqslant 0$$

$$l'\leqslant\varphi k$$

由于企业生产率越低，获取价格补贴为正的概率越大，因此原本应该退出生产的负利润（低资本存量且低生产率）企业愿意支付固定成本 ξ_0 继续生产，并成为僵尸企业。在识别僵尸企业后，在拥有企业内生退出机制的模型中，刺激政策可能恶化资本配置效率。刺激政策会缓解低资本存量企业的融资约束，刺激低资本存量企业投资，鼓励低资本存量企业将资本推升至自身的有效资本规模 $k^*(k,\varepsilon)$。但由于存在生产率相关的信贷补贴，所以低资本存量企业不仅包括高生产率企业，也包括生产率低下的僵尸企业，而有效资本规模 $k^*(k,\varepsilon)$ 又同时取决于企业生产率与当期资本存量，因此资本规模会出现分化，资本分布的分散程度会扩张，资本配置效率可能会下降①。我们将这种效应称为直接效应（direct effects）。

实际上，在直接效应背后，刺激政策对资本配置效率的恶化还可能拥有第二种机制。由于刺激政策会阻止负利润（低资本存量且低生产率）企业退出市场，因而劳动力市场与资本市场的均衡价格水平均会上升。而较高的价格水平会抑制潜在高生产率企业进入市场的意愿，并且，生产率相关的信贷补贴甚至会鼓励低生产率的潜在企业进入市场，导致所谓的“净化效应”（cleansing effects）失效，并引发资本配置效率下降（Caballero 和 Hammour，1994）②。我们将这种效应称为间接效应（indirect effects）。

为了探讨刺激政策的间接效应，我们进一步引入了潜在企业的内生进入机制。我

---

① 有效资本存量，即不受融资约束企业可以获得的资本存量：$k^*(k,\varepsilon)=\arg\max_{k'}\left\{-k'-\frac{\psi}{2}\frac{(k'-(1-\delta)k)^2}{k}+\beta\mathbb{E}[R(k',\varepsilon')+(1-\delta)k']\right\}$，其中，$R(k,\varepsilon)=\max_{n}\{\varepsilon k^{\alpha}n^{1-\alpha}-wn\}$。

② 净化效应，即引入潜在企业内生进入机制后，潜在的高生产率企业代替在位的低生产率企业的资本配置效率改善效应。

们假设，在每一期，在进入市场之前，规模为 M 的潜在企业会获取自身生产率 ε ，生产率 ε 分布与在位企业一致①。在观测到生产率 ε 后，潜在企业需要决策是否进入市场，进入市场需要支付固定成本 ξ_e ，因此潜在企业的进入决策为

$$v_p(\varepsilon;s) = \max\{0, v_e(\varepsilon;s) - \xi_e\} \tag{4.11}$$

在进入市场后，这些企业会在下一期初雇佣劳动，并选择自己的初始资本存量规模 k' 进行生产。所以进入后的企业价值 $v_e(\varepsilon;s)$ 又可以被表示为

$$v_e(\varepsilon;s) = \max_{k'}\{-k' + \beta\,\mathbb{E}[v_0(k',\varepsilon';s')]\} \tag{4.12}$$

接下来，与在位企业的生产决策一致，进入市场的潜在企业会进入内生退出决策阶段，选择继续生产的企业会获取信贷价格补贴 τ ，并在抵押融资约束与资本调整成本的限制下选择资本存量、贷款规模最大化企业利润。

2. 代表性家庭

与 Kahn 和 Thomas（2013）类似，我们假设经济中存在一个无限期的代表性（representative）家庭。代表性家庭通过买卖异质性企业股票、单期债券与提供劳动支撑自身消费，并在预算约束下最大化期望效用。

家庭的财富来自持有的股票与债券价值，收入仅为劳动收入。在给定当期企业（k, l,ε）股票当期的价格 $\rho_0(k,l,\varepsilon,\tau;s)$ 、债券价格 q^{-1} 与工资水平 w 的情况下，家庭将决定当期消费水平 C ，劳动供给水平 N^h 、下一期的债券购买规模 ϕ' 以及下一期的股票购买规模 λ' 。具体来讲，代表性家庭最优决策问题为

$$V(\lambda,\phi;s) = \max_{\{C,N,\lambda',\phi'\}}\{U(C,N^h) + \beta\,\mathbb{E}[V(\lambda',\phi';s')]\} \tag{4.13}$$

$$s.t.\ C + q\phi' + \int_S [\exp(-\theta\varepsilon)\rho_1(k',l',\varepsilon',\tau_+;s) + (1-\exp(-\theta\varepsilon))\rho_1(k',l',\varepsilon',\tau_-;s)\lambda']$$

$$(d(k'\times l'\times\varepsilon')) \leqslant wN^h + \phi + \int_S \rho_0(k,l,\varepsilon,\tau;s)\lambda(d(k\times l\times\varepsilon))$$

其中，$U(C,N^h)$ 为代表性家庭的效用函数，ϕ 为家庭当期持有的债券规模，λ 为家庭当期持有的股票份额，$\rho_1(k',l',\varepsilon',\tau_+;s)$ 为信贷补贴为正状态下企业（k',l',ε'）股票的买入价格，$\rho_1(k',l',\varepsilon',\tau_-;s)$ 为信贷补贴为负状态下企业（k',l',ε'）股票的买入价格。由于企业（k,l,ε）股票当期的价格为 $\rho_0(k,l,\varepsilon,\tau;s)$ ，所以家庭持有的股票总价值为 $\int_S \rho_0(k,l,\varepsilon,\tau;s)\lambda(d(k\times l\times\varepsilon))$ ，同理，家庭新买入的股票总价值为两种信贷补贴状态下股票价格加权平均的积分 $\int_S [\exp(-\theta\varepsilon)\rho_1(k',l',\varepsilon',\tau_+;s) + (1-\exp(-\theta\varepsilon))\rho_1(k',l',\varepsilon',\tau_-;s)\lambda'](d(k'\times l'\times\varepsilon'))$ ②。

---

① 也有研究直接假设潜在企业能够同时获取自身生产率 ε 、初始资本存量 k_0 与贷款规模 l_0（Jo 和 Senga，2019）。但这样的假设不仅需要进一步主观设定初始资本存量 k_0 与贷款规模 l_0 的分布，也不利于我们讨论本书提出的间接效应。

② $\int_S \rho_0(k,l,\varepsilon,\tau;s)\lambda(d(k\times l\times\varepsilon))$ 中积分下标 S 为资本存量 k 空间 K、贷款 l 空间 L 以及个体生产率 ε 空间 E 乘积空间 S 的开子集生成的博雷尔代数。

3. 竞争性均衡

模型的递归竞争性均衡（recursive competitive equilibrium）包括求解模型最优问题的价格函数 (w,q,ρ_1,ρ_0)，决策函数 $(C,N^h,\Phi,\Lambda,N,K,L,D)$、值函数 (v_0,v_1,v_2,v_e,V)，企业分布 $\mu(k,l,\varepsilon,\tau)$ 与市场出清条件。竞争性均衡的具体条件为：

（1）企业方面。求解（4.4）、（4.9）、（4.10）、（4.11）与（4.12）式的 v_0,v_1,v_2,v_p,v_e，企业的劳动需求、资本、贷款与分红决策函数（decision rules）：N,K,L,D；

（2）家庭方面。求解（4.13）的 V；家庭的消费、劳动供给、债券购买与股票购买决策函数：C,N^h,Φ,Λ；

（3）劳动市场出清条件，$N^h = \int_S N(x,\varepsilon)\mu(d(k\times l\times\varepsilon))$；

（4）产品市场出清条件，

$$C = \int_S \left[\begin{array}{c} \varepsilon k^{\alpha} n^{1-\alpha} - (1-\pi)\chi_{i>0} \\ \left(\begin{array}{c} \exp(-\theta\varepsilon)\left(K(k,l,\varepsilon,\tau_+;s) - (1-\delta)k + \frac{\psi}{2}\frac{(K(k,l,\varepsilon,\tau_+;s) - (1-\delta)k)^2}{k}\right) \\ +(1-\exp(-\theta\varepsilon))\left(K(k,l,\varepsilon,\tau_-;s) - (1-\delta)k + \frac{\psi}{2}\frac{(K(k,l,\varepsilon,\tau_-;s) - (1-\delta)k)^2}{k}\right) \end{array} \right) \\ +\pi(1-\delta)k - \xi_0 \end{array} \right]$$

$$\mu(d(k'\times l'\times\varepsilon')) - \int_S k\mu^{exit}(d(k'\times l'\times\varepsilon')) + \int \chi_{v_e(\varepsilon;s)-\xi_e>0}(K-\xi_e)\mu^p(d(k\times\varepsilon))$$

（5）企业分布 $\mu(k,l,\varepsilon,\tau)$。

4.3.2　模型的参数校准

需要说明的是，本书模型为年度模型，每一期为一年。我们假设家庭效用函数设定为 $U(C,N^h) = \log C - \Psi N$。接下来，我们根据现有文献、中国宏观经济数据与工业企业数据库中僵尸企业与正常企业各指标的矩条件校准文章模型参数。

首先，效用函数中的 Ψ 衡量了家庭对闲暇的偏好，我们将 Ψ 设定为 2.6，意味着平均每天工作 8 小时；其次，将贴现率 β 设定为 0.97，匹配 1998—2013 年一年期定期存款利率均值（2.76%）；根据 Brandt 等（2008）与 Zhu（2012）的实证研究，将资本贡献率 α 设定为 0.5；根据年投资—资本比率，将资本年折旧率 δ 设定为 0.1。对于资本调整成本相关参数 ψ 设定，我们参考 Cooper 和 Haltiwanger（2006），匹配中国工业企业数据库中扎堆投资（lumpy investment）企业的比例（年投资—资本比例大于 20% 的比例，这一比例为 30%），最终将参数 ψ 设定为 1。

接下来，我们校准企业退出（进入）相关参数，包括外生退出概率 π、继续生产的固定成本 ξ_0、潜在企业的进入成本 ξ_e 与潜在企业固定规模 M。通过设定参数 π 为

0.04、ξ_0 为0.11、ξ_e 为0.03与 M 为0.4，匹配中国工业企业数据库中相关变量的矩条件：企业平均年龄（12年）、年龄小于5年的年轻企业数量占比（20%），只生产1年就退出的企业数量占比（8%）以及年平均企业退出比例（7%）。

在冲击参数方面，就企业个体冲击参数校准而言，我们参考 Heish 和 Klenow（2009）与 Song 等（2011）的研究，将 σ_ε 设定为0.22，将 ρ_ε 设定为0.65，匹配中国工业企业数据库中企业的对数 TFP 分布标准差①；对于信贷可得性冲击的持续参数与波动参数而言，我们通过计算2006—2013年非金融企业贷款新增的对数一阶自回归的系数与标准差，将 ρ_φ 设定为0.83，σ_φ 设定为0.33。

最后，我们讨论信贷价格补贴参数 τ_+、τ_- 与 θ 的设定。利用中国工业企业数据库，我们为参数 τ_+、τ_- 与 θ 的设定提供了三个目标：僵尸企业续存概率（0.60），僵尸企业数量占比均值（0.16），信贷补贴与企业平均资本生产率的相关系数（-0.10）。基于此，我们将参数 τ_+、τ_- 与 θ 分别设定为0.5、-0.2与0.1，最终参数校准结果见表4-7。

表4-7　参数校准结果

参数	描述	参数值
总体冲击		
ρ_φ	信贷可得性冲击持续性	0.83
σ_φ	信贷可得性冲击标准差	0.33
个体冲击		
ρ_ε	个体生产率持续性	0.65
σ_ε	个体生产率标准差	0.22
信贷补贴		
τ_+	正向信贷补贴规模	0.50
τ_-	负向信贷补贴规模	-0.20
θ	生产率与信贷补贴相关系数	0.10
其他企业参数		
β	贴现因子	0.97
α	资本贡献率	0.50
δ	折旧率	0.10
π_d	外生退出概率	0.04
ξ_0	生产固定成本	0.11
ξ_e	市场进入固定成本	0.03
M	潜在企业规模	0.40
ψ	资本调整成本	1.00

① 实际上，由于我们模型中的抵押融资约束受限于当期资本存量，个体生产率冲击持续参数 ρ_ε 设定的影响并不显著。

4.3.3　模型的数值解法

正如4.3.1节阐述的那样，模型的企业分布是一个状态变量，因此模型没有解析解，模型求解只能求助于数值解法。本书参考了 Reiter（2009）与 Winberry（2018）的混合解法，结合投影和摄动法求解模型①。算法主要分为两步，利用投影法求解模型稳态，在求出稳态后，再利用摄动法计算总体波动。不过，为了探讨刺激政策下企业的异质性反应与资本存量分布的变化，在求得稳态后，本书也根据 Algan 等（2008）的模拟方法构建了模拟面板。具体算法如下。

第一步，利用投影法拟合模型企业分布（参数化企业分布）。需要注意的是，这里只对企业个体的状态变量 (k,l,ε) 投影，即不考虑模型中的总体冲击。具体步骤为：

（1）逼近企业分布 $\mu(k,l,\varepsilon)$

根据 Algan 等（2008）的建议，我们使用一个指数函数（alternative basis）逼近企业分布：

$$p(k,l,\varepsilon,g) = g_0\, e^{\{g_1^1(\varepsilon-m_1^\varepsilon)+g_1^2(\log k-m_1^k)+g_1^3(\log l-m_1^l)\}} \tag{4.14}$$

其中，$g = (g_0,g_1^1,g_1^2,g_1^3)$ 为待解参数，$m = (m_1^\varepsilon,m_1^k,m_1^l)$ 为企业分布的一阶中心矩。实际上，运用 $p(k,l,\varepsilon,g)$ 逼近企业分布的逻辑与 Krusell 和 Smith（1998）利用总资本一阶矩的预测方程逼近企业分布的基本思想是一致的。

（2）求解 $g = (g_0,g_1^1,g_1^2,g_1^3)$

可以看到，求解 $g = (g_0,g_1^1,g_1^2,g_1^3)$ 与求解下列一阶矩的非线性方程组是一致的：

$$\begin{cases} m_1^\varepsilon = \int \varepsilon p(k,l,\varepsilon,g)\mu(d(k\times l\times\varepsilon)) \\ m_1^k = \int \log k p(k,l,\varepsilon,g)\mu(d(k\times l\times\varepsilon)) \\ m_1^l = \int \log l p(k,l,\varepsilon,g)\mu(d(k\times l\times\varepsilon)) \\ 1 = \int p(k,l,\varepsilon,g)\mu(d(k\times l\times\varepsilon)) \end{cases}$$

我们可以将上述非线性方程组转化为简单的无约束最小化问题，并利用拟牛顿 BFGS 求解 $g = (g_0,g_1^1,g_1^2,g_1^3)$（Judd，1998）：

$$\min_g \int p(k,l,\varepsilon,g)\mu(d(k\times l\times\varepsilon))$$

（3）用计算出的一阶矩 $m = (m_1^\varepsilon,m_1^k,m_1^l)$ 代替原分布 $\mu(k,l,\varepsilon)$ 得到新的“分布”

---

①　相较于传统 Krusell－Smith 算法，投影与摄动混合算法的最大优势在于计算速度。就本书模型而言，投影与摄动混合算法计算时间在40分钟左右（求解稳态与计算脉冲响应），但运用 Krusell－Smith 算法的计算一次的时间超过20小时（使用总资本均值与工资的预测方程）。更重要的是，本书模型缺乏 Krusell 和 Smith（1998）中的“近似加总”（Approximate aggregation）性质，所以需要添加额外的预测方程。但是，如果继续添加额外的预测方程，耗时更是无法估计。

运动方程 $m' = \Gamma(\varphi, m)$ ①

（4）迭代 $m' = \Gamma(\varphi, m)$ 直至收敛

第二步，利用投影法（Chebyshev - Collocation）拟合模型值函数，求解决策函数，同样，也只对企业个体的状态变量 (k, l, ε) 投影。具体步骤为

（1）利用切比雪夫多项式的线形组合逼近值函数 $v(k, l, \varepsilon; \varphi, m)$ ②：

$$\sum_{i=0}^{n_\varepsilon}\sum_{k=0}^{n_k}\sum_{l=0}^{n_l}\theta_{ikl}(\varphi, m)\,\Psi_i(\varepsilon)\,\Psi_k(k)\,\Psi_l(l) \tag{4.15}$$

其中，n_ε、n_k 与 n_l 均等于4，为了避免维度诅咒，本书采用了完备多项式：

$$P_\kappa^4 = \{\Psi_i(\varepsilon)\Psi_k(k)\,\Psi_l(l) \mid i + k + l \leqslant 5\}$$

（2）构造残差方程 $R(k, l, \varepsilon; \theta_{ikl})$，运用配置法（Collocation method）计算 $\widehat{\theta_{ikl}}$。

第三步，在求解出模型稳态后，调用 Dynare，利用二阶摄动近似，计算总体冲击 s 的脉冲响应。同时，为了探讨刺激政策下企业的异质性反应与资本存量分布的变化，在求得稳态后，本书也根据 Algan 等（2008）的模拟方法构建了模拟面板：

（1）设定 T = 10000，随机抽取信贷可得性冲击的时间序列 $\{\varphi_t\}_{t=1}^{T}$，初始分布（第 1 期）即为稳态分布；

（2）利用第 1 期与第 2 期信贷可得性冲击的实现值 φ_1、φ_2 计算第 2 期的参数 $g = (g_0, g_1^1, g_1^2, g_1^3)$；

（3）持续至第 T 期。

4.3.4　模型的数值结果

1. 模型稳态展示

我们首先展示模型的稳态性质，阐述模型引入企业内生退出、进入与信贷补贴机制的作用。在图 4 - 8 中，我们出示了本书模型、无信贷补贴模型以及既无信贷补贴也无企业内生退出进入机制模型三者稳态下的企业生产率分布。

通过观察图 4 - 8，我们不难看出引入企业内生退出与进入机制以及信贷补贴的影响。相较于无内生退出（进入）的模型，引入企业内生退出与进入机制后，稳态下的企业生产率分布明显右移了，不仅企业生产率均值上升，低生产率企业也显著减少。企业的内生退出机制为模型提供了所谓的“选择效应”（selection effects），将无法支付固定成本 ξ_0 的低生产率企业从生产中剔除，而企业的进入机制为模型提供了“净化效应”，高生产率潜在企业进入市场替换了生产率较低的企业。而进一步引入生产率相关信贷补贴后，由于生产率较低的企业获得正向信贷补贴的概率增加，导致“选择效应”与“净化效应”均大打折扣。

---

① 实际为各一阶中心矩的运动方程。

② 由于切比雪夫多项式的定义域为［-1，1］，需要将 3 个状态变量的取值区间进行转换。

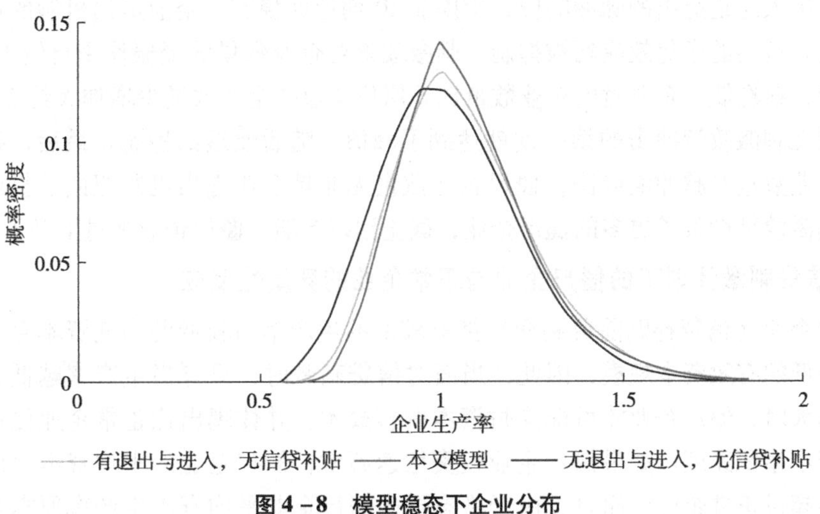

图 4 -8　模型稳态下企业分布

2. 信贷刺激政策下的企业进入与退出动态

为了进一步说明生产率相关信贷补贴对企业内生进入与退出机制的影响，我们出示了一标准差（正向）信贷可得性冲击下的企业进入、企业退出、企业数量以及僵尸企业数量的脉冲响应图，并比较了剔除生产率相关信贷补贴的脉冲响应结果，结果见图 4 -9。

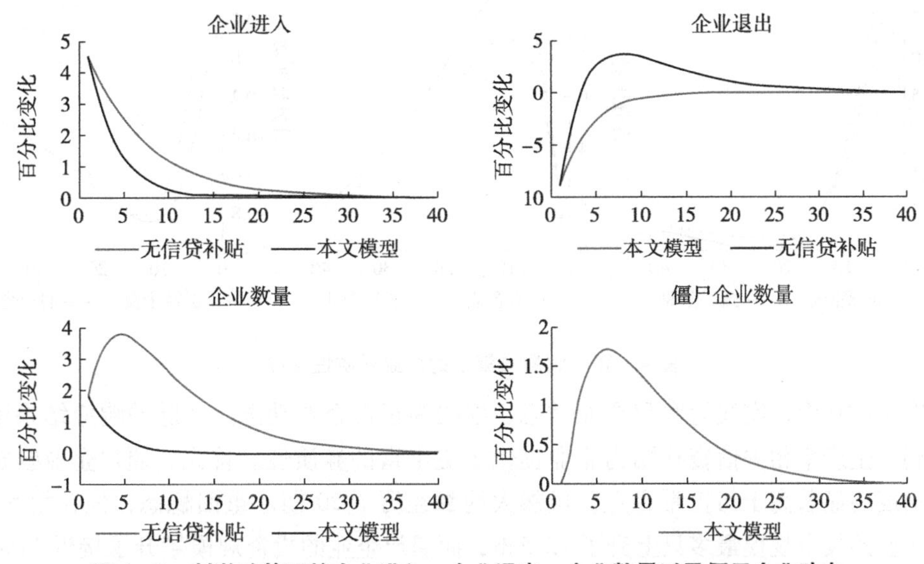

图 4 -9　刺激政策下的企业进入、企业退出、企业数量以及僵尸企业动态

图 4 -9 展示了存在僵尸企业（信贷补贴）时，信贷刺激计划对企业进入退出机制的影响。不难看出，僵尸企业（信贷补贴）阻塞了企业正常的进退机制。首先，由于在位负利润企业会预期获得更多的信贷资源，企业的退出反应更为迟缓了，在位的低生产率企业退出下降了大约 5%；而由于潜在高生产率企业无法获得足够的信贷补贴，无法支付攀升的劳动与资本成本，高生产率的潜在企业进入减少了大约 1%，并且，无

论是企业进入还是退出的脉冲响应，均提前10期返回稳态。企业退出机制的选择效应与企业进入机制的净化效应均被抑制，刺激政策对企业数量的提振作用自然也会下降，平均来看，存在僵尸企业时的企业数量比无僵尸企业的企业数量少增加大约2%，而且企业数量在刺激政策冲击的第一期就达到了峰值，随后便返回稳态。最后，我们出示了僵尸企业数量的脉冲响应图，僵尸企业数量无非是企业进出机制扭曲的投影，可以看到，刺激政策助长了更多的僵尸企业，截止到第6期，僵尸企业数量上升了1.7%。

3. 信贷刺激计划下的僵尸企业与正常企业的异质性反应

僵尸企业（信贷补贴前负利润）拥有较低的生产率与较低的当期资本存量，因而也拥有较低的有效资本规模，因此，当面对信贷刺激时，只有当生产率越低、信贷补贴概率越大时，僵尸企业才可能支付资本调整成本，并体现出比正常企业更快的投资增速与资本累积速度。如果僵尸企业投资增速超常，僵尸企业的平均资本生产率降速也可能会超过正常企业，而且，由于稳态下的僵尸企业平均资本生产率原本就低于正常企业，所以僵尸企业与正常企业的平均资本生产率缺口可能会进一步扩张。图4－10展示了我们模型中刺激政策下的企业异质性反应，我们出示了施加1标准差（正向）信贷可得性冲击后僵尸企业与正常企业投资、资本与平均资本生产率的脉冲响应图。

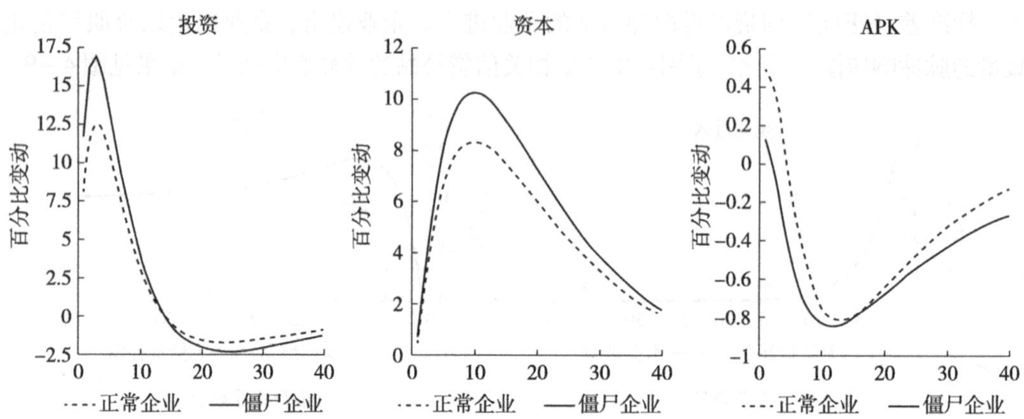

图4－10 刺激政策下的企业异质性反应

图4－10中，实线为僵尸企业动态，虚线为正常企业动态。从脉冲响应结果中可以看到，生产率相关信贷补贴为企业提供了更丰富的异质性。首先，僵尸企业投资增幅与增度均显著高于与正常企业，虽然大约都经历了20期才重回稳态，但在第5期，正常企业的投资规模最多只上升了12.5%，而僵尸企业的投资规模攀升了接近17%①。相应地，僵尸企业资本增幅与增度自然也显著高于与正常企业，同为第10期，僵尸企业资本增长了10.2%，而正常企业投资只增长了8.3%②。而在平均资本生产率动态方

① 当剔除生产率相关信贷补贴后，模型中的企业异质性依赖于个体生产率、企业进出、抵押融资约束与资本调整成本。

② 由于企业贷款规模只受限于当期资本存量，所以僵尸企业贷款规模增速与增幅自然也高于正常企业。

面，无非是资本动态的倒影，僵尸企业平均资本生产率降幅也稍大于正常企业。可以看到，拥有企业内生进退、生产率相关信贷补贴与资本调整成本的企业异质性模型能较好地模拟我们实证中的研究发现。为了更准确地判断模型拟合度，我们首先依照实证部分回归（1）式设定，进一步出示了2007—2013年全样本期的回归结果，回归见表4-8。

表4-8　信贷刺激计划对僵尸信贷、企业投资与资本配置效率的影响

变量	$\Delta\log Lb_{ijct}$	$\Delta\log K_{ijct}$	$\log APK_{ijct}$
$D(Z_{ijc,t-1})$	-0.046 *** (0.002)	-0.047 *** (0.002)	-0.562 *** (0.009)
$\widehat{\Delta L_{ct}}$	0.657 *** (0.023)	0.298 *** (0.0133)	-1.798 *** (0.229)
$\widehat{\Delta L_{ct}}D(Z_{ijc,t-1})$	0.478 *** (0.063)	0.285 *** (0.016)	-0.277 *** (0.064)
$Controls_{it}$	控制	控制	控制
$X_{c,t=2006}\times\alpha_t$	控制	控制	控制
年度固定	控制	控制	控制
省级×年度固定	控制	控制	控制
行业×年度固定	控制	控制	控制
R^2	0.014	0.017	0.031
观测值	304515	304515	304515

注：*、** 与 *** 分别表示在10%、5%与1%显著性水平下显著。

从回归中我们可以看到，在全样本期内，信贷供给每增加1%，僵尸信贷增速比正常企业增速快0.478个百分点且在1%显著性下显著；僵尸企业投资增速也比正常企业快0.285个百分点且在1%显著性下显著；而平均资本生产率缺口扩张增速提升了0.277个百分点且在1%显著性下显著。

接着，我们利用模型的模拟面板数据，根据实证部分回归设定（1）构建了一个拥有外生信贷冲击$\Delta\varphi_t$的回归方程：

$$y_{it}=\alpha_t+\alpha_i+\beta_1 D(Z_{i,t-1})+\beta_2\Delta\varphi_t\times D(Z_{i,t-1})+u_{it}\tag{4.16}$$

其中，α_t与α_i分别为年度固定效应与企业固定效应；$D(Z_{i,t-1})$为识别僵尸企业的虚拟变量，若扣除信贷补贴后，分红d_{it-1}为负，则$D(Z_{i,t-1})=1$。回归结果如表4-9所示。

表4-9　刺激政策下的僵尸信贷配置与资本错配（模拟面板）

变量	$\Delta\log l_{it}$	$\Delta\log k_{it}$	$\log APK_{it}$
$\Delta\varphi_t\times D(Z_{i,t-1})$	0.122	0.123	-0.015
$D(Z_{i,t-1})$	-0.080	-0.080	-0.076
季度固定效应	控制	控制	控制
企业固定效应	控制	控制	控制
R^2	0.11	0.12	0.12

虽然无法直接比较表4-8与表4-9的回归结果，但与表4-8结果类似，从表4-9中我们也发现了信贷刺激计划对企业的异质性影响，僵尸信贷增速依旧快于正常企业贷款增速，僵尸企业投资增速也快于正常企业贷款增速。而僵尸企业与正常企业的平均资本生产率缺口也在不断放大，说明企业边际资本生产率分布的分散程度在扩张，出现了明显的资本错配问题。

4. 信贷刺激计划引发的资本错配与TFP损失

僵尸企业与正常企业对信贷刺激计划的异质性反应必然会引发资本错配。为了量化刺激政策引发的资本错配，我们计算了一标准差（正向）信贷可得性冲击对产出、消费、投资以及内生TFP的脉冲响应，脉冲响应结果见图4-11。

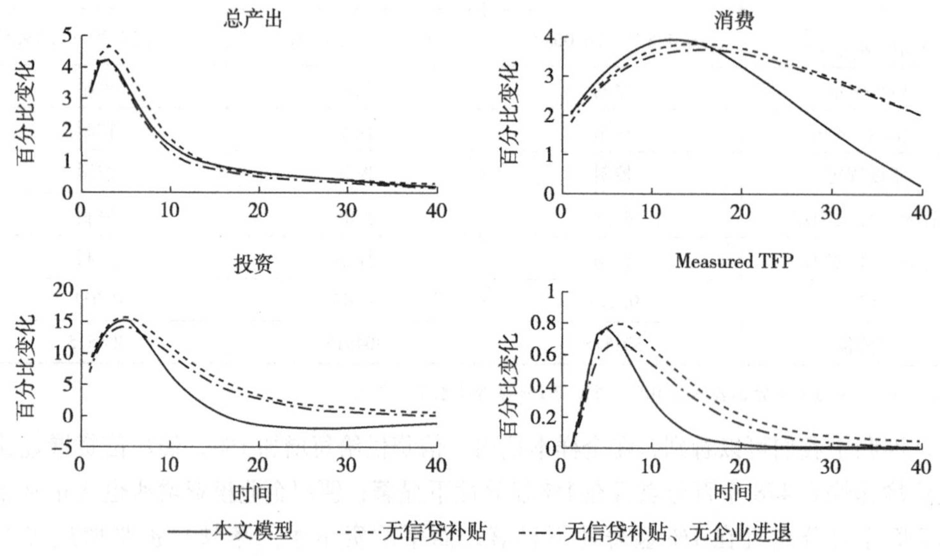

图4-11 信贷可得性冲击的脉冲响应图

在图4-11中，我们出示了本书模型（实线）、无信贷补贴（无僵尸企业）模型（虚线）以及既无信贷补贴也无企业进退模型（点划线）的信贷可得性冲击的脉冲响应图。首先，可以看到，在既无信贷补贴也无企业进退模型中，当信贷约束放松时，更多的企业会摆脱抵押融资约束，扩大生产和投资，在40期内，总产出平均上升了接近2%，投资更是平均攀升了近5%；相应地，总产出与投资的提升支撑了消费水平的攀升，平均消费水平不仅提升了近2.5%，返回稳态的趋势也更为迟缓；另外，由于所有企业均有机会将资本推升至有效资本规模，内生TFP的提升也较为显著，在第7期，内生TFP攀升了近0.7%，平均提升了近0.3%，这与Kahn和Thomas（2013）的研究结果一致；当模型引入企业内生进退时，得益于低生产率企业的退出与高生产率企业的进入，资本配置效率获得了明显改善，TFP较既无信贷补贴也无企业进退时进一步提升了0.1%；相应地，生产率较高的企业可以不断投资并获得更多贷款，进而将资本与产出提升至有效规模，所以总产出、投资规模与消费也进一步改善，分别进一步提升了近0.5%、2%与0.2%。这都说明，当不存在僵尸信贷时，刺激政策不仅能够提振经济，也能有效改善资本配置效率。

不过更重要的是，在引入生产率相关信贷补贴后，我们发现资本配置效率显著恶化了。资本配置效率损失直接体现在 TFP 的动态上，进一步投影到总产出与投资上：在一个标准差的信贷刺激下，TFP 被短期提升了 0.8%，但仅仅在 5 期后就开始返回稳态，整体上比无信贷补贴时的 TFP 低 0.2%（总产出低 0.4%，投资低 4.5%）。较为有趣的是，在 15 期以前，消费高于无信贷补贴时的消费水平，说明家庭预期会出现资本错配，反而降低了储蓄，并在信贷刺激初期提升了自身的消费水平。

我们也能从“资本—生产率”概率分布中观察刺激政策引发的资本错配。为此，我们展示了施加一标准差信贷冲击后本书模型与无僵尸企业模型（无生产率相关信贷补贴）的“资本—生产率”概率分布变化。我们发现，直到第 6 期，“资本—生产率”概率分布变化开始出现显著差异，结果见图 4－12。

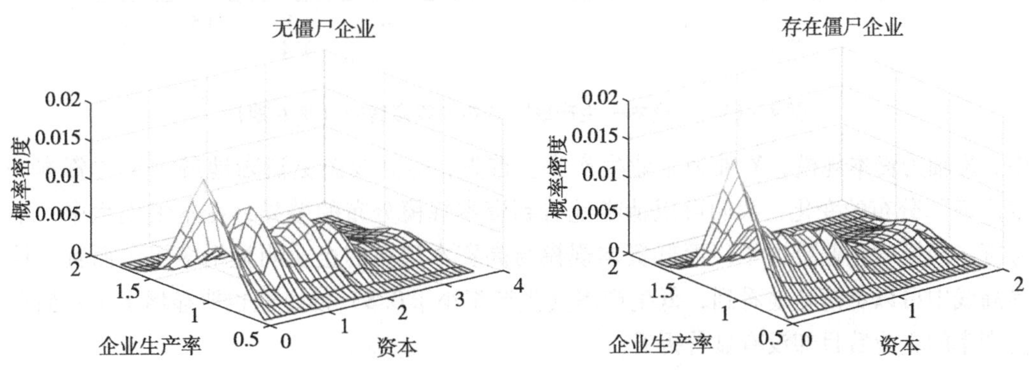

图 4－12　“资本—生产率”分布的脉冲响应图（第 6 期）

在图 4－12 中，左图为无僵尸企业（无生产率相关信贷补贴）模型中施加一标准差信贷可得性冲击后第 6 期的“资本—生产率”概率分布图，右图为本书模型中施加一标准差信贷可得性冲击后第 6 期的“资本—生产率”概率分布图，其中，X 轴为资本规模，Y 轴为企业生产率，Z 轴为概率密度。可以清晰地看到，在信贷冲击后的第 6 期，已经出现了明显的资本错配。

一方面，我们看到，相较于无僵尸企业的“资本—生产率”概率分布，本书模型的“资本—生产率”概率分布的资本存量峰值提升了 0.3，并且高资本存量部分的企业明显增多了。但是，由于僵尸企业阻止了高生产率企业进入，本书模型的概率分布里的中等资本规模（资本规模 1 到 2 之间）的企业却明显减少了，而低资本规模（资本规模小于 1）的企业明显增多了。

另一方面，我们也关注企业生产率分布的变化。为了更清晰地观察企业生产率分布的变化，我们进一步展示了第 6 期概率分布的等高线图，等高线图如图 4－13 所示。

在图 4－13 中，左图为无僵尸企业（无生产率相关信贷补贴）中施加一标准差信贷可得性冲击后第 6 期的“资本—生产率”概率分布的等高线图，右图为本书模型中施加一标准差信贷可得性冲击后第 6 期的“资本—生产率”概率分布的等高线图，其

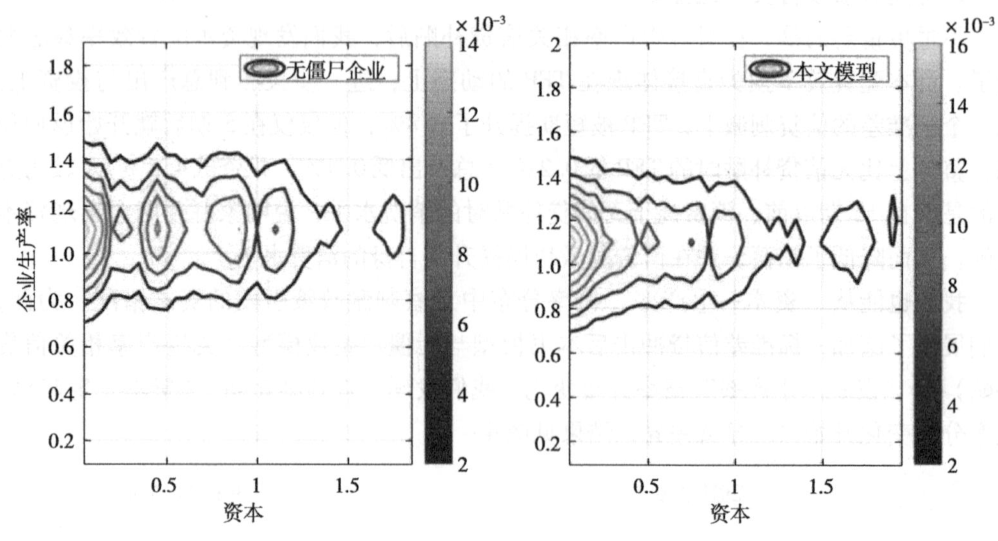

图4-13 “资本—生产率”分布的等高线图（第6期）

中，X轴为资本规模，Y轴为企业生产率。首先，等高线图更清晰地展示了“资本—生产率”分布的变化，我们可以清晰地看到资本规模分布的差异，在本书模型中，中等资本规模的企业更少了，而低资本规模与高资本规模的企业明显增多了。而且，从等高线中可以更清晰地看到，低生产率（生产率小于0.8）的企业也明显增多了，而高生产率的企业数目却没有显著提升。

“资本—生产率”分布的差异印证了僵尸企业对企业正常进退机制的扭曲，也反映了刺激政策引发的资本错配。从第6期开始，存在僵尸企业的“资本—生产率”分布的分散程度明显加大，导致TFP损失了近0.2%。

4.4 结论与启示

2008年底，国务院出台了一揽子刺激政策，刺激政策的短期效果卓著，但也引发了潜在的资源配置失效问题。本书利用原银保监会金融许可证数据库与中国工业企业数据库数据估计了2009—2010年信贷刺激计划对僵尸信贷与非僵尸信贷配置以及对资本配置效率的影响，并进一步构建了一个包含企业内生进入与退出、僵尸信贷、信贷可得性冲击与内生全要素生产率的企业异质性DSGE模型阐释影响机理。研究主要发现：

1. 在2009—2010年，信贷刺激每增加1%，僵尸信贷增速会比正常信贷增速多增加0.847个百分点，并且，获得信贷资源倾斜的僵尸企业的固定资产投资增速也比正常企业固定资产投资增速快0.363个百分点；刺激政策引发的僵尸企业扩张导致一定的资本错配，僵尸企业与正常企业间的平均资本生产率缺口也加大了0.394个百分点。

2. 信贷刺激计划扭曲了2007—2008年相对有效的信贷配置结构，相较于2007—2008年，政策刺激期间的僵尸信贷增速增加了0.750个百分点，僵尸企业的固定资产投资增速加快了0.619个百分点，平均资本生产率缺口也提升了0.321个百分点。

3. 由于存在僵尸信贷补贴，信贷刺激计划赋予僵尸企业不成比例的信贷资源，导致更少的僵尸企业退出和更少的正常企业进入，扩大了“资本—生产率”概率分布分散度，导致TFP损失0.2%。

本书研究给予我们一些启示。毫无疑问，短期的刺激政策总会导致一些无法预料的后果，但应对危机时，各种刺激政策却又是绕不开的选择。而且，在危机期间，为濒死企业融资可能是抵御经济衰退的重要手段之一。但我们的研究发现，即便不考虑长期的结构性问题，利用刺激计划“输血”僵尸企业也并非经济复苏的最优选择。虽然我们没有探讨破除僵尸企业的代价与具体措施，但仅从我们的模型出发，我们可以意识到给予僵尸企业的信贷补贴无非是一种金融摩擦。信贷补贴的存在导致无法市场化定价，因而刺激政策出台后，金融机构难以有效配置信贷资源，导致政策传导渠道不畅，最终引发资本错配。如此看来，要减轻危机时刺激政策带来的资本错配，应大力推动金融机构的市场化定价，这仍是当前尚未完成的工作。

第五章　中国家庭杠杆：基于房价上涨的视角

【导读】

2008年以来，家庭部门加杠杆在中国经济增长中一直扮演着极为重要的角色。据国家金融与发展实验室2024年的统计，过去15年来，宏观经济各部门中，家庭部门杠杆率的提升幅度最大，从2008年的17.9%提升至2023年末的63.5%，增加了2.5倍之多。而家庭部门债务的最大组成成分为房贷，也即家庭加杠杆的主要对象是房产，这是过去几轮经济增长周期中的基本模式。尤其是在2015—2019年，非金融企业部门融资增速下滑期间，家庭部门杠杆率持续攀升至近60%（期间上升20个百分点），推动了房地产相关产业链条的活跃，“土地财政”迸发出又一轮能量，成为维持该阶段经济相对较快增速的最主要贡献因素。

在本书写就之时（2019年），中国正在经历最为严格的房地产政策降温过程，一系列政策措施出台，希望为不断上涨的房价画上“休止符”。政策层关注到，随着房价持续快速上涨，家庭部门加杠杆模式的一些深层次问题逐渐显露出来：如房产市场投机氛围浓厚、居民的生存成本和生活压力不断增加等。针对上述问题，本书开展相关研究，探究房价与家庭杠杆的联动关系（第五章）、家庭杠杆增加对消费的影响（第六章）以及家庭高杠杆可能引发的系统性风险机制（第六章），旨在深入刻画家庭部门杠杆机制和风险传递过程。

在本章，为了从微观角度刻画房地产市场与家庭杠杆率的互动关系，我们区分了首套房家庭与非首套房家庭，尤其是考察投机性购房家庭的决策模式。基于跨期选择模型，我们发现，在中国政策环境和金融市场下，对于投机性的购房家庭，房价对其杠杆的推动能力与未来预期房价升高所能带来的收益密切相关：若预期未来房价仍然会上涨，那么本期“加杠杆”越多，未来可获得越大的效用。基于该逻辑，我们进而分析房价变化对家庭部门杠杆率的传导路径，得出结论是，整体上，房价升高推动了家庭杠杆的增加，其中，房价升高会使非首套房家庭“加杠杆”的幅度显著高于首套房家庭，从而使得中国房地产市场体现出了明显的投机性购房动机。

家庭部门存在结构性的杠杆“刚性”，且杠杆不得不落脚在房地产市场，其背后有一系列原因，如传统的置业观念、地方财政与房地产市场景气的高度咬合、家庭可投资金融资产的相对稀缺等，均为长期因素。我们都知道，在强力调控政策作用下，加之新冠疫情的暴发，2020—2023 年，家庭部门的资产负债表出现剧烈调整，居民新增贷款同比增速持续为负，部门杠杆率增速大幅下降，但即使如此，宏观家庭杠杆率仍然维持在60% ~65%的高位，家庭总资产的六成左右仍为不动产，其他金融资产不足两成。也就是说，房产在很长一段时间仍将作为家庭财富的锚定指标，其投资品属性决定了房价对居民杠杆率动态仍然具有相当大的推动作用。在2024 年房产市场政策放松的当下，如何在维持市场景气与控制不理性投机交易之间取得平衡，仍然是需要密切追踪的一大要务，而政策的基础应更多基于微观个体家庭需求的区分，避免“一刀切”。

在这方面另一个值得思考的情况是，本章的研究基于城市数据聚类，发现居住在不同城市的非首套房家庭，房价推动其“加杠杆”幅度的差异，会大于首套房家庭之间的差异，显示出显著的区域异质性。这个趋势近年似乎进一步彰显：截至2022 年，杭州的家庭杠杆率达到了139.7%，在全国重点城市中高居首位，排名第二的南京，杠杆率也超过了100%，累计有15 个大中型城市的杠杆率超过了70%。这反映了房地产市场从普遍上涨时代变迁到局部领涨模式，在稳杠杆政策方面，因城施策的特征应予对应加强；另外，这种地域异质性也提出了新的课题，区域家庭杠杆率的耐受水平是否也有不同。

本章也为家庭杠杆与消费的分析提供了一个思路。原则上，通过借债来平滑消费被认为是家庭加杠杆的经典微观基础，也是我们对家庭举债—消费决策的跨期分析的出发点。但由于中国家庭与西方家庭在购房行为习惯方面存在一些本质区别，家庭部门杠杆攀升并没有伴随着消费的增加，实际上同期的消费反而持续的低迷。再加上投机性非首套住房购置行为对整体杠杆率的重要影响，国内非首套住房投资的本期杠杆越高，下期的消费越低，即消费的延迟具有长期性。而在房地产市场低迷，住房贷款增速下滑的当下，一系列周期性因素又阻滞了消费的复苏，渐渐就形成了家庭部门“消费降级”的格局。这部分内容的经济学分析，我们将在第六章展开。

5.1　研究背景

在经济转型背景下，中国近年来宏观经济杠杆率持续上升，已达到一个较高的水平①。对于这一问题，监管当局已着手制定降低宏观杠杆率的政策和措施，重点放在了地方政府债务和国有企业部门②。在这个过程中，家庭部门杠杆似乎被忽视了。而鉴于

① 2018 末年我国宏观杠杆率为243.7%，接近美国（249.2%）、欧元区（258.4%）的水平。我国数据来自人民银行以及国家统计局，其他国家数据均来自国际清算银行（BIS）。

② 如2018 年4 月中央财经委员会首次提出的“结构性去杠杆”，重点提到的就是去地方政府和国有企业的杠杆。

2008 年国际金融危机的经验教训，西方学界普遍认为，若家庭部门的杠杆率及债务总水平过高，一旦资产价格泡沫破裂，家庭的信贷约束收紧，高杠杆使家庭的流动性降低（Ganong 和 Noel，2018；Baker，2018），促使家庭开始去杠杆，会极大抑制家庭的消费需求（Dynan，2012；Mian，Rao 和 Sufi，2013），进而影响就业（Mian 和 Sufi，2014）和投资（Ganong 和 Noel，2018），这是引发经济衰退的重要原因（Jones，Midrigan 和 Philippon，2017；Corbae 和 Quintin，2015；Mian 和 Sufi，2009，2010，2011，2016，2017），因此需要格外重视。

从数据上来看，到 2018 年末，中国家庭部门债务①余额 47.9 万亿元，较 2008 年增长 8.4 倍。如图 5－1 所示，若以债务余额与 GDP 的比值来衡量杠杆率的话，中国家庭部门杠杆率为 53.2%，低于 G20 平均水平（58.7%），但高于新兴市场经济体的平均水平（39.8%）。而根据国际货币基金组织的研究报告，当某国家庭部门债务与 GDP 的比值超过 30% 时，其中期经济增长就会受到影响②。另外，如果以家庭债务与可支配收入之比来衡量国内家庭杠杆率水平③，那么 2008—2018 年，中国家庭部门的杠杆率从 43.2% 增至 121.6%，10 年间上升 78 个百分点，这已经逼近 2007 年美国次贷危机前的峰值。若加上无法统计的巨额民间借贷，中国家庭部门高杠杆问题实际上已经达到需要警惕的程度。田国强等（2018）认为中国家庭部门杠杆的增加使家庭部门流动性降低，已经对消费造成了挤出效应，并有可能通过拖累企业经营活力传递到银行系统中，从而危及整个金融系统的安全。因此，我们需要警惕中国家庭部门的高杠杆。

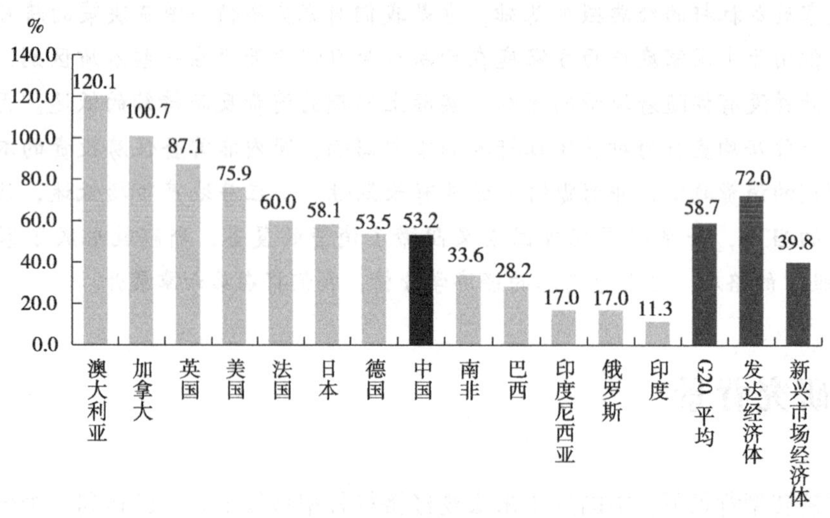

图 5－1　2018 年末部分经济体家庭部门杠杆率

（数据来源：外国数据来自 BIS，中国数据来自国家统计局）

① 根据国际货币基金组织和国际清算银行的统计口径，家庭部门债务为金融机构信贷收支表中的住户贷款。

② 具体见《全球金融稳定报告》，2017 年 10 月。

③ 田国强等（2018）认为，由于我国 GDP 与居民收入之间的相关性较弱，特别是城镇居民收入增速远远落后于 GDP 的增速，家庭债务与可支配收入之比更适合衡量我国家庭杠杆率水平。

中国家庭杠杆快速增长的主要推动因素是什么？我们把家庭部门债务进行分类（见图5－2），发现家庭部门债务中个人住房贷款一直占据主体地位，2008—2018年，个人住房贷款余额从约2.98万亿元增至25.75万亿元，占家庭部门贷款余额的比例保持在45%～54%，中国家庭的债务水平与杠杆率升高主要来自于房贷的贡献。

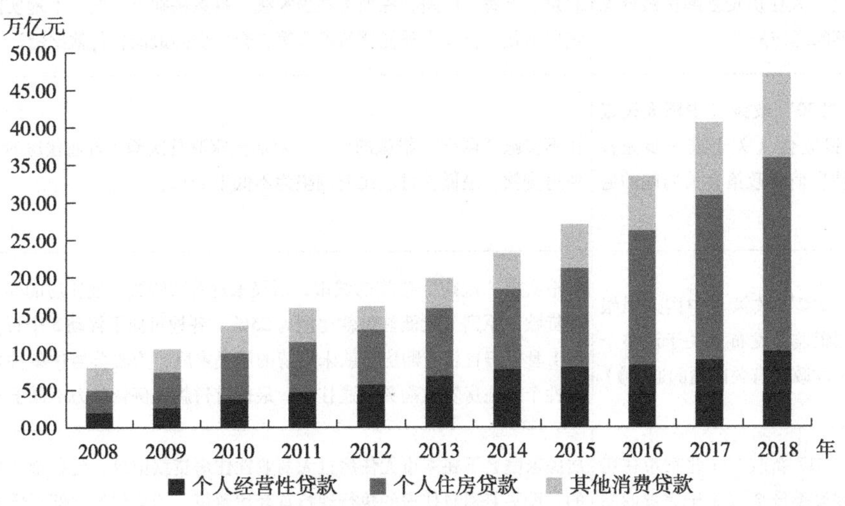

图5－2　中国家庭部门银行债务余额变动趋势

（数据来源：中国人民银行）

图5－3进一步展示了2008年到2018年房价与家庭部门杠杆的变动趋势，可以看出，这期间房贷与居民可支配收入的比值与房价的变动基本保持一致，并且呈现快速增长的趋势。特别是在2014年第三季度全国开启了新一轮购房放松政策后，家庭部门杠杆率的增速开始加快，并且直到2016年12月中旬中央经济工作会议上首次正式提出要坚持“房子是用来住的，不是用来炒的”，并且在2017年10月党的十九大报告中，习近平主席再次强调要坚持“房子是用来住的，不是用来炒的”之后，全国的房产市场“刺激”的主基调才开始转变为“调控”。在此期间，表5－1所列示的一系列房地产刺激政策的陆续出台，支撑起了房价的持续上涨。

表5－1　2014—2016年房地产市场刺激政策

政策	主要内容
2014年“930”政策（中国人民银行 中国银监会《关于进一步做好住房金融服务工作的通知》）	对于贷款购买首套普通自住房的家庭，贷款最低首付款比例为30%。对拥有1套住房并已结清相应购房贷款的家庭，为改善居住条件再次申请贷款购买普通商品住房，银行业金融机构执行首套房贷款政策。
2015年“330”政策（中国人民银行、住建部、银监会联合发布《关于个人住房贷款政策有关问题的通知》）	家庭使用住房公积金委托贷款购买首套普通自住房，最低首付款比例为20%；对拥有1套住房并已结清相应购房贷款的家庭，为改善居住条件再次申请住房公积金委托贷款购买普通自住房，最低首付款比例为30%。对拥有1套住房且相应购房贷款未结清的居民家庭，为改善居住条件再次申请商业性个人住房贷款购买普通自住房，最低首付款比例调整为不低于40%。

续表

政策	主要内容
2015年"831"政策（中国人民银行、中国银监会发布《关于调整住房公积金个人住房贷款购房最低首付款比例的通知》）	对拥有1套住房并已结清相应购房贷款的居民家庭，为改善居住条件再次申请住房公积金委托贷款购买住房的，最低首付款比例由30%降低至20%。北京、上海、广州、深圳可在国家统一政策基础上，结合本地实际，自主决定申请住房公积金委托贷款购买第二套住房的最低首付款比例。
2015年"930"政策（中国人民银行 中国银监会《关于进一步完善差别化住房信贷政策有关问题的通知》）	在不实施"限购"措施的城市，对居民家庭首次购买普通住房的商业性个人住房贷款，最低首付款比例调整为不低于25%。
2016年"202"政策（中国人民银行、中国银监会发布《关于调整个人住房贷款政策有关问题的通知》）	在不实施"限购"措施的城市，居民家庭首次购买普通住房的商业性个人住房贷款，原则上最低首付款比例为25%，各地可向下浮动5个百分点；对拥有1套住房且相应购房贷款未结清的居民家庭，为改善居住条件再次申请商业性个人住房贷款购买普通住房，最低首付款比例调整为不低于30%。
2017年"317新政"（北京市住房和城乡建设委员会《关于完善商品住房销售和差别化信贷政策的通知》）	居民家庭名下在本市无住房且无商业性住房贷款记录、公积金住房贷款记录的，购买普通自住房的执行现行首套房政策，即首付款比例不低于35%，购买非普通自住房的首付款比例不低于40%（自住型商品住房、两限房等政策性住房除外）。

对于中国房地产市场，2016年政府提出"房住不炒"。那么，家庭部门杠杆的过快增长，是否是房价上涨推动的？进一步，家庭杠杆上涨到底是首套房家庭推动的，还是非首套房家庭推动的？房价推动不同类型家庭杠杆增长的机制是什么？这关系着我们怎么来认识目前房地产市场的健康状况，也关系着下一步如何制定有效的政策措施来抑制家庭高杠杆问题。

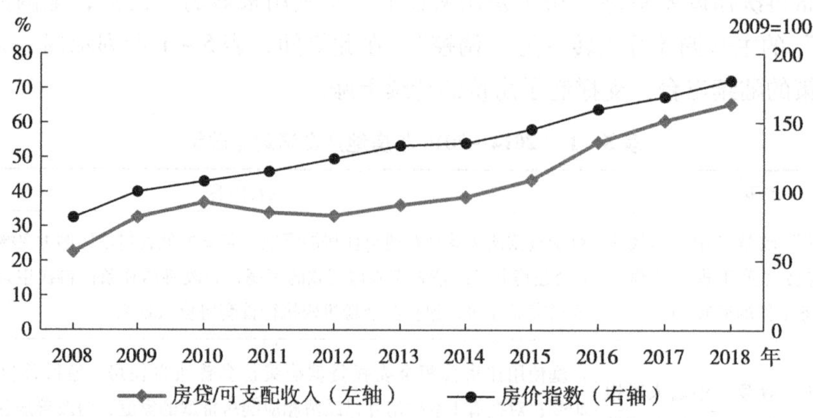

图5-3 房价与中国家庭杠杆率的变动趋势

（数据来源：中国人民银行、国家统计局）

更进一步地看，与家庭杠杆问题直接相联系的宏观经济要素就是消费。西方的主流观点指出，由于高杠杆带来了较重的债务负担，所以家庭不得不减少消费，这也是经济学家所说的债务“悬置”（overhang）效应：家庭杠杆的过度增长会导致随后消费的下降（Dynan，2012；Mian 等，2013）。

那么，中国当前消费增速的持续下降是否与家庭部门杠杆率的升高有关联呢？如图 5 –4 所示，从实际数据来看，家庭部门杠杆率与社会消费品零售总额实际增速的变动基本呈相反的趋势：家庭部门的杠杆率增加，随后的消费增速就会下降，而且这种关联在 2011 年后越发的明显。因此，基于宏观数据所表现出的负相关关系以及对 2008 年国际金融危机前美国家庭部门资产负债表特征的警惕，中国家庭部门杠杆的增加是否真正抑制了消费就成为我们关注的核心问题。

本部分的研究就是从中国家庭部门杠杆的这些现状出发，基于其与宏观经济指标时变趋势的联系，实证检验促使家庭杠杆持续增加的主要因素。在第六章，我们还将分析家庭杠杆增加与消费的关系，分析家庭高杠杆可能引发的系统性风险机制。

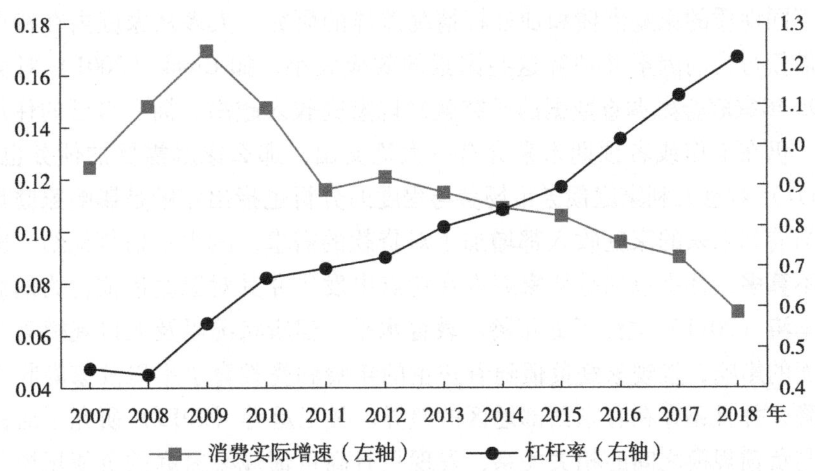

图 5 –4　中国消费实际增速与家庭部门杠杆率变动趋势比较

（数据来源：中国人民银行、国家统计局）

5.2　家庭杠杆相关研究梳理

家庭杠杆增加的本质，就是家庭债务增加的过快。因此，研究家庭高杠杆问题，也就是研究家庭债务过快增长的问题。按照研究思路，我们分别从家庭杠杆升高的成因、家庭杠杆与消费的关系、家庭杠杆的宏观经济效应、家庭杠杆持续升高的风险以及如何防范家庭部门高杠杆风险几个方面对相关研究进行梳理。

5.2.1 家庭杠杆增加的成因研究

家庭杠杆升高本质上反映了家庭选择承担的债务负担加重，其持续升高首先由微观层面家庭借债的需求与动机所决定，同时从宏观层面来看，家庭部门的债务水平又受到住房价格、利率、金融创新等宏观因素的影响。

1. 促使家庭杠杆增加的微观因素

在微观层面，通过借债来平滑消费被认为是家庭加杠杆的重要渠道，尤其在当期收入低于理想的消费支出水平的情况下，如 Ludvigson（1999）研究了面临借款限制的个人的最优消费行为，这些人的借款限制随其收入随机变化，结果发现他们会在面临收入冲击时通过借债来平滑消费，也就是说家庭借债与消费正相关。同时，也有研究指出家庭也会受投资意愿的驱动而进行借债，如大学生预期较高的教育程度会提高未来收入水平而借债进行人力资本投资（Han 和 Mulligan，2001）或者在面临不确定性时选择在金融市场上进行做空操作，该操作相当于家庭在短期借债（Brooks，2002）。而具体到对不同性质的家庭借债和加杠杆情况差异的研究，大多从家庭内在特点出发研究影响其借债行为的因素并估算这些因素的效应大小，如 Crook（2001）对美国家庭1990—1995 年家庭金融调查数据的研究就发现家庭收入越高、拥有自己的住房、家庭规模越大、仍在工作或者预期未来会有一大笔支出，那么家庭需要的债务也就越多。Magri（2007）对意大利家庭债务市场参与程度的分析也指出年龄是影响家庭债务的需求因素，当前和未来的家庭收入都增加了对贷款的需求，减少了信贷配给。国内这方面的研究不算多，几乎也都是从家庭内在特点出发研究其对家庭借债行为的影响，如陈斌开和李涛（2011）关注了如年龄、教育水平、健康状况以及人口规模等人口统计学特征方面的影响，发现家庭负债随着户主的年龄和受教育水平以及家庭收入水平的提高而下降，并且还存在着东西部地区的差异。吴卫星等（2013）研究了居民家庭的收入水平与负债规模之间的相关关系，发现只有高负债规模家庭的负债规模与收入呈现显著的正向关系，并认为这是因为高收入家庭的借贷约束也比较低所导致的现象。郭新华等（2016）考察了收入不平等对家庭借贷决策的影响，发现收入不平等的扩大并不会导致中低收入家庭去寻求借贷或增加借贷规模。陈洪波和潘石（2017）关注社会资本——包括家庭成员参加了哪些社会组织，可以借钱的亲友数量，对周边人群的信任程度，与他人的合作态度以及与外界信息交流的频繁程度等六个方面的影响。吴卫星等（2018）通过微观调查数据库中记录的家庭对金融常识问题的回答的情况来衡量家庭金融素养的影响，发现金融素养高的居民家庭更可能持有负债和偏好通过正规渠道借贷，但金融素养的提高有助于减少过度负债。

2. 促使家庭杠杆增加的宏观因素

考虑到宏观层面，目前国内与本书研究有相似性的是周广肃和王雅琦（2019），他们利用 CFPS 的数据建立了房价与家庭杠杆率的联系，指出是房价上升推动了家庭的住房需求，提高了家庭的借贷意愿和风险偏好。而中国其他有价值的研究还太少，更多是西方学者在深入探讨。如一些学者指出20世纪80年代的金融改革大幅降低了家庭融资的门槛，尤其是抵押贷款的引入与权限放开，一系列的放开管制的举措最终促使家庭信贷约束的放松，这是推动家庭债务的增长的主要因素。Girouard 和 Blöndal（2001）对自20世纪70年代初以来经合组织成员国抵押贷款市场的变化如何影响房地产价格与需求之间的联系的研究中，就指出20世纪80年代的金融改革大幅降低了家庭融资的门槛，这些放开管制的举措都不断推动家庭信贷的增长。Hull（2003）也指出金融放松管制加剧了新西兰家庭的债务负担，这与其他国家一致。Debelle（2004）也有同样的观点，他发现20世纪后20年发达国家对金融管制的放松，造成利率的降低和流动性约束的放松，结果是家庭债务大幅上升。Treeck（2009）从"金融化"是富裕国家资本主义转型的主要驱动力之一的政治经济学角度出发，分析了美国债务型经济的转变，指出财富积累和金融创新促使个人信贷约束进一步放松，家庭负债水平不断提高。

不少学者也认为住房价格的不断上涨与真实或名义利率的持续下降是21世纪以来美国债务规模迅速扩张的最重要原因，如 Barnes 和 Young（2003）使用了一个校准的部分均衡重叠世代模型研究自20世纪70年代初以来美国家庭债务上升的原因。该模型以消费—收入动机（与消费平滑相关）和住房融资动机来解释负债，他们发现实际利率和收入增长预期受到冲击，再加上人口结构的变化，使美国家庭债务上升。Ortalo - Magne 和 Rady（2006）对生命周期模型进行了拓展，模型设定家庭在收入和偏好方面是异质的，抵押贷款受到首付要求的限制。住房作为家庭借贷的抵押品，房价越高，家庭抵押品价值越高，使他们会借更多的贷款，这是家庭债务增加的"资本利得影响渠道"。另外，Karasulu（2008）通过对韩国家庭微观层面的面板数据进行压力测试，研究了家庭债务的来源和风险，发现实际利率的增加和房价的下降会使家庭的债务增加。Waldron 和 Zampolli（2010）通过对英国的通胀、人口结构和实际利率变化的调查也发现，实际利率的下降是房价与债务上涨的主要动力，而且债务不断积累的关键在于家庭将利率的下降视为长期趋势。

而在2007年美国次贷危机之后，学者更多开始反思引发危机中经济衰退的家庭部门高杠杆成因的特殊性，这方面比较经典的研究是 Mian 和 Sufi（2009）对与危机后经济衰退相联系的美国高家庭杠杆成因的考察，他们的样本是街区水平（一个邮政编码代表一个街区）的家庭微观数据，发现伴随抵押贷款信贷的急剧扩张而来的是次级信用家庭比例高的街区违约率急剧上升。2001年至2005年处于历史低位的无风险利率有可能是次级信用抵押贷款扩张的原因。随后 Mian 和 Sufi（2011）进一步研究了被这一波住房抵押信贷扩张所推动的房价强劲上涨，是否对美国已拥有住房的家庭的杠杆带来反馈效应。他们采用美国大都会统计区的住房供给弹性（Saiz，2010）作为房价的工具变量，对美国各城市街区层面进行微观分析，发现房价上涨通过房屋权益式（equity - based）借款渠道使有房家庭杠杆明显增加，这种影响并非在所有人群中都是一致的，而是主要集中在信用评分低、倾向于用信用卡借款的房主身上。而 Adelino、Schoar 和 Severino（2016）类似的研究又指出，抵押贷款信贷的扩张使得所有收入水平的优质和次级信用借款人的杠杆都增加，一旦危机爆发，这些人贷款违约的比例要远远高于前一段时期，特别是在危机之前房价上涨更为显著的地区。由于这些中产阶级借款人持有的债务规模要大得多，他们的违约率看似小幅上升，却对拖欠抵押贷款的总存量产生了巨大影响。但随后 Mian 和 Sufi（2016）又在研究中指出了他们研究的问题，即他们对样本家庭信用等级的划分所定的时点太晚，也就是说在房价上涨周期开始之前是次级信用的人在房价上涨之后信用评分实际上上升了，变成了所谓的优质信用人，而实际上仍是这些人的杠杆增加的最多，危机后违约也最多。

5.2.2 家庭杠杆的宏观经济效应研究

在探讨家庭杠杆与宏观经济之间的关系时，大部分经济学家所选取的切入点是消费，也即分析家庭债务对消费进而对经济增长的影响，消费是家庭债务与经济增长之间的联结点。而这种研究主要关注两个方向，一是家庭杠杆与经济增长的关系，二是家庭杠杆与经济衰退的关系。

1. 家庭杠杆与经济增长

这方面的研究比较多，如 Pally（1994）构建了线性的乘数—加速数模型，分析了消费信贷在经济周期中所起的作用。在模型中，家庭消费信贷的增长可以刺激消费增加，进而带动经济增长。但是，随着家庭债务的不断累积，每期的利息支出也在不断增长，其在现金流支出中的占比越来越高直至不可持续。这就导致收入会加速从债务人转移至债权人，这一过程最终会抑制家庭的消费支出，而这又会拖累经济增长。文中用一个产出的自回归模型进行了实证检验，解释变量包括消费信贷的增长及债务利息，结果表明，消费信贷的增长与人均产出存在正相关关系，而债务利息则与人均产出存在负相关关系。

Cynamon 和 Fazzari（2008）以 20 世纪 80 年代至 21 世纪初期的美国家庭为研究对象，对债务、消费、收入等变量进行了详尽的数据整理与分析。观察到的现象是这一阶段美国家庭消费迅速扩张，同时家庭债务也在迅速累积。文章认为债务的累积对经济增长提供了强劲的刺激，但家庭债务前所未有的增长却有可能会为随后的经济下行埋下恶果。

Kim 和 Isaac（2010）将消费债与经济周期相联系，认为消费者债务和公司债一样对金融和经济的脆弱性有着重要作用，并将消费债引入存量流量新卡莱茨基增长模型，认为消费债务将影响有效需求、利润率和经济增长。而且，更为宽松的信贷条件在短期内将刺激经济增长，但长期内将降低经济增长。

Kim（2011）区分了短期与长期家庭债务对经济增长的影响，并进行了实证检验。他认为，债务的经济影响应取决于时间期限：短期内，建立在债务基础上的家庭支出会成为经济增长的源泉之一，但一旦家庭债务累积过多，长期来看过高的家庭债务反而会抑制消费及产出水平。文章用 VAR 模型的脉冲效应验证了家庭债务的短期效应，正向的家庭债务（包括总体债务、消费信贷、抵押贷款）冲击伴随着 GDP 增速的增长，而GDP增速的正向冲击也伴随着家庭债务的增速增长，即两者之间存在正反馈。文中进一步用协整检验与误差修正模型（VECM）来验证长期效应，结果表明长期家庭债务与产出之间存在负相关。也即，长期来看，家庭举债对经济增长无明显促进作用。

2. 家庭杠杆与经济衰退

在次贷危机之后，主流研究开始关注危机前家庭的高杠杆和危机后的经济衰退之间的联系。如Moore和Palumbo（2010）认为次贷危机后流动性收紧时，家庭杠杆率过高导致其缺少应对危机的“金融缓冲器”从而大幅降低了家庭的金融稳定性，导致违约大幅上升，并加重了失业的负担。Glick和Lansing（2010）以16个发达国家的数据为研究样本，将1997—2007年各国家庭杠杆率的变化对2008年第二季度至2009年第一季度的消费变化幅度进行最小二乘回归，结果同样显示两者之间存在显著的负相关。危机前大幅加杠杆的国家如爱尔兰、丹麦，在之后消费的下跌幅度都很大，而德国、奥地利、比利时与法国在危机前加杠杆幅度最小，它们随后的消费走势基本平稳或仅仅小幅下跌。

在这方面，Mian和Sufi的一系列关于家庭杠杆的研究，都会与次贷危机后经济衰退的表现联系起来，如他们最初研究美国抵押信贷扩张时，就提出这种扩张使次级信用家庭债务增加，这是危机后经济衰退的重要诱因（Mian和Sufi，2009）。随后他们对美国家庭微观数据进行研究，进一步指出这一时期家庭杠杆率的提高较好地解释了经济衰退期间家庭违约率的提高、住房价格的下滑、消费特别是耐用消费品的缩减以及失业率上升，这种现象在次级信用家庭中的表现最明显（Mian和Sufi，2010，2011）。接下来他们针对宏观经济表现出的失业率上升的结构性特点，通过对美国县级层面的微观数据的研究，发现之前杠杆率越高的家庭房产净值下降的也越多，而房产净值通过财富效应或收紧了借款约束（房产作为抵押物价值下降）压抑了家庭的消费需求，整个经济的消费需求下降从而导致就业的下降（Mian和Sufi，2014）。之后他们又提供新的证据来支持信贷供应的增加与收入或生产率的根本改善无关，是引发家庭债务盛衰的冲击。信贷供应的观点得到了四个事实的支持：第一，2002年至2005年，抵押贷款信贷供应的扩张与经济环境的改善无关。最容易看到的是，来自边际家庭或以前经常被拒绝按揭贷款的家庭的住房抵押贷款增加。第二，抵押贷款信贷供应的扩大使房价上涨。第三，现有房主对房价上涨的反应是大举从房屋净值中借款；这种借贷在除前20%的信用评分分布之外的所有地区都很普遍，是家庭总债务上升的主要驱动因素。第四，违约危机主要是由信用评分较低的个人造成的（Mian和Sufi，2016）。

3. 早期刻画家庭过度负债风险的传导路径的研究

这方面的研究主要通过构建理论模型进行，早期的建模重点针对部门与部门之间的动态联系，主要依循“债务—通缩”理论和家庭债务的“存量—流量”效应分析宏观经济的波动。“债务—通缩”理论是由Fisher（1933）提出的，他假设过度负债是扰乱一般经济均衡的唯一因素，过度负债将引起借贷双方的债务清偿，引发系统性风险的机制是债务清偿导致销售萎缩—存款货币收缩，流通速度减慢—价格水平下降—企业资产净值大幅下降—公司利润下降—产出、贸易与就业率下降—企业损失、破产和失业率上升—市场悲观情绪的蔓延—流通速度进一步减缓—引起利率复杂的变化，名义利率下降，实际利率上升，这种机制很好地解释了大萧条期间的经济现象。他还指出，过度负债与价格下降是上述机制的充要条件，债务与通货紧缩还存在互相加强的关系。而后 King（1994）对该理论做的重新阐述，他通过观察与比较大萧条与 20 世纪 90 年代初期的经济危机中债务及其对消费增长的影响，发现私人部门的债务积累与经济危机的严重程度紧密相关，认为分配性冲击是债务与通货紧缩导致实际产出减少的关键所在。模型的核心假设是假定债权人和债务人有不同的边际消费倾向，正是财富从债务人向债权人的分配变化使需求和产出下降。只有当债务人削减消费与投资的行为被债权人增加支出的行为抵消时，债务通货紧缩的连锁反应过程才会停止。但 Fisher 和 King 都只是把家庭债务当作私人部门债务的一部分来研究，并没有探究家庭部门过度负债的独立风险。

因此，不少学者开始针对家庭债务在经济周期中的地位展开研究，从而提出了家庭债务的“存量—流量”效应。如 Palley（2009）比较了凯恩斯主义和新凯恩斯主义框架下的债务驱动经济周期模型和理论，认为债务影响真实经济活动的途径主要有两种：一是凯恩斯主义和新凯恩斯主义框架下都存在的“资产负债表拥挤”（balance - sheet congestion），二是凯恩斯主义框架下的债务偿付转移效应（debt service transfer）。在这两种机制的共同作用下，家庭债务就表现出“存量—流量”效应：拥有较高的消费倾向的借方家庭向贷方家庭借债，由此增加总需求与产出，产出的增加又提高了借方家庭的借贷上限，并促进额外借贷；随着家庭债务规模的上升，债务偿付负担将不断增大，促使借方对贷方转移收入以偿还债务，而贷方家庭较低的消费倾向将使总需求和产出相应下降。之后的研究基于次贷危机后经济衰退的事实拓展了这一效应的作用机制，如 Eggertsson 和 Krugman（2012）构建的经典理论模型，模型假定家庭存在异质性——债务家庭与债权家庭，债务家庭相对债权家庭更缺乏耐心。在“明斯基时刻”的冲击下，债务人会受到更严格的借款约束，这就迫使其削减当前消费，同时将债务水平调整到新的适度水平。由于受到名义利率零值下限的约束，债务人去杠杆会导致经济陷入流动性陷阱。Guerrieri 和 Lorenzoni（2011）的模型也展现了类似的作用机制，指出债务人通过降低消费来实现去杠杆，但同时指出这一过程中债权人也会增加预防性储蓄，进一步抑制消费。

4. 当前刻画家庭个体异质性的风险作用机制研究

当前模型的主流都是将家庭异质性的构造作为模型的重点，研究不同性质的家庭在面对冲击时的选择对宏观经济变化的解释力，这是因为大量基于现实数据的经验研究已经证实了家庭的不同性质决定了其在次贷危机前后的不同行为，并对宏观经济的变化起着非常重要的影响（Mian 和 Sufi，2011；Adelino，Schoar 和 Severino，2016）。如 Campbell 和 Cocco（2015）建立了一个包括劳动收入、房价、通货膨胀、利率风险等方面的家庭抵押贷款决策模型，模型量化了可调利率与固定抵押贷款利率、贷款与价值比率以及抵押贷款偿付能力对抵押贷款溢价和违约的影响，家庭的异质性体现在其在过去是否存在过违约或终止抵押贷款合约的情况，违约或提前终止抵押贷款合约的家庭会失去住房从而租房生活。

Corbae 和 Quintin（2015）建立理论模型旨在研究美国房市繁荣时的大量高杠杆抵押贷款引发了多大程度的止赎危机（Foreclosure Crisis）。他们的模型中，家庭的异质性主要是年龄，经济中存在三种类型的家庭（青年、中年和老年），他们从抵押贷款中选择不同的首付款，并选择在给定收入和住房冲击时是否违约。低首付贷款的使用最初受到支付收入比（payment – to – income）的限制，但在经济繁荣时期却不受限制。

Krueger，Mitman 和 Perri（2016）建立了几种标准异质性家庭模型的变体，来研究家庭收入、财富和偏好异质性如何放大和传播宏观经济冲击，基本设定是，经济中的家庭的分为两类，一种是年轻的且还在工作的家庭，另一种是老年的已经退休的家庭，年轻家庭有一定概率退休，年老家庭有一定概率会死亡并由年轻家庭填补，这些模型都包括总的冲击并内生化了家庭财富的分配。

Favilukis、Ludvigson 和 Nieuwerburgh（2017）建立一种定量住房供给的一般均衡模型，该模型在现有的住房金融定量宏观研究中纳入了两个关键因素：综合商业周期风险和在模型中由遗产偏好异质性驱动的真实财富分配，这也就是家庭异质性的体现。

Kaplan、Mitman 和 Violante（2017）建立了一个包含多种总体冲击的美国经济的模型以研究大萧条时期的房地产繁荣和萧条，其模型经济是由世代交替的家庭组成的，他们的生命周期分为工作和退休两部分。时代交替的家庭结构能够在生命周期维度上匹配数据，这是决定住房、消费和财富积累决策的关键因素。不确定的个人收益风险，加上无担保借款、无风险的流动储蓄工具和非流动性储蓄工具（住房）的约束，这些特征产生了现实的异质性家庭的微观经济消费行为。

国内的相关理论研究还不多，基于家庭异质性来联系家庭行为与宏观经济时多采用 DSGE 模型，但家庭异质性的刻画比较简单，就是分为储蓄家庭和借贷家庭（程方楠和孟卫东，2017；刘喜和等，2017），这基本上都是参考 Eggertsson 和 Krugman（2012）的设定，其他方面几乎没有区别。

5.2.3　防范家庭部门高杠杆风险的研究

对家庭高杠杆可能引发的系统性风险的防范研究很少只针对家庭部门层面，更多的是关注金融监管以及宏观审慎层面，把家庭作为经济系统的一环来考量。

1. 侧重金融机构高杠杆风险的防范

很多研究针对家庭与银行部门的关系，将抑制家庭部门高杠杆风险的落脚点放在了抑制金融机构过度风险承担上面，认为只要防范了金融机构的高杠杆风险，那么家庭高杠杆的风险也就得到了化解。一些学者针对银行同业业务高杠杆的情况，提出应加强金融机构的权限和审批流程监管，要求金融机构在流动性管理方面执行统一政策；禁止银行接受或者提供“隐性”或“显性”的第三方金融机构信用担保；将全口径融资业务纳入监管范畴，避免有限资源流向政策限制行业；并考虑拉长同业负债期限（如一年以上），间接提高同业业务融资成本，压缩同业业务套利空间，再配套行业准入等监管限制措施以应对这一问题（步艳红等，2014）。还有的研究是通过构建衡量银行风险承担的指标，来检验监管的相关程度或与该指标的关系，一般认为直接增加监管的强度（Buch 和 DeLong，2008）、聚焦银行董事的薪酬和股票持有（Bhagat 等，2015）或设定较高的资本要求（Ashraf，2017）都能抑制银行风险承担行为。

另外一些是在通过理论模型研究金融机构风险承担引起高杠杆机制的基础上提出的，如 Petitjean（2013）认为有效的应对监管套利的监管体制，一定有对表外套利稳健的巴塞尔式规则，管理部门聚焦于系统性风险的控制并在监管中零容忍，同时还要有自动且快速的干预以及解决机制。但这些要素起效的前提必须是强有力的国际协调。Aikman 等（2015）研究表明在经济基本面不发生改变的条件下能力差的银行才会有追逐风险的动机，因此提高逆周期的资本充足率标准就能提高这种风险承担的成本，抑制这种行为，这种逆周期的宏观审慎监管的观点在很多以 DSGE 模型进行的研究中比较常见（Schoenmaker 和 Wierts，2015；Schoenmaker 和 Wierts，2015；Korinek 和 Simsek，2016；Phelan，2016）。Silva 等（2016）认为银行的风险承担行为是因为银行间的特殊的网络拓扑结构，这种网络结构使银行的成本效率更低，金融监管应该把这种情况纳入对金融失衡的分析中，并且应对系统性风险的适当激励机制的设计，也应考虑提高效率和承担风险之间的权衡。汪莉（2017）在动态线性模型（D－L－M）基础上通过引入隐性存保异质性、资本充足率约束和市场纪律约束，考察了货币环境改变作用于银行风险承担行为的理论传导机制。得出央行在使用利率政策的同时，可以适当搭配使用“预期”管理政策和逆周期资本监管，以避免单纯的低利率政策给银行风险管理产生的不利影响。与此同时，在政策实施的过程中还应加强对银行资本的监管。其他的研究都把防范高杠杆风险放在防范系统性金融风险的范畴去研究，从维护金融安全的角度提出措施与监管方面的建议。

2. 侧重于审慎调控政策制定的研究

次贷危机之后，国内外学者经常从监管体系的不足来反思危机的经验教训，分部门监管模式被证明存在固有的缺陷，即在面对存在金融控股集团以及市场、机构和产品不能严格区分的环境下，可能会促使监管套利的发生以及监管覆盖面缺口的出现。因此决议机构需要在金融监管框架内负责处置系统性重要金融机构并构建桥梁部门的单一的资产管理载体（Weber 等，2014）。基于此，“审慎监管”的重要性得到了前所未有的瞩目，审慎监管内涵得到了进一步拓展。除了对金融体系顺周期问题的关注外，截面维度上的系统重要性金融机构、“太大而不能倒”、宏观经济与金融的关系等多方面问题都被纳入审慎监管考虑范畴中。“审慎监管”逐渐超越了金融监管范畴，形成了宏观审慎政策，并应用于泛指防范系统性风险的各种政策考量以及宏观经济与金融安全关系的所有主题（BIS，2011；G20，2011）。

近年来，审慎调控政策完善的重点主要集中在讨论审慎政策工具方面，最主要的争论在于宏观审慎政策工具与其他宏观经济政策工具的联系和区别，尤其是金融监管政策与货币政策等具有维护金融安全作用的政策工具（Caruana，2010；Angelin 等，2010，2012）。BIS（2008）对宏观审慎政策工具进行了初步的梳理，特别关注风险的顺周期性（Borio 和 Zhu，2008；Shin，2009）。这些研究重点分析了资本要求产生的顺周期性，而 Hanson 等（2011）认为，动态监管约束可能使公众对危机时银行资本充足率产生怀疑，并加大银行的融资难度，因而在经济状况良好时，应该执行比危机时更高的最低资本充足率要求。也就是说，审慎监管工具重点是设置逆周期的资本充足率指标，这些成为很多学者的共识（Brunnermeier，2009；Rochet，2011；Karmakar，2016）。对其他有效的逆周期审慎工具的研究也是重点，如可以对证券公司实施动态缓释系数的净资本充足率要求（王擎等，2014）；依据系统性风险指数（王周伟等，2015）、宏观压力测试结果（曹麟、彭胜刚，2014）计提逆周期附加资本要求；可以利用在资产增速具有平稳性和周期性特征下的结构化模型，从杠杆与融资成本视角估算前瞻性拨备要求（许友传，2017）；可以实施时变的法定存款准备金制度（刘震等，2017）；Agénor 等（2017）用含有金融摩擦的 DSGE 模型分析，发现动态风险准备金制度可以抵消以信用产出率的波动率和实际房屋价格波动率反映的金融不稳定性。另外当前国内外针对防范系统性金融风险倾向于建立一种宏观审慎监管与货币政策协调配合的长效机制，并尽可能地加强各国间金融管理当局的协调配合。

3. 侧重于宏观审慎与货币政策配合的相关研究

货币金融政策是防范系统性风险的常规货币政策工具，货币金融政策与金融审慎监管具有协同效应，考虑了金融脆弱性反应的宏观审慎货币政策可以有效维护金融稳定（童中文等，2017）。但多重金融政策存在不一致性，需要协调搭配组合（方意等，2012；郭子睿等，2017；程方楠等，2017），以避免“政策冲突”“政策超调”和“政策叠加”；宏观审慎货币政策、信贷政策与金融监管政策的合理组合，可以稳定金融体系，也可以降低单一政策的多目标困境和实施负担（马勇、陈雨露，2013；廖岷等，2014）；基于 DSGE 模型的政策比较分析表明，取消银行存贷比约束或银行间市场的政府隐性担保会弱化流动性干预，发挥逆周期调节作用，但取消政府隐性担保更为稳健（田娇等，2017）；Kahou 等（2017）梳理总结了宏观审慎政策及其目标与挑战，如金融稳定、顺周期和系统性风险；只有在盯住目标和最终监管对象的指向相同或都不具有指向性时，宏观审慎政策才有可能有效（方意，2016）；从国际实践来看，宏观审慎监管政策工具大多数是组合实施的（IMF－FSB－BIS，2016）。

4. 其他方面的研究

除了审慎监管方面的研究外，其他研究的切入点涉及方方面面，例如，有些研究从整个金融监管体制着手，认为增强金融稳定，要加强对金融机构资产负债状况的监测，并实行信息共享。同时，还要对“一行三会”的管理体制进行机制和机构改革（吴培新，2011）。或是认为加入有效的风险预警工具，从正面推动金融监管的有效性，这方面的预警方法非常多，如利用 CDF—信用加总权重法（刘晓星等，2012）、CRITIC

赋权法（许涤龙等，2015）构建的金融压力指数，再利用MS—VAR模型（吴宜勇等，2016；王维国等，2016）、TVAR模型（陈忠阳和许悦，2016）就可以预测系统性风险趋势（Betz等，2016），或是未定权益分析（CCA）及在其之上的改进来综合估算风险以较好地预警极端金融事件及其引发的系统性风险（Bisias等，2012；宫晓琳，2012；吴恒煜等，2013；唐文进和苏帆，2017）。还有一些研究从国内的金融体系的改革论述其对金融安全的重要性。如何德旭（2007）认为除了平时密切关注金融开放条件下的金融运行状态并采取相应的对策以外，更为重要的还是要通过深化金融改革、加快金融创新和健全法制规范来促进金融业自身的稳健发展，不断提高金融体系整体的竞争力，增强抵御金融风险的能力。龚刚等（2016）建立了融入债务变化的宏观动态模型，发现政府的债务救助政策会有动态不一致性，应该施加以相应的惩罚机制，这样的救助机制更能作为维护金融安全的补充。

5.2.4 简要评价

总体而言，家庭部门高杠杆对实体经济和金融部门的影响在中国的研究还很少，大部分深层次的研究主要是西方的经济学家在展开，理论建模与实证分析的发展也十分迅速，其中技术层面应用已处于经济学的最前沿。但这方面的研究现在仍有极大的拓展空间，主要是从家庭部门的杠杆问题与其他各经济部门的联动的视角，来全面探讨系统性风险防范的研究还不够多，这也是本研究的落脚点。具体来看，西方当前的经典研究大都是基于次贷危机之后经济衰退的事实进行的，通过将危机前家庭杠杆的增加及其异质性特点与次贷危机后消费、投资或者就业率大幅下降等宏观经济表现相联系，研究家庭杠杆影响宏观经济的效应和机制。这种研究有坚强的现实基础，但却难以直接比照到以中国现实问题为背景的研究之中。这不仅是因为中国没有经历过所谓的经济危机，难以提供有关危机的足够的现实证据；更重要的是中国家庭与西方家庭在行为习惯方面存在一些本质区别，一些家庭杠杆的影响机制也就完全不同。另外，中国经济制度所造成经济高杠杆在不同部门间转移、循环、叠加等结构性问题和缺乏周期性修正的问题等，也应该被重点考虑。没有基于这些特点而进行的深入经验研究，也就很难找到有效化解中国经济高杠杆风险的切入点。

在具体风险防范措施的研究层面，正如上面文献梳理所呈现的，中国还没有形成把防范家庭部门高杠杆作为防范系统性金融风险关键的共识，因此有针对性的研究不多。国外研究多把家庭杠杆的提高与金融机构风险承担行为放在一起研究，控制住金融机构的风险行为也就自然抑制了家庭杠杆的增加，从而只需要使家庭平稳“去杠杆”就可以达到效果。这些研究的结果当然对现实有一定的借鉴意义，但是还远远不能解决中国当前的问题。国外所遇到的高杠杆问题是顺周期的，国内寥寥的定性描述类研究还不够有说服力。综合起来讲，当前的研究最大的不足主要表现在以下几个方面：一是大部分关注的还是企业、银行和政府的高杠杆问题，而没有认识到家庭部门杠杆水平已经处于高位这一事实。二是没有完全考虑到当前中国经济高杠杆所表现出的特殊性，即在金融机构一致预期与政府隐性担保下，各个部门杠杆不断生成、转移扩散循环的过程，几乎是不受经济或金融周期影响的。三是主流研究方法一般从一般均衡模型出发，配合实证检验，验证某种防范措施或工具加入模型之中是否能抑制家庭部门杠杆的持续增加。这种方法虽然科学性强，但其研究实质还是抑制家庭的加杠杆行为，着眼于抑制杠杆的继续增加。但基于当前中国经济高杠杆的现实情况，家庭部门存在的杠杆水平已经较高。而想要有效地防范当前中国经济高杠杆的风险，不仅要设法抑制家庭杠杆的继续增加，还要研究如何平稳地使家庭部门的杠杆逐渐减少。基于此，本书研究拟通过对中国当前家庭部门杠杆水平的结构性剖析，分析家庭部门与其他部门杠杆内部联动的机制，以设计政策措施的组合能在抑制家庭部门未来杠杆继续增长的同时使其当前杠杆水平平稳下降，为中国整体上平稳化解经济高杠杆风险提供政策建议。

5.3　家庭高杠杆的成因分析

为探究家庭高杠杆成因，我们基于 Kaplan、Mitman 和 Violante（2020）的家庭最优消费——住房选择模型，引入房贷因素，建立起房价与家庭杠杆的联系，并进一步从首套房家庭与非首套房家庭的异质性来阐明这一问题。

5.3.1　首套房家庭的决策情况

与 Kaplan 等（2020）研究中家庭的效用函数设定一致，我们也假设家庭的目标是通过对消费支出和住房拥有量的选择最大化其效用，效用函数形式为

$$\max\left\{E_t\sum_{\tau=t}^{T^*}\beta^{\tau-t}\frac{[(C_{j,\tau})^{\chi}(Q_{j,\tau})^{1-\chi}]^{1-\sigma}}{1-\sigma}\right\},j=1,2$$

其中，$j=1,2$ 分别代表首套房家庭和非首套房家庭，β 代表贴现率，σ 为消费者的相对风险规避系数，T^* 为家庭的存续期，χ 代表消费一般商品在效用中的比重。$C_{j,t}$ 是对应家庭一般商品消费支出，$Q_{j,t}$ 对应家庭在 t 期拥有的房产存量，它们会按一定份额为家庭带来效用。

首套房家庭与非首套房家庭都在 t 期购房，假设首套房家庭的购房动机是刚需，因此我们设定其在买到自己住房之后的短期不会再交易住房；而非首套房家庭根据购房动机的不同，对所购住房有不同的处理方式，两类家庭从 t 期开始面临不同的约束。

对于首套房家庭来说，其在 t 期的预算约束为：

$$C_{1,t}+P_t^hQ_{1,t}+A_{1,t}=Y_{1,t}+(1+r)A_{1,t-1}+D_{1,t} \tag{5.1}$$

同时他们会受银行的信贷约束：

$$D_{1,t}\leqslant(1-\lambda_1^m)P_t^hQ_{1,t}$$

其中，λ_1^m 为银行要求的最低房贷首付比，$A_{1,t}$ 是首套房家庭持有的金融财富（对中国家

庭来说主要是储蓄)，$Y_{1,t}$ 是家庭可支配收入，P_t^h 为 t 期的房价，$D_{1,t}$ 为首套房家庭在 t 期的房贷，他们在上一期持有的金融财富在当期的收益率为 r。

首套房家庭在 $t+1$ 期开始还房贷，根据中国的实际情况，设定其会采用“等额本息”（即每一个还款期所还房贷金额是等额的）的按揭方式，所以借款人在 t 期就知道在房贷存续期的按揭金额，因此 t 期之后的预算约束为

$$C_{1,i} + m D_{1,t} + A_{1,i} + \delta_h P_{1,i}^h Q_{1,t} = Y_{1,i} + (1+r) A_{1,i-1}, i = t+1, t+2, \cdots, T$$

其中，m（$0 < m < 1$）表示刚需家庭每一期按揭金额与房贷的比例，δ_h 是住房折旧率，在支出端代表修缮现有住房的费率，T 代表其不进行住房交易的持续期限①。所以在模型中，其在 t 期的最优决策会考虑跨期情况，通过选择消费支出 $C_{1,t}$、购买住房大小 $Q_{1,t}$、金融财富持有金额 $A_{1,t}$ 和住房按揭贷款的金额 $D_{1,t}$ 来最大化本期的效用。

一阶最优条件为

选择 $C_{1,t}$：

$$\chi\left[(C_{1,t})^{\chi}(Q_{1,t})^{1-\chi}\right]^{-\sigma}\left(\frac{Q_{1,t}}{C_{1,t}}\right)^{1-\chi} = \xi_{1,t} \tag{5.2}$$

选择 $Q_{1,t}$：

$$(1-\chi)\left[(C_{1,t})^{\chi}(Q_{1,t})^{1-\chi}\right]^{-\sigma}\left(\frac{Q_{1,t}}{C_{1,t}}\right)^{-\chi} = P_t^h \xi_{1,t} + \mu_{1,t}(1-\lambda_1^m) P_t^h + \delta_h \sum_{i=t+1}^{T} \beta^{i-t} E_t(P_i^h \xi_{1,i}) \tag{5.3}$$

选择 $A_{1,t}$：

$$E_t\left(\beta \times (1+r) \times \frac{\xi_{1,t+1}}{\xi_{1,t}}\right) = 1 \tag{5.4}$$

选择 $D_{1,t}$：

$$E_t\left(m \times \frac{\sum_{i=t+1}^{T} \beta^{i-t} \xi_{1,i}}{\mu_{1,t}}\right) - \frac{\xi_{1,t}}{\mu_{1,t}} = 1 \tag{5.5}$$

其中，$\xi_{1,t}$ 和 $\mu_{1,t}$ 分别是首套房家庭 t 期预算约束和借贷约束的拉格朗日算子。在这里贴现率设定为无风险收益率的倒数，即 $\beta \times (1+r) = 1$（Kiyotaki 和 Moore，1997；Gertler 和 Karadi，2011；Kaplan 等，2020），假设没有收入约束和房产交易成本。那么由 (5.4)、(5.5) 式可得：

$$\xi_{1,t} = E_t(\xi_{1,t+1}) \tag{5.6}$$

$$\frac{m\beta(1-\beta^T)}{1-\beta} - 1 = \frac{\mu_{1,t}}{\xi_{1,t}} \tag{5.7}$$

而由于首套房家庭一段时期内②不再交易房产，那么由（5.2）、(5.6) 式可知：

---

① T 大于等于 $t+1$ 此结论便成立

② 至少 $t+1$ 期不进行住房交易，我们的结论就成立。

$$C_{1,t}=E_t(C_{1,t+1}) \tag{5.8}$$

（5.8）式意味着首套房家庭期望平滑消费，这也与永久收入假说（Permanent income hypothesis，PIH）结论一致。

由（5.2）、（5.3）、（5.6）式可以得到刚需家庭的住房与消费替代关系式：

$$\left(\frac{1-\chi}{\chi}\right)\left(\frac{C_{1,t}}{Q_{1,t}}\right)=P_t^h+\left[\frac{m\beta(1-\beta^T)}{1-\beta}-1\right](1-\lambda_1^m)P_t^h+\delta_h\sum_{i=t+1}^{T}\beta^{i-t}E_t(P_i^h) \tag{5.9}$$

这里假设没有房产交易成本，可以把总约束（5.1）式写为递归形式：

$$\begin{aligned}C_{1,t}+P_t^hQ_{1,t}&=Y_{1,t}+(1+r)A_{1,t-1}+D_{1,t}-A_{1,t}\\&=Y_{1,t}+(1+r)A_{1,t-1}+D_{1,t}-\frac{1}{1+r}E_t[C_{1,t+1}-Y_{1,t+1}+mD_{1,t}+\delta_hP_{t+1}^hQ_{1,t}+A_{1,t+1}]\end{aligned} \tag{5.10}$$

不断迭代（5.10）式并结合（5.8）式与（5.9）式可得到：

$$C_{1,t}^*+\phi D_{1,t}=Y_{1,t}^*+\phi(1-\lambda_1^m)P_t^hQ_{1,t} \tag{5.11}$$

从而首套房家庭最优决策行为方程：

$$D_{1,t}=\phi^{-1}(Y_{1,t}^*-C_{1,t}^*)+(1-\lambda_1^m)P_t^hQ_{1,t} \tag{5.12}$$

其中：

$$\phi=\left[\frac{m\beta(1-\beta^T)}{1-\beta}-1\right]=\left[m\frac{(1+r)^T-1}{r\times(1+r)^T}-1\right]$$

$$Y_{1,t}^*=E_t\sum_{\tau=t}^{T}(1+r)^{t-\tau}Y_{1,\tau}+(1+r)A_{t-1}+(1+r)^{t-T}A_{t-1}$$

$$C_{1,t}^*=\left(\frac{1}{\chi}+\sum_{i=t+1}^{T}(1+r)^{t-i}\right)C_{1,t}$$

从（5.11）式和（5.12）式可以看出，由于首套房家庭是刚需，所以未来的决策并不影响本期的“加杠杆”行为，房价升高对首套房家庭杠杆的推动机制比较直观：由于房价上升，在其他条件不变的情况下，这类买房家庭不得不增加杠杆。并且，在其他条件不变的情况下，加杠杆越多，消费被抑制的程度也就更大。

5.3.2 非首套房家庭的决策情况

1. 刚需型非首套房家庭

对某些非首套房家庭来说，他们所购住房属于改善型住房或者长辈以自己名义为子女结婚所购住房，这类家庭的购房动机实际上也是刚需，可以假设他们短期内也不会卖掉其所购住房。从而，其在 t 期净买入住房，t 预算约束为

$$C_{2,t}+P_t^hQ_{2,t}+A_{2,t}=Y_{2,t}+(1+r)A_{2,t-1}+(1-\delta_h)P_t^hQ_{2,t-1}+D_{2,t}$$

同时，他们也受信贷约束：

$$D_{2,t}\leqslant(1-\lambda_2^m)P_t^hQ_{2,t}$$

$D_{2,t}$ 代表其在 t 期的房贷。λ_2^m 为非首套房家庭的最低首付比，$\lambda_2^m>\lambda_1^m$。在 $t+1$ 期

开始，他们的预算约束与首套房家庭类似：

$$C_{2,i} + m D_{2,t} + A_{2,i} + \delta_h P_i^h Q_{2,t} = Y_{2,i} + (1 + r) A_{2,i-1}, i = t + 1, t + 2, \cdots, T$$

同样的假设条件下，与首套房家庭一样，其总约束写为递归形式：

$$\begin{aligned} C_{2,t} + P_t^h Q_{2,t} &= Y_{2,t} + (1 + r) A_{2,t-1} + (1 - \delta_h) P_t^h Q_{2,t-1} + D_{2,t} - A_{2,t} \\ &= Y_{1,t} + (1 + r) A_{2,t-1} + (1 - \delta_h) P_t^h Q_{2,t-1} + D_{2,t} \\ &\quad - \frac{1}{1 + r} E_t [C_{2,t+1} - Y_{2,t+1} + m D_{2,t} + \delta_h P_{t+1}^h Q_{2,t} + A_{2,t+1}] \end{aligned}$$

不断迭代就可以得到其在 t 期最优选择为

$$C_{2,t}^* + \phi D_{2,t} = Y_{2,t}^* + \phi(1 - \lambda_2^m) P_t^h Q_{2,t} \tag{5.13}$$

效用最大化后得到他们的最优决策方程：

$$D_{2,t} = \phi^{-1}(Y_{2,t}^* - C_{2,t}^*) + (1 - \lambda_1^m) P_t^h Q_{2,t} \tag{5.14}$$

其中：

$$C_{2,t}^* = \left(\frac{1}{\chi} + \sum_{i=t+1}^{T} (1 + r)^{t-i}\right) C_{2,t}$$

$$Y_{2,t}^* = E_t \sum_{\tau=t}^{T^*} (1 + r)^{t-\tau} Y_{2,\tau} + (1 + r) A_{2,t-1} + (1 + r)^{t-T} A_{2,t-1}$$

可以看到，房价升高对他们杠杆的推动机制与首套房家庭相同：由于房价上升，在其他条件不变的情况下，这类买房家庭不得不增加杠杆。同样，杠杆增加的越多，就会挤出越多的消费。

2. 投机型非首套房家庭

对于投机性购房的非首套房家庭来说，他们在每一期都可以选择交易房产，出售前期所购房产获利，需要一次性偿还前一期的住房按揭贷款。其预算约束形式为

$$C_{2,t} + P_t^h Q_{2,t} + A_{2,t} + (1 + r_m) D_{2,t-1} = Y_{2,t} + (1 - \delta_h) P_t^h Q_{2,t-1} + (1 + r) A_{2,t-1} + D_{2,t}$$

也同样受信贷约束：

$$D_{2,t} \leqslant (1 - \lambda_2^m) P_t^h Q_{2,t} \tag{5.15}$$

其中，r_m 为按揭利率。其每一期都可以选择房产持有量来决定如何交易房产、选择消费一般商品、选择金融财富持有金额以及房贷金额以最大化其效用。

一阶条件如下：

选择 $C_{2,t}$：

$$\chi [(C_{2,t})^{\chi} (Q_{2,t})^{1-\chi}]^{-\sigma} \left(\frac{Q_{2,t}}{C_{2,t}}\right)^{1-\chi} = \xi_{2,t} \tag{5.16}$$

选择 $Q_{2,t}$：

$$\begin{aligned} &(1 - \chi) [(C_{2,t})^{\chi} (Q_{2,t})^{1-\chi}]^{-\sigma} \left(\frac{Q_{2,t}}{C_{2,t}}\right)^{-\chi} \\ &= P_t^h \xi_{2,t} + \mu_{2,t}(1 - \lambda_2^m) P_t^h - \beta(1 - \delta_h) E_t(\xi_{2,t+1} P_{t+1}^h) \end{aligned} \tag{5.17}$$

选择 $A_{2,t}$：

$$E_t\left(\beta \times (1 + r) \times \frac{\xi_{2,t+1}}{\xi_{2,t}}\right) = 1 \tag{5.18}$$

选择 $D_{2,t}$：

$$E_t\left(\beta \times (1 + r_m) \times \frac{\xi_{2,t+1}}{\mu_{2,t}}\right) - \frac{\xi_{2,t}}{\mu_{2,t}} = 1 \tag{5.19}$$

其中，$\xi_{2,t}$ 和 $\mu_{2,t}$ 分别是投机型非首套房家庭 t 期预算约束和借贷约束的拉格朗日算子。这里我们仍令 $\beta \times (1 + r) = 1$，没有收入约束和房产交易成本，则由（5.18）、（5.19）式可以得到：

$$\xi_{1,t} = E_t(\xi_{1,t+1}) \tag{5.20}$$

$$\frac{\mu_{2,t}}{\xi_{2,t}} = \frac{1 + r_m}{1 + r} - 1 \tag{5.21}$$

因此，由（5.16）式可知 $\xi_{1,t} > 0$，从而 $\mu_{1,t} > 0$，所以根据库恩塔克条件，信贷约束（5.15）式为紧约束。由（5.16）、（5.17）、（5.20）、（5.21）式可以得到非首套房家庭的住房与消费替代关系式：

$$\left(\frac{1-\chi}{\chi}\right)\left(\frac{C_{2,t}}{Q_{2,t}}\right) = \left[\lambda_2^m + \frac{1 + r_m}{1 + r}(1 - \lambda_2^m)\right]P_t^h - \frac{1 - \delta_h}{1 + r}E_t(P_{t+1}^h) \tag{5.22}$$

同时根据（5.22）式以及借贷约束条件（5.20）式可以得到：

$$\frac{C_{2,t}}{\chi} = C_{2,t} + \left[\lambda_2^m + \frac{1 + r_m}{1 + r}(1 - \lambda_2^m)\right]P_t^h Q_{2,t} - \frac{1 - \delta_h}{1 + r}E_t(P_{t+1}^h)Q_{2,t} \tag{5.23}$$

结合（5.19）、（5.20）式可以得到家庭总约束条件的递归形式为：

$$\begin{aligned} C_{2,t} + \lambda_2^m P_t^h Q_{2,t} &= Y_{2,t} + (1 + r)A_{2,t-1} + (1 - \delta_h)P_t^h Q_{2,t-1} - (1 + r_m)D_{2,t-1} - A_{2,t} \\ &= Y_{2,t} + (1 + r)A_{2,t-1} + (1 - \delta_h)P_t^h Q_{2,t-1} - (1 + r_m)D_{2,t-1} \\ &\quad - \frac{1}{1 + r}E_t\left[C_{2,t+1} + \lambda_2^m P_{t+1}^h Q_{2,t+1} + (1 + r_m)D_{2,t} + A_{2,t+1} - (1 - \delta_h)P_{t+1}^h Q_{2,t} - Y_{2,t+1}\right] \end{aligned} \tag{5.24}$$

那么将（5.23）式代入（5.24）式中持续迭代可以得到：

$$C_{2,t}^* + (1 + r_m)D_{2,t-1} = Y_{2,t}^* + (1 - \delta_h)P_t^h Q_{2,t-1} \tag{5.25}$$

其中：

$$C_{2,t}^* = E_t \sum_{\tau = t}^{\infty} \frac{(1 + r)^{t-\tau}}{\chi} C_{2,\tau}$$

$$Y_{2,t}^* = E_t \sum_{\tau = t}^{\infty} (1 + r)^{t-\tau} Y_{2,\tau} + (1 + r)A_{2,t-1}$$

由于投机型家庭每一期都做出最优抉择，所以（5.25）式可变换为

$$D_{2,t} = \frac{1}{1 + r_m}(Y_{2,t+1}^* - C_{2,t+1}^*) + \frac{1 - \delta_h}{1 + r_m}E_t(P_{t+1}^h)Q_{2,t} \tag{5.26}$$

从（5.26）式可以看出，对这种投机性的购房家庭，房价对其杠杆的推动机制与未来预期房价升高所能带来的收益有关：预期未来房价仍然会上涨，那么本期“加杠

杆”变多，拥有的房产增加，从而未来可卖出更多房产带来更大的效用（Hong，Scheinkman 和 Xiong，2006）。并且从（5.25）式也可以看到，杠杆对投机型家庭是跨期影响，本期杠杆越高，下期的消费越低。

5.4 中国家庭部门高杠杆成因的实证分析

我们可以从理论部分分析房价升高对家庭“加杠杆”程度的影响，对于刚需型家庭来说，我们对（5.12）、（5.14）式关于房价求导得到：

$$\frac{\Delta D_{1,t}}{\Delta P_t^h} = (1 - \lambda_1^m) Q_{1,t} \tag{5.27}$$

$$\frac{\Delta D_{2,t}}{\Delta P_t^h} = (1 - \lambda_2^m) Q_{2,t} \tag{5.28}$$

我们令杠杆率 *Leverage* 为债务与可支配收入之比：

$$L_{i,t} = \frac{D_{i,t}}{Y_{i,t}}, i = 1,2$$

那么对（5.12）、（5.14）式两边同时除以可支配收入并对房价求导，同样可以得到：

$$\frac{\Delta L_{1,t}}{\Delta P_t^h} = (1 - \lambda_1^m) \frac{Q_{1,t}}{Y_{1,t}} \tag{5.29}$$

$$\frac{\Delta L_{2,t}}{\Delta P_t^h} = (1 - \lambda_2^m) \frac{Q_{2,t}}{Y_{2,t}} \tag{5.30}$$

由（5.27）、（5.28）式和（5.29）、（5.30）式对比可知，其他条件相同的情况下，对当期买房的家庭来说，不论是首套房还是非首套房家庭，只要他们属于刚需购房，那么房价升高对其家庭杠杆增加的差异在于最低首付比例的不同，首套房家庭首付比例更低，所以他们杠杆增加的应该更多。

在当前社会预期房价“只涨不跌”的条件下，投机型家庭适应性预期占主导，从而 $\frac{\Delta E_t(P_{t+1}^h)}{\Delta P_t^h} > 1$（况伟大，2010），那么对（5.15）式关于房价求导可得：

$$\frac{\Delta D_{2,t}}{\Delta P_t^h} > (\frac{1 - \delta_h}{1 + r_m}) Q_{2,t} \tag{5.31}$$

$$\frac{\Delta L_{2,t}}{\Delta P_t^h} > (\frac{1 - \delta_h}{1 + r_m}) \frac{Q_{2,t}}{Y_{2,t}} \tag{5.32}$$

由（5.27）、（5.31）式和（5.28）、（5.32）式对比可知①，由于房价升高对投机

① 在我国，根据一般住房折旧率、住房贷款利率以及政策规定的最低首付比情况，$\frac{1-\delta_h}{1+r_m} > (1 - \lambda^m)$ 恒成立。

型家庭“加杠杆”的程度的影响在于未来卖出房产的获利，在其他条件相同的情况下，只要预期房价升高，对于投机性非首套房家庭，房价升高会使其杠杆增加程度高于首套房家庭。

整体来看，非首套房家庭的杠杆增加受房价影响程度在于其中投机型家庭的比重。我们假设非首套家庭中，投机型家庭的占比为 q，那么在其他条件都相同的情况下，房价对非首套房“加杠杆”程度的影响效应为：

$$q\left(\frac{1-\delta_h}{1+r_m}\right)+(1-q)(1-\lambda_2^m)$$

对首套房“加杠杆”程度的影响效应为：

$$(1-\lambda_1^m)$$

因此，只要 q 超过一定比重，那么整体上非首套房家庭受房价升高所增加的杠杆就会高于首套房家庭①。

在当时中国社会普遍对房价持乐观预期的大环境下，根据上面的分析我们可以得到以下待检验的假说：房价升高推动了家庭杠杆的增加，由于存在明显的投机性，房价升高会使非首套房家庭“加杠杆”的幅度显著高于首套房家庭。

本研究的样本主要来自某国有银行2016年70个大中城市所有居民住房按揭贷款数据，其他城市层面的数据来自《中国国土资源统计年鉴》《中国城市统计年鉴》、各城市所在地方统计年鉴以及 CEIC 数据库。其中某国有银行数据包括了居民当年申请的住房贷款金额、首付额、按揭利率、每月按揭还款金额、贷款期限、贷款发放的具体时间、贷款发放的分行或支行、贷款购买房屋的总价、房屋面积、年收入以及名下拥有的住房数量等基本信息，还包括了贷款人年龄、性别、受教育程度等人口统计学信息。该银行住房按揭贷款总额占到了全国住房按揭贷款总额的13%，具有代表性。在数据处理过程中，为了避免异常值的干扰，首先剔除家庭收入信息缺失或者为0，按揭利率、年末房贷余额为小于等于0，房屋面积为0或者超过500平方米，贷款金额加首付金额超过所购买住房总价，受教育程度缺失等个体，然后进一步剔除与银行对居民房贷条件的限制有冲突的个体，如首付比小于20%、家庭月收入少于月供的两倍、申请者年龄不足18岁或超过65岁等，最终得到558826个有效个体信息。

因为我们的样本数据是截面数据，房价的变动是在城市层面的变动，因此这里有两层检验的维度。一是城市间维度的检验。即检验不同城市间房价变动对家庭杠杆增加的平均影响，待检验的假说为：居住在不同城市的非首套房家庭，房价推动其“加杠杆”幅度的差异，会大于首套房家庭之间的差异。二是城市内维度的检验。对于居住在同一个城市的非首套房和首套房家庭来说，房价在数据上不会出现变化，但从实证角度来说，我们仍需要设计策略来识别出房价升高对两者“加杠杆”幅度差异的影

① 在我们的模型中，考虑最极端的状况，首套房家庭（$\lambda_1^m=0.2$，2016年公积金贷款）和非首套房家庭（$\lambda_2^m=0.7$，2016年北、上、广、深四座城市的部分家庭）最低首付比差距最大时，q 只需超过78.17%，结论就成立。实际情况肯定远低于这个比例就能满足结论。

响。因此这里待检验的假说为：同一个城市中，房价推动的非首套房家庭杠杆平均增加幅度也会大于首套房家庭。

5.4.1 变量说明

1. 被解释变量

我们的样本为截面数据，在购房政策放松后，家庭部门杠杆率在2016年增加最快（见图5－3），因此本研究的被解释变量选定为2016年借贷家庭的债务余额以及杠杆率，以此作为家庭“加杠杆”的衡量指标。我们样本中的个体几乎都按等额本息的形式每月还款，因此可以根据月供信息计算得到其年末这笔住房按揭贷款的余额，取其对数作为家庭债务余额的指标；在衡量家庭杠杆率方面，采用Mian和Sufi（2011）的设定，用2016年末居民按揭贷款余额与其家庭收入之比（Debt/Income）作为家庭杠杆率指标。实际上，从数据本身来看，居民年末按揭贷款余额与杠杆率代表的都是“增量”，这也与Mian和Sufi（2011）研究中被解释变量的含义一致。

2. 解释变量

核心解释变量选定为居民所在城市2016年平均房价的对数值，城市平均房价以该城市当年住宅商品房平均销售价格表示。我们的样本记录了每笔房贷的放款分行或支行，根据该放款行所在城市匹配到贷款居民居住的城市，根据《中国城市统计年鉴》、地方统计年鉴以及CEIC数据库中记录的该城市住宅商品房销售情况（销售总额/销售面积）计算得到该城市2016年平均房价。

除此之外，我们还控制了贷款人家庭收入、性别、年龄、教育程度等家庭信息，所购住房面积，房贷按揭利率、首付比（首付额/房屋总价）、贷款期限等房贷信息。其中考虑到年龄结构可能对个体加杠杆行为产生影响而加入了年龄的平方项；教育程度分为6个类别，分别为小学、初中、高中、大学专科、大学本科以及研究生学历，依次赋值1～6；购房状态变量为虚拟变量，当个体贷款购买非首套房时赋值为1，反之赋值为0。另外，我们还控制了一组城市当年的特征变量，可以尽量缓解遗漏变量偏误（陆铭等，2015），这组变量涵盖了可能同时影响房价和家庭借贷购房的其他主要因素，包括：（1）城市劳动生产率，采用人均GDP的对数值衡量，该指标代表着城市的发达程度。（2）城市经济增长，采用GDP年增长率衡量，该指标代表城市当前的发展速度。（3）城市居民消费状况，采用人均社会消费品零售额的对数值衡量，该指标反映着该城市居民的消费倾向。（4）城市就业密度，以第二、第三产业就业人口除以建成区面积的对数值衡量，该指标是一个住房供求关系的度量，就业密度高时，通常房价也会更高。（5）城市居民居住状况，采用人均居住用地面积的对数值衡量，该指标也反映该城市的房地产市场热度。（6）城市信贷状况，采用人均年末金融机构人民币各项贷款余额的对数值衡量。（7）城市基础设施，采用人均道路铺装面积的对数值度量。（8）城市环境状况，采用人均公园绿地面积的对数值衡量。基础设施和环境状况指标都反映着该城市的宜居度。城市特征变量的数据都来自《中国城市统计年鉴》和对应的城市所在地方统计年鉴。

3. 内生性及工具变量

城市房价与家庭借贷买房之间存在着明显的内生性，一方面是两者之间的反向因果关系，即家庭通过借贷买房推高了当地房地产市场的需求，反过来推升了该城市的整体房价；另一方面，尽管我们已经尽量控制了一组可以获得信息的城市级变量，但理论上还可能存在不可观测的变量同时影响一个城市房价和家庭借贷的可能性。因此，我们将采用工具变量法处理该问题，以缓解内生性估计偏误。

对于工具变量的选择，借鉴一些学者的研究：城市的土地供应状况是房价合适的工具变量（陆铭等，2015；佟家栋、刘竹青，2018），土地供给越少，房价水平越高（陈斌开、杨汝岱，2013）。我们选择2015年城市人均住宅建设用地供给面积作为工具变量。城市住宅建设用地供给面积数据来自《中国国土资源统计年鉴》，利用其与城市年末常住人口的比值构建了城市人均住宅用地供给面积。由于中国用作商品住宅开发的土地必须以土地出让的方式进行供应，而各城市的土地使用和转让都受当地政府的严格管制，因此住宅用地供给量是一个政府政策变量，具有较强的外生性（陆铭等，2015；佟家栋、刘竹青，2018）。当然，存在对人均住宅用地供给面积的增加会通过促进经济发展来影响居民借贷的担忧，但我们前面控制了一系列城市经济发展层面的变量，故可在很大程度上加以规避。而且由于我们使用的是上一年度的人均住宅建设用地供给面积作为工具变量，这也减少了房价反过来影响住宅用地供给面积的可能性。

4. 可能存在的样本选择偏差

基于本书的出发点和理论依据，我们的研究主要聚焦的是不同类型借房贷家庭，以验证城市房价推动其“加杠杆”幅度的差异，而我们的样本记录的正是在银行借房贷的居民的信息。对于那些由于某种原因在银行借不到款转而进行民间借贷的家庭，我们几乎不可能获得这部分家庭的真实信息；但根据周广肃和王雅琦（2019）利用中国家庭追踪调查（CFPS）数据所进行的相关研究，他们同样得出房价升高推动中国家庭杠杆率攀升的结论，而且发现攀升部分主要来源于银行贷款。因此有理由相信，可能存在的样本选择偏差问题对本研究的影响不大。

5.4.2　主要变量描述性统计

表5-2报告了实证研究主要变量的描述性统计，房价较高的城市可能也是人口规模比较大的城市，导致样本中来自高房价城市的个体也较多，因此我们还给出了样本的加权统计值，以各城市常住人口为权重。可以看到，非首套房家庭占到样本总体的8.8%，其平均房贷、收入也明显高于首套房家庭。虽然其杠杆率的增加平均来看低于非首套房家庭，但这可能主要是他们收入更高（杠杆率的分母更高）所表现出的结果。而更值得关注的是，非首套房家庭杠杆率的增加有多少是房价上涨所推动的？排除其他因素影响后，其杠杆率的增加是否应该比此时的水平更低？这就是我们接下来的研究所要探讨的问题。

表5－2　主要变量描述性统计

单位：万元、平方米、月、%

变量（总体）	数量	均值	标准差	加权均值	加权标准差
债务余额	558826	57.908	71.619	58.57	77.395
杠杆率（债务余额/收入）	558826	4.196	1.829	4.203	1.808
原始房贷金额	558826	58.717	72.385	59.38	78.224
杠杆率（房贷/收入）	558826	4.257	1.831	4.265	1.809
家庭收入	558826	15.731	29.389	15.42	28.703
年龄	558826	36.254	8.851	36.252	8.957
教育程度	558826	3.942	1.049	3.958	1.037
男性	558826	0.626	0.484	0.618	0.486
购房面积	558826	106.819	34.759	104.453	34.322
按揭利率	558826	4.553	0.392	4.479	0.38
首付比	558826	0.335	0.122	0.332	0.123
贷款期限	558826	256.108	86.972	253.578	86.356
非首套房	558826	0.088	0.283	0.079	0.27
平均房价	558826	0.931	0.623	0.946	0.668
人均住宅用地供给面积	558826	0.701	0.333	0.75	0.325
变量（首套房家庭）	数量	均值	标准差	加权均值	加权标准差
债务余额	509829	55.896	67.156	56.271	72.763
杠杆率（债务余额/收入）	509829	4.282	1.804	4.272	1.785
原始房贷金额	509829	56.675	67.843	57.049	73.516
杠杆率（房贷/收入）	509829	4.344	1.804	4.335	1.784
家庭收入	509829	14.508	25.588	14.314	25.927
年龄	509829	35.874	8.859	35.919	8.982
教育程度	509829	3.916	1.048	3.933	1.036
男性	509829	0.634	0.482	0.625	0.484
购房面积	509829	105.984	32.995	103.539	32.728
按揭利率	509829	4.526	0.358	4.451	0.341
首付比	509829	0.331	0.121	0.328	0.122
贷款期限	509829	256.121	87.032	253.21	86.429
变量（非首套房家庭）	数量	均值	标准差	加权均值	加权标准差
债务余额	48997	78.842	105.328	85.283	115.302
杠杆率	48997	3.309	1.855	3.406	1.882
原始房贷金额	48997	79.967	106.64	86.448	116.716
杠杆率	48997	3.355	1.867	3.452	1.894
家庭收入	48997	28.457	53.489	28.271	49.05

续表

变量（非首套房家庭）	数量	均值	标准差	加权均值	加权标准差
年龄	48997	40.214	7.727	40.115	7.675
教育程度	48997	4.217	1.01	4.238	1.005
男性	48997	0.551	0.497	0.542	0.498
购房面积	48997	115.507	48.673	115.072	47.927
按揭利率	48997	4.834	0.577	4.809	0.595
首付比	48997	0.381	0.123	0.381	0.126
贷款期限	48997	255.979	86.338	257.857	85.384

5.4.3　房价上涨对家庭杠杆的影响：整体情况

这里的实证策略旨在评估我们研究假设的第一个维度：不同城市间非首套房家庭杠杆增加之间的差异是否显著高于首套房家庭之间的差异。因此，我们先从整体上来考察房价越高的城市中，借贷买房的家庭杠杆（包括债务和杠杆率的增长）是否也越高，这是我们研究理论依据的前提。由于对某个家庭而言，其买房行为并不具有时间上的连续性，所以我们只是针对 2016 年的购房行为进行截面分析。正如前面所提到的，房价具有很强的内生性，所以这里借助了工具变量进行两阶段最小二乘法（TSLS）估计，基于我们前面的理论依据并借鉴 Mian 和 Sufi（2011）的计量模型，我们的回归式设为：

$$\Delta Borrowing_{ic} = \alpha + \beta \widehat{\ln HP_c} + \theta X_{ic} + \upsilon_{ic} \tag{5.33}$$

$$\ln HP_c = \omega + \gamma IV_c + \delta X_{ic} + \varepsilon_{ic} \tag{5.34}$$

其中，$\Delta Borrowing_{ic}$ 表示居住在 c 城市的家庭 i 的债务（回归中用年末房贷余额的自然对数表示）或杠杆率（房贷余额/家庭收入）的变化，X_{ic} 包括家庭信息、房贷信息以及所居住城市特征方面的控制变量，$\ln HP_c$（House Price）表示 c 城市 2016 年房价的自然对数。房价的工具变量 IV_c 是 c 城市 2015 年的人均住宅建设用地供给面积。（5.33）式为 TSLS 回归的第二阶段，表 5－3 报告了工具变量第二阶段的回归结果，所有回归按城市常住人口数加权，标准误是异方差稳健的，并在城市层面聚类。

表 5－3 的前三列与后三列分别汇报了被解释变量为债务（年末房贷余额）以及杠杆率的回归结果，第（1）、（4）列只控制了家庭层面的信息，第（2）、（5）列在此基础上加入房贷信息的控制变量，第（3）、（6）列同时再控制前面所提到的城市特征信息。回归结果显示，无论是对债务还是杠杆率，房价的估计系数都至少在 5% 统计水平上显著为正。平均而言，房价每高 1%，该城市借贷买房的家庭债务约多增加 0.346%，杠杆率约多增加 0.896%，周广肃和王雅琦（2019）的研究也得到类似的结论。控制变量的结果显示，家庭收入、贷款人受教育程度对债务变化的影响在 1% 的水平上显著为正，这与陈斌开和李涛（2011）、Mian 和 Sufi（2011）以及吴卫星等（2018）的结果

一致。家庭收入对杠杆率变化的影响在1%的水平上显著为负，这说明较高收入家庭所借房贷并没有增加其债务负担，这也与周广肃和王雅琦（2019）的结论一致。年龄项的系数显著为负，年龄平方项的系数显著为负，这说明按揭买房的人群呈现出明显的结构性特点，即年轻人和老年人的债务和杠杆率增加的较多，而中年人债务的债务和杠杆率增加的较少。回归结果还显示出女性的债务和杠杆率增加程度显著高于男性，这意味着借贷买房呈现出性别差异。

表5-3　房价上涨对家庭杠杆影响的城市间效应：工具变量第二阶段回归结果

变量	ln债务余额			杠杆率		
	(1)	(2)	(3)	(4)	(5)	(6)
ln房价	0.319**	0.289***	0.346***	1.054**	0.835**	0.896**
	(0.139)	(0.091)	(0.104)	(0.527)	(0.333)	(0.399)
ln家庭收入	0.669***	0.495***	0.472***	-0.845***	-1.370***	-1.428***
	(0.061)	(0.066)	(0.056)	(0.189)	(0.168)	(0.124)
年龄	-0.009**	-0.026***	-0.026***	-0.036**	-0.099***	-0.099***
	(0.004)	(0.003)	(0.003)	(0.015)	(0.011)	(0.011)
年龄^2	0.000	0.000***	0.000***	0.000	0.001***	0.001***
	(0.000)	(0.000)	(0.000)	(0.000)	(0.000)	(0.000)
教育程度	0.056***	0.018***	0.019***	0.209***	0.062***	0.067***
	(0.012)	(0.006)	(0.007)	(0.047)	(0.022)	(0.022)
男性	-0.032***	-0.029***	-0.028***	-0.124***	-0.109***	-0.108***
	(0.006)	(0.003)	(0.003)	(0.023)	(0.012)	(0.010)
购房面积		0.005***	0.005***		0.016***	0.016***
		(0.001)	(0.001)		(0.002)	(0.002)
首付比		-0.976***	-1.017***		-2.732***	-2.840***
		(0.124)	(0.098)		(0.359)	(0.264)
按揭利率		-0.185***	-0.179***		-0.660***	-0.613***
		(0.034)	(0.032)		(0.133)	(0.107)
房贷期限		0.002***	0.002***		0.010***	0.009***
		(0.000)	(0.000)		(0.001)	(0.001)
城市特征	未控制	未控制	控制	未控制	未控制	控制
观测值	558826	558826	558826	558826	558826	558826
R^2	0.597	0.762	0.764	0.204	0.541	0.545

注：回归以各城市常住人口进行加权调整，括号中为城市层面的聚类稳健标准误，***代表p<0.01，**代表p<0.05，*代表p<0.1。

表5-4还汇报了TSLS回归的第一阶段结果，(1)、(2)、(3)列与表5-3的控制变量加入情况相对应。所有情形下，人均住宅建设用地供给面积的系数均在1%的统计水平上显著为负，说明土地供给与房价水平显著负相关，与陈斌开和杨汝岱

(2013)、陆铭等（2015）以及佟家栋和刘竹青（2018）研究所采用的土地供给工具变量的结果一致。同时，控制了其他因素影响后的弱工具变量F统计量取值都至少大于经验值10，这说明本书选择的工具变量是合适的，不存在弱工具变量的问题。

表5-4　房价上涨对家庭杠杆的影响：工具变量第一阶段回归结果

变量	ln房价		
	(1)	(2)	(3)
人均住宅建设用地供给面积	-0.630***	-0.540***	-0.434***
	(0.198)	(0.170)	(0.087)
家庭信息	控制	控制	控制
房贷信息	未控制	控制	控制
城市特征	未控制	未控制	控制
观测值	558826	558826	558826
R^2	0.408	0.517	0.814
第一阶段F值	10.118	10.035	25.122

注：回归以各城市常住人口进行加权调整，括号中为城市层面的聚类稳健标准误，***代表 $p<0.01$，**代表 $p<0.05$，*代表 $p<0.1$。

5.4.4　房价上涨对家庭杠杆的影响：首套房与非首套房家庭

为检验研究假设的第一个维度，我们将家庭按是否是购买首套房进行分组，分别采用（5.33）、（5.34）式的回归模型来验证房价上涨的具体影响。表5-5的（1）、（2）列和（3）、（4）列分别汇报了房价对首套房家庭和非首套房家庭债务和杠杆率变化的影响，所有回归按地级市常住人口数加权，标准误是异方差稳健的，并在城市层面聚类。结果显示，房价每高1%，该城市的首套房家庭债务平均多增加0.31%，杠杆率多增加0.77%；而非首套房家庭债务平均多增加0.55%，杠杆率多增加1.47%。从回归系数的大小上来看，房价对非首套房家庭“加杠杆”的影响明显高于首套房家庭。

接下来我们考察这种差异是否显著，参考Mian和Sufi（2011）的计量模型，我们仍在TSLS法的框架下，在（5.33）、（5.34）式的回归式中加入房价与家庭购房状态虚拟变量的交乘项，其回归式为：

$$\Delta Borrowing_{ic} = \alpha + \beta \widehat{\ln HP_c} + \tau \widehat{\ln HP_c} \times NFH_{ic} + \sigma NFH_{ic} + \theta X_{ic} + \upsilon_{ic} \quad (5.35)$$

$$\ln HP_c = \omega + \gamma IV_c + \varphi IV_c \times NFH_{ic} + \mu NFH_{ic} + \delta X_{ic} + \varepsilon_{ic} \quad (5.36)$$

其中，NFH_{ic} 为居住在城市 c 的家庭 i 购房状态虚拟变量，该变量取值为1时，代表家庭为非首套房家庭。回归结果展示在表5-5中的后两列，所有回归按地级市常住人口数加权，标准误是异方差稳健的，并在城市层面聚类。结果显示，交乘项系数都显著为正，房价每高1%，该城市非首套房家庭债务多增加的幅度比首套房家庭高0.17%，杠杆率多增加的幅度高0.49%。表5-5的结果验证了我们前文假设的第一个维度。

表 5-5　房价上涨对家庭杠杆的影响：首套房与非首套房家庭（工具变量估计）

变量	首套房		非首套房		总体	
	ln 债务余额	杠杆率	ln 债务余额	杠杆率	ln 债务余额	杠杆率
	(1)	(2)	(3)	(4)	(5)	(6)
ln 房价	0.305*** (0.113)	0.774* (0.430)	0.548*** (0.069)	1.465*** (0.232)	0.323*** (0.108)	0.824** (0.420)
ln 房价×非首套房					0.169*** (0.048)	0.493** (0.229)
非首套房					-1.549*** (0.455)	-4.583** (2.163)
家庭信息	控制	控制	控制	控制	控制	控制
房贷信息	控制	控制	控制	控制	控制	控制
城市特征	控制	控制	控制	控制	控制	控制
观测值	509829	509829	48997	48997	558826	558826
R^2	0.760	0.536	0.778	0.593	0.765	0.545

注：回归以各城市常住人口进行加权调整，括号中为城市层面的聚类稳健标准误，*** 代表 $p<0.01$，** 代表 $p<0.05$，* 代表 $p<0.1$。

5.4.5　稳健性检验

1. 排除性别因素的影响

由于我们样本实际上是以居民信息来代表家庭，实证分析中性别因素的存在可能会掩盖真实情况，一是由于前面结果显示女性的杠杆增加显著多于男性，这可能使总体回归时原本不显著的结果变得显著；二是样本中的居民可能是同一个家庭的夫妻双方或者准夫妻双方，这可能使以家庭为单位的研究出现家庭重复问题。因此，我们单单对样本中男性居民进行回归，以排除性别因素对回归结果的影响。控制其他变量后的 TSLS 第二阶段估计结果如表 5-6 的第（1）、（2）列所示，所有回归按地级市常住人口数加权，标准误是异方差稳健的，并在城市层面聚类。结果显示，交乘项系数分别在 1% 和 5% 的统计水平上显著为正，这与表 5-5 的结果一致，说明考虑性别影响下我们的结果仍然稳健。

表 5-6　稳健性检验：排除重复家庭与杠杆指标变化（工具变量估计）

变量	排除重复家庭		杠杆指标变化		
	ln 债务余额	杠杆率	ln 初始房贷	初始房贷/家庭收入	债务/可支配收入
	(1)	(2)	(3)	(4)	(5)
ln 房价	0.318*** (0.106)	0.816** (0.410)	0.323*** (0.108)	0.840** (0.422)	17.227** (8.276)

续表

变量	排除重复家庭		杠杆指标变化		
	ln 债务余额	杠杆率	ln 初始房贷	初始房贷/家庭收入	债务/可支配收入
	(1)	(2)	(3)	(4)	(5)
ln 房价×非首套房	0.181*** (0.051)	0.536** (0.242)	0.172*** (0.047)	0.511** (0.228)	5.771*** (1.788)
非首套房	-1.654*** (0.484)	-4.949** (2.279)	-1.585*** (0.448)	-4.762** (2.146)	-53.686*** (17.073)
家庭信息	控制	控制	控制	控制	控制
房贷信息	控制	控制	控制	控制	控制
城市特征	控制	控制	控制	控制	控制
观测值	350050	350050	558826	558826	558826
R^2	0.753	0.540	0.762	0.536	0.574

注：回归以各城市常住人口进行加权调整，括号中为城市层面的聚类稳健标准误，*** 代表 $p<0.01$，** 代表 $p<0.05$，* 代表 $p<0.1$。

2. 杠杆指标的变化

上述实证分析中，居民 2016 年债务与杠杆率等家庭杠杆指标，采用的是按“等额本息”还款形式计算得出的年末值。为了排除不同还款方式对家庭杠杆衡量指标的影响，我们不考虑居民的还款形式，直接以其所获得的原始房贷金额，以及原始房贷金额与家庭收入之比作为被解释变量，对不同购房动机家庭杠杆增加情况进行估计。控制其他变量后的 TSLS 第二阶段估计结果如表 5-6 的（3）、（4）列所示，所有回归按地级市常住人口数加权，标准误是异方差稳健的，并在城市层面聚类。结果表明，在排除了按揭形式可能带来的影响之后，房价上涨推高家庭杠杆的结论仍然成立。另外，由于家庭真实收入跟申请贷款时候填报的收入可能有差异，使杠杆率指标存在一定的度量误差，因此我们用其所在城市的人均可支配收入作为杠杆率的分母，尽可能排除这种担忧。控制其他变量后的 TSLS 第二阶段估计结果如表 5-6 的第（5）列所示，交乘项系数仍然显著为正，本书的结论仍然稳健。

3. 房价指标的变化

由于样本中居民获得房贷的日期，是指其贷款成功发放的日期，其作出购房决策的时间可能更早。所以 2016 年早期获得房贷的家庭，整体可能更偏向受 2015 年房价的影响。另外，一些学者认为绝对房价对不同收入家庭的效用可能存在不同，认为相对房价（用房价与收入之比衡量）可以更好地反映出家庭的住房可负担性（吴晓瑜等，2014；周颖刚等，2019）。因此，我们分别采用 2015 年和 2016 年两年的平均房价的自然对数，以及 2016 年家庭的相对房价的自然对数作为房价的衡量指标，重新对两类家庭进行估计。表 5-7 的（1）、（2）列和（3）、（4）列分别汇报了控制其他变量后的平均房价和相对房价的 TSLS 第二阶段估计结果，所有回归按地级市常住人口数加权，标准误是异方差稳健的，并在城市层面聚类。回归结果显示，交乘项系数都显著为正，这与我们之前的实证结果一致，本书的结论仍然稳健。

表 5-7　稳健性检验：房价指标变化（工具变量估计）

变量	近两年平均房价		相对房价	
	ln 债务余额	杠杆率	ln 债务余额	杠杆率
	(1)	(2)	(3)	(4)
ln 房价	0.336***	0.856*	0.271**	0.680
	(0.117)	(0.451)	(0.114)	(0.433)
ln 房价 × 非首套房	0.179***	0.522**	0.744***	2.112***
	(0.049)	(0.236)	(0.138)	(0.618)
非首套房	-1.635***	-4.825**	-0.568***	-1.678***
	(0.462)	(2.204)	(0.124)	(0.550)
家庭信息	控制	控制	控制	控制
房贷信息	控制	控制	控制	控制
城市特征	控制	控制	控制	控制
观测值	558826	558826	558826	558826
R^2	0.764	0.544	0.712	0.489

注：回归以各城市常住人口进行加权调整，括号中为城市层面的聚类稳健标准误，*** 代表 $p<0.01$，** 代表 $p<0.05$，* 代表 $p<0.1$。

5.4.6　房价上涨影响家庭杠杆变动的平均处理效应

在检验城市间房价上涨对不同购房动机家庭杠杆影响的基础上，我们进一步验证研究假设的第二个维度：在房价上涨的同一个城市，非首套房家庭杠杆增加程度是否显著高于首套房家庭。我们的实证策略是考察房价上涨对非首套房家庭的平均处理效应（Average treatment effect on the treated，ATT），也就是说同一个城市的非首套房家庭相对于首套房家庭，纯粹由房价推动的债务和杠杆率增量的差异程度。前面的实证结果已经显示，一个城市前一期的人均住宅建设用地供给面积越高，后一期的房价就越低。基于此，我们首先参考 Mian 和 Sufi（2011），利用某种房价上涨冲击发生时，土地供给低的城市的房价较高这一事实，把人均住宅建设用地供给变换为土地供给紧俏度指标，从而使该指标与房价呈正相关关系来估计 ATT。这里转换的意思是，人均住宅建设用地供给越低的城市土地供给紧俏度就越高，从而房价也就越高，反之亦然。

具体实验设计思路如下：以两个家庭 *HF* 和 *HNF* 为例，他们住在同一个具有高土地供给紧俏度的城市里，其家庭、信贷状况等条件都相同，唯一不同的是 *HF* 为首套房家庭，*HNF* 为非首套房家庭。我们用 ΔB_{HF} 和 ΔB_{HNF} 分别代表家庭 *HF* 和家庭 *HNF* 在房价上涨时期的杠杆变化情况，这时（$\Delta B_{HNF}-\Delta B_{HF}$）就提供了一个衡量房价上涨对不同购房状态家庭影响效应的简化形式。然而还有一个担忧是，两类家庭仍可能在某些不可观测的维度上存在不同，如风险偏好或投资思维等，这种不可观测维度因素很可能以某种方式影响他们的借贷决策，从而使对（$\Delta B_{HNF} - \Delta B_{HF}$）的估计出现偏误。

为控制这种不可观测维度的影响，我们利用双重差分策略（DID）来隔离出房价上涨的直接影响。具体来说，土地供给紧俏度低的城市房价也相对较低，但该城市中不同购房状态家庭的不可观测维度因素的影响仍然起着作用。如同 *HF* 与 *HNF* 的设定，我们令 *LF* 和 *LNF* 分别代表住在同一个具有低土地供给紧俏度城市且其他条件都相同的首套房家庭和非首套房家庭。这时我们就可以通过计算双重差分［（$\Delta B_{HNF} - \Delta B_{HF}$）-（$\Delta B_{LNF} - \Delta B_{LF}$）］，来控制不同家庭不可观测维度的影响。此设计思路就转化为估计如下回归式：

$$\Delta Borrowing_{ic} = \alpha_c + \beta_0 X_{ic} + \beta_1 NFH_{ic} + \beta_2 NFH_{ic} \times LP_{2016,c} + \varepsilon_{ic} \quad (5.37)$$

其中，α_c 代表与 c 城市有关的城市固定效应，X_{ic} 为住在 c 城市的家庭 i 的家庭信息与房贷控制变量，交乘项为购房状态虚拟变量与城市土地供给紧俏度的交乘，因此交乘项系数 β_2 就是我们所要估计的 ATT。由于城市固定效应会吸收城市特征信息，我们回归中不再包括与城市信息有关的变量。

估计结果如表 5－8 所示，回归按各地级市的常住人口加权调整，标准误是异方差稳健的，并在城市层面聚类。第一列展示了在房价上涨时同一个城市中不同购房动机的家庭债务变化的差异，交乘项的系数在 1% 统计水平上显著为正，这说明了在面对房价上涨的冲击时，同一个城市中非首套房家庭债务比首套房家庭多增加 11.1%。表中第二列展示了在房价上涨冲击下不同类型家庭杠杆率变化的差异，交乘项的系数在 5% 水平上显著为正，这表明在面对房价上涨的冲击时，同一个城市中非首套房家庭杠杆率比首套房家庭多增加 27.8%。表 5－8 的结果验证了我们研究假设的第二个维度，即同一个城市中房价上涨使非首套房家庭加杠杆增加幅度显著高于非首套房家庭。

表 5－8　房价上涨对家庭杠杆影响的城市间效应：首套房家庭与非首套房家庭

变量	ln 债务余额	杠杆率
	(1)	(2)
土地供给紧俏度×非首套房	0.111***	0.278**
	(0.038)	(0.135)
非首套房	-0.177**	-0.493
	(0.084)	(0.297)
家庭信息	控制	控制
房贷信息	控制	控制
城市固定效应	控制	控制
观测值	558826	558826
R^2	0.771	0.561

注：回归以各城市常住人口进行加权调整，括号中为城市层面的聚类稳健标准误，*** 代表 $p<0.01$，** 代表 $p<0.05$，* 代表 $p<0.1$。

5.4.7 进一步讨论

接下来我们进一步关注的问题是：非首套房家庭"加杠杆"增加更多是为什么？是基于改善型购房或购买学区房的刚需性行为，还是纯粹的投机性行为？

为了回答这一问题，我们同样利用（5.37）式的实验设计思路，根据样本所包含的可能反映这些偏好的信息，分别选择家庭所购住房的面积、实际单价以及首付比作为被解释变量，以检验非首套房家庭借债的可能动机。我们认为，如果买面积更大、或者更贵的住房可能更能体现非首套房家庭基于改善型购房或购买学区房的刚需性消费，如果纯粹是加杠杆购买则可能体现更强的投机性。控制其他条件后的回归结果如表5-9所示，回归按地级市常住人口数加权，标准误是异方差稳健的，并在城市层面聚类。

从表5-9中可以看出，(1)、(2) 列交乘项系数不显著，说明房价上涨时，非首套房家庭借贷所购买住房的面积和单价与首套房家庭无显著差异。第（3）列交乘项系数在1%的统计水平上显著为负，说明非首套房家庭的平均首付比低于首套房家庭。而且在现实中，非首套房家庭的最低首付比要求平均高于首套房家庭，所以前面的结果也反映出他们更倾向极致利用房贷政策。因此综合来看，房价升高时，两类家庭所购房产并无明显差异，但非首套房家庭却更倾向利用房贷政策，这就从另一个角度反映出非首套家庭加杠杆的投机性。另外，这里存在非首套房家庭仍是刚需，却由于各种原因而自有资金不足，所以要在更靠近首付比限制边界处借款的可能。但在我们的样本中，非首套房家庭的平均收入约是首套房家庭的2倍，并且所购房产并没有实质差别，再加上刚需购房一般都会提前做准备，所以有理由相信，这种刚需却因自有资金不足而不得不更多加杠杆的情况存在的比例应该不高，对我们的结论影响不大。

表5-9 非首套家庭加杠杆的具体体现

变量	ln购房面积	ln购房单价	ln首付比
	(1)	(2)	(3)
土地供给紧俏度×非首套房	0.057	0.031	-0.047***
	(0.044)	(0.031)	(0.013)
非首套房	-0.151*	0.039	0.089***
	(0.087)	(0.059)	(0.024)
家庭信息	控制	控制	控制
房贷信息	控制	控制	控制
城市固定效应	控制	控制	控制
观测值	558826	558826	558826
R^2	0.277	0.801	0.961

注：回归以各城市常住人口进行加权调整，括号中为城市层面的聚类稳健标准误，*** 代表 $p<0.01$，** 代表 $p<0.05$，* 代表 $p<0.1$。

5.4.8 结果分析

在美国，次贷危机之前的房地产泡沫带来的家庭部门的杠杆攀升伴随着消费的增加，因为美国允许家庭把房产增值的部分再抵押而获得贷款，从而一些原本低信用的家庭通过房产再抵押来增加消费（Mian 等，2013）。而在中国，有按揭的住房并不能再抵押，再加上国民普遍没有把房子抵押出去来消费的习惯，所以家庭部门杠杆攀升并没有伴随着消费的增加，实际上同期的消费反而持续的低迷（田国强等，2018）。所以从以上这些结果来看，房价升高推高了非首套房家庭的债务和杠杆率，就基本体现出了其中存在的明显的投机性购房动机。其机制也反映出中国金融市场的制度特征。在我们的样本中，非首套房家庭的收入、年龄、学历平均都高于首套房家庭。一般来说，高收入、高学历的家庭都具有较强的财富增值需求，但不同于西方发达国家，中国金融市场的深度、广度以及实际表现还不够完善，这些家庭缺乏其他较理想的投资渠道，因此会更多将购买住房作为资产管理的重要手段。一旦预期房价会持续上涨，这些家庭更敢于“加杠杆”，甚至通过频繁地买卖商品房达到盈利的目的。当然这其中也可能蕴含较大的风险，一旦房地产市场受到较强的负面冲击，这些拥有较多住房且杠杆较高的家庭，其财富和流动性都会出现极大地降低，从而增大其房贷违约的概率，带来较大的系统性风险隐患。

第六章　经济杠杆对中国经济金融运行的影响

【导读】

宏观杠杆对经济金融运行有复杂的影响，本书专辟一章对企业创新、家庭消费、金融系统风险传导的内在杠杆影响机制进行探讨。

本章第一部分关注企业杠杆的经济效应，重点关注其对企业创新能力的影响。我们使用中国非金融类上市公司2012—2017年的面板数据，从创新投入、创新产出以及创新效率三个维度检验了不同杠杆率水平下企业创新活动的差别。这是一个微观视角，企业综合考虑债务的税盾效应、财务杠杆放大效应、融资成本收益以及高杠杆的财务风险和破产风险，进行最优化债务决策，研究的结论是企业杠杆对企业创新存在“倒U形”的非线性影响。而相对于非国有企业，国有企业杠杆率对创新产出的促进效果更强，且对创新效率具有显著的“倒U形”影响效应，但中国上市公司普遍债务水平较高，杠杆率在拐点右侧，对创新的推动能力未能实现最大化。基于银行信贷的、长期的、在高杠杆基础上的新增债务，对企业创新能力的边际提升将逐渐减少，进而限制经济增长的质量和速度，而2000—2016年前后的粗放外延式增长的极限也正是由此决定。

从宏观角度分析，创新是一种企业的资本和人力投入，本质上也是一种加杠杆行为，讨论企业杠杆与创新能力的关系，其实是一个存量与增量的把握问题，关键问题不在于整体存量水平高低，而在于债务结构是否可持续，是否可以促进新质生产力的提升，同时控制住风险。2016年之后，非金融企业部门的杠杆率几乎不再增长，截至2022年，其杠杆水平仅比2016年高2.4个百分点，除了金融系统收缩信贷的外部性因素外，企业的内生投资意愿不强为主要原因，某种意义上，企业的经营目标已经由利润最大化转为负债最小化，经济增长的内在动力疲弱。鉴于此，2023年，中央出台《关于促进民营经济发展壮大的意见》，旨在通过政策鼓励民营投资增加，缓解企业部门的资产负债表衰退风险。总体而言，如何利用货币和财政政策，激活企业部门有效投资，特别是创新投资，是破局当前经济困难局面的一大要务。

本章第二部分延续第五章关于家庭部门杠杆的讨论，具体分析了家庭杠杆对居民消费的影响。我们采用了来自西南财经大学“中国家庭金融调查”的四个年度家计调查获得的微观面板数据，分析家庭杠杆对消费的影响路径。结果显示两者存在显著关联性，家庭杠杆率每增加100%，其消费下降约1.8%；房贷性质的杠杆对家庭消费的影响最为显著。其中，投资型家庭的消费下降程度平均来看会显著高于刚需家庭，且主要通过流动性渠道影响整体消费行为。在当前经济下行阶段，这种流动性机制会发挥加速螺旋的作用，家庭更愿意持有货币而不愿消费，进一步增加了投资型家庭的债务价值，促使其缩减消费或加速去杠杆，并进一步带来更大的经济收缩。

我们还分析了2014年房地产放松政策开启前后家庭杠杆的变化对消费变化的影响，发现其具有非对称性，即家庭杠杆增加显著抑制了消费，但反过来并没有促进消费。这可能是因为，家庭在买房时已经对之后的消费进行了预期，所以即使后续贷款余额在下降，但已经与消费无关，因为家庭已经平滑了消费。这一模式在当前仍具有意义，2014年至2023年，中国房地产市场又经历了一个完整的复苏—繁荣—回落—低迷周期，房贷已经开始掉头向下，家庭杠杆率增速近乎停滞，但消费却出现了同步疲软的情况，说明房贷导致的高企的家庭杠杆率对消费的挤出效应存在是长期的。另外，新冠疫情以及经济周期性因素带来收入不确定性，进一步加强了家庭对杠杆的感知，提高了调整资产负债表、优化债务结构的动机，促使其提前还款，减少消费。即居民负债端的跨期效应和收入端的不确定性挤出效应，共同导致房贷能力下降、债务收缩、消费疲软并存的现象，而这些都与较高的杠杆水平密切关联。

本章第三部分讨论了前文一直未深入分析的金融杠杆和金融风险问题。

本质上，金融资产负债表和实体杠杆互为“镜像”，信用扩张过程中，资金从金融流向实体部门，再回流至金融部门，金融机构的扩表与实体部门的加杠杆是信用派生的两个面。同时，金融部门也是政府施加调控政策和直接刺激经济的抓手部门。第三章和第四章中银企借贷行为中的软约束和僵尸信贷，不仅推动非金融企业的结构性加杠杆，也助推了金融机构尤其是银行部门的资产规模变化和结构变化。

因此，金融杠杆测度也可以从宏微观两方面展开：金融机构规模扩张和债务结构可持续指标。从金融系统性风险视角看，金融杠杆的相关风险不在于整体债务水平高低，微观杠杆结构更为重要。因此，本书关注资本充足率以及一系列银行健康度指标，基于监管体系要求，构建了一个微观金融杠杆风险测度指标，在省级层面聚类，并尝试探究家庭和非金融企业部门杠杆变化对金融部门风险的贡献。研究结果与预判并不一致，样本期内家庭杠杆对区域金融风险水平的影响不显著，而企业总体杠杆率水平的提高甚至降低了区域性金融风险水平。具体在结构上，大型企业杠杆率水平与金融风险正相关，中小微企业杠杆率对金融风险作用为负，东部地区的居民杠杆率提升与金融风险增大有更强相关性。总体而言，研究证明私人部门（家庭和中小非金融企业）对金融风险的贡献相对较低，侧面说明金融系统性风险重点防控领域应放在地方政府杠杆、大型企业尤其是房地产企业以及相关的资本状况较为紧张的地方银行。2023年中央经济工作会议及中央金融工作会议精神亦印证了这一模式，均强调要持续有效防范化解房地产、地方债务、中小金融机构等重点领域风险，守住不发生系统性风险底线。

6.1 企业杠杆影响企业创新

创新是一国经济发展提质增效的重要引擎，也是推动企业发展的根本动力。企业的创新研发活动离不开资金的强有力支持，在中国目前的融资背景下，一方面，企业需要通过举债的方式发挥资本杠杆的放大作用，增加研发投入，推进企业创新；另一方面，企业所进行的创新研发活动具有高风险、周期长以及短期难见回报等特征，过高的企业杠杆会加大企业所面临的财务风险和破产风险，增加企业环境的不确定性，加重委托代理问题并产生逆向选择和道德风险，降低企业的创新意愿，扭曲创新投资激励，不利于企业创新活动的顺利开展。因此，寻求既能促进创新又能规避债务风险的企业杠杆率已然成为中国企业和有关学者共同关注的热点问题。

6.1.1 企业杠杆影响企业创新的研究综述

有关企业创新的研究从企业杠杆这一视角切入的文献相对较少，本书在综合比较前人研究的基础上，将企业杠杆的创新影响效应分为正向效应和负向效应进行归纳总结，并对其他相关研究结论进行补充说明。

现有研究中部分学者认为企业杠杆会对企业创新活动产生积极的促进作用。Bhagat 和 Welch（1995）探讨了美国、加拿大、英国、欧洲和日本等企业的杠杆率与创新投入之间的关系，研究发现日本企业的杠杆率与研发投入具有正向关系，但其他国家的企业却表现出相反的特征。Bartoloni（2013）利用意大利企业 1996—2003 年的面板数据实证研究发现企业杠杆与创新研发投入之间呈现正向关系，但对创新产出无显著影响。樊勇和王蔚（2014）实证研究发现中国上市公司存在显著的债务税盾效应，有利于企业筹集研发资金，保障创新活动的顺利进行，且债务规模越大带来的税盾作用效果越明显。

与此同时，也有部分学者认为杠杆率的提升不利于企业创新。Chiao 和 Chaoshin（2002）认为企业债务是为企业进行实物投资和创新研发提供资金的一种资源，并不能为企业提供研发资金帮助，因此抑制了企业的创新投入。汪晓春（2002）通过建立两阶段的最优化模型来探讨资本结构对企业创新的影响效应，在一系列的限定假设条件之下得到高负债会扭曲企业的创新投资激励，使企业在作出投资决策时更为谨慎的结论。Simerly 和 Li（2000）认为企业的资本结构受到环境动力的影响，环境不确定的上升会提高企业的负债融资成本，不利于开展创新活动。辜胜阻和庄芹芹（2016）认为相对于银行贷款等债务融资方式，权益融资具有较强的风险承受能力，能够为企业的创新研发活动提供低成本的长期资金来源，增加创新资金供给。刘一楠（2016）从营运资本管理的角度也发现了企业杠杆对创新活动的抑制作用。

此外，也有学者认为企业杠杆对企业创新的影响并非简单的促进或抑制，应在特定情况下进行分析。于晓红和卢相君（2012）利用中国制造业上市公司的样本研究发现行业环境对企业杠杆水平的选择具有重要影响，高财务杠杆在不确定性较弱的行业环境下有利于企业创新，而在不确定性较强的行业环境下不利于实施创新战略。

6.1.2　企业杠杆影响企业创新的机制分析

不同杠杆率水平下企业的创新效应存在较大差异，那么企业杠杆对企业创新究竟有何影响，具体作用机制又是什么？本书在参考国内外相关研究成果的基础上，结合中国市场运行机制的特点，对企业杠杆的促进效应与抑制效应两种机制加以分析讨论。

1. 企业杠杆对企业创新的促进效应

一般来说，企业所进行的创新研发活动需要大量充足稳定的资金流予以保障，通过负债融资的方式适度提高企业杠杆，能够有效发挥负债的税盾效应、约束效应以及财务杠杆放大效应，降低企业的平均融资成本，并通过信号传递效应获取负债融资支持，提高创新投资效率，进而有利于企业创新活动的顺利开展。

（1）适度的杠杆率能够发挥负债的税盾效应

在考虑企业所得税的情况下，由于企业需要按时支付的债务利息可按照实际发生数从税前利润扣除，因而能够有效降低企业的实际资本成本，让公司获得税收上的结余。在同等资产规模水平下，债权融资相对股权融资能够发挥一定的避税效应，提高企业的经营绩效。因此，企业通过适当提高负债融资比例，在一定程度上能够带来税盾上的收益，减少企业上缴的所得税，保留更多的利润成果为研发创新活动提供条件支持，有利于提高企业的创新投资效率。

（2）适度的杠杆率具有负债约束效应

根据代理成本理论，企业的所有者即股东希望管理层能够按股东财富最大化的目标尽力经营管理企业，而管理者往往仅考虑自身利益，可能会为谋取私利而进行过度投资和投资于净现值为负的创新项目，造成企业内部资本配置的无效扭曲，侵蚀企业的利益。在这种情况下，通过适度地提高企业杠杆可以对企业管理层的代理问题产生刚性约束，缓解股东和代理经理人之间的利益冲突。一方面，债权人为了保护自身利益往往会主动对债务公司的管理层形成有效监督与约束，从而减轻了代理问题的发生，有益于创新投资风险的管理。另一方面，企业债务的偿还条件具有刚性，为了按时偿还债务本息，防止财务危机的出现，企业管理层必须保证企业拥有充足的现金流作为保障，强化了对管理者创新投资行为的约束。因此，保持适度的杠杆比率能够发挥负债约束效应，降低企业的代理成本，激励企业管理层更加努力工作，认真谨慎地做出创新投资决策，从而促使企业创新投资向优质高效的项目倾斜，优化了企业的治理结构。

（3）适度的杠杆率能够发挥财务杠杆放大效应

由于固定费用的存在，企业通过适度地提升负债融资比例能够有效发挥举债筹资所带来的财务杠杆放大效应，获取更多的现金流量为企业的创新研发活动提供资本保障。现金流量是确保企业从事经营、投资活动和提高企业市场竞争力的重要支柱，决定着企业的兴衰存亡，在一定程度上反映了企业的资金状况与经营状况。现金流量充足稳定的企业一般来说具有良好的发展前景与提升空间，因而更有可能加大创新研发投入力度来提升自身的市场竞争地位，增强产品竞争优势。与此同时，通过财务杠杆的放大效应能够有效保证企业创新研发活动资金的稳定投入，降低企业因资金链断裂而带来的创新失败风险。

（4）适度的杠杆率具有信号传递效应

根据信号传递理论，当企业面临较好的发展前景与创新投资机遇时，适度提高企业杠杆能够有效向市场传达有关企业获利能力和投资风险方面的信息，从而通过传递的正向积极信号赢得更多潜在投资者的关注与青睐，获取更多债权人的融资支持来保障企业创新资金的稳定投入，促进企业创新研发活动的顺利进行。

2. 企业杠杆对企业创新的抑制效应

企业所进行的创新研发活动具有高风险、周期长以及短期难见回报等特征，过高的企业杠杆会加大企业所面临的财务风险和破产风险，增加企业环境的不确定性，加重委托代理问题并产生逆向选择和道德风险，降低企业的创新意愿，扭曲创新投资激励，不利于企业创新活动的顺利开展。

（1）过高的杠杆率会增加财务风险

创新研发活动需要较高的人力、物力和财力上的投入，过度依赖负债融资会恶化企业的资产负债表，提高企业偿还负债的资本成本和限制门槛，使得企业融资约束收紧，削弱企业的偿债能力，进而增加企业所面临的财务风险，抑制企业的创新投入和产出效率。与此同时，企业在进行债务融资时风控要求比较严格，需要稳定的现金流作为支撑保障，创新活动的不确定性使企业在杠杆率水平过高的情况下不得不减少高质量高收益但投入高风险高的创新投资项目，以此来降低创新失败带来的风险损失，进而抑制了企业的创新活动。

（2）过高的杠杆率会产生逆向选择和道德风险

一般来说，企业进行的研发活动具有较强的保密性，因此向外界披露的公告信息是有限的。债权人在提供债权融资之前不能有效掌握企业的资产负债情况和创新研发项目情况，处于信息的劣势方，无法有效判断企业创新项目的质量与收益，这时逆向选择的存在导致低质量的创新项目比高质量的创新项目更容易获得外部融资，因此扭曲了企业的创新投资质量。与此同时，在获取大量的外部负债融资使用权之后，为了偿还高额的债务，企业在利益的驱动下可能更改原有投资计划，将创新资金投资于高风险高收益的研发项目，从而引发道德风险，在这种情况下，一旦资金链断裂，过高的债务比重会使企业陷入财务困境，被迫中止或撤销正在进行的创新项目，严重抑制企业创新活动。因此，在企业杠杆率过高的情况下，由于金融市场信息不对称的存在会产生逆向选择和道德风险，对企业创新造成负面影响。

（3）过高的杠杆率会加重委托代理问题

企业股东与管理者之间的利益分歧在公司治理中会产生矛盾与冲突，创新活动具备的高风险、高收益和周期长等特征直接增加了企业内部管理的代理成本。一方面，企业管理者偏向于稳定安逸的管理风格，如果企业创新项目失败或达不到预期的经济绩效，可能会给管理者带来声誉损失，甚至带来失去职位的风险，因此他们增加企业创新投资活动的意愿并不高。另一方面，与公司存续时间相比，管理者更在乎自己任期内的收益，即使企业通过大量的负债融资获取金融资本来满足企业的创新研发活动，缓冲创新失败风险，企业管理层也有动机减少创新研发投入，从而使企业错失优质的创新投资机会，放弃那些收益质量更高但投资周期较长的创新项目，加重了管理层短视的问题。

（4）过高的杠杆率会增加破产风险

过高的杠杆比率会使企业债台高筑，财务稳定性降低，在创新研发过程中更容易引发资金链断裂，加大企业管理者和债权人所承担的经营风险和违约风险，从而弱化企业的风险承担能力，导致企业所面临的破产风险增加，严重抑制了企业的创新投资活动。同时，受到市场价值波动的影响，当经济不景气时，企业负债融资提供的抵押担保物价值下降，债权成本上升，增加了企业的财务费用和经济负担，很有可能将原本用于创新投资活动的研发资金拿来偿还债务，从而导致企业创新投入和创新产出的减少，投资效率下降，增加了企业所面临的环境不确定性。

6.1.3　研究假设

由上文的理论推导分析可以看出，企业杠杆对企业创新的影响在不同的杠杆率水平下可能存在促进效应与抑制效应两种作用机制。一方面，企业保持适度的杠杆率能够有效发挥负债的税盾效应、约束效应以及财务杠杆放大效应，并通过信号传递效应为企业的创新研发活动提供资本条件支持，提高投资效率与质量，从而有利于企业创新活动的顺利进行。另一方面，过高的杠杆比率会加大财务风险和破产风险，加重企业委托代理问题，产生逆向选择和道德风险，降低企业创新意愿，扭曲创新投资激励，从而不利于企业创新活动的开展。企业杠杆对企业创新的影响作用机制总结如图 6－1 所示。

综上所述，本书认为企业杠杆的创新影响效应可能随着杠杆率的提升存在先促进后抑制的作用关系，由此提出如下三个基础假设：

假设 1：企业杠杆与企业创新投入之间存在“倒 U 形”关系。

假设 2：企业杠杆与企业创新产出之间存在“倒 U 形”关系。

假设 3：企业杠杆与企业创新效率之间存在“倒 U 形”关系。

此外，企业杠杆的创新影响效应可能会受到债务类型和企业异质性特征的制约。一方面，企业所需偿还的债务具有非均质性和非一致性，不同的负债期限或负债来源可能会对企业的创新研发行为产生不同的作用。另一方面，每个企业都有自身独特的特点，在所有权性质、行业属性、企业规模和所处发展阶段等特征影响下，企业杠杆对企业创新的影响效应可能存在较大差异。为此，本书将在实证研究部分对样本进行进一步划分，基于债务类型以及企业异质性特征的研究视角充分探讨企业杠杆对企业创新的影响作用。

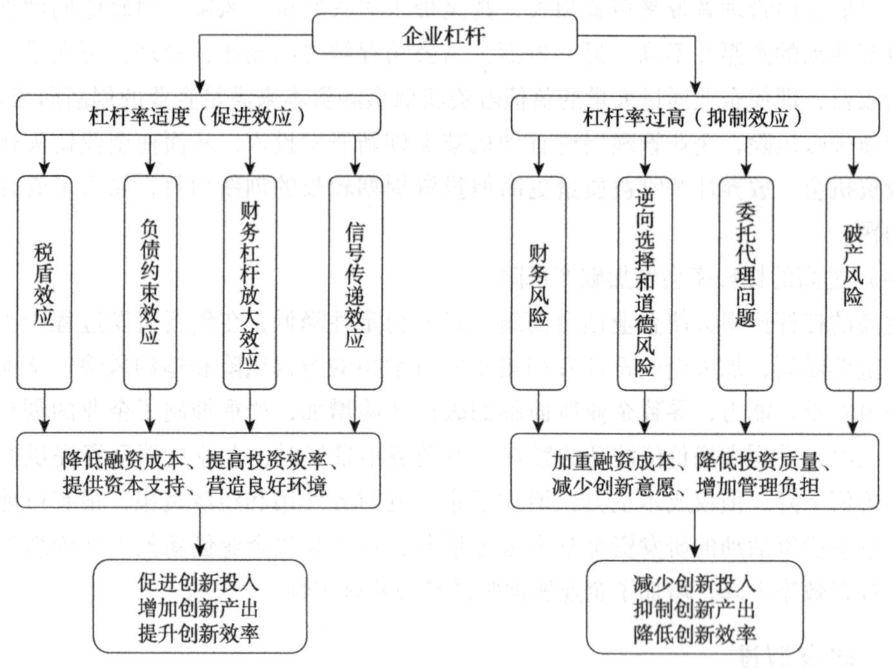

图 6-1　企业杠杆对企业创新影响的机制分析

6.1.4　实证研究设计

1. 样本选取与数据来源

本节选取了中国非金融类沪深 A 股上市公司 2012—2017 年的面板数据作为研究样本，并按照如下原则对数据进行筛选：（1）由于金融行业的特殊性，剔除掉所有金融类公司；（2）剔除经过 ST、*ST 等特殊处理以及中途退市的公司；（3）由于创新效率指标计算涉及 2 期滞后，故剔除 2010 年后才上市的公司；（4）剔除财务数据异常的样本；（5）剔除部分研发支出数据或专利产出数据不全的样本。最终，本书总共获得了 1242 家上市公司 7452 个有效观测值。此外，为了控制极端值对结果造成的可能偏误和影响，本书在回归分析之前对所有公司财务数据中的主要连续变量进行上下 1% 的 Winsorize 缩尾处理[①]。

本节研究所使用的数据来源主要包括两个部分：一是有关企业研发支出数据和专

① 对于样本极端值的处理主要有缩尾和截尾两种方法，由于不会造成样本自由度损失，文献中通常采用缩尾方法处理极端值。

利产出数据，来源于国泰安数据库（CSMAR），对于部分有缺失的数据，通过上市公司年度财务报告附注披露进行手工整理补充；二是企业特征信息及相关财务数据，来源于万得数据库（Wind）。本书所有的实证分析均使用 Excel 2016 和 Stata 16 数据分析软件完成。

2. 变量定义

（1）被解释变量

现有文献在评价企业创新绩效上大多采用创新投入或创新产出两个方面的指标，研究角度较为单一，不能综合反映出企业的创新研发能力。为此，本书从创新投入、创新产出以及创新效率三个维度共同构建企业创新能力评价体系，对企业创新绩效作出全面、客观的评价描述。

创新投入的衡量：创新投入通常指企业为了在现有的生产技术水平上开发研究新产品或新项目，进行创新研发时投入的资金、人员、技术以及设备等。资金投入能给企业注入新的活力，拉动创新项目的执行，目前大多数学者都采用研发支出金额或研发投入强度作为创新投入的衡量方式，参考 Brown 等（2009）和陈华东（2016）的研究成果，本书以研发支出金额作为创新投入的代理变量，并以研发投入强度作为替代变量进行稳健性检验。

创新产出的衡量：创新产出是企业创新活动的最终成果。从现有研究来看，大多数学者采用专利授权总量、专利申请总量、新产品产值、科技论文发表数量、技术市场成交额和无形资产增量等指标对其进行衡量（倪骁然和朱玉杰，2016；李文贵和余明桂，2015；Tian 和 Wang，2014；张杰等，2017）。企业关注的是创新科技转化成果，相比于其他衡量方式，企业获得授权的专利总量更能直接给企业带来经济和效益上的增加，体现出企业创新产出水平的高低。因此，本书选取企业当年获得授权的专利总量作为创新产出的代理变量。

创新效率的衡量：创新效率反映了企业在一定的研发投入下能够创造多少专利产出。本书借鉴 Hirshleifer 等（2013）和虞义华等（2018）的研究，采用如下方式构建创新效率度量指标，考察企业杠杆对企业创新效率的影响：

$$Ine_{i,t} = \frac{Patent\_grant_{i,t}}{\frac{2}{3} \times R\&D_{i,t-1} + \frac{1}{3} \times R\&D_{i,t-2}}$$

其中，$Patent_grant_{i,t}$表示企业 i 在第 t 年获得授权的专利总数，$R\&D_{i,t-1}$和 $R\&D_{i,t-2}$分别代表企业 i 在第 $t-1$ 年和第 $t-2$ 年的研发支出费用。创新效率体现的是企业对研发投入的利用是否高效，创新效率越高，说明企业基于单位研发投入能够创造越多的专利产出。

（2）核心解释变量

本书从微观视角对企业创新活动进行考察，所使用的企业杠杆属于财务概念，在一定程度上能够反映企业的负债程度与举债能力，是企业资本结构的重要组成部分。关于企业杠杆的定义有多种形式，可以采用债务资产比、债务有形资产比以及权益比率等方式对其进行衡量，本书参考绝大多数文献的衡量方式，选取企业的资产负债率作为企业杠杆的度量指标。

同时，为了研究不同债务类型对企业创新活动造成的差异性影响，本书在实证部分将企业杠杆进一步细分，按照不同的负债期限与负债来源进行分组研究：①将企业杠杆按照负债期限划分为短期杠杆率与长期杠杆率。短期杠杆率定义为流动负债与总资产的比值，流动负债是指企业在一年或者一年以内的一个营业周期内偿还的债务；长期杠杆率定义为长期负债与总资产的比值，长期负债是指偿还期限在一年或一个营业周期以上的债务。②将企业杠杆按照负债资金来源划分为商业信用杠杆与银行借贷杠杆。企业进行创新研发活动的负债融资来源主要有商业信用、银行借款和企业债券，现阶段中国债券市场尚不完善，债券融资在上市公司负债中所占比重很小，因此本书只考察商业信用与银行借款对企业创新的影响。将商业信用杠杆定义为商业信用借贷与总资产的比值，商业信用借贷包括应付账款、应付票据、预收账款等；银行借贷杠杆定义为银行借贷与总资产的比值，银行借贷包括短期借款和长期借款。

（3）控制变量

在控制变量方面，本书借鉴已有学者的研究成果（王俊，2010；温军和冯根福，2012；贺京同和高林，2012；鲁桐和党印，2014；申宇等，2017；Chang 等，2015；王刚刚等，2017），在回归模型中加入了 12 个影响企业创新的关键变量，并严格控制了年份、行业和省份固定效应，使回归模型更具有说服力，确保了研究结果的可靠性。

企业规模（*Size*）。已有研究认为，企业规模反映了企业所拥有资源的丰富程度，企业的资产规模越大，用于进行创新研发活动的资源禀赋也会越多，因而在一定程度上衡量了企业的创新资源。但同时也有部分学者认为当企业规模达到一定程度后会增加企业的内部沟通成本，不利于管理层进行管理，从而会对企业的创新活动产生负面影响。鉴于此，本书将企业规模作为控制变量放入模型中。

政府补助（*Sub*）。有关学者认为政府补助是影响企业创新的重要因素，从现阶段中国各级政府推进的产业政策来看，创新能力越强的企业一般越容易获得政府补贴。企业获得的政府补助不仅能够直接使企业获取创新研发资本，而且能够使企业获得相关政策的认可与重点扶持，有助于企业争取更多的外部资源红利，因此会对企业的创新活动带来促进作用。鉴于此，本书将政府补助作为控制变量放入模型中。

企业年龄（*Age*）。企业成立时间的长短对企业创新的影响可能较为复杂。部分学者认为成立时间较久的企业拥有丰富的管理经验与稳定的市场份额，在战略决策上倾向于提高企业的自主创新能力，因而进行创新研发的能力和意愿可能会更强。但同时也有学者认为处于成长期的企业为了赢得市场份额，可能会加大创新研发投入力度，通过产品或生产技术创新项目的成功来获得可观的利润回报，增加企业业绩，为今后激烈的行业竞争奠定扎实的基础。鉴于此，本书将企业年龄作为控制变量放入模型中。

固定资产比例（*Fix*）。一般而言，企业所拥有的固定资产拥有较高的构建成本，资产流动性较弱，在一定程度上可能会挤占用于创新研发的资金投入，因而过高的固定资产比率会对企业创新带来负面影响。鉴于此，本书将企业固定资产比例作为控制变量放入模型中。

营运能力（*Turn*）。部分学者认为企业营运能力的增强能够有效提升企业整体资产的营运效率和由此带来的效益，进而会对企业创新研发活动产生积极影响。鉴于此，本书将企业营运能力作为控制变量放入模型中，用流动资产周转率来衡量。

成长性（*Gro*）。成长性描述了企业发展运行的趋势和过程，成长性较高的企业拥有良好的经济效益，发展潜力较大，更有充足稳定的现金流来保障创新研发活动的顺利进行（岳续华，2008）。与此同时，也有学者指出低成长性的企业在危机感的驱动下会把主要精力放在增强产品竞争力上，进而会提升创新研发的动力。鉴于此，本书将企业成长性作为控制变量放入模型中，用营业收入增长率来衡量。

盈利能力（*Pro*）。Brown 等（2012）认为盈利能力是影响企业创新活动的重要因素，该指标的值越高，说明企业的获利能力越强，越能为技术创新提供资金保障，从而促进创新研发项目的顺利进行。鉴于此，本书将企业盈利能力作为控制变量放入模型中，用净资产收益率来衡量。

机构持股（*Inst*）。在金融市场中，机构投资者拥有较强的研究预测能力，投资较为理性，企业机构持股数的增加在一定程度上能够反映企业良好的发展前景。同时，企业可以利用机构投资者的信息优势参与公司内部的监督管理，发挥公司治理效应，对企业的重大创新投资项目作出合理决策与规划，因此机构持股比例的提升能够对企业创新活动带来积极的影响。鉴于此，本书将机构持股比例作为控制变量放入模型中。

托宾 Q 值（*TobinQ*）。托宾 Q 值刻画的是企业面临的投资机会，有学者认为托宾 Q 值较高的企业拥有良好的投资前景与较高的投资收益，可能会对企业的研发投入产生积极的作用影响。鉴于此，本书将托宾 Q 值作为控制变量放入模型中。

现金持有（*Cash*）。企业持有的现金拥有较强的流动性，不但能够满足企业研发创新各个环节的资金需求，而且能够有效应对发生创新意外时对现金的需要，是企业正常开展创新活动的基础资源保障。鉴于此，本书将企业现金持有比例作为控制变量放入模型中。

股权集中度（*Conc*）。股权集中度反映了企业管理层自主决策的独立性。一般来说，股权集中度越高的企业股东干预公司经营的动机和程度越大，企业的创新投资决策会受到较大的约束限制，一定程度上会对企业创新带来负面影响。鉴于此，本书将企业股权集中度作为控制变量放入模型中，用前十大股东持股比例合计来衡量。

现金流量（*Flow*）。潘越等（2015）认为现金流是影响企业创新投资的重要因素，充足的现金流能够保障企业研发活动的顺利开展。鉴于此，本书将企业现金流量作为控制变量放入模型中，用经营和投资活动获得的现金流占总资产的比例来衡量。

综合实证研究设计部分的分析说明，本书所涉及的主要变量设定与描述如表 6－1 所示：

表 6－1　主要变量定义与描述

变量类型	变量名称	变量符号	变量定义
被解释变量	创新投入	*Ini*	研发支出金额（+1 取对数）
	创新产出	*Ino*	当年获得授权的专利总量（+1 取对数）
	创新效率	*Ine*	基于单位研发支出转化的专利授权数量
核心解释变量	企业杠杆率	*Lev*	总负债/总资产
	短期杠杆率	*Levs*	短期负债/总资产
	长期杠杆率	*Levl*	长期负债/总资产
	商业信用杠杆	*Levc*	商业信用借贷/总资产
	银行借贷杠杆	*Levb*	银行借贷/总资产
控制变量	企业规模	*Size*	企业总资产（取对数）
	政府补助	*Sub*	政府补助（+1 取对数）
	企业年龄	*Age*	企业注册成立时间年限（+1 取对数）
	固定资产比率	*Fix*	固定资产/总资产
	营运能力	*Turn*	销售收入/流动资产
	成长性	*Gro*	营业收入增长率
	盈利能力	*Pro*	税后利润/所有者权益
	机构持股	*Inst*	机构投资者持股比例
	托宾 Q 值	*TobinQ*	市场价值/重置资本
	现金持有	*Cash*	现金资产/总资产
	股权集中度	*Conc*	前十大股东持股比例合计
	现金流量	*Flow*	经营和投资活动获得现金流/总资产

3. 模型设定

基于上文分析，为了考察企业杠杆对微观企业创新活动造成的影响，本书参考张杰等（2017）和虞义华等（2018）的研究设计，将计量回归模型设定如下：

$$
\begin{aligned}
Innovation_{i,t} = {} & \alpha + \beta_1 Lev_{i,t-1} + \beta_2 Lev_{i,t-1}^2 + \sum \gamma_k Firm\_control_{k,i,t-1} \\
& + \delta Year_t + \theta Industry_i + \mu Province_i + \varepsilon_{i,t}
\end{aligned}
$$

其中，$Innovation_{i,t}$ 为模型被解释变量，代表企业 i 在第 t 年的创新研发绩效，分别从创新投入（*Ini*）、创新产出（*Ino*）和创新效率（*Ine*）三个维度来衡量。考虑到企业创新研发活动的时滞性，同时为了减轻内生性问题，本书将所有解释变量进行滞后一期处理。$Lev_{i,t-1}$ 为本书关注的核心解释变量，代表企业 i 在第 $t-1$ 年的杠杆率，鉴于理论分析中可能存在的“倒 U 形”关系，同时将杠杆率的二次项纳入模型考察。$Firm\_control_{k,i,t-1}$ 为企业层面一系列的控制变量，下标 k 代表控制变量个数。*Year*、*Industry* 和 *Province* 分别表示年份固定效应、行业固定效应以及所属省份固定效应，本书在回归分析中对以上三种效应均进行控制。

6.1.5　企业杠杆影响企业创新的实证分析

1. 描述性统计分析

表6－2汇报了模型主要变量的描述性统计结果。从中可以看出，2012—2017年样本期间1242家上市公司的平均创新投入高达1.68亿元，其中研发支出最多的企业是中国建筑（证券代码601668），2017年研发支出高达123.85亿元。以企业当年获得授权的专利总量衡量的创新产出平均值为52.57件，说明中国上市公司普遍存在专利创新产出能力低下的问题。创新效率为基于单位研发支出转化的专利授权数量，平均值为6.3037，该数值越高说明企业创新转化能力越强，其最小值为0，说明部分企业所进行的创新活动仍无法实现可观的经济效益。

表6－2　主要变量描述性统计

变量名称	变量符号	观测值	平均值	标准差	最小值	最大值
创新投入	*Ini*	7452	17.8824	1.2661	13.1803	23.2398
创新产出	*Ino*	7452	2.8636	1.4524	0.0000	7.9091
创新效率	*Ine*	7452	6.3037	16.0032	0.0000	278.7748
企业杠杆率	*Lev*	7452	0.3727	0.1926	0.0080	0.9637
短期杠杆率	*Levs*	7452	0.3098	0.1647	0.0060	0.9620
长期杠杆率	*Levl*	7452	0.0630	0.0770	0.0000	0.7545
商业信用杠杆	*Levc*	7452	0.1555	0.1114	0.0001	0.7374
银行借贷杠杆	*Levb*	7452	0.1161	0.1178	0.0000	0.7570
企业规模	*Size*	7452	21.9835	1.1798	19.0778	28.0699
政府补助	*Sub*	7452	16.3217	1.7620	0.0000	21.8598
企业年龄	*Age*	7452	2.8367	0.2968	1.3863	4.1431
固定资产比率	*Fix*	7452	0.2062	0.1337	0.0002	0.8758
营运能力	*Turn*	7452	1.1722	0.9130	0.0401	15.3393
成长性	*Gro*	7452	0.1812	0.4762	－0.8718	16.9082
盈利能力	*Pro*	7452	0.0750	0.0913	－0.9922	0.7611
机构持股	*Inst*	7452	0.0471	0.0471	0.0000	0.5325
托宾Q值	*TobinQ*	7452	2.8492	2.0893	0.7540	34.0092
现金持有	*Cash*	7452	0.1769	0.1377	0.0023	0.9185
股权集中度	*Conc*	7452	0.5793	0.1437	0.1057	0.9599
现金流量	*Flow*	7452	0.0437	0.0658	－0.3544	0.6612

从核心解释变量来看，样本企业的平均杠杆率为37.27%，最低杠杆率为0.80%，最高杠杆率为96.20%，存在明显的差距。按照负债期限划分，短期平均杠杆为

30.98%，长期平均杠杆为6.30%，说明中国上市公司的负债融资以短期为主。按照负债来源划分，商业信用杠杆平均为15.55%，银行借贷杠杆平均为11.61%，商业信用融资占比相对较高。

在控制变量方面，样本企业的平均资产规模为109.63亿元，最小规模与最大规模分别为1.93亿元和1.55万亿元，规模差异较为明显。公司注册成立时间最短的为3年，最长的为62年，平均约为16.82年，表明企业所处的发展阶段具有较大跨度。与此同时，样本企业每年平均获得的政府补助额约为4128.83万元，固定资产比率平均约为20.62%，流动资产周转率平均约为1.1722，营业收入同比增速平均约为18.12%，净资产收益率平均为7.50%，机构持股比例平均约为4.71%，托宾Q值平均约为2.8492，现金持有比例平均约为17.69%，股权集中度平均约为57.93%，经营和投资活动获得的现金流平均占比约为4.37%，整体上各个数值与现有文献保持了较高的一致性。

2. 回归结果分析

本节在实证部分采用面板数据固定效应估计方法（FE）对前文的分析假设予以验证，并将样本按照不同的债务类型与企业异质性划分进行进一步的分组研究讨论。

（1）企业杠杆对企业创新影响的基准回归分析

表6-3展示了企业杠杆对企业创新影响的基准回归结果。由实证结果可知，企业杠杆对创新投入、创新产出与创新效率具有显著的二重作用效果。企业杠杆的二次项系数分别为-1.2370、-1.4647与-7.4803，且分别通过了1%、1%和5%水平的显著性检验，有效验证了本书提出的三个研究假设，即企业杠杆与创新投入、创新产出和创新效率之间存在先促进后抑制的“倒U形”作用关系，与前文的理论分析相呼应。通过进一步的计算，得到三个模型杠杆率的拐点分别为31.24%、41.98%和40.10%。因此，当企业杠杆率小于31.24%时随着杠杆率的提升有利于促进创新投入、增加创新产出与提升创新效率，而当杠杆率高于41.98%时会对企业的创新活动带来抑制作用。

对控制变量的研究发现，企业规模的提升、政府补助的增加、良好营运能力以及盈利能力能够有效促进企业的创新投入、增加创新产出与提升创新效率。机构持股比例的上升、托宾Q值的增加以及充足的现金流能够促进企业的创新投入，但对创新产出和创新效率无显著影响。企业年龄的增大在一定程度上不利于企业的创新投入和创新效率，表明企业所处的发展阶段对创新效应具有重要影响，越年轻的企业创新活力越强，这与虞义华等（2018）的研究发现一致。企业持有现金比例的提升会对创新投入与创新效率带来正向作用，而过高的固定资产比例会抑制企业的创新投入与创新产出，对企业的创新活动造成负面影响。与此同时，过高的股权集中度会抑制企业的创新产出，较高的成长性能够增加企业的创新投入，但会对创新效率造成负面抑制作用。总体来看，本书所选控制变量的回归结果基本符合理论预期与现实情况，与大部分已有的研究结论相一致。

表 6-3　企业杠杆对企业创新投入、创新产出和创新效率的回归估计结果

因变量类型	创新投入	创新产出	创新效率
	模型 1	模型 2	模型 3
L1. Lev	0.7728 *** (3.1516)	1.2299 *** (3.2379)	6.0003 ** (2.4667)
L1. Lev^2	-1.2370 *** (-4.1551)	-1.4647 *** (-3.1772)	-7.4803 ** (-2.5338)
L1. Size	0.6991 *** (39.4195)	0.3962 *** (14.3016)	3.1834 *** (17.9460)
L1. Sub	0.1418 *** (14.0965)	0.1961 *** (12.6020)	1.0611 *** (10.6491)
L1. Age	-0.1560 *** (-4.1402)	-0.0441 (-0.7542)	-1.3514 *** (-3.6133)
L1. Fix	-0.3593 *** (-3.3860)	-0.3216 ** (-1.9625)	-1.5548 (-1.4815)
L1. Turn	0.2291 *** (10.7594)	0.1192 *** (3.6183)	0.8214 *** (3.8949)
L1. Gro	0.0762 * (1.9529)	0.0130 (0.2155)	-0.9983 *** (-2.5876)
L1. Pro	1.1289 *** (6.0136)	1.7660 *** (6.0927)	12.9204 *** (6.9614)
L1. Inst	0.5693 ** (2.4086)	0.0819 (0.2238)	-3.7915 (-1.6173)
L1. TobinQ	0.0312 *** (3.5728)	0.0011 (0.0784)	0.0743 (0.8579)
L1. Cash	0.2504 ** (2.4938)	0.0446 (0.2871)	2.0608 ** (2.0704)
L1. Conc	-0.0844 (-1.0834)	-0.3789 *** (-3.1458)	-0.3935 (-0.5101)
L1. Flow	0.7169 *** (3.5873)	-0.0664 (-0.2143)	1.2842 (0.6469)
年份效应	控制	控制	控制
行业效应	控制	控制	控制
省份效应	控制	控制	控制
观测值	5080	5104	5103
R^2	0.6422	0.4315	0.3517
Hausman 检验	固定效应		

注：①***、**、*分别表示1%、5%和10%的显著性水平；②*L1.* 表示滞后一期；③括号内的数字为双尾检验的 *t* 值；④R^2是指 *Pseudo* R^2。

（2）基于债务类型的分组研究

前文的分析研究指出，企业的债务类型具有差异性，可能会对企业的创新活动造成不同的作用影响。为此，本书将企业杠杆进一步细分，按照不同的负债期限与不同的负债来源进行分组研究，探讨不同债务类型对企业创新所造成的差异性影响。

A：基于负债期限的分组研究

按照负债期限，本书将企业杠杆划分为短期杠杆与长期杠杆，回归结果如表 6－4 所示。

表 6－4　基于负债期限的分组回归结果

因变量类型	创新投入		创新产出		创新效率	
	短期杠杆率	长期杠杆率	短期杠杆率	长期杠杆率	短期杠杆率	长期杠杆率
	模型 1	模型 2	模型 3	模型 4	模型 5	模型 6
*L*1. *Levs*	0.9024*** (3.3209)		1.8334*** (4.3542)		7.8802*** (2.9066)	
*L*1. $Levs^2$	－1.2607*** (－3.3256)		－2.2404*** (－3.8107)		－9.8593*** (－2.6046)	
*L*1. *Levl*		－0.0491 (－0.1087)		－1.4599** (－2.0662)		－7.8714* (－1.7474)
*L*1. $Levl^2$		－4.0443** (－2.1522)		2.3198 (0.7886)		15.1602 (0.8085)
控制变量	控制	控制	控制	控制	控制	控制
年份效应	控制	控制	控制	控制	控制	控制
行业效应	控制	控制	控制	控制	控制	控制
省份效应	控制	控制	控制	控制	控制	控制
观测值	5063	5116	5087	5140	5086	5139
R^2	0.6424	0.6492	0.4314	0.4335	0.3518	0.3571

注：①***、**、*分别表示 1%、5%和 10%的显著性水平；②*L*1. 表示滞后一期；③括号内的数字为双尾检验的 *t* 值；④R^2是指 *Pseudo* R^2。

由表 6－4 的回归结果可以看出，短期杠杆与长期杠杆对企业创新活动的作用效果存在较大的差异。对于短期杠杆来说，其与创新投入、创新产出和创新效率之间均存在显著的“倒 U 形”关系，而长期杠杆则对企业的创新产出和创新效率造成了显著的负向影响。其可能的解释原因是，企业的短期负债融资成本低、速度快且限制条款相对宽松，使筹资富有弹性，能有效为创新资金投入提供较高的流动性保障。同时，从税收的角度来看，企业的短期借款相比长期借款更能有效发挥债务的税盾价值，因此对企业的创新活动具有显著的促进作用，但过高的短期负债意味着企业短期内还本付息压力加大，财务风险进一步提升，因而不利于企业创新活动的开展。相比之下，企业的长期负债融资成本过高，限制条款较多，虽然能为创新研发提供大额资金，但较长的还款期限在一定程度上增加了企业所面临的不确定性，因此对企业创新活动造成了抑制作用。

B：基于负债来源的分组研究

按照负债资金来源，本书将企业杠杆划分为商业信用杠杆与银行借贷杠杆，回归结果如表 6－5 所示。

表 6－5　基于负债来源的分组回归结果

因变量类型	创新投入		创新产出		创新效率	
	商业信用杠杆	银行借贷杠杆	商业信用杠杆	银行借贷杠杆	商业信用杠杆	银行借贷杠杆
	模型 1	模型 2	模型 3	模型 4	模型 5	模型 6
L1. Levc	1.2316*** (3.6100)		4.5113*** (8.6532)		6.7217** (1.9959)	
L1. $Levc^2$	−0.4982 (−0.6395)		−6.6127*** (−5.5507)		6.9221 (0.8995)	
L1. Levb		−0.8720*** (−3.2285)		−1.2254*** (−2.8913)		−5.2013* (−1.9056)
L1. $Levb^2$		−0.4885 (−0.6448)		−0.0689 (−0.0580)		−4.5116 (−0.5899)
控制变量	控制	控制	控制	控制	控制	控制
年份效应	控制	控制	控制	控制	控制	控制
行业效应	控制	控制	控制	控制	控制	控制
省份效应	控制	控制	控制	控制	控制	控制
观测值	5057	5106	5079	5132	5078	5131
R^2	0.6385	0.6576	0.4395	0.4412	0.3538	0.3604

注：①***、**、*分别表示 1%、5%和 10%的显著性水平；②*L1.* 表示滞后一期；③括号内的数字为双尾检验的 *t* 值；④R^2 是指 *Pseudo* R^2。

由表 6－5 的回归结果可知，商业信用杠杆与银行借贷杠杆对企业创新活动的作用效果同样也存在较大的差异。对于商业信用杠杆来说，其对企业的创新产出存在明显的“倒 U 形”影响效应，且对创新投入和创新效率具有显著的正向影响，而银行借贷杠杆对企业的创新投入、创新产出以及创新效率均造成了显著的负面影响。究其原因，由于商业信用借贷具有监督少、维权难和缺乏抵押等特点（肖海莲等，2014），债权人很难对负债企业形成有效的监督约束，因此企业可以通过商业信用融资来有效保障创新研发活动的资金投入，改善现金管理，尤其是进行周期短、风险小的研发活动。相比之下，银行借款一般数额大、期限长，拥有较为严格的资格信用审查与约束监督条款，限制条件较多且需要抵押担保物作为保障。因此，企业管理层为了规避贷款风险，不敢轻易把银行借款用于风险较高且不确定性较大的创新投资活动，进而导致银行借贷杠杆的负向作用效应。

（3）基于企业异质性的分组研究

从企业异质性的研究视角出发，本书基于企业所有权性质、行业技术属性、企业规模和所处发展阶段等特征表现将样本进行分组回归，进一步探讨企业杠杆对企业创新的差异化影响效应。

A：基于企业所有权性质的分组研究

在中国特殊的制度背景下，企业所有权性质一直是导致企业异质性的重要原因。本书参照现有研究，将样本企业按照实际控制人属性划分为国有企业和非国有企业两种类型进行分组回归，回归结果如表6-6所示。

由表6-6的回归结果可知，国有企业和非国有企业杠杆对创新活动造成的影响差异主要体现在创新产出和创新效率方面。相对于非国有企业，国有企业杠杆对创新效率的“倒U形”影响效应显著，且对创新产出的促进效果更强。究其原因，国有企业拥有绝对的资源优势与市场地位，能够通过财政补贴、税收优惠和价格支持等方式获取国家及地方政府创新政策的支持与补助，其较强的融资优势不仅为持续创新提供了资金保障，而且有利于提高研发人员的创新积极性，因而更有可能表现出良好的创新绩效。相比之下，非国有企业面临着激烈的市场竞争，处于政策的劣势地位，对外部市场风险更加敏感，承担研发风险的意愿较低，从而在一定程度上扭曲了创新投资效率。

表6-6　基于企业所有权性质的分组回归结果

因变量类型	创新投入		创新产出		创新效率	
	国有企业	非国有企业	国有企业	非国有企业	国有企业	非国有企业
	模型1	模型2	模型3	模型4	模型5	模型6
L1. Lev	1.7004*** (3.1388)	0.8141*** (2.8571)	1.3480* (1.8080)	1.2219*** (2.6016)	12.1531** (2.0442)	3.5454 (1.2892)
L1. Lev^2	-1.7279*** (-2.9267)	-1.6380*** (-4.4602)	-1.1429 (-1.4051)	-1.8449*** (-3.0500)	-16.4339** (-2.5338)	-4.4160 (-1.2468)
控制变量	控制	控制	控制	控制	控制	控制
年份效应	控制	控制	控制	控制	控制	控制
行业效应	控制	控制	控制	控制	控制	控制
省份效应	控制	控制	控制	控制	控制	控制
观测值	1408	3672	1410	3694	1410	3693
R^2	0.7082	0.636	0.5534	0.4227	0.4784	0.3309

注：①***、**、*分别表示1%、5%和10%的显著性水平；②*L1.* 表示滞后一期；③括号内的数字为双尾检验的 *t* 值；④R^2 是指 *Pseudo* R^2。

通过进一步的计算，国有企业创新投入和创新效率方程杠杆率的拐点分别为49.20%和36.98%，即当企业杠杆率小于36.98%时有利于促进创新投入，提升创新效率，杠杆率高于49.20%时可能不利于企业的创新研发活动。非国有企业创新投入和创新产出方程的杠杆率拐点分别为24.85%和33.12%，因此当杠杆率小于24.85%时杠杆率的提升有利于创新投入和创新产出的增加，高于33.12%之后杠杆率的提升会导致创新投入和创新产出的同时减少。通过观察原始研究样本，2160家国有企业的平均杠杆率为47.42%，5292家非国有企业的平均杠杆率为33.14%，均高于各自计算出的杠杆率临界拐点，说明中国上市公司普遍存在杠杆率偏高的问题，无法有效发挥企业杠杆对企业创新带来的积极作用。

B：基于行业属性的分组研究

借鉴顾夏铭等（2018）的做法，本书参照国家统计局发布的《高技术产业（制造业）分类》标准，将样本企业划分为高科技企业和非高科技企业两种类型进行分组回归，回归结果如表6-7所示。

表6-7 基于行业属性的分组回归结果

因变量类型	创新投入		创新产出		创新效率	
	高科技企业	非高科技企业	高科技企业	非高科技企业	高科技企业	非高科技企业
	模型1	模型2	模型3	模型4	模型5	模型6
L1. Lev	0.2926 (1.2965)	2.2205 ** (2.1479)	1.0686 *** (2.6734)	3.9770 *** (3.0200)	3.5229 (1.4397)	26.2603 *** (2.7082)
L1. Lev^2	-0.5405 * (-1.9237)	-3.0975 *** (-2.8396)	-1.3239 *** (-2.6600)	-3.8921 *** (-2.7923)	-3.3446 (-1.0978)	-32.3688 *** (-3.1539)
控制变量	控制	控制	控制	控制	控制	控制
年份效应	控制	控制	控制	控制	控制	控制
行业效应	控制	控制	控制	控制	控制	控制
省份效应	控制	控制	控制	控制	控制	控制
观测值	4294	785	4292	811	4291	811
R^2	0.7214	0.6765	0.4476	0.5769	0.3569	0.5524

注：①***、**、*分别表示1%、5%和10%的显著性水平；②*L1.* 表示滞后一期；③括号内的数字为双尾检验的t值；④R^2是指Pseudo R^2。

由表6-7的回归结果可知，高科技企业杠杆只对创新产出有显著的“倒U形”影响效应，而相比之下非高科技企业杠杆对创新投入、创新产出和创新效率均造成了显著的“倒U形”影响作用。其可能的解释是，创新研发是增强高科技企业竞争实力的核心战略决策，产品属性决定了高科技企业必须不断保持创新动力才能在行业中生存。因此，无论采取何种融资方式与选择何种资本结构，都不会影响高科技企业“天然的创新活力”，但过高的负债比例可能会带来一系列财务风险，因此不利于企业的创新产出。相比之下，非高科技企业不以研发创新为主要的发展目标，保持适度的杠杆率不仅有利于维持企业生产经营活动的正常开展，也能有效促进企业的创新研发活动。

通过进一步的计算分析得到，高科技企业创新产出方程杠杆率的拐点为40.36%，即当杠杆率小于40.36%时杠杆率的提升有利于增加创新产出，高于40.36%后不利于创新产出的增加。非高科技企业三个模型杠杆率的拐点分别为35.84%、51.10%和40.56%，即当杠杆率小35.84%时随着杠杆率的提升有利于促进创新投入、增加创新产出与提升创新效率，高于51.10%时创新效率低下，整体上不利于企业的研发创新活动。

C：基于企业规模的分组研究

企业规模大小的衡量有多种方式，现有研究中一般采用员工人数、销售收入和资产规模等指标来对其进行测度。考虑到企业经营业绩容易受到市场行情以及人为操纵等主观因素的影响，不能反映企业真实的规模情况，本书以样本范围内企业总资产的平均值为界将样本企业划分为大型企业和中小型企业两种类型进行分组回归，回归结果如表6-8所示。

表6-8　基于企业规模的分组回归结果

因变量类型	创新投入		创新产出		创新效率	
	大型企业	中小型企业	大型企业	中小型企业	大型企业	中小型企业
	模型1	模型2	模型3	模型4	模型5	模型6
L1. Lev	0.8898* (1.9178)	0.2611 (0.8481)	1.5036** (2.3692)	0.9943* (1.7922)	11.3676*** (3.8527)	0.8113 (0.9134)
L1. Lev^2	-1.2477** (-2.4291)	-0.6219 (-1.4515)	-1.5349** (-2.1834)	-1.5216** (-1.9737)	-13.7662*** (-4.2446)	-1.2226 (-0.9944)
控制变量	控制	控制	控制	控制	控制	控制
年份效应	控制	控制	控制	控制	控制	控制
行业效应	控制	控制	控制	控制	控制	控制
省份效应	控制	控制	控制	控制	控制	控制
观测值	2357	2717	2360	2738	1698	2352
R^2	0.5553	0.4981	0.4735	0.3237	0.4132	0.2243

注：①***、**、*分别表示1%、5%和10%的显著性水平；②*L1.* 表示滞后一期；③括号内的数字为双尾检验的 t 值；④R^2 是指 *Pseudo* R^2。

由表6-8的回归结果可知，大型企业杠杆和中小型企业杠杆对企业创新活动造成的影响差异主要体现在创新投入和创新效率两个方面。大型企业杠杆对企业创新活动均具有显著的“倒U形”影响效应，而中小型企业杠杆对创新投入与创新效率均无显著影响。其可能的解释是，企业所进行的研发创新是一项高风险高投入的长期性活动，大型企业借助自身的资源优势与地位优势，更容易获得银行等金融机构的贷款进行创新投资，攫取超额利润，但过于庞大的规模不便于企业进行有效管理，提高了企业的沟通成本，因此过高的杠杆率会对大型企业的研发创新产生抑制作用。相比之下，中小型企业处于市场劣势地位，在进行创新研发时常常面临资金瓶颈，抗风险能力较差，一旦研发项目失败将面临高额的成本风险，因此扭曲了企业的创新投资激励，创新动力不足，产出效率低下，尤其是风险较高的重大项目创新，但其杠杆率与创新产出的“倒U形”关系却表现显著。

通过进一步的计算，大型企业三个模型杠杆率的拐点分别为35.66%、48.98%和41.29%，即当杠杆率小于35.66%时有利于促进创新投入、增加创新产出与提升创新效率，当杠杆率高于48.98%时整体上不利于企业的研发创新活动。中小型企业创新产出方程的杠杆率拐点为32.67%，因此当杠杆率小于32.67%时随着杠杆率的提升有利于增加企业的创新产出，高于32.67%后会抑制创新产出。

D：基于企业发展阶段的分组研究

企业在不同的发展阶段所面临的投资目标与经营方式亦有所不同。本书以企业注册成立时间是否超过15年为界，将样本企业划分为成熟期企业和成长期企业两种类型进行分组回归，回归结果如表6－9所示。

表6－9　基于企业发展阶段的分组回归结果

因变量类型	创新投入		创新产出		创新效率	
	成熟期企业	成长期企业	成熟期企业	成长期企业	成熟期企业	成长期企业
	模型1	模型2	模型3	模型4	模型5	模型6
L1. Lev	0.4946 (1.5697)	1.3643*** (3.4023)	1.9385*** (4.1515)	0.6901 (0.9658)	5.7843* (1.8689)	10.1064** (2.3890)
L1. Lev^2	−0.8108** (−2.1729)	−2.4070*** (−4.5847)	−2.1179*** (−3.8327)	−1.1759 (−1.2555)	−6.7000* (−1.8293)	−15.4712*** (−2.7898)
控制变量	控制	控制	控制	控制	控制	控制
年份效应	控制	控制	控制	控制	控制	控制
行业效应	控制	控制	控制	控制	控制	控制
省份效应	控制	控制	控制	控制	控制	控制
观测值	3494	1579	3516	1582	3515	1582
R^2	0.6407	0.6840	0.4423	0.4640	0.3673	0.3840

注：①***、**、*分别表示1%、5%和10%的显著性水平；②*L1.* 表示滞后一期；③括号内的数字为双尾检验的t值；④R^2是指*Pseudo* R^2。

由表6－9的回归结果可知，成熟期企业和成长期企业杠杆对创新活动造成的影响差异主要体现在创新投入和创新产出两个方面。相对于成长期企业，成熟期企业杠杆对创新产出有着显著的"倒U形"作用效果，但在创新投入方面成长期企业杠杆的作用效果更强。其可能的解释是，成熟期企业财务管理制度较为完善，拥有稳定的市场份额，希望通过研发专利产出来提高行业准入门槛，维持自身在现有市场中的控制能力，因此杠杆率对成熟期企业的创新产出有着显著的二重作用影响。相比之下，成长期企业在市场中的首要目标是获得生存，希望通过产品或生产技术创新打入现有市场，赢得一席之位，拥有较强的创新动机，因此成长期企业杠杆率的提升对企业创新研发投入的作用效果更为显著。

通过进一步的计算，成熟期企业创新产出与创新效率方程杠杆率的拐点分别为45.76%和43.17%，两者差距较小，表明当企业杠杆小于43.17%时随着杠杆率的提升有利于增加创新产出，提升创新效率，高于45.76%后会对企业的创新活动造成负面影响。成长期企业创新投入与创新效率方程的杠杆率拐点分别为28.34%和32.66%，因此当杠杆率小于28.34%时杠杆率的提升有利于促进创新投入，提升创新效率，高于32.66%不利于企业的创新活动。

3. 稳健性检验

为了确保研究结论的稳健性与严谨性，本书对基准模型可能存在的内生性问题进行了探讨，并进行了替换被解释变量、变换研究样本和延长滞后期限等一系列的稳健性检验。总体检验结果表明，企业杠杆与创新投入、创新产出和创新效率之间仍然存在先促进后抑制的“倒U形”关系，与前文得出的结论相一致，进一步为本书的研究假说提供了证据支持。

（1）内生性问题的探讨

在可能存在的内生性问题处理上，本书在实证部分严格控制了一系列影响企业创新的关键变量，并控制了年份、行业以及省份固定效应，有效避免了模型遗漏变量所带来的潜在估计偏误。同时，本书在模型设定中采用了将企业杠杆以及所有控制变量进行滞后一期处理的做法，能够有效缓解由反向因果关系所带来的内生性问题。最后，本书所使用的数据全部来源于CSMAR上市公司数据库和Wind经济金融数据库，数据权威性较高，拥有较强的可信度与准确性，在一定程度上避免了数据测量误差所带来的内生性问题。

与此同时，考虑到企业创新研发行为潜在的动态变化特征，为了消除企业创新变量前后期相关可能带来的影响，本书参考Fang等（2015）和钟宁桦等（2016）的研究，在原基准模型的基础上加入企业创新变量的一期滞后项，得到如下动态面板数据模型：

$$Innovation_{i,t} = \alpha + \beta_{-1} Innovation_{i,t-1} + \beta_1 Lev_{i,t-1} + \beta_2 Lev_{i,t-1}^2 + \sum \gamma_k Firm\_control_{i,t-1} + \delta Year_t + \theta Industry_i + \mu Province_i + \varepsilon_{i,t}$$

其中，$Innovation_{i,t-1}$代表企业i在第$t-1$年的创新研发绩效，其余变量与前文所述相同，模型中控制了年份效应、行业效应以及省份效应。基于上述模型，本书采用系统GMM估计进行验证，回归结果如表6-10所示。

表6-10 企业杠杆对企业创新影响的系统GMM估计结果

因变量类型	创新投入	创新产出	创新效率
	模型1	模型2	模型3
L1. Ini	-0.2844*** (-7.7189)		
L1. Ino		-0.4238*** (-26.9983)	
L1. Ine			-0.3502*** (-10.7082)
L1. Lev	1.0128** (2.0675)	3.0592*** (3.8789)	6.3689** (2.4379)

续表

因变量类型	创新投入	创新产出	创新效率
	模型 1	模型 2	模型 3
$L1.Lev^2$	-1.7568*** (-2.6039)	-3.1969*** (-3.2086)	-4.0941** (-1.1425)
控制变量	控制	控制	控制
年份效应	控制	控制	控制
行业效应	控制	控制	控制
省份效应	控制	控制	控制
AR（1）	0.011	0.039	0.002
AR（2）	0.097	0.145	0.252
Hansen test	0.344	0.228	0.283
观测值	5060	5102	5101

注：①***、**、*分别表示1%、5%和10%的显著性水平；②*L1.* 表示滞后一期；③括号内的数字为 *z* 值；④AR（1）和 AR（2）值分别表示一阶和二阶差分扰动项自相关性检验的 *p* 值，Hansen test 值为过度识别检验的 *p* 值。

由表 6-10 的系统 GMM 估计结果可知，在三个模型中企业创新投入、创新产出以及创新效率一期滞后项的系数分别为 -0.2844、-0.4238 和 -0.3502，均在 1% 的水平上显著。本书所关注的核心解释变量企业杠杆的一次项系数分别为 1.0128、3.0592 和 6.3689，二次项系数分别为 -1.7568、-3.1969 和 -4.0941，均呈现出较高的显著性，且符号与基准回归结论相同，再一次为本书的研究假说提供了强有力的证据支持，表明企业杠杆与创新投入、创新产出以及创新效率存在显著的“倒 U 形”关系。

此外，系统 GMM 扰动项的自相关性检验显示扰动项的差分存在一阶自相关但不存在二阶自相关，说明模型的扰动项无序列相关性。异方差稳健的 Hansen 统计量对应 *p* 值均大于 0.05，说明在 5% 的显著性水平上不能拒绝所有工具变量都有效的原假设，Sargan 检验也得到了相同的结论，由此说明本书使用系统 GMM 估计得到的是一致估计量，结果具有稳健性。

（2）替换被解释变量

通过借鉴前人的研究，本书在进行稳健性检验时采用研发投入强度作为衡量创新投入的替代变量，将其定义为研发支出金额占总资产的比重，消除企业规模差距所带来的影响，设定为模型 1。在创新产出方面，分别使用期末无形资产净额占总资产的比重以及企业当年申请的专利总量两个代理变量替代企业当年获得授权的专利总量进行稳健性检验，分别设定为模型 2 和模型 3。创新效率可以被看作是可度量的创新投入与创新产出之间的转换关系，已有文献对于创新效率的研究较为缺乏，本书在借鉴前人研究的基础上，分别采用如下两种方式重新定义企业的创新效率，作为代理变量进行回归：

创新效率定义1：

$$Ine_{i,t}\_robust1 = \frac{Patent\_grant_{i,t+1}}{R\&D_{i,t}}$$

创新效率定义2：

$$Ine_{i,t}\_robust2 = \frac{Patent\_apply_{i,t}}{\frac{2}{3}\times R\&D_{i,t-1}+\frac{1}{3}\times R\&D_{i,t-2}}$$

上述两个定义中，$Patent_grant_{i,t+1}$表示企业i在第$t+1$年获得授权的专利总量，$Patent_apply_{i,t}$表示企业i在第t年的专利申请总量，$R\&D$为企业的研发支出费用。两种衡量方式在一定程度上都能代表创新效率，反映企业基于单位研发投入所转化出的专利产出水平。

表6-11　稳健性检验——替换被解释变量

因变量类型	创新投入	创新产出		创新效率	
	模型1	模型2	模型3	模型4	模型5
L1. Lev	0.0098 ** (2.0907)	0.0057 (0.5443)	1.1710 *** (2.9660)	3.3574 *** (2.7090)	7.8133 ** (2.3132)
L1. Lev^2	-0.0143 ** (-2.5121)	-0.0265 ** (-2.0749)	-1.4992 *** (-3.1293)	-4.6567 *** (-3.0903)	-9.8593 ** (-2.4054)
控制变量	控制	控制	控制	控制	控制
年份效应	控制	控制	控制	控制	控制
行业效应	控制	控制	控制	控制	控制
省份效应	控制	控制	控制	控制	控制
观测值	5032	5047	5107	4059	5105
R^2	0.3432	0.1829	0.4266	0.3563	0.3499

注：①***、**、*分别表示1%、5%和10%的显著性水平；②L1. 表示滞后一期；③括号内的数字为双尾检验的t值；④R^2是指Pseudo R^2。

通过替换被解释变量进行稳健性检验的回归结果如表6-11所示，结果表明各个模型回归系数的正负以及显著性都与原模型的结果相一致，说明企业杠杆与创新投入、创新产出和创新效率之间存在“倒U形”关系，本书的回归结果比较稳健。

（3）变换研究样本

为了检验基准回归结果的可靠性，本书将样本进行两类处理变换，分别剔除了专利授权总量为零的企业样本和位于北京、上海、广州和深圳这四个一线城市的企业样本重新回归估计。

一方面，考虑到样本中存在部分专利授权总量为零的样本，可能会对回归结果的准确性带来一定的偏误，本书剔除了专利授权总量为零的样本重新回归，回归结果如

表6－12中的模型1、模型2和模型3所示。结果显示三个回归模型中企业杠杆的一次项系数与二次项系数高度显著，且大小与基准回归相比变化不大，方向一致，与上文的结论一致，即企业杠杆与创新投入、创新产出和创新效率之间存在先促进后抑制的“倒U形”关系。

另一方面，中国北京、上海、广州和深圳四大一线城市（“北上广深”）相对于其他城市而言，具有明显的经济、政治和文化优势，综合实力强劲，能够为所在企业带来资源条件上的有力保障。因此，为了减少对实证结果可能带来的影响偏误，本书进一步剔除位于四大一线城市的样本重新回归，回归结果如表6－12中的模型4、模型5和模型6所示。回归结果仍然表明企业杠杆对创新投入、创新产出和创新效率具有显著的“倒U形”影响效应，与前文结论相一致。

表6－12　稳健性检验——变换研究样本

因变量类型	剔除专利授权量为零的企业样本			剔除位于“北上广深”的企业样本		
	创新投入	创新产出	创新效率	创新投入	创新产出	创新效率
	模型1	模型2	模型3	模型4	模型5	模型6
L1. Lev	0.9000*** (3.6452)	1.1730*** (3.3576)	5.9467** (2.3224)	1.6611*** (5.5473)	1.1795*** (2.6313)	9.7690*** (3.6052)
L1. Lev^2	−1.3621*** (−4.5733)	−1.4443*** (−3.4277)	−7.6368** (−2.4727)	−2.1834*** (−6.0158)	−1.3402** (−2.4674)	−11.0917*** (−3.3783)
控制变量	控制	控制	控制	控制	控制	控制
年份效应	控制	控制	控制	控制	控制	控制
行业效应	控制	控制	控制	控制	控制	控制
省份效应	控制	控制	控制	控制	控制	控制
观测值	4837	4841	4840	3729	3756	3755
R^2	0.656	0.4291	0.35	0.6264	0.4252	0.3416

注：①***、**、*分别表示1%、5%和10%的显著性水平；②*L1.* 表示滞后一期；③括号内的数字为双尾检验的 t 值；④R^2 是指 *Pseudo* R^2。

（4）延长滞后期限

考虑到企业从研发资金投入到获得创新专利授权存在一定的时滞性，本书在三个基准回归方程中都将所有解释变量进行了滞后一期的处理，在一定程度上也有效缓解了模型可能存在的内生性问题。但是，企业杠杆对企业创新影响作用的时滞性可能较长，为此本书进一步将企业杠杆自变量滞后两年重新回归，回归结果如表6－13所示。结果显示三个模型回归系数的正负方向以及显著性都与原模型的结果相一致，表明企业杠杆对创新投入、创新产出以及创新效率具有显著的“倒U形”影响效应，再一次证明了本书研究结论的稳健性，不会随外部条件的变化而发生根本性改变。

表 6－13　稳健性检验——企业杠杆变量滞后两期

因变量类型	创新投入	创新产出	创新效率
	模型 1	模型 2	模型 3
L2. Lev	0.5600 ** (2.1402)	1.1462 *** (2.8366)	5.9942 ** (2.2385)
L2. Lev^2	－1.1391 *** (－3.5591)	－1.4143 *** (－2.8606)	－8.2025 ** (－2.5039)
控制变量	控制	控制	控制
年份效应	控制	控制	控制
行业效应	控制	控制	控制
省份效应	控制	控制	控制
观测值	4075	4088	4087
R^2	0.6456	0.4399	0.3563

注：①***、**、*分别表示1%、5%和10%的显著性水平；②*L1.* 表示滞后一期，*L2.* 表示滞后二期；③括号内的数字为双尾检验的 t 值；④R^2 是指 *Pseudo* R^2。

6.1.6　研究结论与启示

本节从微观研究视角出发，就中国上市公司企业杠杆对企业创新的影响机制进行了深入的分析探讨，并结合中国非金融类沪深 A 股上市公司 2012—2017 年的面板数据，从创新投入、创新产出以及创新效率三个维度构建企业创新能力评价体系，实证检验了不同杠杆率水平下企业创新活动的异质性差别，得到的主要结论如下。

（1）企业杠杆与创新投入、创新产出以及创新效率之间存在先促进后抑制的“倒 U 形”作用关系。本书认为，企业保持适度的杠杆率能够有效发挥负债的税盾效应、约束效应以及财务杠杆放大效应，并通过信号传递效应获取负债融资支持，提高创新投资效率与质量，从而有利于企业创新活动的开展。然而，当杠杆率过高时，企业所面临的财务风险和破产风险会占据主导地位，可能会加重委托代理问题并产生逆向选择和道德风险，降低企业的创新意愿，扭曲创新投资激励，从而对企业的创新活动造成负面影响。实证分析的结果有效验证了本书的研究假设，并进一步表明当企业杠杆率小于 31.24% 时随着杠杆率的提升有利于促进创新投入、增加创新产出与提升创新效率，当杠杆率高于 41.98% 后整体上不利于企业的研发创新活动。

（2）企业杠杆的创新影响效应因债务类型的不同而存在较为明显的差异特征。一方面，将企业杠杆按照负债期限划分，短期杠杆对创新投入、创新产出以及创新效率均存在显著的“倒 U 形”影响效应，而长期杠杆会对创新产出和创新效率造成负面影响。另一方面，将企业杠杆按照负债来源划分，商业信用杠杆对创新投入和创新效率具有显著的正向影响，且对于创新产出存在先促进后抑制的“倒 U 形”影响效应，而银行借贷杠杆对企业的创新研发活动均造成了负面影响。

（3）受到企业异质性特征的影响，企业杠杆的创新影响效应存在较大差异。从企业所有权性质来看，相对于非国有企业，国有企业杠杆率对创新产出的促进效果更强，且对创新效率具有显著的“倒U形”影响效应。同时，两种类型企业的平均杠杆率均高于各自的临界值拐点，说明中国上市公司普遍存在杠杆率偏高的问题。从行业技术属性来看，相较于高科技企业，非高科技企业杠杆对创新投入和创新效率具有更为显著的“倒U形”作用效应。从企业规模来看，大型企业杠杆对企业创新活动均具有显著的“倒U形”影响效应，而中小型企业杠杆对创新投入和创新效率无显著影响。从企业所处发展阶段来看，成熟期企业杠杆对创新产出有着显著的“倒U形”作用效果，但在创新投入方面成长期企业杠杆的作用效果更为明显。

（4）通过对企业创新的其他影响因素研究发现，企业规模的提升、政府补助的增加、良好营运能力以及盈利能力能够有效促进企业的创新投入、增加创新产出与提升创新效率。机构持股比例的上升、托宾Q值的增加以及充足的现金流能有效促进企业的创新投入，但对创新产出和创新效率无显著影响。企业年龄的增大在一定程度上不利于创新投入和创新效率的提升，这表明企业所处的发展阶段对创新效应具有重要影响。企业持有现金比例的提升会对创新投入与创新效率带来正向作用，而固定资产比例的作用效果则与之相反。同时，研究发现高成长性能够增加企业的创新投入，过高的股权集中度会抑制企业的创新产出。

最后，本书对模型可能存在的内生性问题进行了充分探讨，并进行了替换被解释变量、变换研究样本和延长滞后期限等一系列的稳健性检验，有效确保了本书研究结论的稳健性与可靠性。

6.2　家庭杠杆影响居民消费

第5章说明了在中国背景下，家庭杠杆上升的主要推动因素是房价的上涨。那么紧接的一个问题是，中国家庭杠杆的上升会带来什么后果？一个最可能的影响就是家庭消费。但对于家庭杠杆如何影响消费却有不同的解释，在美国背景下，居民负债消费意识很强，所以家庭负债越高，家庭消费可能越多。在中国，则可能是完全不同的故事，因为中国有与美国完全不同的消费文化。所以，研究中国家庭杠杆上升背景下消费如何变化，具有很重要的现实意义。

6.2.1　家庭杠杆与消费的关系研究

家庭杠杆水平与家庭消费函数及消费选择息息相关，探讨2007年美国次贷危机前家庭的高杠杆与随后出现的消费支出下降之间的作用机制，成为近年来的研究热门。虽然有少数研究认为这两者的负相关关系只是支出正常化的结果，即家庭通过借款一次性购买如汽车等“大件”商品，会使当期的消费支出与杠杆显得很高，而随后消费支出自然会回落到正常水平，从而表现出高杠杆家庭与消费支出下降的强相关性

(Andersen, Duus 和 Jensen, 2016), 但主流的观点仍认为家庭杠杆主要是通过信贷约束渠道、流动性约束渠道和家庭资产渠道来影响消费的, 很多学者还估计了各个渠道对消费影响效应的大小。

1. 家庭杠杆影响消费的信贷约束渠道

一些学者认为信贷约束渠道是家庭杠杆影响消费的最重要渠道, 但这种影响比较间接, 主要讨论家庭是否可以较容易地进入信贷市场获得借款, 这些借款就与当期的消费相联系。如 Luengo - Prado (2006) 对标准缓冲存货储蓄模型进行了扩展, 引进了耐用品、非耐用品、抵押约束以及耐用品市场调整成本, 以更好地贴近现实, 模型很好地解释了美国消费的过度敏感性和过度平滑性, 结果表明当首付要求下降时 (代表着其债务或者杠杆率会上升), 非耐用品消费增长相对于收入的波动性明显增大, 总的耐用品消费增长率波动也会增大。Besley、Meads 和 Surico (2008) 从债务成本与信贷价格的角度考察了债务、信贷与消费的关系, 利用风险较高的住房抵押贷款者的息差构造 1975—2005 年家庭外部金融 (HEF) 指数来测度家庭的借贷成本, 并研究了英国不同人群与消费增长的关系, 证明了家庭信贷的获得性与消费确实存在相关关系, 当借贷成本上升时, 家庭消费增长将下降, 而且这种影响在年轻人中更为明显。Mian、Rao 和 Sufi (2013) 也提供了直接证据, 说明家庭杠杆与资产价格冲击相结合, 导致消费需求下降和经济衰退。由于众所周知的原因, 杠杆不仅放大了资产价格冲击, 而且对财富损失的分配方式产生了强烈的影响。而家庭资产常常作为其借债的抵押品, 其价值的变化也会通过信贷渠道进一步与消费相联系。Aladangady (2017) 通过美国家庭微观数据的实证研究, 发现住房抵押贷款多的家庭, 其房产价值变动对消费有显著的正向影响。相比之下, 没有借款的家庭的消费对房价的变动却没有影响。他指出这是由于住房抵押贷款使用越多的家庭通常也是受借贷约束越大的家庭, 房价上涨放松了他们的借款约束, 使他们可以提供更多的低价品获得借款, 从而增加消费。

2. 家庭杠杆影响消费的流动性约束渠道

流动性约束渠道比较直观, 过高的债务水平将增大消费对流动性变化的敏感度, 使未来收入预期或经济基本面发生变化时消费的变动更为剧烈。如 Johnson 和 Li (2007) 认为过去对家庭债务和消费之间研究可能是混淆的——也许家庭债务并不会对消费增长产生直接影响, 而是改变了消费和收入之间的关系, 他们通过比较家庭消费平滑行为对家庭偿债比率 (DSR) 分布的影响来探讨这种可能性。结果表明, 与其他家庭相比, DSRs 较高的家庭同样能够平稳度过收入波动。相反, DSR 低或为零的家庭似乎最不容易平滑, 但 DSR 较高且流动资产较少的家庭消费对收入变化更为敏感。

Dynan (2012) 检验了 2007 年美国次贷危机后经济衰退的机制: 房价大跌导致美国家庭债务负担加重, 促使家庭 "去杠杆", 进而抑制了消费支出, 从而阻碍了经济复苏。她发现在 2007 年至 2009 年间, 拥有住房的高杠杆家庭尽管净资产变动幅度较小, 但他们的支出降幅大于其他家庭。这表明, 家庭高杠杆对消费的影响超出了财富效应所能预测的范围, 即过度杠杆导致消费疲软, 这是因为虽然信贷市场的监管放松使前期家庭通过借贷来增加消费，但前期积累的巨额债务会降低消费者今天的资源，放大冲击影响并使家庭更受流动性约束，即出现债务悬置（debt overhang）效应。之后，Dynan 和 Edelberg（2013）进一步分析指出，当经济出现衰退时，杠杆越高的家庭，对未来流动性的担忧也越重，因此出于预防的动机，他们也越会削减消费。

Albuquerque 和 Krustev（2018）利用美国各州层面的个人消费数据，估计了两种不同的债务影响消费的效应，一是去杠杆（指债务—收入比持续下降）效应，二是债务悬置（指杠杆率超过均衡债杠杆率）效应，其中的均衡杠杆率根据他们（2015）的估算方法得到。结果发现美国家庭的过度负债以及随之而来的资产负债表调整，这种调整都降低了家庭的流动性，从而对消费增长的负面影响远远超过了大衰退时期和经济复苏初期的财富和收入带来的影响。Baker（2018）利用来自理财网站的数据集，研究了家庭收入冲击下债务对其消费支出的影响程度以及影响渠道。该数据集来自用户自己链接到该网站上的各种账户，已有数百万美国家庭的样本，与一般的家庭调查数据库和官方统计数据相比有较大优势。结果发现，家庭债务和杠杆本身通常不会驱动家庭消费行为，但杠杆水平高的家庭在流动性储蓄和可用信贷方面受到很大限制，这是影响消费的关键渠道。所以在收入下降的经济环境下，增加信贷和流动性将比减少家庭承担的债务负担更有助于刺激总需求。Ganong 和 Noel（2018）检验了家庭债务负担影响其违约和消费这一现象体现的是流动性效应还是财富效应，而美国联邦政府的住房可负担调整计划（Home Affordable Modification Program，HAMP）为他们提供了一个准自然实验的工具。符合该计划条件的两种类型家庭，一种可以直接减免其所欠债务，另一种可以减免其每月所还的债务利息。他们用断点回归和 DID 的方法研究发现，流动性推动了借款人的违约和消费决策，而财富效应并对消费的影响并不显著。

3. 家庭杠杆影响消费的资产渠道

家庭杠杆与家庭资产价值常常紧密联系，家庭负债结构与规模的改变将引起家庭资产状况的改变，从而通过资产的价值影响家庭消费，也就是所谓的“财富效应”。如 Schich 和 Ahn（2007）认为考察家庭债务的作用必须同时考虑家庭资产的发展。随着近年来住房价格的上涨，住房资产成为家庭总资产的重要组成部分，大大降低了家庭财富的波动性，并加强了家庭消费的财富效应。Ogawa 和 Wan（2007）基于日本家庭微观数据的研究发现，与土地和房产相联系的杠杆对总消费有显著的负向影响，特别是半耐用品和非耐用品的消费支出。

Dynan 和 Kohn（2007）也指出，家庭债务改变了家庭消费对其他经济变量的反应方式：家庭消费支出对未预期的资产价格运动变得更为敏感，更高的财富收入比率放大了资产价格对消费的影响；同时，金融创新带来的信贷条件放松使家庭消费更容易受预期的未来资产价值影响。此外，家庭更倾向于依赖资产价值上涨的抵押物来借债，而资产价值的下降将通过增加成本或降低信贷获得性来影响消费。Kaplan、Mitman 和 Violante（2017）使用了更容易获得的关于房价和非耐用品支出的数据重新回顾了 Mian、Rao 和 Sufi（2013）的研究，实证结果支持了他们的研究，并进一步发现，一旦本地房价下跌的直接影响得到控制，本地房价下跌与初始杠杆规模之间的相互作用对非持续性支出就没有（或者至多是微弱的）统计学意义上的显著影响。潘敏和刘知琪（2018）采用中国家庭追踪调查（CFPS）数据实证检验了中国家庭杠杆对消费性支出的直接和间接影响，研究中对消费类型与家庭城乡属性进行了区分，实证结果显示家庭杠杆会强化家庭总支出和消费性支出的财富消费效应，特别是对生存型消费的增加有显著促进作用，但对发展与享乐型消费的增加具有抑制作用，并且会强化家庭财富对生存型消费的正向促进作用。而分城乡属性来看，家庭杠杆会抑制城镇家庭总支出的增加，而促进农村居民家庭消费性支出和生存型消费的增加并强化其生存型消费的财富消费效应。Berger、Guerrieri 和 Lorenzoni 等（2018）也通过建立纳入收入不确定性、租赁市场、抵押贷款和调整住房的固定成本的不完全市场模型发现，杠杆率越高的家庭与房产价值的联系也越紧密，从而其消费对资产价值变动的反应也越大。

6.2.2 中国家庭部门高杠杆对消费影响的实证分析

我们从前面理论部分分析家庭杠杆对消费的影响，假设家庭预期每一期都能均匀消费，家庭存续期 T 足够大，那么从第五章可以得到：

$$C_t \approx \frac{\chi r}{1+r} E_t\left[\sum_{\tau=t}^{\infty}(1+r)^{t-\tau} Y_\tau\right] + \frac{\chi r}{1+r}\left[(1+r) A_{t-1} - (1+r_m) D_{t-1} + (1-\delta_h) H_t\right]$$

上式两端同时除以上期收入并取对数可变换为

$$\ln C_t \approx \frac{\omega \chi r}{1+r} + \ln Y_t + \chi r\, ATI_{t-1} - (1+r_m)\frac{\chi r}{1+r} Leverage_{t-1} + (1-\delta_h)\frac{\chi r}{1+r} HTI_t$$

其中，H_t 代表家庭在 t 期期初的房产价值，$\omega = \dfrac{E_t\left[\sum_{\tau=t}^{\infty}(1+r)^{t-\tau} Y_\tau\right]}{Y_{t-1}}$，代表家庭预期未来收入对上一期收入的倍数；$Leverage = D/Y$，表示家庭债务与收入之比，也就是杠杆率；$HTI = H/Y$，代表家庭房产与可支配收入之比；$ATI = A/Y$，代表家庭其他金融资产与可支配收入之比。上式也是之后的基准回归式。

从上式可知，家庭杠杆率增加，下一期其消费增速就会下降：

$$\Delta \ln C_t = -(1+r_m)\frac{\chi r}{1+r}\Delta Leverage_{t-1}$$

从前面的分析可知，由于投机型家庭倾向更多的加杠杆，那么相对来说，他们的消费被抑制的程度也应该高于刚需型家庭，在实际数据中的表现就是，非首套房家庭的消费下降程度平均来看会显著高于首套房家庭。

此部分的研究使用的数据主要来自西南财经大学中国家庭金融调查与研究中心的“中国家庭金融调查”（China Household Finance Survey，CHFS）2011 年、2013 年、2015 年和 2017 年四轮调查的数据，包含了家庭资产负债、保险保障、收入支出以及家庭人口特征等各方面的详细信息，这为本书的研究提供了非常好的数据支持（甘犁等，2013，2015，2017）。

我们希望获得面板数据，而2011年的CHFS中的样本连续四轮都出现在抽样调查中的数量相对较少，因此我们选择保留至少在2013年、2015年和2017年三轮调查中都出现的家庭，以确保面板数据样本数。而根据我们的理论依据，需要的数据是跨期匹配的（即家庭当期的消费主要受上一期杠杆的影响），因此最终面板数据中，在四轮调查都出现的样本包含三期数据、在2013年、2015年和2017年三轮调查中都出现的样本包含两期数据。

在构建最终的样本数据之前，我们对每期调查数据进行整理以避免异常值的影响，整理原则为：（1）筛除资产负债相关信息明显异常的家庭①；（2）筛除与现实相矛盾的家庭②；（3）筛除由于调查问卷问题设置而资产负债信息记录不全的家庭③。最终，我们得到面板数据总样本数为28458个。

1. 变量说明

我们研究所选择的被解释变量为家庭总消费支出④，并以家庭所在省份对应的城镇和农村各类消费品2012年⑤的价格指数为基期处理为实际值；同时为了排除由于家庭规模所导致的消费差异的影响，总消费以人均形式表示。我们的核心解释变量为杠杆率，以家庭负债与收入之比表示，并且为后续研究是何种杠杆抑制了消费，我们把家庭杠杆率进一步分解为住房债务与收入之比、经营性债务与收入之比以及其他债务与收入之比。其他控制变量方面，包括了收入（人均形式）、房产收入比与其他资产收入比，还包括了一般家庭问题研究中的反映家庭人口统计学信息的变量：（1）性别，为排除家庭规模的影响，以家庭男性成员比例衡量。（2）婚姻状况，以家庭成员中夫妻数衡量。（3）教育水平，以家庭成员的最高学历衡量⑥。（4）年龄，以家庭最年长成员的年龄衡量。（5）家庭成员数，包括成员总数、小孩数量（16岁以下）和老人数量（60岁以上）。（6）城乡背景，数值为1代表乡村家庭，0代表城镇家庭。（7）就业情况，包括就业成员数和退休成员数。（8）住房情况，包括是否拥有住房（1为有房、0为无房）、是否租房⑦（1为自住、0为租赁）以及拥有住房的套数。（9）风险偏好。为了避免极端值的影响，所有杠杆率相关数据在99%分位数上截尾，同时消费和收入水平处理为自然对数形式。变量的描述性统计如表6-14所示。可以看到，住房债务是家庭债务最主要的部分。另外，为进一步观察家庭杠杆对消费的影响，我们还考察了它们增量之

① 包括拥有住房但对应住房价值为缺失值、有住房欠款但对应住房欠款金额为缺失值的家庭以及所有类型资产都为缺失、储蓄信息缺失等情况。

② 如食物消费缺失或者为0，没有收入或收入为负的样本。

③ 如拥有住房数量超过调查问卷住房信息记录上限的家庭（2011年上限为3套住房、2013年上限为6套）；每套住房的房贷笔数超过一笔的家庭（CHFS只记录每套住房最大一笔房贷的数额）。

④ CHFS数据库中，总消费支出包括：食品、衣服、能源、日用品、家庭服务、交通、通信、休闲娱乐、教育培训、旅行、奢侈品、家庭耐用品、住房装维修、机动车、医疗保健等项目。

⑤ 问卷中关于消费的问题都是询问的“去年”消费多少，所以各年数据中消费对应的是上一年的值。

⑥ 1表示没上过学，2表示小学，3表示初中，4表示高中/中专/职高，5表示大专，6表示本科，7表示研究生以上。

⑦ 样本中存在一些家庭在老家有房，但在现在所在地租房的情况。

间的相互影响，所以，描述性统计中同时还报告了2015—2017年变量增量的基本信息。

表6-14　描述性统计

变量	2013年（n = 3194）		2015年（n=12632）		2017年（n=12632）	
	均值	标准差	均值	标准差	均值	标准差
家庭人均消费（元）						
总消费支出	12249.23	16482.48	16717.24	19832.04	20405.31	26259.72
生存型消费	5670.63	5458.30	9506.86	10578.17	10476.31	11852.30
发展型消费	3395.77	5477.86	4059.13	9012.07	5430.52	11882.35
享受型消费	2570.61	9555.08	2560.94	9633.16	2907.39	10284.85
核心解释变量（上期）						
杠杆率	0.42	1.18	0.43	1.31	0.51	1.47
房债收入比	0.20	0.69	0.23	0.84	0.25	0.89
其他债务收入比	0.10	0.43	0.08	0.41	0.14	0.53
经营债务收入比	0.07	0.29	0.06	0.28	0.04	0.23
其他控制变量						
家庭人均收入（元）	15704.04	28419.03	18331.37	48107.71	23806.72	49194.55
房产收入比	11.29	32.00	15.94	39.66	15.61	40.44
其他资产收入比	6.18	16.89	6.12	16.48	5.51	15.32
家庭性别比例	0.51	0.17	0.51	0.17	0.51	0.19
家庭婚姻状况	1.19	0.60	1.21	0.65	1.07	0.57
最高教育水平	3.77	1.31	3.84	1.35	3.74	1.40
最大成员年龄	57.70	13.54	60.12	13.76	60.52	13.08
家庭成员数	3.77	1.68	3.95	1.80	3.41	1.63
小孩数量	0.46	0.50	0.44	0.50	0.38	0.49
老人数量	0.45	0.50	0.52	0.50	0.54	0.50
乡村	0.52	0.50	0.51	0.50	0.51	0.50
就业成员数	2.13	1.33	1.86	1.26	2.26	1.66
退休成员数	0.25	0.59	0.09	0.34	0.26	0.60
住房拥有	0.91	0.29	0.96	0.21	0.99	0.09
住房套数	1.10	0.58	1.17	0.54	1.23	0.51
住房状态	0.95	0.22	0.94	0.24	0.96	0.20
风险偏好	0.10	0.29	0.07	0.26	0.07	0.26
变量名	样本量	中位数	均值	标准差	最小值	最大值
非机动车消费增速	12632	0.152	0.166	0.920	-4.125	5.174
家庭人均收入增速	12632	0.239	0.273	1.290	-7.066	6.083
住房债务/收入变动	12632	0.000	0.023	1.021	-4.533	5.310
房产/收入变动	12632	-0.257	0.125	54.602	-273.262	326.779
其他资产/收入变动	12632	-0.025	-0.655	20.832	-117.408	113.952
是否高杠杆家庭	12632	0.000	0.100	0.300	0.000	1.000
是否投资型购房家庭	12632	0.000	0.099	0.299	0.000	1.000

2. 家庭杠杆对消费的总体影响

这里我们先使用面板数据从整体上来考察是否杠杆率越高，家庭消费的下降幅度

就越大，这是我们研究依据的前提。基于前面的分析，我们采用固定效应模型来进行回归分析，回归式设为

$$\ln Cons_{ict} = \beta_0 + \beta_1 Leverage_{ict-1} + \theta X_{ict} + \alpha_i + \alpha_t + \alpha_t \times \alpha_c + \varepsilon_{ict}$$

其中，$\ln Cons_{ict}$ 表示居住在 c 城市的家庭 i 在 t 期的实际消费的自然对数形式，X_{ict} 包括家庭人口统计信息、资产信息（流动资产为上一期的现金储蓄在本期的价值）以及收入信息，ε_{ict} 是回归的残差项，α_i 为家庭固定效应，α_t 是时间固定效应，$\alpha_t \times \alpha_c$ 是时间固定效应和城市固定效应的交乘项，用来控制城市层面的经济因素变动的影响。表 6 – 15 报告了在双固定效应回归框架下的结果，所有回归按 2013 年的调查数据抽样权重加权，标准误是异方差稳健的，并在城市层面聚类。

表 6 – 15 的第（1）列中列示了控制个体固定效应和时间固定效应的结果，第（2）列把收入、房产收入比以及其他资产收入比这三个控制变量加入回归中，第（3）列在此基础上加入前面提到的家庭人口统计信息等控制变量，第（4）列同时再控制前面所提到的交互固定效应。回归结果显示，家庭杠杆率的估计系数都至少在 5% 统计水平上显著为负，结果稳健，与我们的理论结果相一致。平均而言，房价杠杆率每增加 100%，其消费下降约 1.8%。控制变量的结果显示，收入仍然是影响家庭消费的最关键因素，而其他资产虽然仍然对消费有显著影响，但这种影响非常小，只有统计上的显著意义。

表 6 – 15　家庭杠杆率对消费影响的总体效应

变量	ln（消费）				扣除机动车	债务比资产
	(1)	(2)	(3)	(4)	(5)	(6)
杠杆率	−0.022***	−0.013**	−0.017***	−0.018***	−0.016***	−0.025
	(0.005)	(0.005)	(0.005)	(0.005)	(0.005)	(0.024)
收入		0.152***	0.125***	0.124***	0.118***	0.120***
		0.010)	(0.010)	(0.010)	(0.010)	(0.010)
房产收入比		0.001***	0.000**	0.000**	0.001***	0.001***
		(0.000)	(0.000)	(0.000)	(0.000)	(0.000)
其他资产收入比		0.003***	0.003***	0.003***	0.002***	0.002***
		(0.001)	(0.001)	(0.001)	(0.000)	(0.000)
Observations	28458	28458	28425	28425	28425	28425
R^2 within	0.002	0.029	0.079	0.077	0.082	0.081
控制其他变量	否	否	是	是	是	是
控制时间固定效应	是	是	是	是	是	是
控制交互固定效应	否	否	否	是	是	是

注：回归以样本 2013 年抽样权重为基准加权，括号中为异方差稳健标准误，并在城市层面聚类，*** 代表 $p<0.01$，** 代表 $p<0.05$，* 代表 $p<0.1$。

另外，由于家庭的总消费支出中包含了机动车这种耐用品的支出，这种“大件”商品是消费中的大头，在中国的家庭中消费频率很低，因此可能会出现这种现象：之前几期购买过机动车辆，之后并不会再继续购买，消费回归常规情况，从而消费表现

出了大幅度下降情况。为排除这种消费“常规化”的可能，我们在总消费支出中去除购买机动车辆的支出，再进行相同的回归，结果在第（5）列中列示。可以看到，杠杆率的系数仍然在1%统计水平上显著为负，并且数值没有明显的变动，所以我们的回归结果仍然稳健，后续的回归都采用扣除机动车辆支出后的消费。进一步地，由于不少相关研究把家庭杠杆率指标设定为家庭债务与总资产之比，所以这里我们同时也使用这种形式的杠杆率指标进行回归，回归结果在第（6）列中列示。可以看到，这种杠杆率指标的回归系数并不显著，这是由于中国的房地产市场一直处于比较景气的阶段，房产价值在持续增加。而同时中国家庭债务主要成分是住房贷款，所以他们债务的增加常常是因为买房，所以债务/总资产形式的杠杆率就难以反映出家庭部门杠杆增加的风险。因此，用家庭债务/家庭收入作为杠杆率指标，确实会更好地抓住风险的关键（Mian 和 Sufi，2011）。

3. 家庭杠杆率对消费结构的影响分析

接下来我们想探讨家庭杠杆的增加到底抑制了哪种类型的消费，并且是否改变了消费的结构。这里我们采用杭斌（2010）以及潘敏和刘知琪（2018）等研究中对消费支出的分类方法，把总消费分为生存型消费、发展型消费和享受型消费。其中，生存型消费包括食品、衣服、能源和住房维修等必需的支出；发展型消费包括交通、通信、教育培训和医疗保健等的支出；享受型消费包括日用品、家庭服务、旅行、奢侈品、家庭耐用品、休闲娱乐等项目的支出。

我们将这三种类型的消费分别作为被解释变量进行固定效应回归，结果在表6-16中列示，所有回归按2013年的调查数据抽样权重加权，标准误是异方差稳健的，并在城市层面聚类。其中，（1）、（3）、（5）列的被解释变量是三种类型消费的绝对水平，结果显示，杠杆率增加，家庭的享受型消费下降最明显，其系数在1%的显著性水平下为负，这表明杠杆率每增加100%，享受型消费下降14.3%；对发展型消费影响的系数在10%显著水平下为负，抑制效应相对较小。

表6-16　家庭杠杆率对消费类型的影响

变量	生存型消费		发展型消费		享受型消费	
	消费水平	消费比重	消费水平	消费比重	消费水平	消费比重
	(1)	(2)	(3)	(4)	(5)	(6)
杠杆率	-0.004 (0.007)	0.004 (0.002)	-0.057* (0.032)	-0.000 (0.002)	-0.143*** (0.042)	-0.004*** (0.001)
Observations	28425	28425	28425	28425	28425	28425
R^2 within	0.086	0.011	0.016	0.009	0.032	0.013
控制其他变量	是	是	是	是	是	是
控制时间固定效应	是	是	是	是	是	是
控制交互固定效应	是	是	是	是	是	是

注：回归以样本2013年抽样权重为基准加权，括号中为异方差稳健标准误，并在城市层面聚类，*** 代表 $p<0.01$，** 代表 $p<0.05$，* 代表 $p<0.1$。

另外，我们还考虑各类型消费比重的变化。(2)、(4)、(6) 列的被解释变量是三种类型消费占总消费的比重，可以看到，杠杆率增加仍然影响的是享受型消费的比重，使享受型消费在家庭消费中所占的比重出现了显著下降。

因此，总体上看，家庭杠杆率的升高主要抑制的是家庭的享受型消费，改变了家庭的消费结构，这也就表现为现实中的“消费降级”现象。

4. 不同杠杆类型对消费的影响

我们的杠杆率指标是家庭债务余额/收入，而其中的家庭债务又有不同的类型，厘清到底是其中哪一类债务的负担造成了所谓的债务“悬置”效应，这对政策制定的有效性起到非常关键的作用。因此，这里我们把家庭债务的主要种类进行分离，CHFS 的数据中家庭债务主要由住房债务、经营债务和其他债务构成。住房债务是家庭与买房有关的各种债务的余额，经营债务是家庭从事农业或者个体工商业时所积欠的债务余额，而其他债务是除了这两种主要类型债务以外的债务的总和，包括家庭消费欠款、买车的欠款等。我们把杠杆率的分子分离为这三种分别进行与前面相同的回归，结果在表 6－17 中列示，所有回归按 2013 年的调查数据抽样权重加权，标准误是异方差稳健的，并在城市层面聚类。

表 6－17　不同杠杆类型对消费的影响

变量	住房债务		经营债务		其他债务	
	(1)	(2)	(3)	(4)	(5)	(6)
杠杆率	−0.023*** (0.008)		−0.004 (0.024)		−0.024 (0.015)	
杠杆率哑变量		−0.085*** (0.018)		−0.004 (0.030)		−0.020 (0.018)
Observations	28425	28425	28425	28425	28425	28425
R^2 within	0.082	0.083	0.081	0.081	0.082	0.081
控制其他变量	是	是	是	是	是	是
控制时间固定效应	是	是	是	是	是	是
控制交互固定效应	是	是	是	是	是	是

注：回归以样本 2013 年抽样权重为基准加权，括号中为异方差稳健标准误，并在城市层面聚类，*** 代表 $p<0.01$，** 代表 $p<0.05$，* 代表 $p<0.1$。

其中 (1)、(3)、(5) 列展示的是杠杆率的绝对水平的回归结果，可以看到，只有与住房债务相关联的杠杆系数是在 1% 的显著水平下为负，另外两种类型杠杆的回归结果都不显著。另外，也存在这种可能：家庭的经营债务或其他债务从无到有的时候，才会对家庭行为产生影响，而如果普遍已经有这种负债时，这种负债自然变化可能并不会再影响家庭行为（如分期还款），从而掩盖了其影响的显著性。因此，我们引入杠杆率的哑变量，当家庭有杠杆时，该变量赋值为 1，没有负债时，赋值就为 0。以此进一步识别杠杆率由无到有的这种变化对消费的影响，回归结果分别在 (2)、(4)、(6)

列中展示。可以看到，仍旧只有住房债务相关的杠杆才会对消费产生影响。

因此总体上看，中国家庭购房相关的杠杆才是理解家庭部门高杠杆风险的关键，相关政策仍然需要聚焦房地产市场来制定。

5. 稳健性检验

我们的面板固定效应回归中，被解释变量都是家庭的人均消费，为全面考察杠杆增加对消费的抑制效应，我们把被解释变量替换为家庭的总消费支出，核心解释变量分别采用总杠杆率和住房债务杠杆率进行回归，结果如表6-18的（1）、（2）列所示。结果可以看到，回归系数都在1%的水平下显著为负。

另外，由于CHFS数据的调查时期不一致，我们杠杆率指标的分母使用的是前后两期的调查数据中家庭收入的均值来近似代替与债务同期的收入数据，可能会由于不是同一个调查期内得到的数据而产生误差。为排除这种误差造成的偏差，我们把杠杆率的分母换为与债务数据同调查期得到的收入数据，结果如表6-18的（3）、（4）列所示。结果可以看到，回归系数仍然都在1%的水平下显著为负。

表6-18　稳健性检验：指标的替换

变量	消费为家庭整体水平		分母为同期调查收入		分子为全年债务	
	(1)	(2)	(3)	(4)	(5)	(6)
杠杆率	-0.017*** (0.005)		-0.007*** (0.002)		-0.012*** (0.005)	
房债收入比		-0.024*** (0.008)		-0.011*** (0.004)		-0.014** (0.007)
Observations	28425	28425	28425	28425	28425	28425
R^2 within	0.056	0.056	0.082	0.082	0.082	0.082
控制其他变量	是	是	是	是	是	是
控制时间固定效应	是	是	是	是	是	是
控制交互固定效应	是	是	是	是	是	是

注：回归以样本2013年抽样权重为基准加权，括号中为异方差稳健标准误，并在城市层面聚类，***代表p<0.01，**代表p<0.05，*代表p<0.1。

最后，从获得CHFS调查数据的情况来看，实际上得到的家庭债务余额数据并非全年的数据，因为西南财经大学的调查通常都是调查期当年的7月到9月间进行的，所以得到的半年债务余额数据严格上说是当年年中的余额，而非年末余额。因此，我们希望近似得到家庭的全年债务余额。由于前面我们得出住房债务是家庭杠杆风险中最关键的部分，而CHFS调查数据中对家庭每套房都有详细记录，因此，我们通过同一个家庭后一个调查期的购房信息来获得他们在前一个调查期的调查行动后的购房债务，将该债务与前一个调查期的家庭债务余额相加，近似获得全年的债务余额。例如，在2015年的调查数据中，某个家庭显示其在2013年有新购入一套住房，但这套住房并没有出现在该家庭在2013年的数据信息中，因此可以断定该套住房是该家庭在2013年西南财经大学家庭调查中心在7—9月对其调查结束之后购买的，所以可以把购入这套住房的借款加进该家庭2013年的债务余额中，大致还原当年全年的债务余额。将杠杆率分子都替换为近似的全年债务余额之后的结果如表6-18的（5）、（6）列所示。可以看到，结果仍然至少在5%的显著水平下为负。

所有回归都按2013年的调查数据抽样权重加权，标准误是异方差稳健的，并在城市层面聚类。因此，我们所得到的家庭杠杆增加会抑制其消费的结论是稳健的。

6. 房地产市场刺激政策前后杠杆率变化对消费变化的影响分析

在研究中国家庭部门高杠杆成因时，我们已经提到了自2014年“930”政策后，中国房价开始快速升高，这是近年来家庭杠杆攀升的重要推动因素。同时，前面我们还得到，家庭消费的下降主要受住房债务杠杆的增加影响。因此，我们进一步考察了此政策出台前后，住房债务杠杆率增加对消费的影响效应。因为各变量都采用政策前到政策后的变动量（也就是差分值），为保证尽可能多的样本，我们排除了2015年和2017年的样本，因为CHFS数据记录的都是家庭“去年”的消费，所以2015年样本中的消费实际上是家庭在2014年的消费，杠杆率等数据是2013年时的数据；同理，2017年样本中的消费实际上是家庭在2016年的消费，杠杆率等数据是2015年时的数据，刚好处在政策出台的前后。这里，我们的回归式为

$$\Delta \ln C_{ic14-16} = \beta_0 + \beta_1 \Delta\, Leverage_{ic13-15} + \tau \Delta\, X_{ic13-15} + \alpha_c + \varepsilon_{ic}$$

其中α_c是城市固定效应，其他字母的含义与前面相同，所有回归都是按2013年的调查数据抽样权重加权，标准误是异方差稳健的，并在城市层面聚类。表6-19的第（1）列中列示了只控制城市固定效应的的结果，第（2）列在第（1）列的基础上把收入、房产收入比以及其他资产收入比这三个控制变量加入回归中，第（3）列在此基础上加入前面提到的家庭人口统计信息等控制变量的变动。而且样本中还存在大量家庭一直没有借过债，因此我们在第（4）列加入一个虚拟变量将这种家庭的影响控制起来。可以看到，杠杆率变化的系数都至少在5%的显著水平下为负值，这表明杠杆率每变动100%，消费平均往相反方向变动约2.3%。

表6-19　房地产刺激政策的作用

变量	消费增速（Δln 消费）					
	(1)	(2)	(3)	(4)	(5)	(6)
杠杆率变化	-0.027*** (0.009)	-0.019** (0.009)	-0.023** (0.009)	-0.022** (0.009)	-0.022** (0.009)	-0.012 (0.010)
杠杆率增加					-0.039*** (0.013)	
杠杆率减少					-0.000 (0.016)	
没有房贷				0.057** (0.023)	0.057** (0.023)	

续表

变量	消费增速（Δln 消费）					
	(1)	(2)	(3)	(4)	(5)	(6)
高杠杆家庭						−0.086*** (0.033)
Observations	12632	12632	12619	12619	12619	12619
R^2 within	0.001	0.034	0.056	0.057	0.057	0.057
控制其他变量	否	部分	是	是	是	是
控制城市固定效应	是	是	是	是	是	是

注：回归以样本 2013 年抽样权重为基准加权，括号中为异方差稳健标准误，并在城市层面聚类，*** 代表 $p<0.01$，** 代表 $p<0.05$，* 代表 $p<0.1$。

另外，由于住房债务杠杆的特殊性，存在这种情况：家庭收入没变，但又有住房贷款的按揭还款，住房债务余额会自然下降，从而导致杠杆率下降。这类家庭并没有受政策的影响，其杠杆率的自然下降可能与消费无关，因此，杠杆率对家庭消费的影响可能存在非对称性。为检验此种效应是否存在，我们参考 Nakajima（2018）的研究，把杠杆率的变动分为两种：杠杆增加与杠杆率减少，来检验两种变动系数的显著性，结果如列（5）所示。可以看到，杠杆率增加的系数在1%显著水平下为负，而杠杆率减少的系数不显著。因此，杠杆率变动对消费的影响效应具有非对称性，主要表现为抑制效应。这可能是由于杠杆率的增加主要与该时期家庭购房行为相挂钩，家庭在买房时已经对之后的消费进行了预期，所以杠杆增加后的那一期消费会明显下降，而再之后的正常按揭已经与消费无关，因为家庭已经平滑了消费。

同时，有些研究（Andersen 等，2016）认为，杠杆对增加对消费所表现出的抑制作用，主要是由高杠杆率家庭所推动的。为检验这种情况，我们加入识别高杠杆家庭的虚拟变量，当家庭 2015 年的杠杆率处在样本的前 10% 时，该变量为 1，反之为 0。列（6）展示了加入该虚拟变量的结果，可以看到加入该虚拟变量后，杠杆率变化的系数不显著了，而虚拟变量的系数在1%显著水平下为负。因此，可以说杠杆增加对消费出现的抑制作用主要是高杠杆家庭所推动的。

7. 家庭购房动机异质性对消费的影响分析

前面的分析我们得到，主要是由加杠杆而成为高杠杆的家庭，推动了整体消费的下降。那么这背后的机制是什么呢？为厘清这一点，我们从家庭购房动机异质性的角度来进行分析。在前面研究家庭部门高杠杆成因的部分，我们发现购买非首套房的家庭加杠杆程度会显著高于首套房家庭，因为他们购房表现出了明显的投机性。那么家庭购房动机的异质性和杠杆率的高低是否具有联系呢？这里，我们把购买非首套房的家庭称为投资型购房家庭，表 6－20 就展示了高杠杆和低杠杆家庭杠杆率变化、投资型家庭所占比例以及他们的杠杆率变化的均值的描述性统计。可以看到，高杠杆家庭和投资型家庭高度重合。在低杠杆家庭中，杠杆率从 2013 年到 2015 年平均减少了

13%，其中投资型家庭仅占低杠杆家庭的3%，而且这3%的投资型家庭的杠杆率平均仅增加了27%。而在高杠杆家庭中，杠杆率从2013年到2015年平均增加了138%，其中的投资型家庭占比高达72.4%，且他们的杠杆率平均仅增加了218%。

表6－20　家庭购房动机的异质性与杠杆率的高低

统计变量	低杠杆家庭	高杠杆家庭
2013—2015年杠杆率变化均值	-0.13	1.38
投资型购房家庭的比例	3.0%	72.4%
投资型购房家庭杠杆率变化均值	0.27	2.18

那么，从理论部分我们可以看到，刚需型购房家庭消费不会被杠杆的变化所影响，因为他们期望每期的消费大体相同。那么是否就是因为高杠杆家庭主要由投资型购房家庭构成，他们的投机行为使他们会抑制消费来获得更多的贷款？为检验这种设想，我们的核心解释变量分别采用高杠杆家庭的虚拟变量和投资型家庭的虚拟变量，并进行前面相同的回归。表6－21展示了回归的结果，所有回归都按2013年的调查数据抽样权重加权，标准误是异方差稳健的，并在城市层面聚类。

表6－21的前三列是全样本回归的结果，（1）、（2）列分别单独使用两类虚拟变量作为核心解释变量，结果都在1%的显著水平下为负值，而第（3）列同时加入两个虚拟变量时，只有投资型家庭的虚拟变量显著为负，这验证了我们的设想。当然，由于样本中有大量家庭一直没有负债，可能对我们的结论产生影响，因此我们在样本中排除这类家庭，只保留有负债的家庭，进行同样的回归，结果列示在表6－21的后三列中，可以看到，结果并没有变化。因此，我们得出，正是投资型家庭杠杆的大幅度增加，抑制了消费。

表6－21　购房动机异质性的影响

变量	全样本			排除没有房贷的家庭		
	(1)	(2)	(3)	(4)	(5)	(6)
高杠杆家庭	-0.104*** (0.029)		-0.018 (0.041)	-0.101** (0.041)		-0.030 (0.047)
投资型家庭		-0.138*** (0.028)	-0.125*** (0.040)		-0.153*** (0.036)	-0.137*** (0.040)
Observations	12619	12619	12619	2826	2826	2826
R^2 within	0.057	0.058	0.058	0.056	0.059	0.060
控制其他变量	是	是	是	是	是	是
控制城市固定效应	是	是	是	是	是	是

注：回归以样本2013年抽样权重为基准加权，括号中为异方差稳健标准误，并在城市层面聚类，***代表 $p<0.01$，**代表 $p<0.05$，*代表 $p<0.1$。

8. 家庭杠杆抑制消费的渠道分析

从家庭部门杠杆的增加到他们消费的下降，目前的研究提出了很多影响的渠道，主流的观点认为家庭杠杆主要是通过信贷约束渠道、流动性约束渠道和家庭资产渠道来影响消费的。为厘清中国家庭杠杆影响消费的渠道，我们考察几种可能的渠道，参考 Baker（2018）的研究，回归模型设定如下：

$$\Delta \ln C_{ic14-16} = \alpha_0 + \alpha_1 Spe_{ic} + \beta_1 Spe_{ic} \times 1_{Dec1} + \cdots + \beta_{10} Spe_{it} \times 1_{Dec10} + \theta X_{it} + \alpha_c + \varepsilon_{ic}$$

其中，1_{Deci} 代表一系列分位数虚拟变量，$i = 1, \cdots, 10$ 。Spe_{ic} 代表家庭是否为投资型家庭的虚拟变量。我们选择了四个分位数变量，分别是收入、收入增长率、流动性以及年龄，把样本分别按这四个变量从小到大分为十个档次，考察各档次的变化趋势，来确定杠杆的影响渠道。所有回归都按 2013 年的调查数据抽样权重加权，标准误是异方差稳健的，并在城市层面聚类。从而，$\alpha_1 + \beta_i$ 就代表了杠杆影响消费的渠道效应。

图 6 - 2 展示了各渠道的影响趋势，图中的横线代表的是投资型家庭的平均影响效应，也就是表 6 - 21 第（6）列的结果。可以看到，收入的水平、收入的增长以及年龄的变化的结果都与原影响没有显著差别，而随着家庭流动性的增加，投资型家庭的消费有增加的趋势，尤其在流动性最高的 10% 的家庭其效应已经显著高于平均的影响。因此，我们可以得出，家庭杠杆增加通过投资型家庭的消费减少抑制了消费，是因为这些家庭为了购房套利，使流动性急速下降，短期流动性不足，从而不得不减少消费。

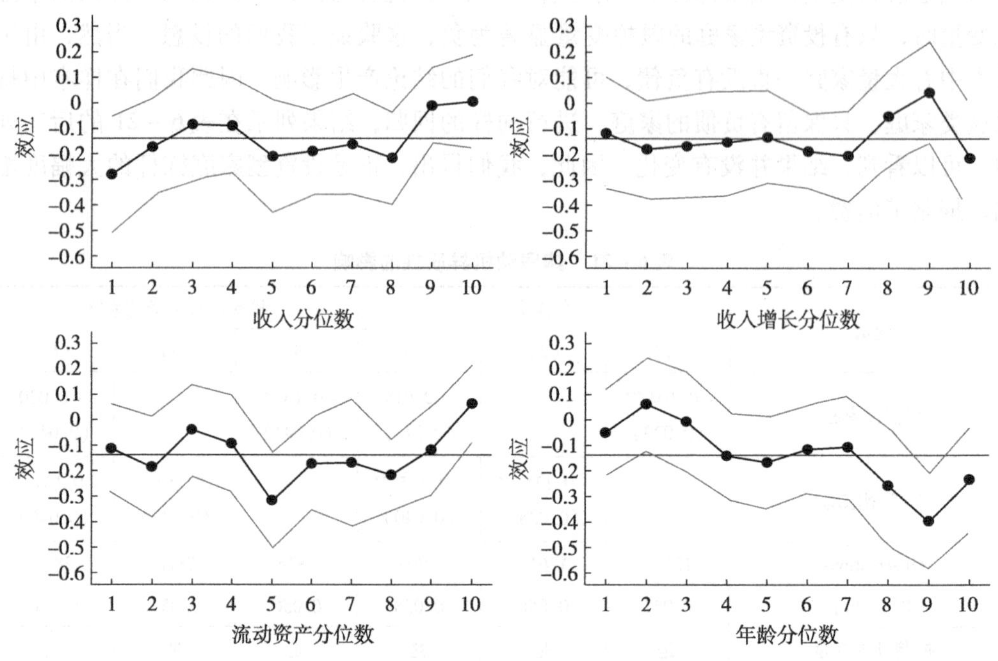

图 6 - 2　家庭杠杆增加对不同组别家庭消费影响的效应

6.2.3　结论和对策建议

中国家庭部门杠杆不断攀升的同时，消费增速却在同时不断下降，西方已经有很多的学者的研究证实了家庭杠杆对消费的挤出作用。因此，我们也进一步考察这种关系是否也在中国成立。我们使用CHFS的四期数据构造了我们所需要的面板数据，在传统的面板固定效应模型中进一步引入交互固定效应，以控制家庭所在城市宏观层面可能产生的影响。首先，我们检验了整体上家庭杠杆对消费的影响，发现在中国家庭杠杆确实对消费有显著影响，杠杆增加显著抑制了消费。而且，我们还进一步检验了另一种常用的衡量家庭杠杆率的指标（债务余额/资产价值）的效果，发现这种指标识别不出房地产市场景气时期的家庭高杠杆风险，因为此时期家庭的房产价值也在攀升，从而这种杠杆率就不会表现出明显的升高；接下来，我们考察了杠杆对家庭消费种类和消费结构的影响。结果发现，杠杆的增加会明显抑制家庭的享受型消费，并降低其在总消费中的比重，这也是我们常说的“消费降级”现象；另外，我们前面的研究也提出了，房贷是家庭杠杆最主要的组成部分，因此我们把家庭的杠杆按债务划分，分类检验对消费的影响。结果发现，确实是家庭与住房债务有关的杠杆的攀升抑制了消费。并且，我们通过改变指标的构造，证明了上面的结果都是显著的。最后，由于我们提出，家庭部门近年来杠杆的快速攀升和快速上升的房价有密切的关系。因此，我们进一步考察了2014年房地产放松政策开启前后家庭杠杆的变化对消费变化的影响，结果发现这种影响非常显著，并且具有非对称性，也就是说家庭杠杆增加显著抑制了消费，但反过来并没有促进消费。并且，杠杆增加所表现出的这种对消费的抑制作用，主要存在于高杠杆率的家庭，因为这些家庭大部分是非首套房购房家庭，他们的购房带有投机性，倾向于加大杠杆来买房以期在未来获利。而且正是由于他们的投机行为，使他们的流动性显著降低，从而抑制消费。

基于上述研究，我们可以为防范家庭部门高杠杆风险提供明确的操作建议。本研究认为需要从两个维度着手。第一个维度：抑制家庭部门杠杆的持续上涨。这点关键在于抑制非首套房家庭的投机性购房动机。因此，当局的举措应该考虑达到两个效果：一是要改变当前社会对房价“只涨不跌”的刚性预期（这点目前已经达到了），二是保持对非首套房购房家庭的信贷约束，这样就可以较明显地减缓家庭部门的杠杆增加速度。第二个维度：释放现存杠杆的潜在风险。这一部分的关键在于缓解高杠杆家庭的流动性不足问题，灵活运用个人所得税的调控以及抵扣方式，这些方式的重点在于让收入不高的高杠杆家庭获益，保证他们的流动性。对于那些高收入高杠杆的多套房家庭，不必为他们兜底，让他们承受资产价值损失的风险，这也有助于打破投机买房低成本且稳赚不赔的刚性预期。

6.3　企业杠杆、家庭杠杆对金融风险的影响

在前述分析的基础上，本节进一步分析企业杠杆、家庭杠杆对金融风险的影响。企业杠杆、家庭杠杆本身代表了企业部门、家庭部门的高负债水平，但从经典的MM理论来看，资本结构变化不一定影响最终的收益和风险。理论上讲，企业部门高负债

也可能提升企业效益，居民部门高负债也可能促进家庭消费，因此，二者对总体金融风险会带来什么影响，存在着不确定性。而从政策上，中央从2016年提出“去杠杆”，意味着杠杆产生了较大的负面影响，因此我们有必要从研究上厘清经济杠杆与金融风险间的关系。

本节收集了2008—2017年全国31个省、自治区、直辖市的面板数据样本（数据来源于历年中国统计年鉴和银保监会公开数据），包括各区域的企业杠杆、家庭杠杆、金融风险指标，进行实证研究。因为本部分区域金融风险数据来自原银保监会数据，受数据来源限制只到2017年。当然这段时间也是中国杠杆攀升最快的时间，其对风险的影响具有较大代表性。

6.3.1 企业杠杆、家庭杠杆的刻画

本节的杠杆仍然采用宏观杠杆率来刻画。为了样本的代表性，我们这里选用该地区所有具有银行借款的企业和家庭作为研究对象，相应地，在杠杆的测度上，就采用企业及居民部门的贷款年末余额[①]和地区生产总值来计算，其计算公式为

$$杠杆率 = \frac{部门贷款余额}{地区生产总值} \times 100\%$$

为描述的准确性，我们进一步将企业区分为大型企业、中型企业和小微企业[②]。杠杆率水平的基本描述性统计如表6-22所示。

表6-22 四部门杠杆率水平基本情况统计表

项目	大型企业	中型企业	小微型企业	居民部门
均值	36.05%	27.33%	20.56%	16.42%
中位数	26.91%	22.87%	18.26%	15.16%
最大值	115.15%	81.45%	53.13%	55.54%
最小值	2.72%	0.93%	0.99%	0.16%
标准差	0.42	0.27	0.14	0.1

通过对表6-22结果分析可知，从杠杆率水平来看，企业部门远高于居民部门，而企业部门内部的大型企业的杠杆率水平较中型企业和小微企业均更高，从杠杆率水平的波动性来看，企业部门仍远高于居民部门，而企业部门内部的大型企业的杠杆率波动水平较中型企业和小微企业均更高。

进一步，将各大型企业杠杆率水平分地区的描述性统计结果在表6-23中予以展示。从表中可以看出，西部地区大型企业的杠杆率水平无论均值、中位数还是最大值均为最高，其中杠杆率最大值达到113.00%，波动性也处于较高水平。

① 贷款余额不包括企业票据。

② 大中小微企业划分标准参照《关于印发中小企业划型标准规定的通知》。

表6-23　分地区大型企业杠杆率

项目	东部地区	中部地区	西部地区	东北地区
均值	38.26%	24.35%	38.98%	22.83%
中位数	25.00%	21.00%	36.50%	19.50%
最大值	57.00%	61.00%	113.00%	49.00%
最小值	13.00%	11.00%	3.00%	15.00%
标准差	0.26	0.11	0.16	0.09

分地区中型企业杠杆率水平描述性统计结果如表6-24所示。从表中可以看出，中部地区中型企业杠杆率水平无论均值、中位数还是最大值均为最低，波动性也远低于其他地区。

表6-24　分地区中型企业杠杆率

项目	东部地区	中部地区	西部地区	东北地区
均值	31.70%	18.03%	28.06%	22.13%
中位数	31.00%	17.00%	27.00%	21.00%
最大值	71.00%	32.00%	88.00%	41.00%
最小值	9.00%	11.00%	1.00%	7.00%
标准差	0.12	0.05	0.14	0.10

分地区小微企业杠杆率水平描述性统计结果如表6-25所示。从表中可以看出，小微企业杠杆率无论从均值还是中位数来看，东部和西部地区的杠杆率水平均高于东北地区、中部地区，西部地区杠杆率波动幅度较大。

表6-25　分地区小微企业杠杆率

项目	东部地区	中部地区	西部地区	东北地区
均值	22.65%	18.38%	22.52%	16.60%
中位数	23.50%	17.00%	20.00%	15.00%
最大值	38.00%	35.00%	92.00%	39.00%
最小值	6.00%	7.00%	1.00%	6.00%
标准差	0.07	0.07	0.13	0.08

综上所述，无论是大型企业、中型企业还是小微企业，东北地区、中部地区的企业杠杆率均较东部和西部地区更低。

6.3.2　区域性金融风险的测度

1. 区域性金融风险测量主体的确定

区域性金融风险是基于金融安全研究视角下，因经济发展、政策环境等方面产生了严重外部性，导致特定经济区域内部或整个金融系统面临功能失败甚至崩溃的风险或可能性。从中国金融市场主体来看，随着金融市场发展的日益多元，区域金融风险的测量维度也日益丰富。本书选择银行业金融机构作为区域性金融风险测量的主体，从体量规模、监管实践成熟度以及数据可得性等多方面的综合考量。

从机构体量来看，截至2017年末，银行业金融机构总资产为252.4万亿元，同比增长8.7%；总负债为232.9万亿元，同比增长8.4%；同期全国国民生产总值82.7万亿元，银行业总资产、总负债与GDP之比分别达到305.2%和281.6%。对比股票市场，2017年末，沪深两市总市值56.71万亿元，流动市值44.93万亿元，居全球第二位，沪深两市总市值占GDP比例为68.6%，远低于银行业资产或负债与GDP的比重①。保险业的资产占比则更小。由此可见，现阶段中国金融体系中银行业金融机构仍占据主导地位。尤其是地方层面，银行业金融机构对地方金融稳定的作用更加显著，是防范化解系统性金融风险的最主要领域。如以重庆为例，2019年末，重庆银行业资产占全市金融业资产比例高达91%，全年新增贷款总量占全市新增社会融资规模的93.5%。从这个层面看，银行业的风险在很大程度上可以代表区域性金融风险。

从全球金融监管实践来看，以银行为主体的金融系统风险一直是各国监管部门关注的重点。1929—1933年美国大萧条期间，出现大量银行破产与挤兑事件，美国政府因此出台了著名的存款保险制度以保护消费者的权益。国际清算银行（BIS）的巴塞尔委员会颁布的巴塞尔协议标志着银行资管新时代的到来。但上述微观监管政策并未成功遏制金融危机的爆发，随后而来的亚洲金融危机和2008年爆发的国际金融危机均通过以银行为主体的金融系统迅速扩散和蔓延，对社会经济造成了重大的影响和损失。对危机的反思使全球金融监管机构的视角从微观监管逐步转向宏微观审慎监管的结合。而无论是巴塞尔委员会颁布的《巴塞尔协议Ⅲ》还是银监会发布的《商业银行资本管理办法》，其监管的主体依旧是银行。

此外，从数据可得性方面看，地方非银行业金融机构、互联网金融机构、小贷公司等金融机构由于兴起时间不长，有系统统计数据的时间并不长，数据的可获得性和可比较性都不足。一些新兴的非银行业金融机构甚至没有建立起数据统计制度，缺乏有效的比较数据。因此，我们对区域性金融风险的测度集中于银行业金融体系，以银行业金融体系的风险来代表区域性金融风险。这里的银行业金融体系指所有接受原银监会及其派出机构监管的银行机构及非银行金融机构，基本涵盖了区域金融体系的主体，包括本地各类法人银行机构，全国性大型银行、股份制银行、异地城商行在本地的全部分支机构，信托公司、金融租赁公司、财务公司等非银行金融机构，但不包括小贷公司、担保公司等不属于原银监局监管对象的非银行业金融机构。

2. 区域性金融风险测量方法的选取

在区域性金融风险测量方法选取上，由于我们以银行业的风险为代替，所以我们采用了目前在银行机构风险测量中运用最广、体系最成熟的“骆驼”（CAMELS）评级

① 数据来源：www.cbrc.gov.cn，Wind数据库。

体系来衡量区域性金融风险。首先，CAMELS 体系覆盖了安全性、流动性、盈利性等各个方面，有丰富的类别、层次和数量，是一个省级层面、具有丰富数据量的中观金融指标体系。相比之下，条件风险价值（CoVaR）则是着眼于单个金融机构同金融市场间的条件相关性，样本缺乏省级层面的整体聚类，且为偏宏观视角的金融风险研究方式。CCA 指标测量方法则是从微观金融个体出发，基于资产负债视角揭示个体波动同市场整体波动的关系。而更为广泛运用的 SRISK 方法则是在有效市场的基本假设下测算条件预期损失来估计系统性金融风险，该方法往往无法估计金融机构的表外负债，存在一定程度低估金融风险的可能。相对于其他风险测量方法，运用 CAMELS 体系测量银行业乃至区域性金融风险有以下一些优势：一是该方法已经被中外银行业监管机构广泛认同和采用，为全面深入评价区域风险状况提供了规范统一的方法和标准；二是由于体系本身比较成熟，在数据的获得性和衡量度上更具优势，无论是纵向比较（时间分布不同）上，还是横向比较（相同类型风险）上，都为研究区域金融风险提供了有效的方法。

按照 CAMELS 体系与原银监会的《商业银行监管评级内部指引（试行）》（以下简称《内部指引》），对各关键要素的评价主要包括以下一些内容。

表 6－26　区域性银行业金融机构风险监控指标体系

评级要素	指标名称	指标定义
资本充足	资本充足率	资本净额/应用资本底线及校准后的全部风险加权资产×100%
资产质量	贷款不良率	不良贷款/各项贷款×100%
	拨备覆盖率	全部贷款减值的准备金/（次级类＋可疑类＋损失类贷款）×100%
盈利状况	资产利润率	税后利润/资产评级余额×100%×折年系数
	资本利润率	税后利润/（所有者权益平均余额＋少数股东权益）×100%×折年系数
	成本收入比例	（营业支出－营业税金及附加）/营业净收入×100%
	净息差	利息净收入/生息资产平均余额×100%×折年系数
流动性风险	存贷比	各项贷款/各项存款×100%
	流动性比例	流动性资产/流动性负债×100%
市场风险	利率风险敏感度	200 个基点的利率上升对银行净值影响/资本净额×100%
	累计外汇敞口头寸比例	累计外汇敞口头寸/资本净额×100%

本书在计算区域性金融风险指标权重时选择主观计算法。考虑到《内部指引》是中国银行业监管部门在借鉴国际通用评价银行良好方法的基础上，充分结合中国商业银行实际情况，根据多年来监管经验，总结出的适用于中国商业银行监管评级的方法，兼具科学性、权威性和实用性，因此本书参考《内部指引》对评级要素设定权重。

按照《内部指引》规范，本书对区域性金融风险的 7 个评级要素按如下标准从大到小分配权重：管理质量 M（20%）、流动性风险 L（20%）、资产质量 A（15%）、资本充足 C（15%）、盈利状况 E（10%）、市场风险 S（10%）和信息科技风险 I（10%）。如前文所述，本书构建的研究模型中只选取了 5 个评级要素，故在研究操作中将5个评级要素（资本充足C、资产质量A、盈利状况E、流动性风险L和市场风险S）的权重同比扩大（维持原相对比例）至合计为100%。

$$W_1:W_2:W_3:W_4:W_5 = 15\%:15\%:10\%:20\%:10\%$$

$$\sum_{i=1}^{5} W_i = 100\%$$

通过运用同等方式为要素内部的各指标赋予权重，如针对评级要素A（资产质量），《内部指引》中不良率的权重是20%，拨备覆盖率是25%，在不良率和拨备覆盖率相对比例不变的前提下，同比扩大指标权重，合计为W_2。

由此类推，对本书选取的所有定量指标赋予相应权重。

$$W_{21}:W_{22} = 20\%:25\%$$

$$\sum_{j=1}^{2} W_{2j} = W_2$$

表6－27　区域性银行业金融机构风险权重表

评级要素	权重	指标名称	权重
资本充足	W_1	资本充足率	W_{11}
资产质量	W_2	不良贷款率	W_{21}
		拨备覆盖率	W_{22}
盈利状况	W_3	资产利润率	W_{31}
		资本利润率	W_{32}
		成本收入比例	W_{33}
		净息差	W_{34}
流动性风险	W_4	存贷比	W_{41}
		流动性比例	W_{42}
市场风险	W_5	利率风险敏感度	W_{51}
		累计外汇敞口头寸比例	W_{52}

本节以“年”作为区域性金融风险系数频率，“季度数据”为银行业金融机构定量指标数据，首先需处理季度数据再进行运用。研究使用的5个定量指标有3个指标（资产质量状况、流动性风险、资本充足状况）评分依据是4个季度指标数的算术平均数，2个指标（盈利状况、市场风险）评分基础是该指标的年末数据。

计算区域性金融风险系数，首先需将上述的定量指标（包括正向、反向指标）采取标准化处理。《内部指引》规定了全面的评分方法，采用分段评分，如不良贷款率的分数段为5个，其他指标的分数段为4个；且说明可修正得分（即通过指标演变判断风险走势，从而以此为依据调整分数）。本次研究评分标准采用《内部指引》的分段方法，先找到指标值对应的分数段，指标分数的计算采用映射方法，具体来说是将指标值位于的象限的相对位置映射到分数象限的相对位置得出指标的分值。

表 6－28　区域性金融风险指标得分标准

评级要素	指标名称	得分				
		0 分	0～60 分	60～75 分	75～100 分	100 分
资产质量	不良贷款率	10%	10%～5%	5%～3%	3%～2%	<2%
评级要素	指标名称	得分				
		0 分	0～60 分	60～100 分	100 分	
资本充足	资本充足率	<4.8%	4.8%～8%	8%～9.6%	>9.6%	
资产质量	拨备覆盖率	<100%	100%～150%	150%～300%	>300%	
盈利状况	资产利润率	<0.2%	0.2%～0.6%	0.6%～1.2%	>1.2%	
	资本利润率	<2%	2%～11%	11%～20%	>20%	
	成本收入比例	>70%	70%～40%	40%～30%	<30%	
	净息差	<0.5%	0.5%～2%	2%～2.8%	>2.8%	
流动性风险	存贷比	>85%	85%～75%	75%～60%	<60%	
	流动性比例	<20%	20%～25%	25%～40%	>40%	
评级要素	指标名称	得分				
		0 分	0～75 分	75～100 分	100 分	
市场风险	利率风险敏感度	>100%	100%～15%	15%～5%	<5%	
	累计外汇敞口头寸比例	>101%	100%～20%	20%～5%	<5%	

区域性金融风险各类指标，通过权重方式得分确定后，可加总出总的风险系数。

本书将区域性的金融风险系数表现为正向指标，即指标结果上分值越小，代表风险越大。

3. 中国区域性金融风险度量结果

通过公式对 31 个省（市）的数据进行计算，可以看到不同地区在 2008—2017 年各年度的区域性金融风险系数（见表 6－29），将数据划分为 3 个区间（60 分以下、60～80 分、80～100 分），根据时间序列和经济区域两个维度对数据进行比对分析，可以看出：

（1）从时间变化程度来看，2008 年风险系数在 60 分以下的占比 41.9%，80～100 分区间占比 19.4%，到 2016 年风险系数在 60 分以下的为 0，80～100 分区间占比 93.5%。且 60 分以下、60～80 分区间呈向下迁徙趋势，而 80～100 分区间风险系数呈稳步上升态势，这反映出随着时间的推移，中国的区域性金融风险正在逐步减小（见图 6－3）。

（2）从经济区域划分来看，各个区域金融风险呈现多样性，各类风险程度不同类型均有体现，东、西部地区风险系数在 80～100 分区间占比较高，达到 70% 以上，东北、中部地区分布则较均匀，反映出中国不同区域间金融风险表现形式各有不同，具有多样化特征（见图6－4）。因此，应注意建立区域间“防火墙”，防止不同区域不同种类金融风险交叉传染。

表6－29 中国31个省（市）区域性金融风险系数

地区	2008年	2009年	2010年	2011年	2012年	2013年	2014年	2015年	2016年	2017年
北京	88.35	87.39	93.32	95.05	93.69	94.00	93.83	96.14	93.97	92.12
天津	83.80	90.31	98.75	97.32	47.47	84.79	82.90	82.19	82.21	81.13
河北	54.38	56.09	64.88	70.92	81.55	86.17	90.01	86.91	92.63	90.21
山西	54.54	58.19	64.65	76.67	78.17	76.97	76.69	76.72	77.45	75.44
内蒙古	79.95	82.64	40.81	46.50	46.61	46.51	46.39	76.71	78.40	75.43
辽宁	65.15	79.39	82.89	89.01	81.66	83.18	81.80	88.23	82.38	81.21
吉林	55.68	69.20	54.55	40.81	69.62	76.83	79.05	79.52	87.25	86.13
黑龙江	53.87	71.40	76.85	74.11	81.46	82.26	82.08	79.84	81.13	80.02
上海	80.17	83.61	88.62	93.23	92.53	90.53	87.68	83.69	85.53	84.21
江苏	80.16	81.19	92.35	95.48	94.27	93.53	93.63	92.93	92.49	91.34
浙江	85.46	91.15	94.20	94.96	93.03	93.94	93.03	91.82	92.85	91.83
安徽	73.21	75.75	74.10	81.96	86.35	88.94	91.18	84.22	92.34	91.23
福建	79.46	82.51	94.59	97.68	98.63	98.76	98.68	95.03	95.22	94.22
江西	61.89	73.21	81.10	40.81	85.26	95.17	95.57	92.07	93.57	91.33
山东	58.70	58.42	78.57	80.03	84.31	93.60	89.78	89.52	90.01	89.57
河南	49.69	49.68	53.44	77.60	92.45	96.00	95.51	81.50	85.94	84.41
湖北	63.54	77.16	83.57	94.16	93.33	96.01	93.90	92.97	92.16	90.41
湖南	50.31	55.70	61.02	78.09	83.09	78.25	82.77	85.61	92.81	90.14
广东	62.41	78.07	74.07	81.90	86.95	92.59	90.87	87.38	81.59	80.55
广西	67.63	78.47	81.80	83.82	91.43	93.99	92.60	89.44	88.64	86.31
海南	48.60	46.22	49.37	58.73	68.40	91.24	87.76	89.07	95.52	94.23
重庆	80.58	88.68	93.59	96.00	95.87	97.26	97.17	98.21	96.62	95.22
四川	40.81	64.67	78.59	86.28	93.22	40.81	98.75	91.10	91.12	89.42
贵州	62.67	67.65	80.28	88.80	90.72	94.14	94.41	93.76	93.83	92.15
云南	58.99	63.45	84.32	92.72	96.76	97.61	95.63	89.47	87.29	86.21
西藏	77.54	71.36	49.52	59.76	80.52	84.03	94.50	75.04	87.81	84.22
陕西	54.89	54.99	66.86	79.09	87.71	92.15	92.39	85.55	82.11	80.45
甘肃	53.92	61.90	72.54	81.35	87.59	90.41	90.52	85.02	84.42	81.36
青海	51.32	65.51	81.79	84.20	91.63	94.25	93.59	62.23	91.35	89.21
宁夏	75.89	75.32	87.63	91.32	95.90	96.07	90.97	87.80	86.49	84.22
新疆	78.29	82.81	95.28	98.61	96.40	94.99	90.53	90.51	85.33	83.11

数据来源：银保监会。

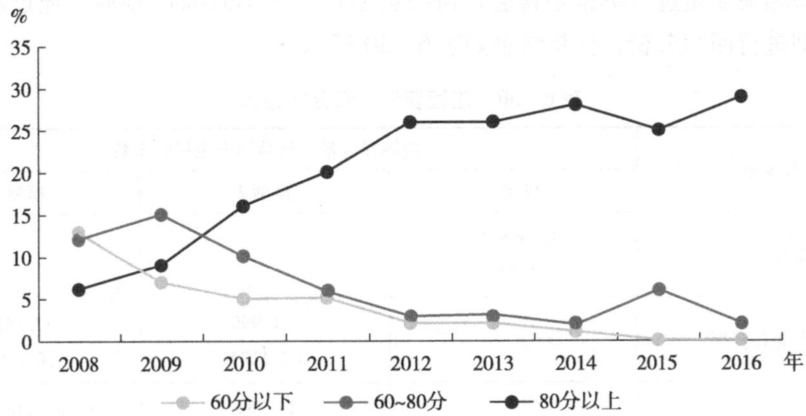

图 6-3　中国 31 个省（市）区域性金融风险系数变化趋势

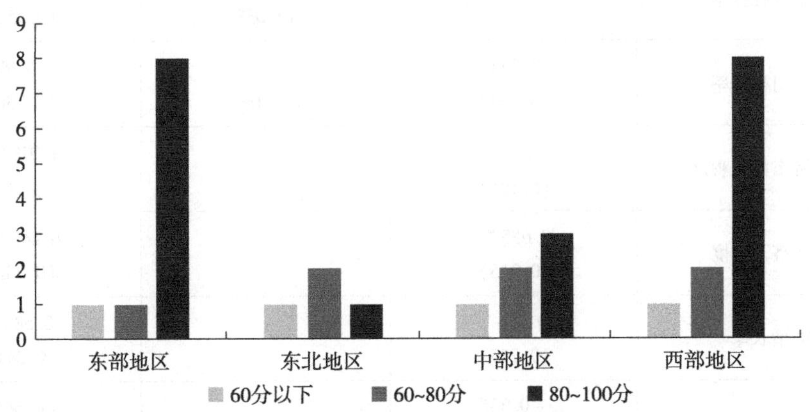

图 6-4　中国不同区域金融风险系数比较

6.3.3　杠杆率变动对中国区域性金融风险影响的实证检验

1. 全国样本回归结果分析

本书采用面板数据回归方法进行建模，其中，区域性金融风险系数作为被解释变量，企业和居民部门的杠杆率水平作为解释变量，模型构建结果如下：

$$FR_{it} = \beta_0 + \beta_1 Lev_{it} + \beta_2 X_{it} + \mu_{it}$$

其中，i 表示各区域（31 个省、直辖市、自治区），t 表示各年份（2008—2017 年），Lev_{it}表示部门杠杆率水平，X_{it}为控制变量，参考王擎等的研究，本书选取以下几个指标作控制变量：（1）区域经济市场化程度（SCH）。SCH =（利用外资总额 + 自筹投资额 + 其他投资额）/全社会固定资产投资总额。（2）区域经济开放度（Q）。Q =（当年出口额 + 当年进口额）/GDP × 100%。（3）GDP 增长率和通货膨胀率，度量区域经济的增长能力。（4）存款增长率（Deposit），用于度量银行业规模。（5）工业企业资产负债率（DAR），用于度量企业效益。数据来源为历年统计年鉴和银保监会公开信息。对模型相关变量进行单位根检验、协整关系检验和 Hausman 检验，通过后选择固定效应模型进行回归分析，分析结果如表 6－30 所示。

表 6－30　连续变量回归分析结果

解释变量	被解释变量：区域性金融风险系数		
	模型 1	模型 2	模型 3
企业杠杆率	16.995*** (2.531)		
大型企业杠杆率		−1.990 (2.412)	−37.182*** (6.600)
中型企业杠杆率		15.781 (12.620)	35.746*** (8.822)
小微企业杠杆率		81.932*** (12.038)	55.154*** (9.752)
居民部门杠杆率	2.173 (8.094)	−13.378 (9.709)	−5.982 (7.750)
区域经济市场化程度	1.290*** (0.126)		1.079*** (0.180)
区域经济开放度	0.655** (0.315)		0.848*** (0.282)
GDP 增长率	0.456* (0.245)		0.582* (0.341)
通货膨胀率	−0.336 (0.216834)		−0.565* (0.305)
存款增长率	−0.336*** (0.070)		−0.263*** (0.063)
资产负债率	−0.868*** (0.175)		−0.310 (0.150)
回归方法	固定效应	固定效应	固定效应
R^2		0.687	0.819
观测值	310	310	310

注：括号内为标准差，*** 表示在 1% 置信水平上显著，** 表示在 5% 置信水平上显著，* 表示在 10% 置信水平上显著。

模型 1 将企业杠杆率①和居民杠杆率作为解释变量，并对相关控制变量予以控制。可以得到以下两个结论。结论 1：企业杠杆率在 1% 显著性水平下显著，回归系数为 16.995，表明在样本期间内，企业整体杠杆率水平的上升导致了区域性金融风险系数

① 这里的企业杠杆率由企业部门信贷加总后除以 GDP 得到。

的上升，因为区域性金融风险系数是正向指标，因此，可以得到，企业整体杠杆率水平上升降低了区域性金融风险。结论2：就模型1而言，居民杠杆率水平对区域性金融风险系数的影响不显著。

企业整体杠杆率水平上升降低了区域性金融风险这一结论与传统观点有所不同。传统观点认为当前中国企业高负债率、高杠杆率的经营模式将会导致企业经营风险转化为对应的金融风险，进一步导致区域性金融风险上升。这一差别的原因主要在于未将企业的异质性纳入信贷分析。总的来看，中国企业在2008年国际金融危机爆发后及时抓住国内外发展机遇和宽松的政策环境，从规模和质量上均得到一定成长，也促进了中国经济的快速复苏。同时，随着企业不断增加负债，扩大规模，企业杠杆率水平在短期内提升较快，但同时，从银行角度来看，经济增长、企业扩张也给银行业带来了红利，银行向企业发放的资金也获得可观的回报，利润提升进一步提高了金融体系的安全垫。因此，从总体上来看，企业总体杠杆率水平的提高在样本期内降低了区域性金融风险水平。

模型2将企业杠杆率水平做了进一步拆分。分为大、中和小微企业进行回归分析，对相关控制变量不予以控制。结论如下：小微型企业杠杆率对区域性金融风险系数有显著正向影响，其他变量均不显著，表明小微企业杠杆率水平上升降低了区域性金融风险。回归的整体 R^2 偏低，且显著的系数较少，考虑是由于未控制相关控制变量造成的，因此对模型做进一步验证。

模型3在模型2的基础上考虑加入控制变量，实证分析可得，异质性部门杠杆率对区域性金融风险的影响各不相同。结论一：大型企业杠杆率对区域金融风险影响的系数为-37.182，说明大型企业杠杆率水平提高将会导致区域金融风险系数下降，也即导致区域金融风险增大。原因分析为，2008年国际金融危机后，中国面临较大的经济转型压力，为恢复经济增长，大量投资投向了大型企业聚集的基础设施建设领域，导致许多大型企业产能过剩，杠杆率高企。因此，大型企业需要稳步“去杠杆”以降低金融风险水平，该实证结论同时也印证了供给侧结构性改革的迫切性。结论二：中型企业和小微企业对区域金融风险系数产生正向影响（系数分别为35.746、55.154），也即中型企业和小微型企业杠杆率水平的上升会导致区域金融风险系数上升从而区域金融风险下降。该结论说明，从总体来看，当前中型和小微企业的杠杆率还存在一定上升空间，银行加强对中小微企业的信贷支持、加大普惠金融政策力度有利于区域金融稳定性的提升。结论三：居民部门杠杆率的变动对区域金融系数为负向影响，但影响不显著。该结论表明现阶段居民部门杠杆率的变动对区域性金融稳定的影响不大。但负向影响表明若未来居民杠杆率持续扩张，仍应该重视其风险影响。

从控制变量来看，GDP增长率系数为正值，且在10%的显著性水平下显著，说明GDP增长率越高，区域性金融风险越小；通货膨胀率系数为负值，且在10%的显著性水平下显著，说明通货膨胀率越高，区域性金融风险越大；工业企业资产负债率系数为负值，且在5%的显著性水平下显著，说明资产负债率越高，区域金融风险越大。以上各控制变量结论与预期均相符。

进一步分析实证模型的内生性问题。由于企业资金直接或间接主要来源均为银行信贷，信贷增加在带来区域性金融风险的同时也将会提高杠杆率。针对前文模型中可能存在的内生性问题，本书采用选取提前一期杠杆率的方法处理内生性问题，结果如表 6－31 所示。

表 6－31　稳健性检验结果

解释变量	被解释变量：区域性金融风险系数	
	模型 1	模型 2
企业杠杆率（－1）	9.291*** (2.790)	
大型企业杠杆率（－1）		－16.660** (6.820)
中型企业杠杆率（－1）		10.959 (10.292)
小微企业杠杆率（－1）		34.317*** (9.748)
居民部门杠杆率（－1）	－11.032 (9.122)	－10.383 (8.407)
市场化程度	0.941*** (0.135)	1.011*** (0.131)
开放度	0.964*** (0.315)	0.866*** (0.284)
GDP 增长率	－0.714*** (0.240)	－0.352 (0.259)
通货膨胀率	－0.684** (0.271)	0.761*** (0.264)
存款增长率	－0.147*** (0.054)	－0.148** (0.058)
资产负债率	－0.609*** (0.194)	－0.158 (0.208)
回归方法	固定效应	固定效应
R^2	0.781	0.809
观测值	310	310

注：括号内为标准差，*** 表示在 1% 置信水平上显著，** 表示在 5% 置信水平上显著，* 表示在 10% 置信水平上显著。

通过上述稳健性分析可知，在将杠杆率变量取提前一期后，仅有模型 2 中的中型企业杠杆率对区域性金融风险的影响不再显著，其余变量对区域性金融风险影响系数的正负方向以及显著性水平均基本一致，因此，前文关于企业杠杆率水平对区域性金融风险分析结论整体稳健。

2. 分地区样本回归结果分析

本部分将进一步分析地区企业杠杆率和区域性金融风险的直接关系。按描述性统计口径将全国样本拆分为东部地区、中部地区、东北地区和西部地区。就不同地区的企业杠杆率对区域性金融风险影响分别进行回归分析，分析结果如表 6－32 所示。

表 6－32　分地区回归分析结果

解释变量	被解释变量：区域性金融风险系数			
	东部地区	中部地区	西部地区	东北地区
大型企业杠杆率	－45.053*** (16.928)	－136.520*** (45.960)	－2.115 (2.485)	93.711 (134.619)
中型企业杠杆率	41.361*** (12.139)	7.532 (43.128)	1.098 (14.748)	－37.097 (51.467)
小微企业杠杆率	75.009*** (15.177)	－122.504*** (34.670)	18.463 (19.581)	192.338 (113.920)
居民部门杠杆率	－63.689*** (17.602)	－59.037* (31.079)	－24.929** (10.884)	13.302 (162.964)
市场化程度	1.153** (0.441)	2.696*** (0.616)	1.722*** (0.254)	4.010 (5.071)
开放度	1.182*** (0.289)	8.401** (4.099)	－1.174 (1.099)	1.623* (0.891)
GDP 增长率	0.367 (0.374)	1.076* (0.581)	1.828*** (0.648)	－0.329 (1.311)
通货膨胀率	0.521* (0.312)	－0.865 (0.571)	－0.858* (0.456)	0.837 (1.630)
存款增长率	－0.177*** (0.066)	0.119 (0.291)	－1.029*** (0.169)	－0.068 (0.620)
资产负债率	0.877** (0.341)	－2.069*** (0.485)	－0.454** (0.210)	1.053 (1.846)
回归方法	固定效应	固定效应	固定效应	固定效应
R^2	0.891	0.822	0.768	0.72
观测值	100	60	120	30

注：括号内为标准差，*** 表示在1%置信水平上显著，** 表示在5%置信水平上显著，* 表示在10%置信水平上显著。

首先从东部地区的回归结果来看，解释变量系数的符号基本上与全国回归结果保持一致，大型企业杠杆率回归系数为－45.053，绝对值较全国结果（－37.182）略大。大型企业杠杆率的上升将带来区域性金融风险系数的降低，从而增大区域性金融风险。

东部地区的中型、小型企业杠杆率对区域性金融风险系数的回归系数分别为41.361和75.009，杠杆率上升会降低区域性金融风险。这主要是因为东部地区经济较中西部地区更为发达，按照规模分类的大型企业数量更多，同时东部地区金融行业也更为发达，金融工具可选择性更多且成本更低。因此，东部地区大型企业更方便采取高负债、高杠杆的经营模式。另外，由于东部地区的特质更多地支持了企业高杠杆率经营模式，进而在一定程度上增加了其自身的信用风险与流动性风险，带来更高的区域性金融风险。与大型企业不同，东部地区的中、小型企业多为制造业或新型产业，依托更加开放的营商环境和便利的地理位置优势，往往发展更具有活力，增加信贷规模将会有助于提高其生产效率，从而增加企业利润保证企业发展，反而降低了区域性金融风险。另外，与全国结论比较，东部地区居民杠杆率水平对区域性金融风险影响的回归系数为-63.689，且在1%的水平下显著，表明东部地区居民杠杆率水平的提高会显著的降低区域性金融风险系数，提高区域性金融风险。原因在于当前东部地区房价较高导致居民房贷激增，居民负债较高。在经济下行的背景下，居民住房按揭贷款不断上升助推楼市风险，通过传导，楼市风险最终会进一步转化为金融风险。居民杠杆率水平的影响程度由于不同地区经济、金融发展水平差异而不同。总体而言，居民杠杆率水平的增加对区域性金融风险的影响呈现从东部向中西部逐渐弱化的态势，分布情况与房价总体趋势一致。另外，东北地区居民杠杆率对区域性金融风险的影响不显著。

中部地区中，大型企业和小微企业杠杆率对区域性金融风险的影响显著，其回归系数分别为-136.520和-122.504，绝对值均远高于东部地区，说明中部地区企业杠杆率对区域性金融风险的影响主要集中在大型和小微企业，大型和小微企业杠杆率的控制是风险防控的重点。西部地区、东北地区企业杠杆率对区域性金融风险的影响均不显著，无直接证据证明其企业杠杆率会对区域性金融风险产生直接影响。从控制变量显著性来看，市场化程度变量无论在东部、中部还是西部地区均显著，且回归系数为正，但在东北地区并不显著，表明市场化程度的提高在一定程度上可降低区域性金融风险。地区开放程度指标对区域性金融风险的影响在东部、中部和东北部地区显著，其回归系数分别为1.182、8.401和1.623，表明地区开放程度也在一定程度上起到了降低区域性金融风险的作用。

6.3.4 研究结论

企业杠杆率对金融风险存在显著影响，但不同部门影响不一。根据回归结果，企业杠杆率在1%显著性水平下为正，即企业整体杠杆率水平上升实际上降低了金融风险。分部门来看，大型企业杠杆率对金融风险系数产生负向影响，说明大型企业杠杆率水平提高将降低金融风险系数，意味着金融风险增大，中型企业和小微企业杠杆率对金融风险系数产生正向影响，即中小微企业杠杆率水平的上升会导致金融风险下降，当前中小微企业杠杆率仍有一定的上升空间。居民部门杠杆率未对金融风险系数产生显著的影响。从分地区回归结果来看，东部地区大型、中型和小微企业杠杆率对金融风险系数的影响与全国回归结果保持一致，存在差异的地方在于，东部地区居民杠杆率对金融风险系数显著负相关，表明东部地区居民杠杆率水平的提高会显著降低金融风险系数，提高区域性金融风险。原因与东部地区房价普遍偏高，居民负债率过高有强烈联系，在经济下行压力加大，按揭贷款质量下迁隐忧加剧的大背景下，楼市风险最终会转化为金融风险。

第七章　新时代防范与化解中国经济杠杆风险的建议

【导读】

在前面五章分析的基础上，本章基于2019年的经济现实，提出了一些政策建议。从2024年的时点回看，很多措施已经体现在中央陆续出台的一系列政策文件和行动中。如在加强国企投资管理方面，2024年1月，国务院发布了《关于进一步完善国有资本经营预算制度的意见》，使国有资本经营预算的约束进一步硬化。中央于2020年6月启动国企改革三年行动方案，公司制改革、规范董事会制度等重点工作都在行动期间顺利收官，市场化经营机制、国资监管体制等得到进一步提高完善。在金融领域，2018年各部门联合发布“资管新规”，实施6年以来，有效规范了表外业务，打破刚性兑付，使金融部门回归主营业务，服务好实体经济。在政府预算管理领域，中央密集发布政策文件，规范预算支出管理，推进财政支出标准化，强化预算执行和绩效管理，增强预算约束力，加强风险防控，堵住隐性债务后门。在房地产领域，更是精准施策，有力调控，遏制了20年来房价加速上涨的趋势。本书的很多原则性建议，如深化配套改革、扩大对外开放等，业已成为了当前阶段政府工作议程的重要内容。总体而言，以杠杆本身来计量，中国的结构性去杠杆工作已经取得了阶段性成果。

本质上，对于企业来说，杠杆短期可以通过减少负债来实现，但根本上还是要靠通过企业盈利能力的提升来实现杠杆的自然降低。宏观来看，自1993年以来，中国几轮经济部门增加信贷、债务、杠杆率的行为的根本目的都是作为改革成本投入，而最终所有的债务问题，都是靠经济增长来化解。在之前几轮杠杆起落过程中，政府完成了增长引擎的转换，并化解了上一轮加杠杆后的系统性风险，提高了经济增长质效。因此，当前对经济杠杆的态度和政策，出发点应该落在如何调整经济结构，并提升投资回报率，促进经济转型，杠杆本身并不是政策目标，而是作为一个政策抓手和观测指标。从这个意义上说，本书的研究价值，在于对盛行多年的债务驱动经济增长模式的一个反思，其中对全要素生产率增速下降、企业边际投资回报下降、居民消费倾向低迷、区域金融风险异质性等问题的分析，以及对如何打破债务风险循环、平稳释放风险的政策探讨，虽然均以当时的高杠杆为切入点，但其研究结论和建议仍然适合当下情境。

在新时代转型背景下，中国整体经济杠杆率保持高位并持续增长的问题广受关注。中国经济杠杆缺乏周期性的自我修复，而且在不同经济部门间传递转移。中国经济高杠杆的实质是国有企业、房地产企业和金融部门在政府部门和家庭部门间分担转移的过程。在此过程中，整体经济的杠杆风险不会通过市场机制自动出清，而是循环累积，形成一个闭合回路。对中国经济宏观杠杆水平的跟踪和应对，仍应成为中国经济未来一段时间的重要治理抓手，要用改革的思维去推进杠杆结构的优化和市场化，并创造良好的政策环境。

7.1　继续稳步推进杠杆的结构性调整

7.1.1　杠杆的结构性调整仍是未来一段时间的重要任务

中国的宏观经济杠杆率有两个特征：一是在2008年国际金融危机后杠杆没有随经济周期下行而下降，而是一直保持了上升的势头；二是企业杠杆几乎是全球最高，而且主要体现在国有企业。在此背景下，2015年12月中央经济工作会议明确提出通过“三去一降一补”来推进供给侧结构性改革，也是首次官方正式提到“去杠杆”。此后通过在实体经济里“去产能”“去库存”，以及在金融领域里实施“大资产管理办法”，挤压影子银行和金融同业杠杆，宏观杠杆率有所稳定。2018年4月中央财经委员会提出了要“以结构性去杠杆为基本思路，分部门、分债务类型提出不同要求，地方政府和企业特别是国有企业要尽快把杠杆降下来”。此后，人民银行在2018年第一季度货币政策执行报告中指出宏观杠杆率增速放缓，金融体系控制内部杠杆取得阶段性成效，但在2018年底的中央经济工作会议上，“结构性去杠杆”的提法得以继续。

2018年之后，一方面，有观点认为“去杠杆”应缓行，指出现在经济下行压力较大，如果再进一步“去杠杆”会叠加风险，导致宏观风险的加大，所以应该暂停去杠杆。另一方面，有观点认为杠杆是经济的自然表现，杠杆不可能完全消失，高杠杆也不一定是坏事，要在经济增长过程中自然去杠杆，没必要强行去杠杆。

应该说这些说法都是有道理的。杠杆短期可以通过减少负债来实现，但根本上还是要靠通过企业盈利能力的提升来实现杠杆的自然降低。但从中国现实看，一是有些企业的盈利能力不断降低，完全没有能力通过自身经营降低杠杆，如果不主动去杠杆，负债不降低，就没有下一步增加杠杆的空间，也就没有经济增长的动力。二是有些企业高杠杆可能是制度性原因导致的，高杠杆的存在本来就反映出中国经济的结构性失衡，“去杠杆”是和优化制度完善结构同步进行的。进一步讲，中国主动去杠杆的本意在于调整经济结构并提升投资回报率，“去杠杆”并非一朝一夕就能够完成，但若就此停滞，那么将会放大道德风险。因此，“去杠杆”注定将是一个持续而漫长的过程。

7.1.2 中国杠杆结构中包含多重结构性失衡问题

1. 国企改革滞后及企业的二元信用结构是国有企业高杠杆的主要原因。

中国的企业杠杆体现出很强的结构性，一是非金融企业的杠杆非常高，基本处于全球最高水平；二是在企业杠杆里，国有企业杠杆高，民营企业杠杆水平相对较低；三是在国有企业里，高杠杆的企业对应的盈利能力都较低，说明企业杠杆很难通过盈利自我修复。

国有企业之所以能获得较多的债务供给，是因为国有企业自身存在“预算软约束”；另外，由于存在政府隐性担保等因素，国有企业和民营企业存在二元信用结构，资金配置会偏向国有部门，导致国有部门过度投融资，自然也对应过高的杠杆。

2. 财税与土地制度是房地产行业繁荣和家庭杠杆上升的一大制度推手。

中国的家庭杠杆增加的主要原因是房地产市场快速发展，中国家庭买房的按揭贷款占家庭负债一半左右。从家庭结构看，低收入家庭买房的杠杆更大，所以当房价大幅上涨时可能增加低收入家庭的偿债压力，出现风险。另外，从目前的研究看，房价上升导致居民负债增加，已经对消费产生了挤出效应，这个效应对低收入家庭的影响更为明显。另外，近年来居民储蓄率出现下降，这和居民负债上升有较大关系，居民储蓄率的下降，导致宏观投资率下降，影响到经济的长期增长。

影响中国房地产市场发展的因素很多，其中“政府”因素也比较重要。1994 年我国分税制改革降低了地方政府税收分成比例，但将土地收益划给地方财政，奠定了后来“土地财政”的基础。随着房地产行业的不断强化，地方政府通过出让土地获取预算外收入的空间被打开，依赖土地收入的地方经济扩张模式由此成形，地方债务风险也加速集中。因此，房地产—居民杠杆这一债务动态路径与财税与土地制度高度相关。

3. 地方政府出于发展经济和稳定风险的考量，对经济行为的直接参与成为助推经济高杠杆的重要原因。

（1）地方政府向国有企业和金融部门提供隐性担保，二者杠杆水平居高不下。

（2）在现行制度下，地方政府出于彼此之间的竞争压力，存在通过扶持某些产业而实现自身目标的激励，致使这些产业的杠杆水平被持续推高。

（3）财政分权体制使地方政府产生主动负债的动机，近年来金融分权的趋势强化了地方政府掌控杠杆的能力，地方政府通过地方融资平台募集城投债，并借助各类基金实现变相融资，政府部门杠杆风险的累加。

7.1.3 当前中国稳杠杆面临的现实困境

去杠杆的核心一则在于纠偏导致杠杆失衡的定价扭曲；二则在于出清不良资产和“僵尸企业”，最终恢复资源有效配置，提高投资回报率。然而现代信用货币体系下，不良资产处置往往冲击金融和实体部门资产负债表，容易开启债务通缩机制，所以无论被动还是主动去杠杆，都不可避免地面临一个挑战：如何在出清不良资产与稳定有效需求之间保持平衡，即实现所谓的“漂亮去杠杆”。

“漂亮去杠杆”过程中要求需求稳步扩张，即要求通胀保持在温和扩张水平。值得注意的是，实现“漂亮去杠杆”的困难在于，如何把握有效需求稳步扩张的“度”。去杠杆一般指向有效需求和资产负债萎缩，注入政府信用不过是防止需求过快萎缩，即为去杠杆部门营造一个相对稳定的微观盈利条件，否则去杠杆力度过猛，容易滑向“通缩去杠杆”，从而导致“债务—通缩”效应。然而，如果过度注入政府信用，又将导致道德风险和信用环境过于宽松，去杠杆主体缺乏外在压力，杠杆结构得不到有效调整，最终不良资产和“僵尸企业”不能及时出清，它们将不断消耗资源，损害实体生产效率。

中国选择的是主动去杠杆，同样也面临着如何实现“漂亮去杠杆”的挑战。然而中国特有的经济增长模式使中国实现“漂亮去杠杆”面临更为复杂的局面。

第一，总量宽货币和宽财政在去杠杆中面临两难。中国的投融资体系、土地供给和财政制度下，资金不断向基建、房地产倾斜配置，总量层面上的宽财政和宽货币，将会导致资源更向基建和房地产领域倾斜。一是加剧杠杆结构失衡，有损真实投资回报率；二是推升房地产价格，系统性风险因此积聚，与去杠杆、调结构的方向背道而驰。然而，实现“漂亮去杠杆”又要求政府信用对冲，防止经济滑向“通缩去杠杆”。可见中国主动去杠杆进程中总量宽货币和宽财政，面临着两难困境。

第二，中美贸易摩擦使中国去杠杆时间和空间进一步压缩。2008 年国际金融危机后储蓄率下降，实体投资回报率下行，体现政策对冲意愿的基建和房地产投资加剧，杠杆结构失衡。中美贸易摩擦的核心意义指向 2001 年以来中美两个大国参与的全球分工体系在未来可能产生调整。以往净出口对中国国内储蓄和投资形成正向贡献，中美贸易关系摩擦意味着国内储蓄率和投资回报率有下行压力。杠杆结构失衡隐含的债务风险因此提高，集中表现为内外均衡矛盾更加显性化。与此同时，去杠杆指向需求收缩，尤其是杠杆去化部门的需求和债务收缩。实现“漂亮去杠杆”需要其他部门的需求对冲，而中美贸易摩擦冲击外需，中国去杠杆的政策腾挪空间被进一步压缩。

7.2　要通过改革的思路持续推进结构性去杠杆

金融是实体经济的镜子。当前去杠杆进程中的结构性不平衡，如同之前加杠杆过程中的结构性失衡一样，根本上都是体制机制深层次矛盾的反映。这其中，货币政策以及金融监管的松紧变化，固然对杠杆率升降有影响，但决定性的因素，仍是实体部门（特别是预算软约束的国有企业、地方政府债务、房地产部门）是否改革到位。否则不仅去不掉坏杠杆，留不下好杠杆，而且去杠杆必然陷入“一去就死，一死就放”的恶性循环。

7.2.1 结构性去杠杆和深化改革相结合

早在2015年底中央经济工作会议就明确提出了“三去一降一补”的供给侧结构性改革目标，强调处置“僵尸企业”是其中的重要抓手。2018年4月，中央财经委员会又明确提出以国有企业和地方政府债务为重点，推进结构性去杠杆。应该说从一开始，中央政策就明确了去杠杆的重点。但政策的效果取决于相应改革的配套。比如，处置“僵尸企业”从根本上要依靠兼并重组再生，这就要和管资本而不是管资产的国有资产管理改革结合起来，否则兼并重组过程中就可能受制于国有资产流失问题，而失去被高效企业并购从而最终实现国有资本增值的机会。比如，清理地方政府各类不规范隐性债务，就必然涉及如何“开正门”的问题，如果地方政府财权事权没理顺，在地方政府的发展激励下，光靠行政命令压制，最终只能是“按下葫芦起了瓢”，去杠杆效果必然打折扣。

7.2.2 将结构性去杠杆与分类调控相结合

要统筹协调，充分发挥中央金融委员会的作用，形成工作合力。把握好出台政策的节奏和力度。同时针对中央结构性去杠杆的要求，要通过分类施策，采取差异化、有针对性的办法，综合运用定向降准、定向扩大抵押品范围以及差别化监管等多种手段，一方面有效缓解小微民营企业融资难问题，另一方面对于影子银行等业务，要继续严格监管标准，防范监管套利，切实打破刚性兑付，集中力量，优先处理可能威胁经济社会稳定和引发系统性风险的问题。

7.2.3 将结构性去杠杆与扩大市场对内对外开放相结合

继续加快推进包括金融在内的各领域市场发展，在加快市场对外开放的同时，以统一的监管标准和公平市场竞争要求，积极放开民营企业和对外资的各领域市场准入，切实改进营商环境，真正提高全要素生产率，通过开放市场促进竞争激发优质企业加杠杆，落后企业去杠杆。

7.3 破解经济高杠杆需要完善制度设计

破解经济高杠杆难题，需要进一步完善制度设计，从引致经济高杠杆的制度源头出发，对高杠杆的产生、发展、传染等各环节予以抑制。尽管可采用其他非制度性的措施，如短期的“债转股”和长期的“等候经济复苏”，但化解经济高杠杆风险更需要从源头入手，着眼于对当前制度的改进与完善。

7.3.1 明确政府行为边界，完善考核监督机制

1. 从制度上明确限定政府的行为边界，尤其是政府与企业的界限。依据《中华人

民共和国民法典》，机关法人不得为保证人，也就是说，政府不得直接为任何企业提供担保，但也存在政府利用社会、经济、金融、政治资源为国有企业危机事后“埋单”的情形。因此，应从制度上讲清楚政府对国有企业进行救助的边界，从而避免国有企业对政府的过度的依赖和道德风险。

2. 调整地方政府的政绩考评机制。原有的考核标准主要参照当地的 GDP 增速，容易引起政策扭曲，故需建立一套更为科学的政绩考评机制。一是增加地区经济发展可持续性的指标，考察经济的可持续性水平，对产能过剩的企业或环保限制的企业创造的产值应该剔除，甚至对官员问责。二是增加经济风险考核指标，重点度量经济各部门的杠杆风险；可根据行业性质和当前经济发展潜力设定合理的杠杆区间，超过行业合理杠杆率者即认定为“杠杆畸高”，对高杠杆风险也采用负面考评。

3. 厘清中央政府与地方政府的权力边界。适当扩大并在法律上认可地方政府在举债问题上的“自治权”，明确事权边界，尽量实现财权和事权的匹配；同时严格规定当地方政府出现债务危机时中央政府向其提供紧急救援的条件与限度。

4. 对地方政府的各类广义债务进行实质性约束，予以准确统计和严格监控。首先应明确定义“广义的政府负债”，将一切以政府部门作为投资资金最终承接者的融资活动包括其中，进而实施统一监管。为防止地方政府负债“改头换面”以逃避监管（如具有政府融资平台性质的实业公司、依托政府背景的投资基金等），需采用“穿透式”管理，剥离出项目的最终投向和资金的来龙去脉。其次应将政府债务状况与官员晋升考核挂钩，实行可追溯的、落实到人的官员负责制，谁举债谁负责。最后，具体的监管内容可涉及总体负债水平和债务利用效率两大方面，前者可直接设定政府举债上限，高于上限即为违规；后者则应在一定指标体系下对政府负债的利用状况予以动态监测和评估，并设置债务利用率下限，低于下限即为违规。一旦出现违规，当事官员将被问责。

7.3.2　严格表内外信贷监管，完善金融机构破产机制

1. 为避免政府干预和道德风险，对国有企业和特殊行业的放贷实施严格监管约束。可以对企业的杠杆比例和负债规模进行明确限制，并将这些限制纳入常规监管制度。特殊行业主要针对过剩产业和房地产业，可根据经济形势变化调整监管指标。

2. 严格表外信贷监管，避免监管套利。针对影子银行业务，2018 年监管部门出台《关于规范金融机构资产管理业务的指导意见》，将影子银行业务纳入宏观审慎监管框架，特别是对跨机构的影子银行业务予以统一监管，以消除影子银行利用微观审慎盲区或监管口径不一致而绕开监管盲目经营的风险。为应对网络小额贷款产生的风险，2020 年银保监会出台了《网络小额贷款业务管理暂行办法（征求意见稿）》，以填补网络小额贷款的监管真空。

3. 完善并真正实施金融机构的破产制度，割裂政府对金融机构的无限保护，降低金融机构乃至监管机构的道德风险。政府对金融机构的救助应该权衡社会成本设定上

限，救助无效则金融机构依法破产。

7.3.3 加强国有企业投资管理，优化国有企业退出机制

其一，应对非金融国有企业的资金运用进一步加强监管，其非主营业务投资需经国有资产管理部门的风险评审方可实施。其二，加快推进国有企业并购重组和存量优化，加快国有企业退出竞争行业，强化国有企业市场退出机制。

7.4 为结构性去杠杆营造好的政策环境

7.4.1 加强货币政策与财政政策的配合

稳健的货币政策灵活适度、精准有效；积极的财政政策要适度加力，提质增效，共同维护好去杠杆的宏观环境。由于中国去杠杆进程中总量层面货币财政宽松面临两难困境，未来的政策趋向将是用结构性货币政策和定向财政宽松政策取代总量宽松。结构性货币政策和定向财政宽松政策是指，政策层面避免“大水漫灌”和财政大放松的需求刺激老路，在保持稳健中性的货币政策总基调下实施结构性货币调控和财政托底，同时加强政策微调，旨在防范需求过度萎缩。例如，可适度放松银行监管考核要求，缓释表外去杠杆对表内信贷约束；同时，加强政府预算内支出、地方专项债等明确政府信用注入。

货币政策要坚持稳健中性的取向不动摇，管好货币供给总闸门，保持广义货币M2、信贷和社会融资规模合理增长，维护流动性和利率水平合理均衡。财政政策要处理好增支和减税、扩增量与调存量、自己投和民间投的关系，有效抑制地方政府加杠杆扩大投资的冲动，引导其将财政资金更多用于鼓励和带动民间投资，支持去产能、去杠杆和存量资源重组，避免政府主导的投资过多而产生“挤出效应”。优化财政支出结构，提高财政支出的公共性、普惠性，强化国家重大战略任务财力保障，更多向创新驱动、“三农”、民生等领域倾斜。

7.4.2 提高市场的有效性

以提升市场信息透明度、有效降低交易成本为方向，大力发展多层次资本市场，拓宽并规范权益类投资的资金来源。在市场化、法制化前提下，大力发展各类股权以及股债结合、投贷联动的资本融资工具，以及适应不同企业类型、规模、区域的多层次股权交易市场。要从资金源头上实施“穿透式”监管，避免“明股实债”，防止存在固定回报刚性兑付的资金流入权益类市场。同时要拓宽股权融资资金来源，有序引导储蓄转化为股本投资，积极有效地引进国外直接投资和国外创业投资资金参与股权投资。

7.4.3　深化国有企业和金融改革

着力增强民营企业投融资意愿，坚定不移深化国有企业和金融改革，打破刚性兑付硬化预算约束。深化降成本以及“放管服”等供给侧结构性改革，切实打破民营资本在基建、重化工及教育、医疗、养老等领域投资的“玻璃门”和“天花板”，降低企业交易成本。实施更具包容性的财税政策、产业政策，营造平等竞争环境，创新垄断行业与民间资本合作机制，避免“只让出钱、不让发言”的不平等合作方式，努力做到同股同权。在市场化、法治化轨道上，积极有序地推进债转股等债务重组。加快完善企业市场退出机制，建立市场化的过剩产能清理流程体系。积极推动现代企业制度改革，完善公司治理结构。切实打破刚性兑付，为真正硬化企业和金融机构的预算约束提供良好的制度条件。

7.4.4　继续保持对房地产市场调控

中央要长期保持对房地产市场的调控，既要防止房地产市场过热，产生太大泡沫，推升实体经济杠杆；也要防止房地产市场过冷，拖累实体经济导致经济下滑。要加强货币政策、监管政策的协调配合，加强房地产金融宏观审慎管理，维护房地产市场稳定。要加强财政体制、土地制度改革，规范地方政府融资行为，为房地产市场发展营造良好制度环境。

参考文献

[1] 巴曙松，居姗，朱元倩．我国银行业系统性违约风险研究——基于 Systemic CCA 方法的分析 [J]．金融研究，2013 (9)：71 - 83.

[2] 白雪梅，石大龙．中国金融体系的系统性风险度量 [J]．国际金融研究，2014 (6)：75 - 85.

[3] 白让让．在位者产能投资及其进入阻止效应失灵的多维分析——基于中国乘用车产业的经验证据 [J]．财经问题研究，2017 (11)：20 - 28.

[4] 步艳红，赵晓敏，杨帆．我国商业银行同业业务高杠杆化的模式、影响和监管研究 [J]．金融监管研究，2014 (2)：33 - 46.

[5] 曹麟，彭建刚．基于宏观压力测试方法的逆周期资本监管框架研究 [J]．国际金融研究，2014 (7)：62 - 71.

[6] 车树林．政府债务对企业杠杆的影响存在挤出效应吗？——来自中国的经验证据 [J]．国际金融研究，2019 (1)：86 - 96.

[7] 陈道富．我国融资难融资贵的机制根源探究与应对 [J]．金融研究，2015 (2)：45 - 52.

[8] 陈菁，李建发．财政分权、晋升激励与地方政府债务融资行为——基于城投债视角的省级面板经验证据 [J]．会计研究，2015 (1)：61 - 67 + 97.

[9] 陈斌开，杨汝岱．土地供给、住房价格与中国城镇居民储蓄 [J]．经济研究，2013 (1)：110 - 122.

[10] 陈明森．产能过剩与地方政府进入冲动 [J]．天津社会科学，2006 (5)：84 - 88.

[11] 陈卫东，熊启跃．我国非金融企业杠杆率的国际比较与对策建议 [J]．国际金融研究，2017 (2)：3 - 11.

[12] 陈斌开，李涛．中国城镇居民家庭资产——负债现状与成因研究 [J]．经济研究，2011 (1)：55 - 66.

[13] 陈洪波，潘石．社会资本与城镇家庭负债行为研究——基于 12 城市 3011 户家庭的实证分析 [J]．财经科学，2017 (2)：88 - 98.

[14] 陈彦斌，邱哲圣．高房价如何影响居民储蓄率和财产不平等 [J]．经济研究，2011 (10)：25 - 38.

[15] 陈忠阳，许悦．我国金融压力指数的构建与应用研究 [J]．当代经济科学，2016 38 (1)：27 - 35 + 125.

[16] 陈冬华，姚振晔．政府行为必然会提高股价同步性吗？——基于我国产业政策的实证研究 [J]．经济研究，2018，53 (12)：112 - 128.

[17] 陈海强，范云菲．融资融券交易制度对中国股市波动率的影响——基于面板数据政策评估

方法的分析［J］. 金融研究，2015（6）：159－172.

［18］陈炜，袁子甲，何基报. 异质投资者行为与价格形成机制研究［J］. 经济研究，2013，48（4）：43－54.

［19］程俊杰. 基于产业政策视角的中国产能过剩发生机制研究——来自制造业的经验数据［J］. 财经科学，2016（5）：52－62.

［20］褚剑，方军雄. 中国式融资融券制度安排与股价崩盘风险的恶化［J］. 经济研究，2016，51（5）：143－158.

［21］范子英，王倩. 转移支付的公共池效应、补贴与僵尸企业［J］. 世界经济，2019，42（7）：120－144.

［22］范小云，王道平，方意. 我国金融机构的系统性风险贡献测度与监管——基于边际风险贡献与杠杆率的研究［J］. 南开经济研究，2011（4）：3－20.

［23］方军雄. 所有制、制度环境与信贷资金配置［J］. 经济研究，2007（12）：82－92.

［24］方意，赵胜民，谢晓闻. 货币政策的银行风险承担分析——兼论货币政策与宏观审慎政策协调问题［J］. 管理世界，2012（11）：9－19.

［25］方昕. 警惕通缩风险，完善宏观调控［J］. 金融研究，2016（2）：121－127.

［26］伏润民，廖小林，高跃光. 地方政府债务风险对金融系统的空间外溢效应［J］. 财贸经济，2017（9）：31－47.

［27］葛奇. 次贷危机的成因、影响及对金融监管的启示［J］. 国际金融研究，2008（11）：12－19.

［28］宫晓琳. 未定权益分析方法与中国宏观金融风险的测度分析［J］. 经济研究，2012，47（03）：76－87.

［29］龚刚，徐文舸，杨光. 债务视角下的经济危机［J］. 经济研究，2016（6）：30－44.

［30］龚强，徐朝阳. 政策性负担与长期预算软约束［J］. 经济研究，2008（2）：44－55.

［31］龚强，王俊，贾坤. 财政分权视角下的地方政府债务研究：一个综述［J］. 经济研究，2011，46（7）：144－156.

［32］顾永昆. 金融杠杆、金融制度与经济增长——理论及日本的经验分析［J］. 财经科学，2017（9）：1－11.

［33］顾乃康，周艳利. 卖空的事前威慑、公司治理与企业融资行为——基于融资融券制度的准自然实验检验［J］. 管理世界，2017（2）：120－134.

［34］顾智鹏，武舜臣，曹宝明. 中国产能过剩问题的一个解释——基于土地要素配置视角［J］. 南京社会科学，2016（2）：31－38.

［35］郭新华，刘辉，伍再华. 收入不平等与家庭借贷行为——家庭为追求社会地位而借贷的动机真的存在吗［J］. 经济理论与经济管理，2016（5）：84－99.

［36］郭子睿，张明. 货币政策与宏观审慎政策的协调使用［J］. 经济学家，2017（5）：68－75.

［37］郭玉清，孙希芳，何杨. 地方财政杠杆的激励机制、增长绩效与调整取向研究［J］. 经济研究，2017（6）：171－184.

［38］韩鹏飞，胡奕明. 政府隐性担保一定能降低债券的融资成本吗？——关于国有企业和地方融资平台债券的实证研究［J］. 金融研究，2015，（3）：116－130.

［39］洪源，秦玉奇，王群群. 地方政府债务规模绩效评估、影响机制及优化治理研究［J］. 中国软科学，2015（11）：161－175.

[40] 杭斌．城镇居民的平均消费倾向为何持续下降——基于消费习惯形成的实证分析 [J]．数量经济技术经济研究，2010 (6)：126-138.

[41] 何德旭．构建后 WTO 时代金融稳定的长效机制 [J]．当代经济科学，2007，29 (1)：1-9.

[42] 何问陶，王松华．地方政府隐性金融干预与信贷供给区域分化——基于面板数据的模型分析 [J]．财经理论与实践，2009 (1)：17-21.

[43] 胡援成，张文军．地方政府债务扩张与银行信贷风险 [J]．财经论丛，2012 (3)：59-65.

[44] 胡志鹏．"稳增长"与"控杠杆"双重目标下的货币当局最优政策设定 [J]．经济研究，2014，49 (12)：60-71.

[45] 黄志龙．我国国民经济各部门杠杆率的差异分析及政策建议 [J]．中国经济导刊，2013 (5)：27-28.

[46] 黄国桥，徐永胜．地方政府性债务风险的传导机制与生成机理分析 [J]．财政研究，2011 (9)：2-5.

[47] 贾庆英，孔艳芳．资产价格、经济杠杆与价格传递——基于国际 PVAR 模型的实证研究 [J]．国际金融研究，2016 (1)：28-37.

[48] 贾俊芳，郭庆旺，赵旭杰．地方政府支出行为的周期性特征及其制度根源 [J]．管理世界，2012 (2)：7-18.

[49] 江曙霞，罗杰，黄君慈．信贷集中与扩张、软预算约束竞争和银行系统性风险 [J]．金融研究，2006 (4)：40-48.

[50] 姜付秀，屈耀辉，陆正飞，李焰．产品市场竞争与资本结构动态调整 [J]．经济研究，2008 (4)：99-110.

[51] 江飞涛，耿强，吕大国，李晓萍．地区竞争、体制扭曲与产能过剩的形成机理 [J]．中国工业经济，2012 (6)：44-56.

[52] 金鹏辉，王营，张立光．稳增长条件下的金融摩擦与杠杆治理 [J]．金融研究，2017 (4)：82-98.

[53] 金祥荣，李旭超，鲁建坤．2019：僵尸企业的负外部性：税负竞争与正常企业逃税 [J]．经济研究，2019 54 (12)：70-85.

[54] 李成，黄友希，李玉良．国有企业改革和利率市场化能否改善非国有企业融资困境？[J]．金融经济学研究，2014 (7)：97-106.

[55] 李万庆，黄海斌，孟文清．基于 AHM 和 FCE 法的房地产投资风险分析 [J]．统计与决策，2006 (13)：45-46.

[56] 李广子，李玲．预算软约束与资产价格理性泡沫 [J]．财经研究，2009，35 (6)：42-51.

[57] 李涛．商业银行监管的国际比较：模式及影响——兼论中国的商业银行监管模式选择 [J]．经济研究，2003 (12)：43-51.

[58] 李俊霞，刘军．中国影子银行体系的风险评估与监督建议 [J]．经济学动态，2014 (5)：26-33.

[59] 李佩伽，梁婧．杠杆率、债务风险于金融稳定——基于理论和中国经济杠杆率的实证分析 [J]．新金融，2015 (4)：18-21.

[60] 李妍．金融监管制度、金融机构行为与金融稳定 [J]．金融研究，2010 (9)：198-206.

[61] 李宏瑾，任羽菲，张佚晴．BIS 最新公布的中国非金融企业杠杆率变化的主要原因 [J]．金

融与经济，2019（3）：8－15.

［62］李旭超，鲁建坤，金祥荣．僵尸企业与税负扭曲［J］．管理世界，2018，34（4）：127－139.

［63］李扬，张晓晶．中国主权资产负债表及其风险评估［J］．经济研究，2012（6）：4－19.

［64］李若愚．居民部门杠杆率的国际比较与启示［J］．金融与经济，2016（1）：23－27.

［65］李春涛，刘贝贝，周鹏．卖空与信息披露：融券准自然实验的证据［J］．金融研究，2017（9）：130－145.

［66］李科，徐龙炳，朱伟骅．卖空限制与股票错误定价——融资融券制度的证据［J］．经济研究，2014，49（10）：165－178.

［67］李志生，陈晨，林秉旋．卖空机制提高了中国股票市场的定价效率吗？——基于自然实验的证据［J］．经济研究，2015，50（4）：165－177.

［68］李志生，杜爽，林秉旋．卖空交易与股票价格稳定性——来自中国融资融券市场的自然实验［J］．金融研究，2015（6）：173－188.

［69］李志生，李好，马伟力，林秉旋．融资融券交易的信息治理效应［J］．经济研究，2017，52（11）：150－164.

［70］梁丽萍，李新光．我国地方政府债务风险测度研究——基于资产负债表的视角［J］．宏观经济研究，2016（12）：102－111.

［71］梁琪，李政，卜林．中国宏观审慎政策工具研究［J］．经济科学，2015（2）：5－17.

［72］廖岷，林学冠，寇宏．中国宏观审慎监管工具和政策协调的有效性研究［J］．金融监管研究，2014（12）：1－23.

［73］林琳，曹勇，肖寒．中国式影子银行下的金融系统脆弱性［J］．经济学（季刊），2016，15（3）：1113－1136.

［74］林毅夫，刘明兴，章奇．政策性负担与企业的预算软约束：来自中国的实证研究［J］．管理世界，2004（8）：81－89＋127－156.

［75］刘喜，周扬，穆圆媛．企业去杠杆与家庭加杠杆的资产负债再平衡路径研究——基于股票市场的视角［J］．南开经济研究，2017（3）：111－126.

［76］刘晓星，姚登宝．金融脱媒、资产价格与经济波动：基于 DNK－DSGE 模型分析［J］．世界经济，2016，39（6）：29－53.

［77］刘晓欣，雷霖．金融杠杆、房地产价格与金融稳定性——基于 SVAR 模型的实证研究［J］．经济学家，2017（8）：63－72.

［78］刘尚希，赵全厚．政府债务：风险状况的初步分析［J］．管理世界，2002（5）：22－32＋41.

［79］刘震，牟雯波．宏观审慎管理、金融摩擦与经济周期——基于准备金率工具的视角［J］．当代经济科学，2017，39（3）：12－21＋124.

［80］刘海明，曹廷求．基于微观主体内生互动视角的货币政策效应研究——来自上市公司担保圈的证据［J］．经济研究，2016，51（5）：159－171.

［81］刘晓光，张杰平．中国杠杆率悖论——兼论货币政策“稳增长”和“降杠杆”真的两难吗［J］．财贸经济，2016，37（8）：5－19.

［82］刘昊．地方政府债务理论：国内外研究比较与国内研究展望［J］．经济理论与经济管理，2013（11）：59－70.

[83] 刘君德，舒庆．中国区域经济得新视角——行政区域经济 [J]．改革与战略，1996 (5)：1－4.

[84] 刘莉亚，刘冲，陈垠帆，等．僵尸企业与货币政策降杠杆 [J]．经济研究，2019，54 (9)：73－89.

[85] 刘哲希，随晓芹，陈彦斌．储蓄率与杠杆率：一个 U 型关系 [J]．金融研究，2019 (11)：19－37.

[86] 陆瑶，彭章，冯佳琪．融资融券对上市公司治理影响的研究 [J]．管理科学学报，2018，21 (11)：92－111.

[87] 陆正飞，高强．中国上市公司融资行为研究——基于问卷调查的分析 [J]．会计研究，2003 (10)：16－24.

[88] 罗洪鑫．基于蒙特卡洛模拟的企业资本结构调整 [J]．统计与决策，2017 (12)：181－183.

[89] 罗荣华，刘劲劲．地方政府的隐性担保真的有效吗——基于城投债发行定价的检验 [J]．金融研究，2016 (4)：83－98.

[90] 缪小林，伏润民．地方政府债务风险的内涵与形成：一个文献综述及权责发生制时空分离下的思考 [J]．经济学家，2013 (8)：90－101.

[91] 孟庆斌，侯德帅，汪叔夜．融券卖空与股价崩盘风险——基于中国股票市场的经验证据 [J]．管理世界，2018，34 (4)：40－54.

[92] 马草原，王美花，李成．中国经济"刺激依赖"的形成机制：理论与经验研究 [J]．世界经济，2015 (8)：3－28.

[93] 马亚明，张洁琼．杠杆率的持续性与挤出效应：基于四部门的实证研究 [J]．南方经济，2019 (2)：35－50.

[94] 马勇，田拓，阮卓阳，朱军军．金融杠杆、经济增长与金融稳定 [J]．金融研究，2016 (6)：37－51.

[95] 马勇，陈雨露．宏观审慎政策的协调与搭配：基于中国的模拟分析 [J]．金融研究，2013 (8)：57－69.

[96] 麻宝斌，郭蕊．从权力关系视角解读政府执行力 [J]．学习论坛，2010 (11)：39－43.

[97] 毛锐，刘楠楠，刘蓉．地方政府债务扩张与系统性金融风险的触发机制 [J]．中国工业经济，2018 (4)：19－38.

[98] 聂文忠，雒敏．财政政策、货币政策与企业资本结构动态结构调整——基于我国上市公司的经验证据 [J]．经济科学，2012 (5)：18－32.

[99] 倪骁然，朱玉杰．卖空压力影响企业的风险行为吗？——来自 A 股市场的经验证据 [J]．经济学 (季刊)，2017，16 (3)：1173－1198.

[100] 潘敏，刘知琪．居民家庭"加杠杆"能促进消费吗？——来自中国家庭微观调查的经验证据 [J]．金融研究，2018 (4)：71－87.

[101] 彭旺贤，叶蜀军．地方政府债务风险偏好的动态博弈分析 [J]．南方金融，2014 (11)：44－47.

[102] 钱水土，金崇赞．我国银行间市场双边风险传染效应研究——基于产能过剩行业波动冲击的视角 [J]．浙江学刊，2016 (6)：173－183.

[103] 裘翔，周强龙．影子银行与货币政策传导 [J]．经济研究，2014，49 (5)：91－105.

[104] 申广军．比较优势与僵尸企业：基于新结构经济学视角的研究 [J]．管理世界，2016

(12)：13 –24 +187.

[105] 孙刚，朱凯．地方政府性债务治理与上市企业投融资——基于我国247座城市的初步证据[J]．经济理论与经济管理，2017 (7)：49 –63.

[106] 盛明泉，张敏，马黎珺，李昊．国有产权、预算软约束与资本结构动态调整［J］．管理世界，2012 (3)：151 –157.

[107] 苏冬蔚，倪博．转融券制度、卖空约束与股价变动［J］．经济研究，2018，53 (3)：110 –125.

[108] 孙强，谭得久．论改革过程中得企业资金流动：对国有企业高债务运行的一种解释［J］．财贸经济，2000 (6)：35 –40.

[109] 谭语嫣，谭之博，黄益平，胡永泰．僵尸企业的投资挤出效应：基于中国工业企业的证据［J］．经济研究，2017，52 (5)：175 –188.

[110] 唐文进，苏帆．极端金融事件对系统性风险的影响分析——以中国银行部门为例［J］．经济研究，2017 (4)：17 –33.

[111] 唐彦斌，谢识予．刚性兑付问题的经济学本质探究及其影响分析［J］．商业经济研究，2015 (4)：71 –74.

[112] 唐根年，韩方娟，中国城市房地产市场非理性运行特征及其风险比较研究——以35个典型城市为例［J］．现代经济：现代物业中旬刊，2009 (10)：10 –12.

[113] 陶珺，李永红，吴祯．房地产市场中政府与房地产商的行为博弈分析［J］．湖北工业大学学报，2007 (1)：101 –104.

[114] 田利辉．国有产权、预算软约束和中国上市公司杠杆治理［J］．管理世界，2005 (7)：123 –128.

[115] 田新民，夏诗园．中国家庭债务、消费与经济增长的实证研究［J］．宏观经济研究，2016 (1)：121 –129.

[116] 田娇，王擎．系统性风险防范与多重金融政策搭配——基于DSGE模型的逆周期监管效应分析［J］．财经研究，2017，43 (7)：57 –69.

[117] 童中文，范从来，朱辰．金融审慎监管与货币政策的协同效应——考虑金融系统性风险防范［J］．金融研究，2017 (3)：16 –32.

[118] 万冬．地方政府行为与房地产发展——基于上海市的实证研究［J］．中南大学学报：社会科学版，2010 (1)：95 –100.

[119] 汪莉．隐性存保、“顺周期”杠杆与银行风险承担［J］．经济研究，2017 (10)：67 –81.

[120] 汪莉，吴杏，陈诗一．政府担保异质性、竞争性扭曲与我国商业银行风险激励［J］．财贸经济，2016，(9)：21 –35.

[121] 汪晓春，企业创新投资决策的资本结构条件［J］．中国工业经济，2002 (10)：89 –95.

[122] 王擎，田娇．银行资本监管与系统性金融风险传递——基于DSGE模型的分析［J］．中国社会科学，2016 (3)：99 –122.

[123] 王杰茹．财政分权影响地方政府性债务水平的长期效应分析——基于不同分权角度的新观察［J］．云南财经大学学报，2016 (5)：17 –30.

[124] 王维国，王际皓．货币、银行与资产市场风险状况的识别——基于金融压力指数与MSIH-VAR模型的实证研究［J］．国际金融研究，2016 (8)：71 –81.

[125] 王周伟，伏开宝，汪传江，胡德红．中国省域金融顺周期效应异质性的影响因素研究——

基于技术进步与产业调整的空间经济分析视角［J］. 中国软科学, 2014 (11): 27 -41.

［126］王万珺, 刘小玄. 为什么僵尸企业能够长期生存［J］. 中国工业经济, 2018 (10): 61 -79.

［127］王永钦, 李蔚, 戴芸. 僵尸企业如何影响了企业创新? ——来自中国工业企业的证据［J］. 经济研究, 2018, 53 (11): 99 -114.

［128］王叙果, 蔡则祥. 中国系统性金融风险担保机制的分析［J］. 金融研究, 2005 (9): 163 -172.

［129］王博森, 吕元稹, 叶永新. 政府隐性担保风险定价: 基于我国债券交易市场的探讨［J］. 经济研究, 2016 (10): 155 -167.

［130］王朝才, 汪超, 曾令涛. 财政政策、企业性质与资本结构动态调整——基于A股上市公司的实证研究［J］. 财政研究, 2016 (9): 52 -63.

［131］王宇伟, 盛天翔, 周耿. 宏观政策、金融资源配置与企业部门高杠杆率［J］. 金融研究, 2018 (1): 36 -52.

［132］王维安, 贺聪. 房地产市场区域性风险扩散机制研究［J］. 财经研究, 2005 (1): 15 -24.

［133］王朝阳, 王振霞. 涨跌停、融资融券与股价波动率——基于AH股的比较研究［J］. 经济研究, 2017, 52 (4): 151 -165.

［134］王刚刚, 谢富纪, 贾友. R&D补贴政策激励机制的重新审视——基于外部融资激励制度的考察［J］. 中国工业经济, 2017 (2): 60 -78.

［135］王亚平, 刘慧龙, 吴联生. 信息透明度、机构投资者与股价同步性［J］. 金融研究, 2009 (12): 162 -174.

［136］王晓姝, 李锂. 产能过剩的诱因与规制——基于政府视角的模型分析［J］. 财经问题研究, 2012 (9): 40 -47.

［137］王文甫, 明娟, 岳超云. 企业规模、地方政府干预与产能过剩［J］. 管理世界, 2014 (10): 17 -36 +46.

［138］韦森. 从宏观数据看中国经济的当下格局与长期增长前景［J］. 财经问题研究, 2017 (4): 3 -10.

［139］魏加宁. 对宏观调控的反思与探讨［J］. 经济界, 2005 (4): 8 -11.

［140］魏玮, 陈杰. 加杠杆是否一定会成为房价上涨的助推器——来自省级面板门槛模型的证据［J］. 金融研究, 2017 (12): 48 -63.

［141］吴恒煜, 胡锡亮, 吕江林. 我国银行业系统性风险研究——基于拓展的未定权益分析法［J］. 国际金融研究, 2013 (7): 85 -96.

［142］吴恒煜, 胡锡亮, 吕江林. 金融摩擦的宏观经济效应研究进展［J］. 经济学动态, 2013 (7): 107 -122.

［143］吴培新. 以货币政策和宏观审慎监管应对资产价格泡沫［J］. 国际金融研究, 2011 (5): 4 -12.

［144］吴卫星, 吴锟, 王琎. 金融素养与家庭负债——基于中国居民家庭微观调查数据的分析［J］. 经济研究, 2018, 53 (1): 97 -109.

［145］吴卫星, 徐芊, 白晓辉. 中国居民家庭负债决策的群体差异比较研究［J］. 财经研究, 2013, 39 (3): 19 -29 +86.

［146］吴宜勇, 胡日东, 袁正中. 基于MSBVAR模型的中国金融风险预警研究［J］. 金融经济学

研究，2016（5）：13－23.

［147］肖浩，孔爱国．融资融券对股价特质性波动的影响机理研究：基于双重差分模型的检验［J］．管理世界，2014（8）：30－43＋187－188.

［148］许红伟，陈欣．我国推出融资融券交易促进了标的股票的定价效率吗？——基于双重差分模型的实证研究［J］．管理世界，2012（5）：52－61.

［149］肖光恩，朱晓雨．杠杆率与中国制造业企业生存分析——兼论所有制与出口状态的异质性影响［J］．亚太经济，2018，208（3）：121－133.

［150］肖兴志，张伟广，朝镛．僵尸企业与就业增长：保护还是排挤？［J］．管理世界，2019，35（8）：69－83.

［151］项后军，陈简豪，杨华．银行杠杆的顺周期行为与流动性关系问题研究［J］．数量经济技术经济研究，2015，32（8）：57－72＋148.

［152］许涤龙，陈双莲．基于金融压力指数的系统性金融风险测度研究［J］．经济学动态，2015（4）：69－78.

［153］徐占东．王雪标．基于跳跃扩散过程的地方政府债务规模测度［J］．统计与决策，2017（1）：149－152.

［154］许友传．工业部门的信用风险及其前瞻性拨备要求——基于杠杆与融资成本的视角［J］．财经研究，2017，43（7）：107－118.

［155］袁建国，后青松，程晨．企业政治资源的诅咒效应——基于政治关联与企业技术创新的考察［J］．管理世界，2015（1）：139－155.

［156］杨再斌，匡霞．论政府隐性担保对我国证券市场微观效率的影响［J］．财贸研究，2006（6）：60－68.

［157］杨柏国．溯源房地产调控失灵——以中央与地方关系为视角［J］．南方金融，2010（3）：5－12.

［158］姚东旻，颜建晔，尹烨昇．存款保险制度还是央行直接救市：一个动态博弈的视角［J］．经济研究，2013（10）：43－54.

［159］于博．技术创新推动企业去杠杆了吗？——影响机理与加速机制［J］．财经研究，2017，43（11）：113－127.

［160］虞义华．发明家高管与企业创新［J］．中国工业经济，2018（3）：136－154.

［161］余建源．房价调控中的中央政府与地方政府的博弈分析［J］．经济师，2009（2）：263－264.

［162］易宪容，王国刚．美国次贷危机的流动性传导机制的金融分析［J］．金融研究，2010（5）：41－57.

［163］易纲．去杠杆首先是稳杠杆［J］．中国房地产，2017（20）：8－9.

［164］俞红海，陈百助，蒋振凯，等．融资融券交易行为及其收益可预测性研究［J］．管理科学学报，2018，21（1）：72－87.

［165］袁建林，陈立文，景楠．基于 Logistic 的房地产上市公司经济效益风险评价研究［J］．统计与决策，2010（18）：77－79.

［166］余东华，吕逸楠．政府不当干预与战略性新兴产业产能过剩——以中国光伏产业为例［J］．中国工业经济，2015（10）：53－68.

［167］余海峰，崔迪．防范与化解地方政府债务风险问题研究［J］．财政研究，2010（6）：

56 – 59.

［168］张栋，谢志华，王靖雯．中国僵尸企业及其认定——基于钢铁业上市公司的探索性研究［J］．中国工业经济，2016（11）：90 – 107.

［169］钟宁桦，刘志阔，何嘉鑫，等．我国企业债务的结构性问题［J］．经济研究，2016，51（7）：102 – 117.

［170］张斌，何晓贝，邓欢．不一样的杠杆——从国际比较看杠杆上升的现象、原因与影响［J］．金融研究，2018（2）：15 – 29.

［171］张晓晶，常欣，刘磊．结构性去杠杆：进程、逻辑与前景——中国去杠杆2017年度报告［J］．经济学动态，2018（5）：16 – 29.

［172］张晓晶．稳增长与杠杆的平衡［J］．中国金融，2019（190）：61 – 63.

［173］张亚明，张文长．房地产宏观调控效果研究——地方政府行为视角［J］．国家行政学院学报，2008（2）：57 – 61.

［174］赵剑锋．"东北再振兴"与地方风险障碍——基于地方债风险的因子比较研究［J］．财会通讯，2016（26）：54 – 58.

［175］中国人民银行营业管理部本书组．预算软约束、融资溢价与杠杆率——供给侧结构性改革的微观机理与经济效应研究［J］．经济研究，2017（10）：55 – 68.

［176］钟宁桦，刘志阔，何嘉鑫，等．我国企业债务的结构性问题［J］．经济研究，2016（7）：102 – 117.

［177］钟洪亮．《生产论》生产过剩理论［J］．福建师范大学学报：哲学社会科学版，2015（5）：19 – 28.

［178］朱红军，何贤杰，陈信元．金融发展、预算软约束与企业投资［J］．会计研究，2006（10）：64 – 71.

［179］周广肃，王雅琦．住房价格、房屋购买与中国家庭杠杆率［J］．金融研究，2019（6）：1 – 19.

［180］周京奎．住宅市场风险、需求倾向与住宅价格波动———个理论与实证分析［J］．经济学（季刊），2013，12（4）：1321 – 1346.

［181］周航，高波．财政分权、预算软约束与地方政府债务扩张［J］．郑州大学学报：哲学社会科学版，2017（2）：55 – 61.

［182］Albuquerque，R.，and Hopenhayn，H. A. 2004. Optimal Lending Contracts and Firm Dynamics［J］. Review of Economic Studies，71（2）：285 – 315.

［183］Algan，Y.，O. Allais，and Haan，W. D. 2008. Solving Heterogeneous – agent Models with Parameterized Cross – sectional Distributions［J］. Journal of Economic Dynamics and Control，32：875 – 908.

［184］Acharya，V.，and Naqvi，H. 2012. The Seeds of A Crisis：A Theory of Bank Liquidity and Risk Taking over the Business Cycle［J］. Journal of Financial Economics，106（2）：349 – 366.

［185］Acharya，V. V.，Viswanathan，S. 2011. Leverage，Moral Hazard，and Liquidity［J］. The Journal of Finance，66（1）：99 – 138.

［186］Acharya，V.，and Naqvi，H. 2012 On reaching for yield and the coexistence of bubbles and negative bubbles［J］. Science Direct，38：1 – 10.

［187］Adrian，T.，and Shin，H. S. 2014. Procyclical Leverage and Value – at – Risk［J］. Review of Financial Studies，27（2）：373 – 403.

[188] Allen, F., Carletti, E., Goldstein, I., and Leonello, A. 2018. Government Guarantees and Financial Stability [J]. Journal of Economic Theory, 177: 518 - 557.

[189] Antipa, G., Wang, F. Y. and Wu, H. M. 2011. Financial Leverage and Market Volatility with Diverse Beliefs [J]. Economic Theory, 47 (2/3): 337 - 364.

[190] Adelino, M., Schoar, A., and Severino, F. 2016. Loan Originations and Defaults in The Mortgage Crisis: The Role of The Middle Class [J]. The Review of Financial Studies, 29 (7): 1635 - 1670.

[191] Agénor, P. R., and Silva, L. P. D. 2017. Cyclically Adjusted Provisions and Financial Stability [J]. Journal of Financial Stability, 29 (5): 143 - 162.

[192] Albuquerque, B., Baumann, U., Krustev, G. 2015. US Household Deleveraging Following the Great Recession - A Model - Based Estimate of Equilibrium Debt [J]. The Journal of Macroeconomics, 15 (1): 255 - 307.

[193] Albuquerque, B., Krustev, G. 2018. Debt Overhang and Deleveraging in the US Household Sector: Gauging the Impact on Consumption [J]. Review of Income and Wealth, 64 (2): 459 - 481.

[194] Aladangady, A. 2017. Housing Wealth and Consumption: Evidence From Geographically - Linked Microdata [J]. American Economic Review, 107 (11): 3415 - 46.

[195] Andersen, A. L., Duus, C., Jensen, T. L. 2016. Household Debt and Spending During the Financial Crisis: Evidence from Danish Micro Data [J]. European Economic Review, 89: 96 - 115.

[196] Angelini, P., Neri, S., and Panetta, F. 2012. Monetary and Macroprudential Policies [J]. Social Science Electronic Publishing, 42 (4): 551 - 574.

[197] Ashraf, B. N. 2017. Political Institutions and Bank Risk - Taking Behavior [J]. Journal of Financial Stability, 29: 13 - 35.

[198] Alesina, A., and Tabellini, G. 1990. A Positive Theory of Fiscal Deficits and Government Debt. Review of Economic Studies [J]. 57 (191): 403 - 414.

[199] Angeloni, I., Faia, E., and Duca, M. L. 2015. Monetary Policy and Risk Taking [J]. Journal of Economic Dynamics and Control, 52: 285 - 307.

[200] Ardian, T., and Shin, H. 2010. Liquidity and Leverage [J]. Journal of Financial Intermediation, 19: 418 - 437.

[201] Baker, S. 2018, Debt and the Response to Household Income Shocks: Validation and Application of Linked Financial Account Data [J]. Journal of Political Economy, 126 (4): 1504 - 1557.

[202] Bernanke, B., and Gertler, M. 1989. Agency Costs, Net Worth, and Business Fluctuations [J]. American Economic Review, 79 (1): 14 - 31.

[203] Burnside, C. 2004. Currency Crises and Contingent Liabilities [J]. Journal of International Economics, 62 (1): 25 - 52.

[204] Amihud, Y. 2002. Illiquidity and Stock Returns: Cross - Section and Time - Series Effects [J]. Journal of Financial Markets, 5 (1): 31 - 56.

[205] Akai, N., and Sato, M. 2009. Soft Budgets and Local Borrowing Regulation in A Dynamic Decentralized Leadership Model With Saving And Free Mobility [J]. Working Papers Institutd Economia de Barcelona (IEB).

[206] Barber, B. M., Odean, T., and Zhu, N. 2009. Do Retail Trades Move Markets? [J]. Review of Financial Studies, 22: 151 - 86.

[207] Barberis, N., Shleifer, A. and Vishny, R. 1998. A Model of Investor Sentiment [J]. Journal of Financial Economics, 49 (3): 307 - 343.

[208] Beber, A., and Pagano, M. 2013. Short - Selling Bans around the World: Evidence from the 2007 - 09 Crisis [J]. Journal of Finance, 68 (1): 343 - 381.

[209] Bian, J., He, Z., Shue, K. and Zhou, H. 2018. Leverage - Induced Fire Sales and Stock Market Crashes [J]. NBER Working Paper, No. w25040.

[210] Black, F. 1986. Noise [J]. Journal of Finance. 41: 529 - 543.

[211] Boehmer, E., and Wu, J. J. 2013. Short Selling and the Price Discovery Process [J]. Review of Financial Studies, 26 (2): 287 - 322.

[212] Bris, A., Goetzmann, W. N. and Zhu, N. 2007. Efficiency and the Bear: Short Sales and Markets around the World [J]. Journal of Finance, 62 (3): 1029 - 1079.

[213] Brunnermeier, M., and Pedersen, L. 2009. Market Liquidity and Funding Liquidity [J]. Review of Financial Studies, 22: 2201 - 2238.

[214] Berger, D., Guerrieri, V., Lorenzoni, G. 2018. House prices and consumer spending [J]. The Review of Economic Studies, 85 (3): 1502 - 1542.

[215] Blanchard, O. J., Diamond, P., Hall, R. E., and Murphy, K. 1990. The Cyclical Behavior of the Gross Flows of U. S. Workers, Comments and Discussion [J]. Brookings Papers on Economic Activity, 2: 85 - 154.

[216] Barnes, S., Young, G. 2003. The Rise in US Household Debt: Assessing its Causes and Sustainability [J]. Bank of England Quarterly Bulletin, 43 (4): 458.

[217] Buiter, W. H. 1985. Guide to Public Sector Debts and Deficits [J]. Economic policy, 1 (1): 13 - 79.

[218] Betz, F., Hautsch, N., Peltonen, T. A. 2016. Systemic Risk Spillovers In the European Banking and Sovereign Network [J]. Journal of Financial Stability, 25: 206 - 224.

[219] Bhagat, S., Bolton, B., and Lu, J. 2015. Size, Leverage, and Risk - Taking of Financial Institutions [J]. Journal of Banking & Finance, 59 (3): 520 - 537.

[220] Bhagat, S., and Bolton, B. 2014. Financial Crisis and Bank Executive Incentive Compensation [J]. Journal of Corporate Finance, 25 (2): 313 - 341.

[221] Bisias, D., Flood, M., and Lo, A. W. 2012. A Survey of Systemic Risk Analytics [J]. Annual Review of Financial Economics, 4 (76): 119 - 131.

[222] Borio, C., and Zhu, H. 2008. Capital Regulation, Risk - Taking and Monetary Policy: A Missing Link in the Transmission Mechanism? [J]. Social Science Electronic Publishing, 8 (4): 236 - 251.

[223] Brooks, R. 2002. Asset - Market Effects of the Baby Boom and Social - Security Reform [J]. American Economic Review, 92 (2): 402 - 406.

[224] Brunnermeier, M. 2009, The Fundamental Principles of Financial Regulation [J]. Geneva Reports on the World Economy, 93 (23): 153 - 158.

[225] Buch, C. M., and Delong, G. 2008, Do Weak Supervisory Systems Encourage Bank Risk - Taking? [J]. Journal of Financial Stability, 4 (1): 23 - 39.

[226] Bai, C., Hsieh, C., and Song, Z., 2016. The Long Shadow of a Fiscal Expansion [J]. NBER Working Papers.

[227] Brandt, L., C. Hsieh, and Zhu, X. 2008. Growth and Structural Transformation in China: in China's Great Economic Transformation [M]. ed. by L. Brandt and T. G. Rawski, Cambridge, UK: Cambridge University Press, 683 – 728.

[228] Brandt, L., Biesebroeck, J. V., and Zhang, Y. 2012. Creative Accounting or Creative Destruction? Firm – level Productivity Growth in Chinese Manufacturing [J]. Journal of Development Economics, 97 (2): 339 – 351.

[229] Bruno, V., and Shin, H. S. 2015. Capital flows and the risk – taking channel of monetary policy [J]. Journal of Monetary Economics, 71: 119 – 132.

[230] Buera, F. J., and Shin, Y. 2013. Financial Frictions and the Persistence of History: A Quantitative Exploration [J]. Journal of Political Economy, 121 (2): 221 – 272.

[231] Caballero, R. J., and Hammour, M. L., 1994. The Cleansing Effect of Recessions [J]. American Economic Review, 84 (5): 1350 – 1368.

[232] Caballero, R. J., Hoshi, T., and Kashyap, A. K. 2008. Zombie Lending and Depressed Restructuring in Japan [J]. American Economic Review, 98 (5): 1943 – 1977.

[233] Chen, K. J., Higgins, P., Waggoner, D. J., and Zha, T., 2017. Impacts of Monetary Stimulus on Credit Allocation and Macroeconomy: Evidence from China [J]. Working Paper.

[234] Chen, K. J., H. Y. Gao, Higgins, P., Waggoner, D. J., and Zha, T., 2020. Monetary Stimulus Amidst the Infrastructure Investment Spree: Evidence from China's Loan – Level Data [J]. NBER Working Paper, No. 27763.

[235] Chen, Z., He, Z. and Liu, C. 2018. The Financing of Local Government in China: Stimulus Loan Wanes and Shadow Banking Waxes [J]. Working Paper.

[236] Chodorow – Reich, G., 2014. The Employment Effects of Credit Market Disruptions: Firm – level Evidence from the 2008 – 9 Financial Crisis [J]. The Quarterly Journal of Economics, 129 (1): 1 – 59.

[237] Cong, L. W., Gao, H. Y., Ponticelli, J. and Yang, X. 2017. Credit Allocation under Economic Stimulus: Evidence from China [J]. Working Paper, University of Chicago.

[238] Cooper, R. W., and Haltiwanger, J. C., 2006. On the Nature of Capital Adjustment Costs [J]. Review of Economic Studies, 73 (3): 611 – 633.

[239] Carlstrom, C. T., and Fuerst, T. S. 1998. Agency Costs, Net Worth, and Business Fluctuations: A Computable General Equilibrium Analysis [J]. American Economic Review, 87 (5): 893 – 910.

[240] Chang, C., Chen, X. and Liao, G. 2014. What Are the Reliably Important Determinants of Capital Structure in China? [J]. Pacific – Basin Finance Journal, 30 (C): 87 – 113.

[241] Chen, J., Hong, H., and Stein, J. C. 2001. Forecasting Crashes: Trading Volume, Past Returns, and Conditional Skewness in Stock Prices [J]. Journal of financial Economics, 61 (3), 345 – 381.

[242] Craig, B. R., Jackson, W. E. and Thomson, J. B. 2008. Credit Market Failure Intervention: Do Government Sponsored Small Business Credit Programs Enrich Poorer Areas? [J]. Small Business Economics, 30 (4): 345 – 360.

[243] Campbell, J. Y., Cocco, J. F. 2015. A model of mortgage default [J]. The Journal of Finance, 70 (4): 1495 – 1554.

[244] Corbae, D., Quintin, E. 2015. Leverage and the Foreclosure Crisis [J]. Journal of Political Economy, 123 (1): 1 – 65.

[245] Crook, J. 2001. The demand for household debt in the USA: evidence from the 1995 Survey of Consumer Finance [J]. Applied Financial Economics, 11 (1): 83 – 91.

[246] Cynamon, B. Z., Fazzari, S. M. 2011. Household Debt in the Consumer Age: Source of Growth—Risk of Collapse [J]. Capitalism and Society, 3 (2).

[247] De, L., J. B., Shleifer, A., Summers, L. H. and Waldmann, R. J. 1990. Noise Trader Risk in Financial Markets [J]. Journal of Political Economy, 98: 703 – 738.

[248] Dam, L., Koetter, M. 2012. Bank Bailouts and Moral Hazards: Evidence from Germany [J]. Review of Financial Studies, 25 (8): 2343 – 2380.

[249] De Long, J. B., Shleifer, A., Summers, L. H., and Waldmann, R. J. 1990. Positive Feedback Investment Strategies and Destabilizing Rational Speculation [J]. Journal of Finance, 45: 379 – 395.

[250] Diether, K. B., Lee, K. H., and Werner, I. M. 2009. Short – Sale Strategies and Return Predictability [J]. Review of financial Studies, 22 (2): 575 – 607.

[251] David, A., Benjamin, N., Misa, T. 2015. Reputation, Risk – Taking, and Macroprudential Policy [J]. Journal of Banking & Finance, 50: 428 – 439.

[252] Debelle, G. 2004. Household Debt and the Macroeconomy [M]. Social Science Electronic Publishing.

[253] Demirgüc – Kunt, A., Kane, E. J. and Laeven, L. 2015. Deposit Insurance around the World: A Comprehensive Analysis and Database [J]. Journal of Financial Stability, 20: 155 – 183.

[254] Dewatripont, M., and Maskin, E. 1995. Credit Efficiency in Centralised and Decentralised Economies [J]. Review of Economic Studies, 62 (4): 541 – 555.

[255] Diamond, D. W., and Dybvig, P. H. 1983. Bank Runs, Deposit Insurance, and Liquidity [J]. Journal of Political Economy, 91 (3): 401 – 419.

[256] Diane, P. D., Grafton, R. Q., and Kirkley, J. 2002. Capacity Utilization Measures and Excess Capacity in Multiple – Prodcut Privatized Fisheries [J]. Resource and Energy Economics, 24: 193 – 210.

[257] DeAngelo, H., Stulz, R. M. 2015. Liquid – Claim Production, Risk Management, and Bank Capital Structure: Why High Leverage Is Optimal for Banks [J]. Journal of Financial Economics, 116 (2): 219 – 236.

[258] Dell'Ariccia, M. G., Marquez, M. R., and Laeven, M. L. 2010. Monetary Policy, Leverage, and Bank Risk – Taking [J]. International Monetary Fund.

[259] Dell'Ariccia, G., Laeven, L., and Marquez, R. 2014. Real Interest Rates, Leverage, and Bank Risk – Taking [J]. Journal of Economic Theory, 149: 65 – 99.

[260] Duffie, D., Singleton, K. J. 1997. An Econometric Model of the Term Structure of Interest – rate Swap Yields [J]. Journal of Finance, 52: 1287 – 1321.

[261] Dynan, K. E., Kohn, D. L. 2007. The Rise in U. S. Household Indebtedness: Causes and Consequences [J]. Finance & Economics Discussion, 19 (1): 59 – 72.

[262] Dynan, K. 2012. Is a household debt overhang holding back consumption? [J]. Brookings Papers on Economic Activity, 1: 299 – 362.

[263] Dynan, K., and Edelberg, W. 2013. The Relationship Between Leverage and Household Spending Behavior: Evidence From the 2007 – 2009 Survey of Consumer Finances [J]. Federal Reserve Bank of St. Louis Review, 95 (5): 425 – 448.

[264] Eggertsson, G. B., Krugman, P. 2012. Debt, Deleveraging, and the Liquidity Trap: A Fisher - Minsky - Koo Approach [J]. The Quarterly Journal of Economics, 127 (3): 1469 - 1513.

[265] Edwards, W. 1968. Conservatism in Human Information Processing [M]. In: Kleinmutz, B. (Ed.), Formal Representation of Human Judgement. Wiley, New York.

[266] Fang, V. W., Huang, A. H. and Karpoff, J. M. 2016. Short Selling and Earnings Management: A Controlled Experiment [J]. Journal of Finance, 71 (3): 1251 - 1294.

[267] Fukuda, S. I., and Nakamura, J. I. 2011. Why Did Zombie Firms Recover in Japan [J]. World Economy, 34 (7): 1124 - 1137.

[268] Fama, E. F. 1980. Banking in the Theory of Finance [J]. Journal of Monetary Economics, 6 (1): 39 - 57.

[269] Fostel, A., and Geanakoplos, J. 2008. Leverage Cycles and the Anxious Economy [J]. American Economic Review, 98 (4): 1211 - 1244.

[270] Fisher, R. C. 2010. The State of State and Local Government Finance [J]. Regional Economic Development, 31: 4 - 22.

[271] Favilukis, J, Ludvigson, S. C., Van, N. S. 2017. The Macroeconomic Effects of Housing Wealth, Housing Finance, and Limited Risk Sharing in General Equilibrium [J]. Journal of Political Economy, 125 (1): 140 - 223.

[272] Fernάndez - Villaverde, J. 2010. Fiscal Policy in a Model with Financial Frictions [J]. American Economic Review, 100: 35 - 40.

[273] Fernάndez, A., and Gulan, A. 2015. Interest Rates, Leverage, and Business Cycles in Emerging Economies: The Role of Financial Frictions [J]. American Economic Journal: Macroeconomics, 7 (3): 153 - 188.

[274] Firth, M., Lin, C., and Wong, S. L. 2008. Leverage and Investment Under A State - Owned Bank Lending Environment: Evidence from China [J]. Journal of Corporate Finance, 14 (5): 642 - 653.

[275] Ganong, P., Noel, P. 2018. Liquidity vs. Wealth in Household Debt Obligations: Evidence from Housing Policy in the Great Recession [J]. NBER Working Papers.

[276] Gertler, M., and Karadi, P. 2011. A model of unconventional monetary policy [J]. Journal of monetary Economics, 58 (1): 17 - 34.

[277] Girouard, N., and Blöndal, S. 2001. House prices and economic activity [J]. OECD papers.

[278] Glick, R., Lansing, K. J. 2010. Global household leverage, house prices, and consumption [J]. FRBSF Economic Letter, 1: 1 - 5.

[279] Gennaioli, N., Shleifer, A., and Vishny, R. W. 2013. A model of shadow banking [J]. The Journal of Finance, 68 (4): 1331 - 1363.

[280] Guerrieri, V., Lorenzoni, G. 2011. Credit Crises, Precautionary Savings, and the Liquidity Trap [J]. Social Science Electronic Publishing, 2 (128): 33.

[281] Geanakoplos, J. 2010. The Leverage Cycle [J]. Cowles Foundation Discussion Papers.

[282] Gambacorta, L., Shin, H. S. 2016. Why bank capital matters for monetary policy [J]. Journal of Financial Intermediation, 35: 17 - 29.

[283] Gouveia, A. F., and Osterhold, C. 2018. Fear the Walking Dead: Zombie Firms, Spillovers and Exit Barriers [M]. OECD Publishing.

[284] Greenstone, M., Mas, A. and Nguyen, H. L. 2017. Do Credit Market Shocks Affect the Real Economy? Quasi – experimental Evidence from the Great Recession and Normal Economic Times [J]. Working Paper.

[285] Hutton, A. P., Marcus, A. J. and Tehranian, H. 2009, Opaque Financial Reports, R^2, and Crash Risk [J]. Journal of Financial Economics, 94 (1), 67 – 86.

[286] Hakenes, H., Schnabel, I. 2010. Banks without Parachutes: Competitive Effects of Government Bail – out Policies [J]. Journal of Financial Stability, 6: 156 – 168.

[287] Hempel, G. 1972. An Evaluation of Municipal Bankruptcy Laws and Proceedings [J]. Journal of Finance, 27: 1012 – 1029.

[288] Ho, C. Y., Li, D., Tian, S. and Zhu, X. 2017. Policy Distortion in Credit Market: Evidence from a Fiscal Stimulus Plan [J]. Working Paper.

[289] Hsieh, C., and Klenow, P. 2009. Misallocation and Manufacturing TFP in China and India [J]. Quarterly Journal of Economics, 124 (4): 1403 – 1448.

[290] Hsieh, C., and Song, Z. 2015. Grasp the Large, Let Go of the Small: the Transformation of the State Sector in China [J]. NBER Working Paper No. w21006.

[291] Huang, Y., M. Pagano, and Panizza, U. 2016. Public Debt and Private Firm Funding: Evidence from Chinese Cities. Working Paper.

[292] Holmstrom, B., and Tirole, J. 1997. Financial Intermediation Loanable Funds, and the Real Sector [J]. The Quarterly Journal of Economics, 112: 663 – 691.

[293] He, Z., and Xiong, W. 2010. Financing Speculative Booms [J]. NBER Working Paper.

[294] Han, S., and Mulligan, C. B. 2001. Human Capital, Heterogeneity and Estimated Degrees of Intergenerational Mobility [J]. The Economic Journal, 111 (470): 207 – 243.

[295] Hanson, S. G., Kashyap, A. K., and Stein, J. C. 2011. A macroprudential approach to financial regulation [J]. Journal of economic Perspectives, 25 (1): 3 – 28.

[296] Hull, L. 2003. Financial Deregulation and Household Indebtedness [J]. Reserve Bank of New Zealand Discussion Paper.

[297] Innes, R. 1991 Investment and Government Intervention in Credit Markets when There Is Asymmetric Information [J]. Journal of Public Economics, 46 (3): 347 – 381.

[298] Irwin, G., and Vines, D. 2003. Government Guarantees, Investment, and Vulnerability to Financial Crises [J]. Review of International Economics, 11 (5): 860 – 874.

[299] Islam, M., Faizul, H., and Mohammad, S. 2007. The Macroeconomic Effects of Government Debt on Capital Formation in The United States: An Empirical Investigation [J]. Manchester School, 75 (5): 598 – 616.

[300] Jo, I. H., and Senga, T., 2019. Aggregate Consequences of Credit Subsidy Policies: Firm Dynamics and Misallocation [J]. Review of Economic Dynamics, 32: 68 – 93.

[301] Judd, K., 1998. Numerical Methods in Economics [M]. The MIT Press.

[302] Johnson, K., and Li, G. 2007. Do High Debt Payments Hinder Household Consumption Smoothing? [J]. Finance & Economics Discussion, 19 (1): 59 – 72.

[303] Jones, C., Midrigan, V., and Philippon, T. 2017. Household Leverage and the Recession [J]. Nber Working Papers.

[304] Khan, A., and Thomas, J. K. 2008. Idiosyncratic Shocks and the Role of Nonconvexities in Plant and Aggregate Investment Dynamics [J]. Econometrica, 76 (2): 395 -436.

[305] Khan, A., and Thomas, J. K., 2013. Credit Shocks and Aggregate Fluctuations in an Economy with Production Heterogeneity [J]. Journal of Political Economy, 121 (6): 1055 - 1107.

[306] Kiyotaki, N., and Moore, J., 1997. Credit Cycles [J]. Journal of Political Economy, 105 (2): 211 -248.

[307] Krusell, P. and Smith, A. A. 1998. Income and Wealth Heterogeneity in the Macroeconomy [J]. Journal of Political Economy, 106 (5): 867 -896.

[308] Kwon, H. U., Narita, F., and Narita, M., 2015. Resource Reallocation and Zombie Lending in Japan in 1990s [J]. Review of Economic Dynamics, 18 (4): 709 - 732.

[309] Kane, E. J. 2004. Dynamic Inconsistency of Capital Forbearance: Long - Run vs. Short - Run Effects of Too - Big - to - Fail Policymaking [J]. Pacific - Basin Finance Journal, 9 (4): 281 -299.

[310] Kaplan - Appio, I. 2002. Estimating the Value of Implicit Government Guarantees to Thai Banks [J]. Review of International Economics, 10 (1): 26 -35.

[311] Korinek, A., and Simsek, A. 2014. Liquidity Trap and Excessive Leverage [J]. Social Science Electronic Publishing, 14 (129): 815 -860.

[312] Lai, S. V. 1992. An Analysis of Private Loan Guarantees [J]. Journal of Financial Services Research, 6 (3): 223 -248.

[313] Leonello, A. 2018. Government Guarantees and the Two - Way Feedback between Banking and Sovereign Debt Crises [J]. Journal of Financial Economics, 130 (3): 592 -619.

[314] Kahou, M. E., and Lehar, A. 2017. Macroprudential policy: A review [J]. Journal of Financial Stability, 29 (34): 92 -105.

[315] Kaplan, G., Mitman, K., and Violante, G. L. 2017. The housing boom and bust: Model meets evidence [J]. Nber Working Papers.

[316] Karasulu, M. 2008. Stress Testing Household Debt in Korea [J]. IMF Working Papers, 255: 1 -21.

[317] Karmakar, S. 2016. Macroprudential Regulation and Macroeconomic Activity [J]. Journal of Financial Stability, 25 (35): 166 - 178.

[318] Kim, Y., Isaac, A. 2010. The macrodynamics of household debt [J]. Working Papers, Trinity College, Department of Economics.

[319] King, M. 1994. Debt deflation: Theory and evidence [J]. European Economic Review, 38 (3 -4): 419 -445.

[320] Krogstrup, S. C., Wyplosz, A. 2010. Common Pool Theory of Supranational Deficit Ceilings [J]. European Economic Review, 54 (2): 273 -282.

[321] Krueger, D., Mitman, K., and Perri, F. 2016. Macroeconomics and Household Heterogeneity [J]. Handbook of Macroeconomics, 2: 843 -921.

[322] Ludvigson, S. 1999. Consumption and Credit: A Model of Time - Varying Liquidity Constraints [J]. Review of Economics and Statistics, 81 (3): 434 -447.

[323] Luengo - Prado, M. J., 2006. Durables, Nondurables, Down Payments and Consumption Excesses [J]. Journal of Monetary Economics, 53 (7): 1509 - 1539.

[324] McGowan, M. A., Andrews, D. and Millot, V. 2017. Insolvency Regimes, Zombie Firms and Capital Reallocation [J]. Working Paper.

[325] Midrigan, V., and Xu, D. Y. 2014. Finance and Misallocation: Evidence from Plant – level Data [J]. American Economic Review, 104 (2): 422 – 458.

[326] Merton, R. C. 1977. An Analytic Derivation of the Cost of Deposit Insurance and Loan Guarantees: An Application of Modern Option Pricing Theory [J]. Journal of Banking & Finance, 1 (1): 3 – 11.

[327] Magri, S. 2007. Italian Households' Debt: the Participation to the Debt Market and the Size of the Loan [J]. Empirical Economics, 33 (3): 401 – 426.

[328] Mian, A., Rao, K., and Sufi, A. 2013 Household Balance Sheets, Consumption, and the Economic Slump [J]. Quarterly Journal of Economics, 128 (4): 1687 – 1726.

[329] Mian, A., Sufi, A., and Verner, E. 2017. Household debt and business cycles worldwide [J]. The Quarterly Journal of Economics, 132 (4): 1755 – 1817.

[330] Mian, A., and Sufi, A. 2011. House Prices, Home Equity—Based Borrowing, and the US Household Leverage Crisis [J]. American Economic Review, 2011, 101 (5): 2132 – 2156.

[331] Mian, A., and Sufi, A. 2010. Household Leverage and the Recession of 2007 – 09 [J]. IMF Economic Review, 58 (1): 74 – 117.

[332] Mian, A., and Sufi, A. 2009. The Consequences of Mortgage Credit Expansion: Evidence from the U. S. Mortgage Default Crisis [J]. The Quarterly Journal of Economics, 124 (4): 1449 – 1496.

[333] Mian, A., and Sufi, A. 2014. What Explains the 2007 – 2009 Drop in Employment? [J]. Econometrica, 82 (6): 2197 – 2223.

[334] Marques, L. B., Correa, R., and Sapriza, H. 2013. International Evidence on Government Support and Risk Taking in the Banking Sector [J]. IMF Working Papers.

[335] Michael, B., Devereux, P. R. L., Juanyi X. 2006. Exchange Rates and Monetary Policy in Emerging Market Economies [J]. The Economic Journal, 116 (511): 478 – 506.

[336] Mendoza, E. G. 2010. Sudden Stops, Financial Crises, and Leverage [J]. The American Economic Review, 100 (5): 1941 – 1966.

[337] Massa, M., Zhang, B., and Zhang, H. 2015, The Invisible Hand of Short Selling: Does Short Selling Discipline Earnings Management? [J]. Review of Financial Studies, 28 (6): 1701 – 1736.

[338] Miller, D. T., and Ross, M. 1975. Self – Serving Biases in the Attribution of Causality: Fact or Fiction? [J]. Psychological Bulletin, 82 (1), 213 – 225.

[339] Miller, E. M. 1977. Risk, Uncertainty, and Divergence of Opinion [J]. Journal of Finance, 32 (4): 1151 – 1168.

[340] Hildreth, W. B., Miller, G. J. 2002. Debt and the Local Economy: Problems in Benchmarking Local Government Debt Affordability [J]. Public Budgeting & Finance, 22 (4): 99 – 113.

[341] Morck, R., Yeung, B. and Yu, W. 2000. The Information Content of Stock Markets: Why do Emerging Markets Have Synchronous Stock Price Movements? [J]. Journal of Financial Economics, 58 (1): 215 – 260.

[342] Moll, B. 2014. Productivity Loss from Financial Frictions: Can Self – financing Undo Capital Misallocation? [J]. American Economic Review, 104 (10): 3186 – 3221.

[343] Martin, P., and Philippon, T. 2014. Inspecting the Mechanism: Leverage and the Great Reces-

sion in the Eurozone [J]. Brooking Papers on Economic Activity, 1 - a1.

[344] Ng, L., and Wu, F. 2007. The Trading Behavior of Institutions and Individuals in Chinese Equity Markets [J]. Journal of Banking and Finance, 31: 2695 - 2710.

[345] Nofsinger, J. R., and Sias, R. W. 1999. Herding and Feedback Trading by Institutional and Individual Investors [J]. Journal of Finance, 54 (6): 2263 - 2295.

[346] Nakajima, J. 2018. The role of household debt heterogeneity on consumption: Evidence from Japanese household data [J]. BIS Working Papers No. 736.

[347] Ottonello, P., and Winberry, T., 2018. Financial Heterogeneity and the Investment Channel of Monetary Policy [J]. Working Paper, University of Chicago.

[348] Phelan, G. 2016. Financial Intermediation, Leverage, and Macroeconomic Instability [J]. Department of Economics Working Papers.

[349] Osler, C. L. 2005. Stop - Loss Orders and Price Cascades in Currency Markets [J]. Journal of International Money and Finance, 24: 219 - 241.

[350] Ogawa, K., and Wan, J. 2007. Household Debt and Consumption: A Quantitative Analysis Based on Household Micro Data for Japan [J]. Journal of Housing Economics, 16 (2): 127 - 142.

[351] Ortalo - Magne, F., and Rady, S. 2006. Housing Market Dynamics: On the Contribution of Income Shocks and Credit Constraints [J]. The Review of Economic Studies, 73 (2): 459 - 485.

[352] Palley, T. I. 1994. Debt, Aggregate Demand, and the Business Cycle: An Analysis in the Spirit of Kaldor and Minsky [J]. Journal of Post Keynesian Economics, 16 (3): 371 - 390.

[353] Palley, T. I. 2009. The limits of Minsky's financial instability hypothesis as an explanation of the crisis [J]. IMK Working Paper.

[354] Petitjean, M. 2013. Bank failures and regulation: a critical review. Journal of Financial Regulation & Compliance, 21 (1): 16 - 38.

[355] Plantin, G. 2014. Shadow Banking and Bank Capital Regulation [J]. The Review of Financial Studies, 28 (1): 146 - 175.

[356] Praet, P. 2010. Building a More Stable Financial System: Regulatory Reform in A Post - Crisis Perspective [J]. Financial Stability Review, 8 (1): 115 - 126.

[357] Pedrosa, M., and Roll, R. 1998. Systematic Risk in Corporate Bond Credit Spreads [J]. Journal of Fixed Income, 16: 21 - 26.

[358] Philippon, T., and Skreta, V. 2012. Optimal Interventions in Markets with Adverse Selection [J]. American Economic Review, 102 (1): 1 - 28.

[359] Qian, Y., and Roland, G. 1998. Federalism and Soft Budget Constraint [J]. American Economic Review, 88 (5): 1143 - 1162.

[360] Restuccia, D. and Rogerson, R. 2008. Policy Distortions and Aggregate Productivity with Heterogeneous Establishments [J]. Review of Economic dynamics, 11 (4): 707 - 720.

[361] Reiter, M. 2009. Solving Heterogeneous - agent Models by Projection and Perturbation [J]. Journal of Economic Dynamics and Control, 33 (3), 649 - 665.

[362] Rogerson, R. 1988. Indivisible Labor, Lotteries and Equilibrium [J]. Journal of Monetary Economics, 21 (1): 3 - 16.

[363] Rotemberg, J. J. 1982. Monopolistic Price Adjustment and Aggregate Output [J]. Review of E-

conomic Studies, 49 (4): 517 -531.

[364] Roll, R. , 1988, R^2 [J]. Journal of Finance, 43: 541 -566.

[365] Saffi, P. A. , and Sigurdsson, K. 2011. Price Efficiency and Short Selling [J]. Review of Financial Studies, 24 (3): 821 -852.

[366] Segal, I. R. 1998. Monopoly and Soft Budget Constraint [J]. Rand Journal of Economics, 29 (3): 596 -609.

[367] Schoenmaker, D. , and Wierts, P. 2015. Regulating the financial cycle: An integrated approach with a leverage ratio [J]. Economics Letters, 136: 70 -72.

[368] Schwert, G. W. , 1989, Margin Requirements and Stock Volatility [J]. Journal of Financial Services Research, 3: 153 -164.

[369] Shiller, R. J. , 1984. Stock Prices and Social Dynamics [J]. Brookings Papers on Economic Activity, 2: 457 -498.

[370] Saiz, A. 2010. The Geographic Determinants of Housing Supply [J]. Quarterly Journal of Economics, 125 (3): 1253 -1296.

[371] Schich, S. , Ahn, J. H. 2007. Housing Markets and Household Debt [J]. Financial Market Trends, 2007 (1): 191 -214.

[372] Shin, H. S. 2016. Market Liquidity and Bank Capital [J]. BIS working paper.

[373] Silva, T. C, Guerra, S. M. , and Tabak, B. M. 2016. Financial networks, bank efficiency and risk - taking [J]. Journal of Financial Stability, 25: 247 -257.

[374] Shleifer, A. , and Vishny, R. 1994. Politicians and Firms [J]. Quarterly Journal of Economics, 109 (4): 995 -1025.

[375] Smith, B. D. , and Stutzer, M. J. 1989. Credit Rationing and Government Loan Programs: A Welfare Analysis [J]. Real Estate Economics, 17 (2): 177 -193.

[376] Song, Z. , and Xiong, W. 2018. Risks in China's Financial System [J]. Review of Financial Economics, 10 (1): 261 -286.

[377] Song, Z. , Storesletten, K. , and Zilibotti, F. , 2011. Growing Like China [J]. American Economic Review, 101: 196 -233.

[378] Van, T. T. 2009. The political economy debate on 'financialization' - a macroeconomic perspective [J]. Review of International Political Economy, 16 (5): 907 -944.

[379] Tversky, A. , and Kahneman, D. 1974. Judgment under Uncertainty: Heuristics and Biases [J]. Science, 185: 1124 -1131.

[380] Talvi, E. , and Carlos, A. 2000. Tax Base Variability and Procyclical Fiscal Policy [J]. NBER Working Paper, No. 7499.

[381] Waldron, M. , Zampolli, F. 2010. Household Debt, House Prices and Consumption in the United Kingdom: A Quantitative Theoretical Analysis [J]. Bank of England Quarterly Bulletin, 50 (1): 51.

[382] Weber, R. H. , Arner, D. W. , and Gibson, E. 2014. Addressing Systemic Risk: Financial Regulatory Design [J]. Texas International Law Journal, 49: 149 -200.

[383] Winberry, T. 2018. A Method for Solving and Estimating Heterogeneous Agent Macro Model [J]. Quantitative Economics, 9: 1123 -1151.

[384] Vayanos, D. , and Wang, J. 2012. Liquidity and Asset Returns Under Asymmetric Information

and Imperfect Competition [J]. The Review of Finance Study, 25: 1339 - 1365.

[385] Valencia, F. 2014. Monetary policy, bank leverage, and financial stability [J]. Journal of Economic Dynamics and Control, 47: 20 - 38.

[386] Yun, K. 2011. The Macroeconomic Implications of Household Debt: An Empirical Analysis [J]. Working Papers.

[387] Wan, D., and Yang, X. 2017. High - Frequency Positive Feedback Trading and Market Quality: Evidence from China's Stock Market [J]. International Review of Finance. 17 (4): 493 - 523.

[388] Zhu, X. 2012. Understanding China's Growth: Past, Present, and Future [J]. Journal of Economic Perspectives, 26: 103 - 124.